雍正迷局

向敬之 著

上海三联书店

目录

引
子

雍正在位十三年，
都是怎样过春节的？

1

清史大家孟森说："自古勤政之君，未有及世宗者。"(《清史讲义》第二篇第三章《全盛·世宗初政》)孟氏极口颂扬的勤政皇帝世宗，就是清代大名鼎鼎的雍正帝。

康熙六十一年（1722）十一月十三日，圣祖皇帝在北郊畅春园病逝，临终前指定皇四子胤禛继承皇位，次年改元雍正。虽然七天后，即二十日，雍正帝才正式登基，但是，他在圣祖驾崩的第二日就发出命令，命贝勒胤禩、十三阿哥胤祥、大学士马齐和理藩院尚书隆科多总理事务，"除朕藩邸事件外，余俱交送四大臣；凡有谕旨，必经由四大臣传出，并令记档，则诸事庶乎秩然不紊，其奏事官员处亦令记档"(《清世宗实录》卷一，康熙六十一年十一月乙未)。

历经艰险在九子夺嫡大战中成为最后的胜利者，雍正自称哀痛不已，内心烦忧，但新始总统朝政，还是临危不乱，表现出了一个成熟的政治家气象：一、藩邸之事，不许外人插手，其中的隐情只有他清楚；二、四大臣总理事务，但必须接报人、奏事官几处记档，相互制衡，以便他日后查阅。

接班伊始，雍正帝便励精图治，早起晚睡，每日批阅奏折百余件，仅汉字朱批就是洋洋洒洒数千字。写起来容易，然事关国计民生，他的每一字词，都须经过深思熟虑，代表着国家的最高指示。

他几乎对各项朝廷制度进行了变更，同时推行一系列改革：密建储君、修订大清律例、摊丁入亩、耗羡归公、养廉银、士民一体当差、改土归流、兴办直隶营田、试办八旗井田、改革旗务……他从康熙手中接过一个吏治混乱、国库空虚的政权，交给乾隆一个制度严明、国力强盛的国家，如果不是"以勤先天下""朝乾夕惕"，是不可能实现的。

像这样一位勤政的皇帝，他的第一个春节又是怎么过的呢？

第一年，即雍正元年（1723）。改元之年，理应大贺新春，然而清朝的皇帝，除了太祖开国在新春之后大贺了一次外，就只有嘉庆帝在元年春节张灯结彩、举朝欢庆过。因为嘉庆元年（1796）的正月初一日，为乾隆皇帝禅位之时。是日，皇太子颙琰先陪乾隆帝至奉先殿祭祖，至堂子祭神行礼，然后返回太和殿行传位大典。乾隆亲授宝玺，储君跪受大宝，群臣三跪九拜。奏乐宣表，喜气洋洋。乾隆虽然有些失落，但想到禅位后改尊太上皇帝，仍为最高领导人，心里还是有稍许安慰的。此后，乾隆不时临殿受朝，嘉庆只能侍立或设小座位于旁。

其实，乾隆登基之初，也只在太和殿接受群臣朝贺，因在雍正丧期内，不奏乐，不宣表。而先帝雍正登基后的第一个春节更为简单。

雍正先去寿皇殿康熙灵前行礼，回宫后不升殿受贺，就去给皇太后问安（这是他当时每天的必修课，起居注每日都有同样的记载），之后就御殿升座上班了。

关于取消元年新春朝会之事，雍正帝早在即位的第二个月，就在内阁礼部撰拟元旦、万寿和冬至表式提请颁发时，专门作出了批示："皇考大事未过百日，正哀慕之时，朕岂忍升殿受贺？元旦、冬至贺表，俟雍正二年举行。至万寿表文，过二十七月后举行。"（《清世宗实录》卷二，康熙六十一年十二月丙辰）

取消了新春朝会，但雍正和大臣们必须碰面。君臣心照不宣，打着奉太后懿旨的旗号免行庆贺礼，但接受了朝鲜国王李昀遣使送来的冬至、元旦和万寿节贺表和礼物。

雍正对来使按惯例赏赐，但不赐宴。康熙国丧期间，大规模的推杯把盏就免了。

忙完这些礼节上的事务，雍正皇帝就紧张有序地安排一年的工作了。

他在颁发雍正元年时宪历后，一口气颁发了训谕各省文武官员的上谕十一道。

给哪些人呢？从总督、巡抚等封疆大吏，到督学、提督、总兵官、布政使、按察使等省级职能主官，再到道员、副将、参将、游击、知府、知州、知县等基层官员。

面面俱到，指导性强。无疑，这十一道上谕，是雍正全面改革、整肃吏治的指导性行动纲领，各有要求，各有针对，各有奖惩。他强调："此封疆大臣，以总督为最重也。总督地控两省，权兼文武，必使将吏协和，军民绥辑，乃为称职。"（《清世宗实录》卷三，雍正元年正月辛巳）

自上而下，雍正都是反复讲从严治吏、惩治贪腐、讲求实干。"国家首重吏治……固邦本者在吏治！"

他对基层干部，也是要求严厉，认为"吏治之本在州县"，"如或罔念民瘼、恣意贪婪，或朘削肥家，或滥刑逞虐，或借刻以为清，或恃才而多事，或谄媚上司以贪位，或任纵胥吏以扰民，或徇私逞欲，以上亏国帑，王章具在，岂尔贷欤？"

雍正在自己做皇帝的第一个春节，想的不是怎么歌舞升平、全民大庆，而是告诫天下官员"正己率属""洁己惠民"。

八十多年后，乾隆后期出生的清朝宗室、礼亲王昭梿在《啸亭杂录》卷一中写道，"世宗万几之暇，罕御声色"（《杖杀优伶》），"宪皇在位十三载，日夜忧勤，毫无土木、声色之娱"（《世宗不兴土木》），对民间传闻的雍正沉迷酒色纵欲论大声说"不"！

值的注意的是，胤禛还在潜邸做皇子亲王时，书房屏风上的图案竟是十二幅美人图，在他即位后，搬进了紫禁城里的养心殿（康熙生前住乾清宫，但雍正声称表孝心，选择位于乾清宫西侧的养心殿做自己的寝宫），很快将十二幅美人图卷起存入库房。

这位远离声色的皇帝，为何登极前后两样呢？难道是个人喜好的双重性？这只有一种可能——十二幅美人图不过为其争位前标榜"天下第一闲人"的障眼法，可以说是理想的寄托，或者在提示自己：爱美人，更爱江山！

2

雍正元年九月初一日，已移入景陵半年的圣祖仁皇帝梓宫，奉安于地宫。

"是日，世宗宪皇帝诣景陵行祭献礼，钦天监奏吉时届，迺于圣祖仁皇帝梓宫前祭酒三爵，次于孝恭仁皇后梓宫前祭酒三爵，拜礼毕，至陵寝门外向北跪哭，俟诸臣恭率校尉先奉圣祖仁皇帝龙辀入地宫，次奉孝恭仁皇后龙辀入地宫，奉安梓宫于宝床，陈册宝于各石案，次请敬敏皇贵妃金棺从葬，掩闭元宫石门。"（《清代文献通考》卷一百五十一《王礼考二十六》）

四个月后，也就是雍正二年正月初一日，勤勉了一年多的雍正皇帝，已经大权在握，基本稳定了政权。

所以，雍正帝要开心地过他即位之后的第二个春节。

当日一大早，雍正帝就去堂子行礼。这是满人奉行萨满教的一种祭祀社稷的仪式。堂子祭祀，皇帝御祭，序礼繁严，为有清一代奉为皇宫大内最神圣的宗教盛典，在清史典籍中有显赫地位。《皇朝通志》卷三十七《礼略二》中记载："太祖高皇帝建国之初，有谒拜堂子之礼。凡每岁元旦及日朔，国有大事，则为祈为报，皆恭诣堂子行礼，大出入必告，出征凯旋则列纛而告，典至重也。"

然后，雍正帝回宫拜神。

一大早，拜两回神。

雍正居藩时，经常去潜邸附近的柏林寺同迦陵上人朝夕谈禅，已然有了礼佛敬神的习惯。

雍正迎春，有寄望利用民族宗教为政治服务的想法。但是，这一天他还是要上班的。

他来到太和殿。王公勋贵、文武百官、外藩王爷及邻国使臣，都已身着正装，有序地排列在大殿内外。待雍正出场，群臣及使臣们山呼万岁，纷纷上表朝贺新春。

勤俭的雍正，继续不赐宴，但对朝鲜国使者的进贡，仍"赏赉如例"。

值得注意的是，雍正对这些人不招待，但对跟班朝贺行礼的策妄阿喇布坦的使臣"特令赐宴"（《清世宗实录》卷十五，雍正二年正月丙子）。

这是有原因的。准噶尔蒙古大汗策妄阿喇布坦，曾支持青海蒙古和硕特部右翼首领罗卜藏丹津叛乱。雍正命年羹尧接任抚远大将军，总督各军，驻西宁坐镇指挥平叛，已于年前打得罗卜藏丹津仅率百人而逃。策妄阿喇布坦主动派使前来朝贺，而且是跟班行人臣礼，让雍正帝看到西北战事胜利在望。

又是一年过去，到了雍正三年正月，紫禁城张灯结彩。

大年初一，雍正祭神拜神依旧，然后结束群臣的朝贺。这一年，雍正除了继续不安排筵宴外，还停止了读表。

这次新春朝会，朝鲜新君李昑照常遣使来贡。雍正接见外来使节，少了策妄阿喇布坦的特使，却多了安南国使臣等"以次朝贺行礼"（《清世宗实录》卷二十八，雍正三年正月庚子）。

对于过去一年的成绩，雍正帝是满意的。抚远大将军年羹尧为其平定了青海叛乱，而康熙朝遗留的亏空也基本追缴完毕。雍正特地在内阁之东，设置了一个封桩库，"凡一切赃款羡余银两，皆贮其内，至末年至三千余万，国用充足"（昭梿《啸亭杂录》卷一《理足国帑》）。而各省上缴的粮米随漕而入，全国粮仓充实，"积贮可供二十余年之用"。

雍正四年的正月初一日，雍正祭神拜神依旧，朝鲜国使臣进表朝贺献礼依旧。

但与前三次春节大不同的是："是日，赐诸王、贝勒、贝子、公、内大臣、侍卫、文武官员，及朝正外藩蒙古王、贝勒、贝子、公、额驸台吉塔布囊等宴。朝鲜国陪臣等，及诸王属下，凡有顶带官员，一体与宴。"（《清世宗实录》卷四十，雍正四年正月甲午）

雍正帝出席现场，接受群臣献酒后，命蒙古亲王等至御座前授爵赐饮。雍正还命侍卫代表他，向其余诸王爷、贝勒以下的勋贵，一一敬酒。

对于这一场雍正朝唯一的一次新春筵宴，《清世宗实录》卷四十记载："诸乐并作，以昭盛典。谕理藩院：皇考大事，三年礼成，兹朕初庆元旦。"同时对出席盛宴的外藩王公贝勒等"从优赏赐"。

原来是雍正皇帝三年守孝完毕，他要破天荒地在大年第一天大宴群臣。

当然，他也要大开杀戒。

早在雍正三年二月，三年服满，雍正就对夺嫡的主要竞争对手、自己即位之初亲封的总理王大臣、和硕廉亲王允禩[1]一干人等动手了。雍正称允禩总理事务，挟私怀诈，有罪无功，并将贝子允䄉夺爵幽禁。大宴刚收场，雍正便组织群臣为允禩胪列罪状四十事，允䄉定罪二十八款，两人很快死于非命。允禔和允禵躲过终极迫害，但也是长期处于监禁之中。

而助力雍正登基的隆科多，也成了雍正打击的重点对象。另一位得力干将年羹尧也被开列九十二款大罪，赐狱中自尽。

对于年羹尧的事发，雍正帝是借题发挥，称其舍不得给他"朝乾夕惕"，而故意误写为"夕惕朝乾"。

---

[1]即前文提到的贝勒胤禩。雍正即位后，下令给康熙帝其余诸子改名，详见本书《雍正对胞弟下狠手，是康熙埋下了祸根》《总兵请旨避御讳，雍正：朕很喜欢你的名字》诸篇。为了更充分地反映历史人物的命运变迁，本书对康熙帝诸子的名字不做统一。——编注

3

雍正五年的春节，紫禁城里大红灯笼高高挂，寻常人家也是张灯又结彩。

雍正皇帝过得很简单，还是祭神拜神、接受群臣朝贺和朝鲜献礼老三样。

此次，他恢复了停止筵宴的老规矩。

过去的一年，对于他而言，是可喜、可悲、可叹的。

可喜的是，与他争斗了二十多年的允禩集团，以允禟、允禩先后被囚禁致死，其他胤禩党人也遭到处分而宣布彻底终结。虽然允禩、允禟之死，让大家猜疑是他的指令，但是他又给出了冠冕堂皇的不知情的理由，并严惩了一系列执行者。

可悲的是，曾被他视作"恩人"、誓约永远有福同享、要做千古榜样人物的年羹尧，被他以作威作福、结党营私之名，责令在狱中自尽。而被他公开称呼"舅舅"的隆科多，虽曾与年羹尧一起受赏双眼花翎、四团龙补服、黄带、紫辔等非常之物，却被查实与康熙四十七年议立允禩为储的阿灵阿、揆叙结党营私，支持允禩。

可叹的是，雍正成功即位，隆科多以贵戚出力于内，年羹尧以战多助威于外，内外夹辅为重臣的神话，终于在雍正四年彻底破灭。早在一年前，雍正在一道圣谕中悲哀地说："朕御极之初，隆科多、年羹尧皆寄以心腹，毫无猜防。孰知朕视为一德，彼竟有二心，招权纳贿，擅作威福，欺罔悖负，朕岂能姑息养奸耶？"（《清史稿·隆科多传》）

一年后的正月初一，雍正帝仍然没有休息，而是继续上一年的新春模式，开启了雍正六年的办公。

就在两个月前，雍正帝下令，将正在与沙俄使团谈判边境问题的隆科多，以私藏玉牒等罪，从谈判桌上抓回下狱，定罪四十一条，幽禁于康熙帝驾崩的畅春园。

畅春园是原任步军统领、掌管京师警卫力量的隆科多护卫皇四子雍亲王成为雍正帝的起点，不意六年后却成了隆科多盛极而衰、身陷囹圄的政治终点。

雍正五年，对于大刀阔斧推行新政的雍正皇帝而言，也是痛苦的。他虽然前后生子十人，但存活的子嗣稀少。然其皇三子弘时也在这一年，被他无情地削除宗籍，囚禁府中，于八月初六日去世，年仅二十四岁。《清史稿·弘时传》写得很简单：弘时，雍正五年以放纵不谨，削宗籍，无封。但结合当时政治斗争的形势来看，弘时最有可能陷身允禩集团，而被乃父雍正无情地处死。

而"雍正六年，皇八子福惠卒，帝辍朝，大内素服各三日，不祭神，诏用亲王礼葬"（《清史稿·礼志十二》），使年届五旬的雍正帝仅存弘历、弘昼二子，老年丧子，这无疑也是一个不小的打击。

即便如此，雍正七年的春节，雍正除了继续老三样外，还特地给蒙古王公下了一份圣谕。

他要增加蒙古王公的俸禄："朕思从前所定外藩扎萨克蒙古王等人之俸禄，比于内地王等较少者，必非以内外之故，遂有多寡之分也。"（《清世宗实录》卷七十七，雍正七年正月丙午）

清朝爵位分宗室、蒙古和功臣三种。至雍正时，宗室和蒙古仍沿用亲王、郡王、贝勒、贝子、公等爵位。朝廷每年都要按规定发俸银和禄米。

雍正帝在圣谕中说：过去因为蒙古王公人员众多，且在外藩居住，费用尚为俭约，而国家钱粮亦有不敷之处，造成外藩蒙古俸禄少于内地王公，几乎成了一种定议。

现在国家太平，风调雨顺，连年丰收，钱粮饶裕，"朕为统驭天下万物之主"，决定蒙古王等以下、扎萨克一等台吉以上爵位的俸禄，一概增加一倍。

雍正还决定，对于以前俱无俸禄的普通一等台吉，也令照扎萨克一等台吉等所食百金之俸赏给。

　　但雍正担心以后国家钱粮入不敷出，所以不把此增加俸禄当作一种定例，命户部、理藩院在每年底根据国情请旨奏办。

　　这是一份额外的奖励，但不是一种定议的制度。决定权牢牢掌控在雍正的手中。

　　雍正送给蒙古王公一份新春大礼包，是有政治目的的——他决意对准噶尔用兵了，需要蒙古王公的配合和参与。

　　春节送礼，也成了雍正帝的一种政治需要。而国内的大臣们也积极配合，打造大清祥瑞之相，烘托雍正盛世。

　　正月初六日，雍正帝收到云贵广西总督鄂尔泰奏报：去年十月二十九日万寿节，云南省城"五色卿云，光灿捧日"，至十一月初一日"绚烂倍常"。（《清世宗实录》卷七十七，雍正七年正月辛亥）

　　一个刻薄的务实主义者，突然变成了侈谈异端的幻想主义者。雍正热衷此道，而且大肆奖励附和者，一时导致多地大造祥瑞。

　　这个春节，雍正帝无疑过得很开心，他朱笔一挥："此嘉祥实系卿忠诚所感而献于朕寿日者，正表卿爱戴之心也！"（《清世宗实录》卷七十七，雍正七年正月辛亥）

　　正月刚完，刚收到雍正加俸奖励的科尔沁、喀尔喀部落王公，就送来了请兵急奏——他们受到了准噶尔新任首领噶尔丹策零的武力威胁。雍正帝当即下诏，命黑龙江将军、内大臣傅尔丹为靖边大将军，统领满蒙旗兵组成北路大军；授川陕总督、奋威将军岳钟琪为宁远大将军，统领川陕甘汉兵组成西路大军，兵分两路攻打准噶尔。

4

　　《清世宗实录》卷九十记载："雍正八年庚戌春正月庚午朔，上于宫中拜神，以祈谷致斋，命于初六日御殿。"

这一个春节，雍正帝换了花样。

难道是雍正帝要给自己放五天假？

非也！

雍正帝病倒了！

雍正七年冬，雍正帝突然患了一场重病，一直延续到雍正九年秋，已经严重到了准备后事的程度。《清世宗实录》《清史稿》之类的正史，没写明病症名称和严重性，但从停办万寿节大宴，停止年度决囚，还赦免一批"应得遣戍、监追、籍没及妻子入官等罪"（《清史稿·世宗本纪》）的罪犯等非常之事来看，他的身体已经到了非常时期。

直至雍正八年五月的一次朝会上，他才对满朝文武大臣说："朕自去年冬即稍觉违和，疏忽未曾留心调治。自今年三月以来，间日时发寒热，往来饮食不似平常，夜间不能熟寝，如此者两月有余矣。"（《雍正朝汉文谕旨汇编》第八册《上谕内阁·雍正八年五月二十日》）

病症来得蹊跷，使人奇怪，虽然雍正自己说病状是"似疟非疟……或彻夜不成寐，或一二日不思饮食，寒热往来，阴阳相驳"（《雍正朝汉文朱批奏折汇编》第十八册《云南总督鄂尔泰奏报奉到谕示知悉圣主痊愈敬摅愚忱折》，雍正八年七月二十四日）。但这究竟是什么病，怎么会得这样的病，他只在密折中向云贵总督鄂尔泰透露："朕今岁违和，实遇大怪诞事而得者。"（《雍正朝汉文朱批奏折汇编》第十八册《云南总督鄂尔泰奏谢恩赐西洋糕等物并教诲矜怜折》，雍正八年十一月二十八日）

然而，遇到了什么"大怪诞事"，雍正没有说，只说待明后年鄂尔泰来京陛见时，再当面详细谕之。鄂尔泰连续多次报告祥瑞，深得圣心，成了雍正的新宠。

无疑，雍正帝隐恶讳言。

雍正八年的正月初一日，年年要御祭堂子的雍正帝，病得不能接受群臣朝贺，不能接见外藩使臣，只能在龙榻上乞求上苍让他的国家风调雨顺了。

这个春节，他过得很艰难，也很痛苦。

过去的一年，是他任期内最头痛、最棘手，也最郁闷、最恼火的一年。

三月，他力排众议，对准噶尔部噶尔丹策零用兵。不料，狡猾的噶尔丹策零耍两手伎俩，一边扬言议和，一边集结重兵，使岳钟琪和傅尔丹出师不利。雍正帝大怒，将二人调回京师调教，重战再次失利。

五月，陕甘总督、宁远大将军岳钟琪报告，湖南士人曾静受吕留良反清思想学说影响，将遣遣戍广西的允禩余党传言雍正阴谋夺位事继续散播。曾静被缉拿后，供称了多位儒士的不满行为，指定已辞世多年的吕留良为罪魁祸首，还对康熙、雍正进行了一系列颂扬与礼赞。雍正帝认为吕留良等鼓吹民族思想，具有广泛基础，而允禩余党散布的流言实属为患非小。至于曾静，属于乡曲"迂妄之辈"，不足为大患。

九月，他不顾以和硕怡亲王允祥为首的一百四十余位大臣的联名反对，将同曾静问答之词，编为《大义觉迷录》，派大员带领曾静到江宁、杭州、苏州等地进行宣讲，对吕留良、允禩辈言论进行批驳揭露。雍正帝之所以这样做，无疑是因为常人质疑他继位不合法。这是他心中无法抹去的阴影。

而重返军前的岳钟琪、傅尔丹再次失利，于是雍正破格起用锡保为大将军，并加大他的便宜行事之权，命其可以在军营选拔副都统、护军参领。锡保大军初战，鏖战十多次，每战告捷，但最终还是打得很辛苦。

要知道，为了打这一场大仗，他筹备了两年，还特别组建了军机处，就是想宣示，他继承了先帝康熙三次亲征准噶尔的事业，"将革命进行到底"。

多事之秋，雍正病倒了，而且病得不轻。

祸不单行，他最信任倚重的皇十三弟、怡亲王允祥，于雍正八年五月病逝。

允祥的离去，加重了雍正久治不愈的病情，"中心悲恸，虽强自排遣，而饮食俱觉无味,寝卧皆不能安"(《清世宗实录》卷九十四,雍正八年五月甲戌)。

而在此时,其皇三哥允祉私下发牢骚,并对怡亲王"举哀之时全无伤悼之情,视同膈膜"(《清世宗实录》卷九十四,雍正八年五月乙卯),甚至表现出庆幸之意。允祉被拉清单,被罗织有不孝、妄乱、狂悖、党逆、奸邪、恶逆、怨怼不敬、欺罔不敬、贪黩负恩、悖理蔑伦诸多罪状。"从前皇贵妃丧事,允祉当齐集之期,俱诡称有另交事件,推诿不前。及前年八阿哥之事,允祉欣喜之色,倍于平时。"(《清世宗实录》卷九十四,雍正八年五月辛卯)

都是亲兄弟,一边是亲情中断,一边是亲情浇薄,再一次戕害了雍正帝的身心。

因故多生,急火攻心,身体透支,导致雍正帝突然患病,起势应该很猛。且雍正讳疾乱求医,误信方士之言,乱服有毒的金丹,能提神一时而遗患无穷,故久治不愈。

所以,雍正九年新春,雍正帝只能在宫中拜神,然后坚持接受群臣和外臣的上表朝贺,也一如既往地停止筵宴。

直至这一年秋天,雍正帝的病情才转好。

雍正十年、十一年的春节,雍正帝虽然临朝受贺,但身体大不如前,也只能在宫中拜神,省去了去堂子祭神的第一大事。到了十二年正月初一日,实录中只有一句"上于宫中拜神,以祈谷致斋,命于初九日御殿"(《清世宗实录》卷一百三十九,雍正十二年正月戊寅),较之雍正八年新春初六日御殿,又推迟了三日。

雍正十三年春节,雍正基本恢复了新年朝会的老三样,但在这一年八月二十一日得病,"仍照常办事"(《清世宗实录》卷一百五十九,雍正十三年八月丁亥),第三天子时驾崩了。他离奇崩逝,没有熬过在位的第十四个春天。

对于雍正帝短暂而伟大的一生,萧一山在《清朝通史》卷上中,以汉初的文景之治喻康熙、雍正父子:"玄烨性情施治,颇似汉文帝,而胤禛则景帝也。"

雍正在位只有十三年，但他首重吏治，整饬群僚，坚持严法，刚毅明察，无疑显示出一个伟大政治家的铁腕作风。"任法尚廉，吏道澄清，库藏充裕，海宇乂安。倘使厥年克永，可为吾国政治变换一种积极性质，扫除数百年来颟顸无为之消极思想，社会亦不至停滞而不进矣。"（萧一山《清朝通史》卷上第六篇第二十九章《雍正之内治》）

然而，作为一个最高统治者，雍正皇帝求治太切，执政苛严，而且率先垂范，夜以继日地工作，几乎没有休息时间，身体严重透支，导致壮年暴卒，难为常人理解。

夺
位

雍正尊父为圣祖仁皇帝，
是表彰抑或讽刺？

1

康熙驾崩，皇四子胤禛幸运地即位。他要在庙号上拔高父功，以示最大的感谢。

他第一时间想到了在康熙的庙号上做文章：改宗为祖。

《孔子家语·庙制》记载："古者祖有功而宗有德，谓之祖宗者，其庙皆不毁。"

祖功宗德，是汉高祖以降的中国皇帝拟定庙号的既定法则。

这个规矩，不是清朝的祖制，而是中华帝王史近两千年的承袭。

王朝尊始祖或开国之君为祖，歌颂他们的开创之功。其后有德之君则尊为宗。

太宗皇太极于崇德元年（1636）四月称帝，将其父努尔哈赤尊为太祖。顺治五年（1648）十一月戊辰，福临祀天于圜丘，以太祖武皇帝配，追尊太祖以上四世：六世祖孟特穆为肇祖原皇帝，曾祖福满为兴祖直皇帝，祖父觉昌安为景祖翼皇帝，父亲塔克世为显祖宣皇帝。

康熙是清朝立国第四任君王，也是入关的第二任皇帝。其祖皇太极坐了太祖留下的汗位，只称太宗。其父顺治入主中原，有经略中原、开疆拓土之功，称世祖不勉强。他冲龄践祚，在位时间长，史无前例，但不论怎么长，也是承统而非开国。

胤禛却要学其父将自己的父亲尊为祖，是孝心，是感激，亦不免有点过分的颂扬。

　　雍正承认，乃父循例"祖有功而宗有德"得为宗，但他要一破祖功宗德的规矩。开国已有五祖，加上雍正祖父世祖，已是六祖。然雍正说："我皇考鸿猷骏烈，冠古轹今，拓宇开疆，极于无外，且六十余年手定太平。德洋恩溥，万国来王。论继统则为守成，论勋业实为开创。朕意宜崇祖号，方符丰功。"（《清世宗实录》卷一，康熙六十一年十一月乙巳）

　　新任最高领导人定了调子，王公大臣再要按儒家道统说反对也枉然，只能脑洞大开地给新皇搬出了改宗为祖的种种理由，称："惟圣字，可以赞扬大行皇帝之峻德。惟祖号，可以显彰大行皇帝之隆功！"

　　峻德，隆功，大家对于尊康熙为圣祖，达成共识，也有一定的道理：

　　一、康熙平定三藩，彻底解决了平西王、平南王、靖南王三大异姓王世系坐大的问题，避免了藩王割据、国家分裂甚至亡国的危险。

　　冲龄践祚的玄烨，虽然幸运地接过了一个偌大的疆域，但是也面对着世祖留下的三藩大麻烦。三藩之主，是前明投降过来的贰臣，他们在新朝居功骄纵，割据藩地，拥有过大的兵权、财权和地方政治影响力，成了足以与朝廷分庭抗礼的藩王。他们随时都可能成为颠覆清王朝的核能炸弹！

　　康熙帝历时艰难的八年，倾尽全力，最后解决了三藩问题。《清史稿·圣祖本纪》称赞他："经文纬武，寰宇一统，虽曰守成，实同开创焉。"历史大家吕思勉也说：三藩平后，国内已无战事，政治亦颇清明，百姓就得以休养生息。

　　二、康熙派军进剿盘踞台湾的郑氏政权，成功收复台湾，在台湾设府、县，实现了中央对台湾的实质性管辖，同时促进了台湾地区的经济文化发展。

　　三、康熙驱逐沙俄，签订《中俄尼布楚条约》，规定以额尔古纳河—格尔必齐河—外兴安岭为中俄两国东段边界，黑龙江以北、外兴安岭以南和乌苏里江以东地区均为清朝领土。

　　四、康熙三征准噶尔，将漠北喀尔喀地区纳入清朝版图，同时护送六世达赖进藏，将准噶尔势力赶出了西藏，分兵驻藏。

质言之，康熙是有国土开拓之巨功，称祖亦无可厚非。

雍正之所以要以最高标准，破天荒地为康熙加一顶高帽子，是为了彰显自己的孝顺，彰显自己承继大统的合理性和合法性。他即位后，虽然逐渐剪除了来自皇家内部及自己阵营的异己分子，但民间却流传着种种对其非常不利的谣言。雍正六年（1728）发生的靖州士子曾静派人持信游说川陕总督岳钟琪造反一案，其中就有两条直指雍正"谋父、逼母、弑兄、屠弟"，"天震地怒，鬼哭狼嚎"（《大义觉迷录》卷一）。雍正最后虽然一反常态地赦免了曾静，但对其所指责的悖逆伦常诸事并非无所谓，而是自我辩护，自证清白，称这些纯属子虚乌有："朕之心可以对上天，可以对皇考，可以共白于天下之亿万臣民。"同时，为了让天下人勇于改过"自新"，雍正在上谕中说："朕赦曾静，正欲使天下之人，知朕于改过之不罪，相率而趋于自新之一途。"

雍正给曾静自新的机会，也是给自己自新的机会。

所以，他再三说："皇考付托神器至重，思欲仰副皇考知人之明。"（《清世宗实录》卷四，雍正元年二月庚申）心里还是喜滋滋的。他在狂喜之后高歌：大行皇帝"庙号曰圣祖，既表尊亲之大义，当施逮下之洪恩！於戏，帝德难名，固揄扬之莫罄；圣功丕显，期昭示于无穷"。

虽然雍正给康熙戴上"圣祖"高帽子是在曾静一案之前，但雍正为自己的继承正统论势必早已做了充足的准备。因为他的对手，在他登基之前就已经存在了。

雍正死后，继立的乾隆帝虽然赞同给康熙圣祖的尊号，却很快下令对雍正先判大罪继而厚待的曾静杀千刀。

2

康熙的庙号既定，是为圣祖。

大家便积极地议尊谥，引经据典："谨按《传》云：为人君，止于仁。《礼运》云：'仁者，义之本，顺之体也。得之者尊。'《说文》云：'在天为元，在人为仁，故《易》曰：元者善之长，仁者德之首。'大行皇帝，体元立政。茂育群生，以义制事，绥安兆姓。史称帝尧，其仁如天，惟大行皇帝实与并之。"（《清世宗实录》卷一，康熙六十一年十一月乙酉）

在雍正的指导主持下，康熙被拔至尧帝的高度。

康熙顺理成章地成了圣祖仁皇帝。

仁，似乎很贴切。

传教士南怀仁在《鞑靼旅行记》中说：康熙巡幸亲切地接近老百姓，让所有人都能看见自己，像在京师一样，谕令卫兵们不许阻止百姓靠近。他尽力撤去一切象征尊严的夸饰，让百姓靠近，以此向臣民展示祖先传下来的质朴精神。

远在亚欧大陆西端的法兰西大思想家伏尔泰，在他代表性的历史著作《路易十四时代》中说："北京的耶稣会教士，由于精通历算而博得康熙皇帝的欢心，以致这位以善良仁慈、行高德美而驰名遐迩的君主，准许他们在中国传教，并公开讲授基督教义。"

这位堪称"欧洲良心"的启蒙运动旗手，对康熙之仁，极口赞赏。他对康熙的了解，得益于本国传教士白晋。

白晋是康熙的几何学和算术老师，曾建议建成带有皇家科学院性质的蒙养斋。他颂扬康熙具备天下所有人的优点，在全世界的君主中，应列为第一等的英主。

中国第一幅绘有经纬网的全国地图《皇舆全览图》，就是康熙四十七年（1708）"谕传教士分赴内蒙古各部、中国各省，遍览山水城廓，用西学量法，绘画地图。并谕部臣，选派干员，随往照料。一并各省督抚将军，札行各地方官，供应一切需要"（《正教奉褒》），历时九年完成的。李约瑟称，这"是亚洲当时所有地图中最好的一份。而且比当时的所有欧洲地图都更好，更精确"。

这是康熙任命欧洲传教士白晋、雷孝思、马国贤、杜德美及中国学者何国栋、索柱、白映棠、贡额、明安图等十余人完成的大成果。

中西合作，这就是典范。

康熙之仁，充满了开放情怀。

被西方史家誉为足以与同时代的俄国彼得大帝、法国国王路易十四相媲美的康熙皇帝，俨然不再是那个冷眼看天下的霸王。

人们似乎忽略了他最复杂的政治统治和帝王心术，忘记了他在死前弄出"自古得天下之正莫如我朝"的别有用心。

他曾警示群臣："若等势重于四辅臣乎？我欲去则竟去之！"（李光地《榕村续语录》卷十四），始终将皇帝的权威牢牢地控制在自己的手中，即便是大学士也不要奢望分割一点军政大权。

他说："今天下大小事务皆朕一身亲理，无可旁贷，若将要务分任于人则断不可行。所以无论巨细，朕必躬自断制。"（《清圣祖实录》卷二百八十四，康熙五十八年四月辛亥）

这样一个超级权力控，在晚年郁闷于诸皇子明争暗斗，而倦怠政务，放任贪腐，导致朝纲混乱、吏治败坏，也导致自己的身心日渐衰颓、精力不济。

康熙四十九年七月二十四日，左副都御史祖允图疏参户部收购草豆舞弊。刑部审察发现，时任堂司官希福纳、根泰等一百二十人，共贪污吞蚀银六十四万余两。康熙的处理是，仅把希福纳革职；得银堂司官限期交还，免其议处。

一个震撼朝野、轰动全国、影响后世的户部窝案，如果放在雍正朝，被凌迟者、斩决者、谪戍者甚至腰斩者必然不会少，但是圣明的康熙帝彰显了特别的宽仁。

"圣"与"仁"，是一种优秀品德，但从康熙晚年十多年的官场现形记来看，不啻对其糊涂政治的讽刺。

3

康熙晚年伤痛诸子阋墙而心神不宁。他在统治中期借力打力，也纵容了不少腐败。

生于清乾隆四十一年（1776）的第八代礼亲王昭梿，在《啸亭杂录》卷一《优容大臣》中特辟一节写康熙的所谓宽仁：

"仁皇天资纯厚，遇事优容，每以宽大为政，不事溪刻。……枉法诸臣，苟可宥者必宽纵之。如明相虽贪擅，上念筹画三逆之功，时加警策，终未置之极典。徐健庵、乾学昆仲与高江村比昵，时有'九天供赋归东海，万国金珠献淡人'之谣，上知之，惟夺其官而已。"

昭梿是清朝宗室著名毒舌，虽因过失被削去王爵，自称文艺自娱而不过问政治，但他敢说他人不敢说的，如文武官员的贪虐、骄淫、怯懦、自私、阿谀逢迎和钩心斗角等官场众生相，甚至宫廷丑闻。

明珠是康熙撤藩的主要支持者之一，康熙十六年以吏部尚书拜武英殿大学士。他表面为人谦和，乐善好施，实际利用康熙的信任排斥异己，贪污纳贿，与保和殿大学士索额图各成一党，结纳亲信，相互倾轧，弄得康熙中期的朝廷乌烟瘴气。

御史郭琇劾疏列举明珠八大罪状，直指他及其亲信大学士余国柱在内阁揽权乱政："一、凡阁中票拟，俱由明珠指麾，轻重任意。余国柱承其风旨，即有舛错，同官莫敢驳正。圣明时有诘责，漫无省改。即如陈紫芝参劾张汧疏内并请议处保举之员，上面谕九卿应一体严处，票拟竟不之及。二、明珠凡奉谕旨，或称其贤，则向彼云：'由我力荐。'或称其不善，则向彼云：'上意不喜，吾当从容挽救。'且任意增添，以市恩立威，因而要结群心，挟取货贿。至每日奏毕，出中左门，满、汉部院诸臣及其腹心拱立以待，皆密语移时。上意无不宣露，

部院衙门稍有关系之事，必请命而行。"(《清史列传·明珠传》)

明珠如索额图一般，坐大相权，侵越皇权，让康熙皇帝感到了新的威胁。于是，他指示高士奇向左都御史徐乾学说明倒明意图，然后由徐草拟弹折，三易其稿并请他定夺后，由御史郭琇走弹劾的正常程序。

但是，康熙最后只给了他一个朋党之罪革职，不久又带着他西征噶尔丹，让他恢复原职。

徐乾学和高士奇，曾是明珠的亲密战友，入承僾直成为康熙的新宠。他们为康熙所过分喜爱，先是助力明珠扳倒索额图，继而成为康熙罢黜明珠的联系人。

他们扮演着康熙的机要秘书兼高级顾问的重要政治角色，权势不输大学士。新任左都御史郭琇弹劾他们"欺君灭法，背公行私"，"豺狼其性，蛇蝎其心，鬼蜮其形。畏势者既观望而不敢言，趋利者复拥戴而不可言"，种种不法行为，都是"罪之可诛者"(《清史列传·高士奇传》)。

左副都御史许三礼也弹劾徐、高结为姻亲，招摇纳贿。但，康熙一直袒护，最后迫于群情汹汹，将他们革职，却又命二人继续编纂文史。

昭梿直言不讳揭露的"枉法诸臣"，都是康熙明确权力意志的政治推手，或是修史标榜清朝正统的学术枪手。康熙回报他们以暂时或者长期的宽仁甚至放任。

高士奇原本是一个潦倒文人，得幸索额图与明珠推荐，成为皇帝的最爱。他常侍康熙左右，回家便高价兜售主子的机密，以致他一个正四品的少詹事权势赫奕，包括权相明珠在内的大小官员竞相奔走其门，趋奉前后。

高士奇这样严重乱法的投机文人，得势后，出行要有气派的仪仗队，甚至以"八骑"僭越"非王公不设驷马"礼制。康熙不以为意，反而开导言官们不要见怪。

一个皇帝，对天下百姓广施仁政，则为圣德之君，但如果对那暗结党羽、自立门户、招权揽事、夤缘索贿的高士奇们一再宽仁，那就是别有用心、纵容不法。

雍正尊康熙谥曰仁皇帝，既是对他以仁孝治天下的表彰，又是对其宽仁乱政的潜在讽刺，讽刺康熙不像他那般宠待大臣有政治底线。这一点，昭梿为他做了巧妙而聪明的证明。

爱子如命的康熙
不是个好父亲

历朝历代为了那把金龙椅、那坨玉印把，都是抢得头破血流、家破人亡，甚至断子绝孙，而最惊险的莫过于康熙的九个儿子，拉帮结党，明枪冷箭，即便是一奶同胞的亲哥俩，也弄得你死我活，故而给历史留下了一个精彩的典故——"九子夺嫡"。

康熙的这九个儿子，确实个个都超牛，结成的大爷党、太子党、三爷党、四爷党和八爷党等，也是各显身手，精彩纷呈。

长子胤褆，母为康熙的惠妃纳喇氏，按出生时间排行第五，因康熙前四子皆夭殇，故为皇长子。史说胤褆长相极为俊美，在诸皇子中属较聪明能干的。由于他在皇子中年龄居长，替乃父做事最多。康熙二十九年（1690），十八岁的胤褆奉命随伯父裕亲王福全出征，任副将军，参与指挥战事。康熙三十五年，随康熙帝亲征噶尔丹，他与内大臣索额图领八旗前锋营、汉军火器营、四旗察哈尔及绿旗驻军，参赞军机，后来还给西路大将军费扬古做参军。这年三月，二十六岁的胤褆因有军功被封为直郡王。康熙三十九年，随同康熙帝巡视永定河堤，任总管，还衔命祭华山。

向康熙讲授过几何学和算术的法国传教士白晋说："皇上特别宠爱这个皇子，这个皇子确实很可爱。他是个美男子，才华横溢，并具有其他种种美德。"

可惜，他的生母只是一个年纪较大的庶妃，远不及皇二子胤礽的生母皇后受康熙宠爱，故而康熙在立嫡长子胤礽为皇太子后，给了胤褆一顶名副其实的皇长子的帽子。一字之差，但政治待遇天壤之别。

胤禔表面上遵从父命，内心里对太子的地位十分觊觎，但他始终错误估计形势。康熙帝对他的野心已有所察觉。康熙四十七年九月初四日，康熙帝宣布拘执胤礽时，即明确宣谕："朕前命直郡王胤禔善护朕躬，并无欲立胤禔为皇太子之意。胤禔秉性躁急、愚顽，岂可立为皇太子？"

二子胤礽是赫舍里氏皇后给康熙生的嫡长子（实际是次子，但因胞兄幼殇而得福），刚满周岁就被立为皇太子。胤礽自幼即聪慧好学，文武兼备，不仅精通儒家经典、历代诗词，而且熟练弓马骑射；长成后代皇帝祭祀，并数次监国，治绩不俗，在朝野内外颇具令名，这在一定程度上减轻了康熙的负担。

康熙对胤礽过于骄纵和溺爱：默许索额图所定的规格几乎与皇帝等同的皇太子仪仗、冠服（只有尺寸有些许裁剪）；规定每年的元旦、冬至、千秋三大节，百官对皇太子都要行二拜六叩的礼节，并避太子名讳；为了维护太子的地位，不惜罢斥重臣明珠；纵容太子挥霍浪费，搜刮民脂民膏，如历次外出巡游，太子所用皆较皇帝上乘，东宫内花销亦高于皇帝；太子脾气暴躁，任意鞭挞诸王、众臣，康熙却加以包庇，甚至"以身作则"处置忤逆太子的人；默认私生活不检的太子放肆地广罗美女，豢养面首。即便二次废黜胤礽太子之位后，仍有传言康熙帝因宠爱胤礽第二子弘皙而准备第三次册立胤礽为储君。

法国传教士白晋对胤礽的评价是："可以说，此刻已二十三岁的皇太子，他那英俊端正的仪表在北京宫廷里同年龄的皇族中是最完美无缺的。他是一个十全十美的皇太子，以至在皇族中、在宫廷中没有一个人不称赞他，都相信有朝一日，他会像他父亲一样，成为中国前所未有的伟大皇帝之一。"

三子胤祉无论是文学还是书法，或是骑射，在众多的皇子里面，表现都是极突出的，备受康熙喜爱。康熙三十一年，胤祉陪同康熙帝出塞围猎时，曾经和一向善于骑射的康熙比试过，两人不分上下。第二年，曲阜孔庙修建完成，康熙帝命他和老四胤禛一起前去祭祀。之后只要是康熙帝到塞外行围、祭陵，都让胤祉跟从。康熙四十七年，因胤祉平日与太子胤礽关系素来和睦，博得康熙好感，康熙在复立胤礽为皇太子的同时，晋封胤祉为和硕诚亲王。胤祉还是一个了不起的编辑家和科学家，著名的皇皇万卷书《古今图书集成》及集律吕、历法和演算法于一书的天文数学乐理丛书《律历渊源》，都是他主持编纂的。康熙帝景陵的神功圣德碑文也出自他的手笔。

法国传教士白晋写给法王路易十四的信中说，康熙亲自给胤祉讲解几何学。胤祉的才华让雍正帝不无感叹："如诚亲王其才甚属可用，而其心又不得不置而不用，以朕四十年兄弟事事无不洞晰，而用之之难尚然如此。"胤祉表面无心追逐储位，但背地里暗流涌动，他的十六弟庄恪亲王胤禄说："胤祉乖张不孝，昵近陈梦雷、周昌言，祈禳镇魇，与阿其那、塞思黑、允禵交相党附。其子弘晟凶顽狂纵，助父为恶，仅予禁锢，而胤祉衔恨怨怼。怡亲王忠孝性成，胤祉心怀嫉妒，并不恳请持服，王府齐集，迟至早散，悖理蔑伦，当削爵。"

四子胤禛即后来的雍正帝，六岁进上书房跟从大学士张英学习四书五经，向徐元梦、顾八代学习满文及其他诸学。稍长，便跟随康熙帝四处巡幸，并奉命办理一些政事：十六岁陪同三哥胤祉往祭曲阜孔庙；十九岁随从康熙帝征讨噶尔丹，掌管正红旗大营；二十三岁侍从康熙帝视察永定河工地，检验工程质量；二十六岁侍从康熙帝南巡江浙，对治理黄河、淮河工程进行验收。胤禛善于治国，懂得韬光养晦。他尊释教道学，自称"天下第一闲人"，与诸兄弟维持和气，与年羹尧和隆科多交往密切，同时向父亲康熙帝表现诚孝，画西藏于版图，赢得康熙帝的信赖。其实，他一直以实际行动证明着自己，康熙后期吏治松弛、贪腐普遍、战事不断、国帑空虚的庸政格局，也唯有胤禛的制度治理方可改变。

雍正上位，完全是以制度取胜。可以说，没有他的"以勤先天下""朝乾夕惕"，深度改革,我们今天也未必能知道史上的康乾盛世。康乾盛世,实则康雍乾盛世。雍正在位时间不长,但"雍正一朝,无人敢贪",虽然有各种传说,称其死于吕四娘的剑下,或死于春药作用,但他实是因为勤于政事而累死的。

康熙帝传位于胤禛,应该是早有准备,他认为:"雍亲王皇四子胤禛,人品贵重,深肖朕躬。"而法国启蒙思想大家伏尔泰说:"新帝雍正爱法律、重公益,超过父王。帝王之中无人比他更不遗余力地鼓励农事。他对这一于国民生计不可缺少的百艺之首亟为重视。各省农民被所在州、县长官评选为最勤劳、能干、孝悌者,甚至可以封为八品官。农民为官,并不需为此放弃他已卓有成效的农事耕作,转而从事他并不了解的刑名钱谷。"

八子胤禩自幼聪慧,且甚晓世故,从小养成了亲切随和的待人之风。清朝规定皇子六岁起入上书房读书,每日以名师大儒教之以满文、蒙古文、汉文等文字,并辅以骑马射箭等功夫。胤禩诵读文章,纯熟舒徐,声音朗朗,还随当时著名的书法家何焯学习书法,每日写十幅字呈览康熙。他骑射皆佳,只有十三岁时就帮忙试马,辨别马的好坏。胤禩早年很受父皇喜爱,多次受康熙指派,适其出塞时一同办理政务,并且曾帮助裕亲王福全料理广善库、重建东岳庙等。胤禩为人非常亲切随和,待人处事体贴细致,灵活温润,不拘泥于规制与名分,因此广有善缘。其不仅亲近同宗贵胄,在江南文人中亦有极好的口碑,在朝野有"八贤王"之誉。

胤禩在康熙朝众多王公大臣中的口碑,始终是诸皇子中最好的。人们称赞他"朴实""极正气"。裕亲王福全曾向弟弟康熙举荐胤禩,称其"心性好,不务矜夸,聪明能干,品行端正,宜为储君"。易中天说:"实际上,胤禩对雍正的威胁,倒不一定是有暗杀或政变的因素,更主要的还是威望太高。显然,在雍正与胤禩的斗争中,雍正是很孤立的。诸王大臣的心都向着胤禩,只不过敢怒不敢言。平心而论,雍正和胤禩都够格当皇帝。他们都有理想、有抱负、有能力。雍正的能力，有他执政十三年的政绩可以为证。胤䄉的能力，则可以在雍正那里得到证明。雍正即位以后，曾多次说过'胤䄉较诸弟颇有办事之材，朕甚爱惜之''论其才具、操守，诸大臣无出其右者'。"

九子胤禟自幼好学嗜读，性聪敏，喜发明，曾亲手设计战车式样，并首开满族人用拉丁语转写满文其端。胤禟十分热爱外国文化和西学，曾自学外语，并甚亲信当时来华传教士。胤禟善于结交朋友，为人慷慨大方，重情重义。

十子胤䄉，是康熙前期四大顾命大臣之一遏必隆的外孙。胤䄉于康熙四十八年十月二十六岁时被封为多罗敦郡王，三十五岁管理正黄旗满洲、蒙古、汉军三旗事务，因党附老八而为雍正所恶，六十一年十二月解管理三旗事务。虽然史料中对其记载不多，但其能在康熙朝封郡王、掌正黄旗，若无真能耐是不可能的。

十三子胤祥在康熙四十一年和皇太子胤礽、皇四子胤禛随驾南巡。某日，康熙在行宫召集大臣和皇子们研习书法。不仅亲书大字对联当场展示，还邀请众人观赏胤禛和胤祥书写的对联。诸臣环视，"无不欢跃钦服"。如此惊叹，有阿谀逢迎的因素，但二人擅长书法确是事实。这一年，胤祥十七岁。如果不是心里有底，擅长书法的康熙又怎会让儿子当场献技？胤祥在雍正年间作为皇帝最得力助手的种种表现，也充分表明他除了具备较高的文化素养外，还颇有办事才力，善于协调人际关系，是难得的人才。胤祥能文能诗，书画俱佳，但流传至今的作品甚少，只有《交辉园遗稿》中少量作品流传下来。

文献记载胤祥"精于骑射，发必命中"。有一次出巡狩猎，一只猛虎突然出现在林间，他神色不变，手持利刃向前刺之，见者无不佩服他的神勇。胤祥有大才，也跟对了人。虽与雍正是同父异母，但比一奶同胞的兄弟还要亲（雍正与十四阿哥胤禵同母生，却是政敌，胤禵投靠了老八）。在康熙帝去世的第二天，入承皇位的雍正便任命胤祥为四位总理事务大臣之一。同日，胤祥晋升为和硕怡亲王，处理重要政务，后来受命总理户部，掌管全国财政。雍正初政，胤祥迅速成为台柱，对雍正治绩助力甚大，遂得世袭罔替的荣耀，成为清朝第九位铁帽子王。

雍正对这个弟弟评价很高："朕弟怡贤亲王，天资高卓，颖悟绝伦。如礼乐射御书数之属，一经肄习，无不精妙入神，为人所莫及……而王自谦学力不充，总未存稿。是以王仙逝后，邸中竟无留存者。"（胤禛《交辉园遗稿序》）"（怡亲王）赞襄于密勿之地者，八年有如一日……王之懿德美行，从不欲表著于人，而人亦无从尽知之。"（《清世宗实录》卷九十四，雍正八年五月丙子）雍正八年（1730）五月初四，积劳成疾的胤祥病故，雍正令享太庙，并下旨将其名"允祥"的"允"字改回"胤"字，这成为有清一代臣子中不避皇帝讳的唯一事例。

十四子允禵原名胤禵，与雍正是同胞手足，从小聪明过人，才能出众，为康熙所厚爱，从少年时代起，就频繁地扈从其父出巡，日常生活中也往往被给予一些特殊优待。比如说部分皇子蒙皇父恩准，享有支取宫物的特权，由大内供给其一家的食用物品，自康熙五十四年至六十一年，整整七年，康熙始终特批十四阿哥一家支领宫物，如果不是康熙猝然离世，胤禵的这一待遇还会延续下去。胤禟曾语："十四阿哥聪明绝顶，才德双全，我兄弟皆不如也。"（永忠《延芬室集》）

胤禵个性爽直，重情重义，他从小和才华横溢、为人谦和的皇八子胤禩志同道合。康熙四十七年九月，康熙怒斥胤禩"柔奸性成，妄蓄大志，朕素所深知，其党羽早相要结，谋害允礽。今其事皆以败露，著将允禩锁拿，交与议政处审理"（《清圣祖实录》卷二百三十五，康熙四十七年九月壬寅），诸皇子噤若寒蝉，唯有胤禵挺身而出，跪奏曰："八阿哥无此心，臣等愿保之！"康熙十分愤怒，出所佩刀欲诛杀胤禵，皇五子胤祺跪抱劝止（电视剧《雍正王朝》将胤祺的抱腿，换作了老四胤禛的快速行动），诸皇子叩首恳求，康熙怒火稍解，命诸皇子挞胤禵，胤禵被打二十大板，行步艰难。但是，这件事情后来反而令康熙感觉到他对兄弟的有情有义，并对胤禵心直口快、表里如一的品质，有了进一步认识，因此更加宠爱他。

康熙五十七年春，准噶尔部首领策妄阿喇布坦出兵进攻西藏，拉藏汗请求清朝发兵救援。十月，胤禵被任命为抚远大将军，统率大军进驻青海，讨伐策妄阿喇布坦，封大将军王，并以天子亲征的规格出征，"用正黄旗之纛，照依王纛式样"。十二月，胤禵统率西征之师起程时，康熙为他举行了隆重的欢送仪式，随军出征之王、贝子、公等以下俱戎服，齐集太和殿前。只可惜他缺乏政治头脑，在夺储一战中没有跟着自己的亲哥哥，而成了被长期圈禁的失败者，甚至连名字都因与哥哥雍正谐音，而被改成了允禵。

康熙为何最后选择了
"天下第一闲人"?

1

康熙四十七年（1708）九月初三日，皇长子胤禔向父皇密报：太子胤礽趁着夜色，走近您的幄城（帷幔），向内窥探。

康熙帝的人身安全受到了严重的威胁。

威胁者，是他的储君。

此时的康熙，正在回京途中。皇十八子胤祄病逝在他的怀里，他正因此伤痛不已。胤礽对亲弟病危幼殇异常冷漠，也让康熙帝感到了极大的悲愤。

这让康熙帝想到了一年前，心腹词臣、工部尚书王鸿绪在苏州调查太子强买平民子女的密折："皇上行事至慎至密，人莫能测，真千古帝王所不及，但恐近来时候不同，有从中窥探至尊动静者。"（《康熙朝汉文朱批奏折汇编》第一册《工部尚书王鸿绪奏为续访得范溥等强买苏州女子情形折》）

帐殿夜警，康熙帝高度重视。

自从五年前，他以"结党议论国事"的罪名将领侍卫内大臣索额图逮捕拘禁，活活饿死后，就对太子产生了警觉。作为太子集团的核心人物，索额图有可能图谋大事，力挺胤礽将康熙取而代之。

所以，胤禔的告密让康熙感到，他扶持了三十三年的储君，应该对他将索额图幽禁致死"蓄愤于心，近复有逼近幄城，裂缝窥伺，中有叵测之状"（《清圣祖实录》卷二百三十四）。

盛怒之下，康熙宣布决意废储。

然而，让康熙更加痛苦的是，胤禔在得到康熙明确表态并无立他为储的信息后，改拥老八胤禩，并告诉康熙：如果要诛杀胤礽，他可以代父行万难之事。

储位之争无兄弟。

帝王心术无父子。

索额图事发后，康熙外巡时每每不再命太子监国，而是带着他和胤禔同行。康熙既不废黜胤礽，又要胤禔制衡他。

胤禔的冷血，让康熙更加惶恐。

康熙不想立即废黜胤礽了。他几番向诸王、贝勒、满汉文武大臣们释放后悔的信息，甚至声称"近日有皇太子事，梦中见太皇太后颜色不殊，但隔远默坐，与平时不同。皇后亦以皇太子被冤见梦"云云。

然而，以和硕康亲王椿泰为首的满汉大臣并未体会到康熙的苦心，反而恼怒于胤礽"肆恶虐众，暴戾淫乱"，不得人心。

康熙不愿意兑现废储承诺。

一、他是在康熙十四年初立两岁的胤礽为太子的，时为平藩大战全面打响之际，国家情势危急。康熙学习汉人的嫡长子皇位继承制，得到了汉人官员和士大夫的支持，从而合力平定三藩。康熙在位超长待机，他甚至有准备提前交权，将政事交给胤礽，自己选择一方水土佳处，欣赏胤礽的作为，"以获优游养性"（《清圣祖实录》卷二百三十五，康熙四十七年十月甲辰）的想法。

二、胤礽为康熙首任皇后赫舍里氏用命换来的难产儿，由康熙亲自抚养于宫中，教以读书骑射，成为诸皇子中的佼佼者。就连西洋传教士白晋也夸他"那英俊端正的仪表在北京宫廷里同年龄的皇族中是最完美无缺的"。胤礽既是康熙对发妻的情感所系，又是自己教育成果的体现。

三、胤礽窥伺事发后，康熙很快发现皇长子胤禔与皇八子胤禩蠢蠢欲动。他在肯定胤禔护驾有功的同时，又表明并无立胤禔为皇太子之意，从而警示其他庶出皇子不得妄动！遍览史书的康熙，不想本朝出现储位之争。事实证明，后来出现的"九子夺嫡"，让他身心疲惫，日渐衰颓。

四、康熙自许文治武功，开疆拓土，不想因为选择接班人之事给脸上抹黑。只可惜他金口玉言，得到了反太子的满朝文武的联合呼应，最后不得不派人告祭天地、太庙、社稷，正式废储。他在第一次废储后，很快找到了胤礽被人陷害、鬼魅缠身的理由，搬出了孝庄太后与赫舍里皇后托梦，要复立胤礽。

康熙废储，情非得已，他一再力保胤礽，既有公心，又为私情。

当他决意复储，想借满朝文武大臣之力推举胤礽再次继立皇太子时，情势发生了巨大的变化。

大家联合抵制康熙的复储计划。

康熙倚重的领侍卫内大臣阿灵阿、鄂伦岱，武英殿大学士马齐以及揆叙、王鸿绪等，半公开地联名诸大臣，一直推举此前很得康熙重用的皇八子胤禩。

就在前几天，康熙还在说，大家公推的结果我一定遵从。但当胤禩以绝对优势胜出时，康熙立马食言，而且近乎刻薄地狂污自己的儿子："八阿哥未尝更事，近又罹罪，且其母家亦甚微贱。"（《清圣祖实录》卷二百三十五，康熙四十七年十一月丙戌）

他就是要复立胤礽为太子。对他的再次不理智，其亲舅舅兼双重岳父、原领侍卫内大臣佟国维狂泼冷水："皇上办事精明，天下人无不知晓，断无错误之处。此事于圣躬关系甚大。若日后皇上易于措置，祈速赐睿断；或日后难于措处，亦祈速赐睿断。总之，将原定主意熟虑施行为善。"（《清圣祖实录》卷二百三十六，康熙四十八年正月癸巳）

忠言逆耳。

康熙狂骂：你既是国舅，又是大臣。皇太子此前染上疯病，我为国家计，将他拘执。后来发现他为人镇魇，现已调治痊愈，又怎么不能释放？你"倡造大言，惊骇众心"，是什么居心？

康熙帝抹面无情，佟国维请罪求死。

康熙强势复储，急需支持者，于是想到了武英殿大学士李光地。

此前，康熙曾单独找李光地谈话。李光地揣摩圣意，套了一番养心的大道理，变着话说：只要废太子痊愈，就可以复立为新太子。

可是到了廷议时，李光地不发一言。他不想激发众怒。

李光地圆滑，康熙逼他再次发言。李光地说："前皇上问臣，废皇太子病如何医治方可痊好。臣曾奏言，徐徐调治，天下之福，臣未尝以此告诸臣。"（《清圣祖实录》卷二百三十五，康熙四十七年十一月丙戌）

"徐徐调治"是人情，而"天下之福"为国事。

病愈不复储，遑论"天下之福"。

话举轻若重，为康熙僵持的复储破局。

第二天早朝，康熙说胤礽已经调治痊愈。大臣们经历了康熙前日的打压，该骂的骂了，该关的关了，于是顺着李光地递过去的竿子，大肆拍康熙的马屁：

"皇上灼见废皇太子病源，治疗已痊，诚国家之福，天下之福也。伏祈皇上即赐乾断，颁示谕旨。"

一出废立闹剧，康熙自导自演，逼着大臣们说并无不同心。

李光地也被康熙狠狠地表扬了一句："知朕亦无过光地者。"（《清史稿·李光地传》）

2

康熙诸子争储，暗结亲信，各成一党。最激烈的交锋，当是在康熙四十七年十一月十四日。

两个月前，外巡回京途中的康熙，收到皇长子胤禔的密报：皇太子胤礽趁着夜色，偷偷走近父皇的幄城，手中拿着刀，而且割开了布幄，朝内窥探。

此时正值康熙心爱的皇十八子胤衸突发疾病，死在了他的怀里。康熙老来丧子，本已五内俱焚，又听到此前对亲弟病危漠不关心的老二胤礽欲图谋不轨，更是悲愤不已，心火怒烧。

他联想到近五年来，胤礽自他虐杀了太子集团的核心成员、领侍卫内大臣、原保和殿大学士索额图之后，性情大变，频频以"肆恶虐众，暴戾淫乱"（《清史稿·允礽传》）的丑闻，变相向他叫板。

康熙不知道，胤礽外强中干，明白自己的巨变和对兄弟之死的冷漠，会让父皇恼羞成怒，故而借此窥探康熙的情绪。

胤礽不想失去储位，但"帐殿夜警"却把他推向了悬崖边缘。

康熙帝认为自己的皇权，甚至是人身安全受到了严重的威胁，立即召集随行的诸王、大臣、侍卫等，历数胤礽的种种恶迹："皇十八子抱病，诸臣以朕年高，无不为朕忧，允礽乃亲兄，绝无友爱之意。朕加以责让，忿然发怒，每夜逼近布城，裂缝窃视。从前索额图欲谋大事，朕知而诛之，今允礽欲为复仇。朕不卜今日被鸩、明日遇害，昼夜戒慎不宁。似此不孝不仁，太祖、太宗、世祖所缔造，朕所治平之天下，断不可付此人。"（《清史稿·允礽传》）

康熙决定要废储了，诸皇子蠢蠢欲动。

但是，从康熙宣布废储计划时，"且谕且泣，至于仆地"的情形来看，他是伤痛欲绝的，舍不得废黜嫡长子胤礽，故而哀鸣"包容二十年矣"。

尤其是康熙怒火平息、清醒之后，更不想废储，反而积极为胤礽开脱，称他为狂疾所致、鬼魅所凭，蒙蔽了原本善良的本性。

然而，大臣们不理会康熙的苦心。胤礽已经很不得人心。

废黜胤礽，不得不为之。康熙更加伤痛，而国舅兼国丈、原领侍卫内大臣兼议政大臣佟国维更是建议，要选出新太子，以正国本。

康熙也想继续做王公大臣们的工作，通过他们再度推出胤礽复立。所以，他兴高采烈地说："众意谁属，朕即从之。"（《清圣祖实录》卷二百三十五，康

熙四十七年十一月丙戌）

票选结果出来了，皇八子胤禩以绝对优势胜出。

胤禩的支持者最多，除了有皇九子胤禟、皇十子胤䄉和皇十四子胤禵外，还有国丈佟国维、大学士马齐。领侍卫内大臣阿灵阿、鄂伦岱及康熙身边的要员揆叙、王鸿绪等也在其列，他们半公开地为胤禩拉票。就连日后成为雍正即位第一功臣，但当时还是一等侍卫的隆科多，也被发现是胤禩的支持者。

事与愿违，康熙咆哮朝堂，不但不兑现诺言，还拿主管内务府的胤禩查抄废太子乳公、原内务府总管大臣凌普案一事说话，责骂胤禩："凌普贪婪巨富，所籍未尽，胤禩每妄博虚名，凡朕所施恩泽，俱归功于己，是又一太子矣！如有人誉允禩，必杀无赦。"将胤禩拘禁幽所，革除贝勒。

康熙决计力排众议地复立胤礽，故而对最具人气的胤禩早已设防，所谓张明德相面以及后来的毙鹰事件等，都是康熙无情棒杀能力超群、众望所归的胤禩的几个由头。

由于康熙坚定不移的拦路，胤禩不得机遇，给了既巴结胤礽又友好胤禩的"天下第一闲人"胤禛一个天大的机会。

康熙六十一年十一月十三日，康熙帝玄烨崩于北京畅春园清溪书屋，皇四子胤禛应诏入承大统，成为后来著名的雍正皇帝。

老八胤禩被委任为总理王大臣，晋升和硕廉亲王。

雍正极力拉拢胤禩，但很快又对他及他的支持者、同情者展开了疯狂的打击。

从雍正扩大化打击胤禩集团的人员来看，主要原因是办事周全、才干杰出和平易近人的胤禩，赢得了王公大臣的支持和拥戴。

康熙诸子中，老九胤禟、老十胤䄉、老十四胤禵，都是他的主要追随者。即便后来他们扶持康熙所属意的胤禵，他还是主心骨。

康熙皇帝身边六大领侍卫内大臣，有鄂伦岱（领班）、阿灵阿（及其子阿尔松阿)、满都护(康熙亲弟常宁之子,兼议政大臣、正白旗三旗都统)支持他,内阁大学士马齐、萧永藻也是他的拥趸。

另外,宗人府宗令、简亲王雅尔江阿及满洲都统苏努(太祖长子褚英的曾孙)、阿布兰等,以及清初七大铁帽子王(此时没有睿亲王世系)、功臣勋戚的后世继承人,都是胤禩的铁粉。

就连已去世的康熙二兄、裕亲王福全,康熙舅舅、一等公佟国维,也曾力挺让胤禩取代皇太子胤礽。

然而,胤禩最终还是落选皇位继承人。

电视剧《雍正王朝》安排康熙帝看中老四胤禛的铁面无私,认为他具有匡正朝纲、整顿吏治的能力,所以,伙同所谓的上书房大臣张廷玉威逼步军统领隆科多力挺胤禛。

而在事实上,康熙是否属意老四,且不好说。毕竟,康熙命胤禵出任抚远大将军,也有暗定储君的计划。但是,康熙因受寒引起心脑血管病突发而猝死,来不及公开指定接班人。

老八的失败,有两个主要原因:

一、他曾是大家共议的储位候选人,且以绝对优势胜出,差点将康熙帝的复储计划挫败。他的声望,让曾对他很倚重的康熙帝感到了实质性的威胁。所以,康熙帝说他不懂事、很奸诈,且母家出身微贱,不予考虑。

二、胤禛标榜"天下第一闲人",既支持康熙复立胤礽,又同胤禩来往密切,建造别墅,比邻而居,其实是他伺机而动,利用胤禩遭受康熙打压之时,以机巧手段赢得康熙的欣赏,而与胤禩保持了距离。

雍正皇帝彻底胜利,背弃了康熙给诸大臣的保护令:"朕万年后,必择一坚固可托之人,与尔等做主,令尔等永享太平。"这句话,出现在雍正帝的《清世宗实录》卷一中,对雍正即位后的翻覆不啻一个开篇的讽刺。

3

聪明一世的康熙，最后究竟要传位给谁，是老四胤禛，还是老十四胤祯？

这是康熙朝留下的一桩公案。

老四胤禛和老十四胤祯，也有很多巧合：一、一个娘生的；二、都很杰出；三、齿序相差一个十进制；四、名字读音相同，结构形似。

康熙四十八年的第一次公开夺嫡大战中，老十四胤祯为老八胤禩抱打不平，险被康熙诛杀。之后，胤祯的仗义赢得了近乎寡情的父亲的格外垂青，让他一个贝子享受到了独一份的和硕亲王的政治待遇。而老四因为支持太子复储，被康熙直接封为和硕雍亲王。

而且，他们的亲娘德妃虽然老了，五十左右，还被康熙破格给了一个继续侍寝的恩典。

于是，种种猜测来了！

让人猜测的疑点是：

一、康熙五十七年，康熙以胤祯为大将军王统兵西征，似乎欲崇其功，欲授其作为暗定储君的抚军之权。

二、传说康熙遗诏上本写的是"传位十四子"，后被篡改为"传位于四子"。"十"与"于"，似乎很好篡改，在"十"上加一横一勾则成。

三、胤禛即位后，虽然没有使胤祯死于非命，但也施展了最严厉、最冷酷、最寡情的手段对其进行折磨。电视剧《雍正王朝》中，还安排雍正霸占了胤祯所爱的女人乔引娣，产生了情感。

许多人积极推翻康熙传位老十四一说，拿出的最有力的证明，就是所谓的康熙遗诏，上面清楚地写道："雍亲王皇四子胤禛，人品贵重，深肖朕躬，必能克承大统。著继朕登基，即皇帝位，即遵舆制，持服二十七日，释服布告中外，咸使闻知。"

众说纷纭，各执一词。

所谓康熙遗诏，无论是汉文本，还是满汉文本，都是继位者胤禛成为雍正皇帝后，在先帝于康熙五十六年颁发的《面谕》基础上增删、修改、润饰而成的，不足为信。

雍正以康熙遗诏颁示天下时，当事人康熙已经驾崩，新的皇帝大权在握，也是胜券在握，可以决定一切。

孰是孰非，我谈几点意见：

一、雍正所修的《圣祖实录》提及康熙病危，宣读遗诏时，他不在场，在场的是皇三子胤祉、皇八子胤禩、皇九子胤禟、皇十子胤䄉等。雍正的支持者、皇十三子胤祥也在场。

倘若这些是捏造的，胤禛夺位的这些政敌难免会留下日记手札之类，揭发胤禛即位不合法。这不但会招致胤禩一党的极力渲染，也会让胤禛铁粉胤祥的情感不满。

至于说康熙临终前，胤禛已同理藩院尚书兼步军统领隆科多建立了攻守同盟，有可能玩清版"烛影摇红"，那也只是后人的猜测。

二、雍正即位后，曾命最大的竞争对手胤禩领衔总理事务大臣，爵封和硕廉亲王，胤禩一度是雍正理政的主要帮手。

雍正曾说胤禩"为人聪敏强干，廉洁自矢，才具优裕，朕深知其能办大事"（《清世宗实录》卷三十，雍正三年三月乙丑），"论其才具、操守，诸大臣无出其右者"（《清世宗实录》卷三十一，雍正三年四月癸未），甚至给予了与自己能力相当的高度评价。

若雍正得位不正，胤禩集团必然会不合作。只要胤禩突然发难，引起群臣激愤，雍正也会招致天下挞伐。虽然若干年后，胤禩被雍正严惩，死于非命，其被贬的党羽大肆渲染雍正谋父逼母、弑兄屠弟等十大罪状，但胤禩始终未言雍正篡位。

三、虽然汉文本"十"与"于"篡改不难，但是指定接班人的遗诏，事关江山社稷，康熙自然不会草率完成，而是郑重其事。

即便如此，难道连一个"皇"字都省了吗？最起码也该是传位或传位于"皇十四子"或"皇四子"。并且，"于"会使用异体字"於"写就，同时备有满汉文本，如此一来，篡改就难了。

清朝已发生过太祖、太宗二朝没有指定接班人，而导致宫廷争斗不休、皇家骨肉相残的悲剧，甚至爆出了太宗原系夺立的谣言，晚年一直在思考如何立储而痛苦怠政的康熙，自然不会再次遗祸后世。

四、倘若康熙要立老十四胤祯，为何临终前不让他在京城，而是让他远在千里之外？

抚远大将军胤祯手握数十万大军，在西北前线。而雍亲王胤禛奉命处理部分政务，代表康熙祭祀天地社稷，少不了赢得大臣们的支持。这样的局面，如果择储不慎，必然会酿成大规模内战。

对于康熙为何要在最后紧急关头，将一度极为欣赏的胤祯调离京城，调至西北，后来雍正给出的答案是：胤祯蒙昧无知，支持胤禩，康熙不想他参与夺嫡之争，想使之远离是非。

五、康熙晚年因为诸子夺嫡而身心疲惫，日益怠政，导致吏治废弛，故而需要一个熟悉政务、谨慎理事的成熟政治家重整山河、整顿吏治，而不是一个性格豪爽而冲动莽撞的胤祯式人物冲锋陷阵。

所以，一向坚持制度化办事的胤禛，也就成了他最后的选择。

雍正为了标榜自己继位合法合理，将康熙遗言"深肖朕躬，必能克承大统"大肆渲染，既崇隆康熙伟大的个性，也标榜自己是康熙最理想的接班人。

谁替康熙给
最具人气明星胤禩大搞出身论?

1

雍正四年（1726）六月，议政王大臣会议秉承皇帝旨意，给允禩胪列四十款大罪。王大臣们请示杀了允禩，雍正帝拒绝了，但不久允禩就死于非命。

允禩本名胤禩，为康熙皇八子，自幼聪慧，甚晓世故，从小养成了亲切随和的待人之风。清朝规定皇子六岁起入上书房读书，每日以名师大儒教之以满文、蒙古文、汉文等文字，并辅以骑马射箭等功夫。胤禩诵读文章，纯熟舒徐，声音朗朗，还随当时的书法大家何焯学习书法，每日写十幅字呈览康熙。他骑射皆佳，只有十三岁时就帮忙试马，辨别马的好坏。

胤禩备受康熙喜爱，多次受父皇指派适其出塞时一同办理政务，曾帮助康熙帝的二哥、裕亲王福全料理广善库、重建东岳庙等，十七岁被封为贝勒，是封爵皇子中最年轻的。同其一起受封贝勒的胤禛，那时已二十一岁。

他处事细致，灵活温润，不拘泥于规制与名分，广有善缘。他不仅亲近同宗贵胄，在江南文人中亦有极好的口碑，在朝野有"八贤王"之誉。他在众多王公大臣中的口碑，始终是诸皇子中最好的。人们称赞他"朴实""极正气"。

福全曾向康熙举荐：胤禩心性好，不务矜夸，聪明能干，品行端正，宜为储君。

康熙四十七年（1708），太子胤礽首次被废，国舅兼国丈佟国维上疏，请求新立储君。康熙接受了他的好意，下诏一定级别的京官、外官举荐诸皇子中优秀者为太子候选人。

胤禛以绝对票数胜出。虽然佟国维、马齐等人的暗示，促使群臣力挺胤禛，但从主荐官员来看，支持胤禛的有领侍卫内大臣阿灵阿、鄂伦岱和工部左侍郎纳兰揆叙，以及长期在康熙帝身边修史的都察院前左都御史王鸿绪等。

他们大多数是工作在康熙身边的人，或者是皇亲国戚。阿灵阿是遏必隆之子，孝昭仁皇后、温僖贵妃的弟弟，即康熙的小舅子。鄂伦岱是康熙舅舅佟国纲之子。揆叙为纳兰明珠的次子。王鸿绪在康熙二十八年遭左都御史郭琇弹劾，称其与高士奇植党营私、扰乱朝政，康熙帝不了了之，几年后起用他主持编修《明史》。

作为康熙朝此期最有资历的权臣，武英殿大学士马齐该洞察康熙要复立废太子的意图，但他依然支持胤禛。康熙帝担心马齐谋立胤禛，责令他不得干预此事。然其置上谕而不顾，弄了一个所谓民意的诈骗计，吸引大学士张玉书、温达一同保荐胤禛。

胤禛成了最具人气的获胜者，但也成了康熙另有意图的受害者。

康熙帝对这个结果很不满意，使出一票否决权，并对马齐议罪论斩。他对力荐胤禛的佟国维说："尔乃国舅，又为大臣。皇太子前染疯疾，朕为国家计，安可不行拘执？后知为人镇魇，调治全愈，又安可不行释放？朕拘执皇太子时，并无他意。不知尔肆出大言，激烈陈奏，果何心也？诸大臣闻尔言，众皆恐惧，遂欲立允禛为皇太子，列名保奏。朕临御已久，安享太平，并无所谓难措置者，臣庶亦各安逸得所。今因尔言，群小复肆为妄语，诸臣俱终日忧虑，若无生路。此事关系甚重，尔既有此奏，必有确见，其何以令朕及皇太子、诸皇子不致殷忧，众心亦可定？其明白陈奏。"（《清史稿·佟国维传》）逼得佟国维"引罪请诛戮"。

对于这场由于康熙算盘失算而被强制更改结果的储君竞选，马齐当众拂袖而去，以示反对。康熙帝并未处死他，而是很快起用他为名副其实的内阁大学士。对于其他支持者，康熙帝也没进行实质性的严惩。几年后，揆叙被擢升为左都御史，死后荣获赐谥文端。

2

胤禩不但在满汉大臣中颇有声望，而且赢得了兄弟们的支持。康熙皇九子胤禟、十子胤䄉和十四子胤祯，都是坚定地支持他的。

康熙四十七年九月，当康熙怒斥胤禩妄蓄大志、企图谋害胤礽时，胤祯挺身而出，跪奏曰："八阿哥无此心，臣等愿保之！"康熙十分愤怒，抽出所佩刀欲诛杀胤祯，皇五子胤祺跪抱劝止，诸皇子叩首恳求，康熙怒气稍解，命诸皇子挞打胤祯，胤祯被打二十大板，行步艰难。

支持胤禩的阿哥们，并非像电视剧《雍正王朝》设计的那样，个个皆为莽撞的纨绔王爷。

胤禟自幼好学嗜读，性聪敏，喜发明，曾亲手设计战车式样，并首开满族人用拉丁语转写满文其端。胤禟十分热爱外国文化和西学，曾自学外语，并甚亲信当时来华传教士。胤禟善于结交朋友，为人慷慨大方，重情重义。

温僖贵妃所生的胤䄉，于康熙四十八年十月、二十六岁时封多罗敦郡王，九年后代理康熙帝管理正黄旗满洲、蒙古、汉军三旗事务。虽然史料中对其记载不多，但其能在康熙朝封郡王、掌正黄旗，若无真能耐是不可能的。

胤祯与雍正是同胞手足，皆为孝恭仁皇后所生。他从小聪明过人，才能出众，为康熙所厚爱，从少年时代起，就频繁地扈从其父出巡，日常生活中，也往往被给予一些特殊优待。康熙五十七年，准噶尔部首领策妄阿喇布坦出兵进攻西藏，拉藏汗请求清朝发兵救援，康熙帝任命胤祯为抚远大将军统率大军进驻青海，讨伐策妄阿喇布坦，封大将军王，用正黄旗之纛，照依王纛式样，这是以天子亲征的规格出征。胤禟曾语：十四阿哥聪明绝顶，才德双全，我兄弟皆不如也。

3

对于这些，康熙帝心知肚明，虽一边重用着胤禵当差办事，但也一边狠狠地压制着他。康熙帝在大臣议立胤禵时，称其"即国之贼，法所不容"（《清史稿·允禵传》）。

康熙五十三年十一月二十六日，康熙前往热河巡视途中，经由密云、花峪沟等地，胤禵原该随侍在旁，但因恰逢其母良妃三周年祭日，故前去祭奠亡母，未赴行在侧请安，派了太监去康熙处说明缘由，表示将在汤泉处等候父皇一同回京。为了致歉，他特地托太监给康熙送去一只老鹰。康熙打开一看，老鹰已奄奄一息，极为愤怒，认为胤禵诅咒自己，当即召诸皇子至，称他从此与胤禵"自此朕与胤禵，父子之恩绝矣"（《清圣祖实录》卷二百六十一，康熙五十三年十一月丙寅）。

毙鹰事件，真是胤禵所为吗？除非他是一个自寻死路的疯子。

当时储君未定，聪明的胤禵断然不敢再次触怒裁判员康熙帝，而只会呈献珍禽以示邀宠，最起码逗康熙开心而不责备他思母怠父的人伦矛盾。

出现这种事情，只有一种可能，就是有竞争者做了手脚，胤禛也有作案的嫌疑。同时，也可以看出寡情的康熙帝在衰疲的晚年，只看现象不看本质，并怀恨在心，对胤禵后来生重病也是不闻不问。

史料记载，康熙大骂胤禵"系辛者库贱妇所生，自幼心高阴险"。胤禵之母良妃，属满洲正黄旗，正五品内管领阿布鼐女。康熙骂良妃为辛者库贱妇一说，语出雍正朝编撰的《清圣祖实录》。

《雍正朝汉文谕旨汇编·上谕八旗》"雍正四年二月"还记载："允禩母妃病笃时，遗允禩之言曰：'尔皇父以我出自微贱，常指我以责汝，我惟愿我身何以得死，我在一日为汝一日之累。'因而不肯服药。允禩亦不尽心医治。"

这样的话语，让人不由怀疑是雍正做了手脚，让平易近人的胤禩成了不孝之子。

论出身，胤禩之母良妃虽为内务府官员之女，但出身满洲正黄旗。而康熙生母佟氏，本为汉军，后改名佟佳氏，抬旗入满。在具有强烈民族观念的康熙帝那里，未必真会动不动就拿出身出来说事。称自己的女人是"贱妇"，那"贱妇"的男人又是什么？唯一合理的解释是，雍正帝不惜栽赃老爸康熙，来攻击"允禩未更事，且罹罪，其母亦微贱，宜别举"（《清史稿·允禩传》）。

倘若康熙真如此贬低胤禩的出身，并以此冠冕堂皇地不许大臣们推举他为储君，而大臣们甚至包括国舅佟国维、裕亲王福全还仍然悉数力挺胤禩，那么胤禩的能力和威望足可以说是有目共睹的，胜过了胤礽，也绝非躲在潜邸读佛谈禅的胤禛所能比。

知子莫若父，但康熙帝对儿子们无原则性地惩罚，动辄拘禁、辱骂。父子寡情，不免兄弟无情，无形中助长了诸皇子为夺帝位而互放明枪暗箭的恩怨情仇。

雍正即位后，严防着已改名允禩的胤禩，但在尚未正式继位时，便封其为首席总理王大臣、和硕廉亲王和理藩院尚书，管工部事务，且多次说："允禩优封亲王，任以总理事务……较诸弟颇有办事之材，朕甚爱惜之，非允䄉、允裪等可比。"（《清世宗实录》卷十八，雍正二年四月庚戌）"廉亲王允禩若肯实心办事，部务皆所优为。论其才具操守，诸大臣无出其右者。"（《清世宗实录》卷三十一，雍正三年四月癸未）

当然，雍正既认为允禩是才力最佳的帮手，也视其为最大的威胁："其心术之险诈，诸大臣无与之比者。"（《清世宗实录》卷三十一，雍正三年四月癸未）

他有着天使与魔鬼的双面。

能干的允禩不甘心帝位旁落，他自信能力不在胤禛之下，但他作为失败者却很快被雍正帝痛斥："三年以来，宗人府及诸大臣劾议，什伯累积，朕百端容忍，乃允禩诡谲阴邪，狂妄悖乱，包藏祸心，日益加甚。"（《清史稿·允禩传》）

雍正帝授意诸王大臣给允禩胪列四十款罪名，开除宗籍，囚禁于宗人府，改名阿其那。乾隆四十七年（1782），乾隆帝以"未有显然悖逆之迹"，对允禩进行翻案，恢复原名，重返玉牒。

4

康熙怒斥八贤王"乱臣贼子"，如同猪狗，最有可能是雍正做的文章。

《清圣祖实录》卷二百六十一记载，康熙五十三年十一月甲子，康熙帝在一份给诸皇子的谕旨中公开谴责："允禩系辛者库贱妇所生，自幼心高阴险。听相面人张明德之言，遂大背臣道，觅人谋杀二阿哥，举国皆知。伊杀害二阿哥，未必念及朕躬也。朕前患病，诸大臣保奏八阿哥，朕甚无奈，将不可册立之允礽放出。数载之内，极其郁闷。允禩仍望遂其初念，与乱臣贼子等结成党羽，密行险奸，谓朕年已老迈，岁月无多，及至不讳。伊曾为人所保，谁敢争执，遂自谓可保无虞矣。朕深知其不孝不义情形，即将所遣太监冯遭朝等，于朕所御帷幄前，令众环视，逐一夹讯。伊已将党羽鄂伦岱、阿灵阿，尽皆供出。自此朕与允禩，父子之恩绝矣。朕恐后日，必有行同狗彘之阿哥，仰赖其恩，为之兴兵构难，逼朕逊位而立允禩者。"

二百七十余字，全面阐释了康熙对皇八子胤禩（允禩）极大的恨！

一、胤禩生母良妃卫氏，为"辛者库贱妇"。

卫氏父亲为正五品内管领阿布鼐，是内务府低级官员，却不影响康熙对卫氏的宠爱：先集体封良嫔，后单独晋良妃。即便她的良妃位号，有可能是她病危时康熙为冲喜而施舍的恩宠，但也表现出康熙希望延续卫氏的福祉和生命。

良妃为康熙生前所册立五妃之一，有传闻称其美艳冠绝后宫，康熙宠爱无比。

康熙究竟会不会因为儿子太贤明，符合弃嫡选贤、择立嗣君的标准，危及自己的皇帝地位和绝对权威，而大肆侮辱自己的爱妃为"贱妇"呢？

老婆微贱，出身罪籍，自己还过分宠爱，是不是有眼无珠、自取其辱？

二、胤禔听信江湖术士张明德之言，危及废太子胤礽。

皇长子胤禔长期争储而机会不得，被康熙明确表示不立其为太子后，改为支持其生母惠妃抚养的胤禩：只要皇父册立胤禩为储君，他愿意辅佐之，并愿意为康熙行万难之事，处死胤礽。

胤禔还说，张明德善于看相，称胤禩有大贵之相。

有附会者称张明德初见胤禩，正好胤禩站在李子树下。胤禩头顶李花白，李花之下一王爷。呵呵，俨然一个天生的皇帝相。然而康熙年间的胤禩，只是一个爵封贝勒的皇子，哪来的王？封王是雍正初年的事情了。

然而，胤礽"肆恶虐众，暴戾淫乱"（《清圣祖实录》卷二百三十四，康熙四十七年九月丁丑），恶行昭彰，与张明德结下了仇怨。张明德阴谋行刺胤礽，胤禩有知情不报、默认行凶的可能，即为帮凶，或为买凶。毕竟康熙第一次废储之后，胤禩为皇亲国戚、八旗王公、勋戚子孙和满汉大臣所联合议立，是康熙复立胤礽的最大阻力。

康熙需要一个彻底打击胤禩的充分理由。

而最后的胜利者雍正，在"能与相当"的胤禩面前，也需要皇父的一个决定的态度。

三、胤禩被公举太子前后，势力为诸夺嫡集团中最强的。

在反太子派中，胤禩是势力最大的。

胤禩能力出众，平易近人，颇有人望。就连康熙之兄、裕亲王福全病危时，也曾"以广善库为因，力荐允禩有才有德"（《文献丛编》第一辑《允禩允禟案》）。

在康熙四十七年十一月十四日公举太子的最高国务会议上，领侍卫内大臣阿灵阿、翰林院掌院学士揆叙和户部尚书王鸿绪，完全不顾康熙多次做工作复立胤礽的情面，倡立胤禩为新太子，得到了在场的满汉大臣集体支持。

康熙曾明令首席满洲大学士马齐不得参与议立，但他仍与致仕领侍卫内大臣、国舅兼国丈佟国维四处活动，"倡言欲立允禩为皇太子"（《清圣祖实录》卷二百三十六，康熙四十八年正月甲午）。两人虽然不在公举的现场，但仍影响了满朝文武。

尤其是佟国维，在康熙明确复储后，仍然陈奏反对意见，请求康熙深思熟虑后，再做决定。康熙怒斥佟国维，迫使其请死，但佟国维"舍命请奏"之壮举，赢得了朝野盛赞，人们认为他"如此方谓之国舅大臣，不惧死亡，敢行陈奏！"（《清圣祖实录》卷二百三十六，康熙四十八年正月癸巳）

康熙强势复储，胤禩被短暂拘禁，但阿灵阿、马齐、佟国维等，并没有被康熙无情打击。

阿灵阿与康熙有多重戚属关系，他的姐姐为康熙的孝昭仁皇后、温僖贵妃，他的嫡福晋为康熙德妃（雍正之母、孝恭仁皇后乌雅氏）之妹，其次女被指婚给康熙第十七子胤礼做嫡福晋。

鄂伦岱为康熙亲舅舅佟国纲的长子、佟国维的侄儿，与康熙为表兄弟。他虽与其父关系不好，险遭佟国纲请旨诛杀，但康熙很喜欢这个表弟，很早便任命他为镶黄旗汉军都统、领侍卫内大臣。鄂伦岱每每触犯康熙，被皇帝怒斥其结党，实为可杀之人，但仍然倚信他。

康熙斥责阿灵阿、鄂伦岱以及揆叙结党支持胤禩，但真的会将他们视为"乱臣贼子"吗？

这顶帽子，一旦出自皇帝的口中，即便缺乏有力的证据，也是不忠不孝、罪及家族的大罪。然而，康熙并没有责罚他们，而是进一步倚信他们。

康熙五十六年正月二十五日，揆叙去世，康熙说："揆叙学问甚好，为人甚是谨慎敦厚，殊属可惜！"（《康熙起居注》第三册）并对内阁学士常鼐所奏"揆叙所学不但超出满洲之中，即汉人中亦少"表示赞同。

阿灵阿死后，康熙命皇四子胤禛、皇五子胤祺、皇十子胤䄉、皇十七子胤礼以及镶黄一旗大臣侍卫护送灵柩至墓所；并准其次子阿尔松阿袭爵一等公，不久擢领侍卫内大臣兼理火器营。

然而，康熙去世后，雍正很快追责阿灵阿等曾议立胤禩之罪，为阿灵阿改碑"不臣不弟暴悍贪庸"；而揆叙则是"不忠不孝阴险柔佞"。鄂伦岱也在雍正四年五月，被定罪与阿尔松阿结党，怙恶不悛，处以斩刑。

雍正秋后算账，也算是坐实了阿灵阿等"乱臣贼子"的罪名。胤禩也被定格为"不谙君臣大义，不念父子至情之人，洵为乱臣贼子"（《清圣祖实录》卷二百三十六，康熙四十八年正月癸巳）。

而康熙以"行同狗彘之阿哥"，警示追随胤禩的胤禟、胤䄉、胤祯（允禵）等皇子，让人很容易想到，雍正四年严惩胤禩、胤禟时，将他们开除宗籍，一个改名为阿其那、一个改名塞思黑，也是猪狗一般极尽侮辱的蔑称。

《清圣祖实录》为雍正所修。雍正为了力证自己得位之正，被皇父康熙托付以万钧重担，少不了要借康熙的口，尖刻寡恩地中伤甚至污蔑自己最危险的政敌胤禩。

所谓康熙谕旨的发出，缘于毙鹰事件。然而，只要康熙稍微冷静和理智一点，就会发现，胤禩在公举失败后经历拘禁之灾，纵然对康熙的出尔反尔可能有不满，也不敢以一只死鹰去激怒日渐衰颓的康熙，以绝自己的夺嫡之路。

康熙不理智，导致了二次立储的失败。

但是，关于皇帝的实录，记录的是帝王的丰功伟绩、圣人情怀，看起来丰满，却少不了后继之君别有用心的篡改与伪饰。

雍正对胞弟下狠手，
是康熙埋下了祸根

1

新君登极，多为大赦。

然而，雍正皇帝胤禛，却在先帝康熙晏驾的第二天，即康熙六十一年（1722）十一月十四日，将万钧雷霆对准了他远在数千里之外的同胞兄弟。

雍正任命八阿哥允禩、十三阿哥允祥、大学士马齐和理藩院尚书兼步军统领隆科多为总理事务王大臣后，立即布置了一项重大政治任务：

"西路军务大将军职任重大，十四阿哥允禵，势难暂离。但遇皇考大事，伊若不来，恐于心不安。着速行文大将军王，令与弘曙二人驰驿来京。军前事务甚属繁要，公延信着驰驿速赴甘州，管理大将军印。并行文总督年羹尧，于西路军务粮饷，及地方诸事，俱同延信管理……尔等……应速行文大将军王，将印敕暂交平郡王讷尔速署理。"（《清世宗实录》卷一，康熙六十一年十一月乙未）

一封谕旨，两题"速行文大将军王"，尤其第二次前冠"应"字。这是提醒首席总理事务王大臣允禩，不能消极怠工。

所谓大将军王，即雍正一娘生的幼弟、康熙皇十四子胤禵。他们的同胞兄弟胤祚死得早，留下了他们这一对难兄难弟。

康熙四十八年三月，封胤禛为和硕雍亲王，而胤禵只得了个固山贝子。

然而，康熙五十七年春，准噶尔汗策妄阿喇布坦出兵进攻西藏，拉藏汗向康熙求救。康熙决意西征，严厉打击策妄阿喇布坦。十月封胤祯为抚远大将军，"用正黄旗之纛，照依王纛式样"（《清圣祖实录》卷二百八十一，康熙五十七年十月庚午），统兵进驻青海。

这是天子出征的规格。胤祯以固山贝子，超授王爵，虽无嘉名，但有王者军权。

故而，雍正即位，立即想到召回大将军王胤祯。

他有召回之名：为皇考康熙帝奔丧。

他有忧乐之心：西征军务繁要重大。

他有下令之法：允禩牵头签署通知。

他也有防范，做了准备，在任命胤祯亲信王公延信暂管大印时，命大舅子、川陕总督年羹尧迅速至甘州，与延信一同办理军务。年羹尧虽为文臣出身，但颇有手段和谋略，总督四川时统管军政民事，曾被康熙帝赐予弓矢。

雍正以奔丧之名，成功夺取了大将军王的军权。

与此同时，雍正还为胤祯安排了一个随行者：镶红旗蒙古副都统阿尔纳。

从《清世宗实录》卷二十七记载，雍正二年（1724）十二月癸酉，"升镶红旗蒙古副都统阿尔纳，为正黄旗护军统领"一事来看，曾为康熙末年议政大臣兼散秩大臣的阿尔纳，颇得新君雍正的信任。

阿尔纳奉命"随大将军王来京"（《清世宗实录》卷一，康熙六十一年十一月乙未），名为保护，实为监视。

按理，雍正即位的第二天，将同在总理事务大臣之列的异母弟允禩、允祥，分别晋封和硕廉亲王、和硕怡亲王，那么，唯一同母弟胤祯，也该被授予真正的王爵树。

雍正并没有这么做，而是在胤祯甫一进京，便将其软禁在寿皇殿，命三哥允祉领衔将其名字改为允禵。康熙灵柩运抵遵化景陵安葬后，雍正命人将允禵遣送至景陵附近的汤泉，并下旨不奉诏即不得进京，还安排了马兰峪总兵范时绎监视允禵的一举一动。

名曰守陵尽孝，实则软禁废黜。

不久，他们的母亲孝恭仁皇后去世，雍正打着"慰我皇妣皇太后之心"（《清史稿·允禵传》）的幌子，晋允禵为郡王，但未赐封号，也不给俸银，注名黄册仍称固山贝子。

有其名，无其实，且高调防范。

在封王允禵时，雍正指出："允禵无知狂悖，气傲心高，朕望其改悔，以便加恩。今又恐其不能改，不及恩施。"（《清史稿·允禵传》）

兄弟之情，变成了君臣之恩。而施恩的力度和程度，仅凭雍正掌控。

雍正如此冷落自己的胞弟，是因为他们早已势同水火。

早在康熙四十七年十一月重新推举新太子的闹剧中，雍正揣摩圣意，由反太子派成员变成康熙复立废太子的支持者；而胤禛却为被康熙重点贬黜的胤禩打抱不平，毫不畏惧愤怒的康熙的砍刀。

康熙没有砍倒豪情万丈的胤禛，却对他开始青眼有加，从自己的内务府供给中，给贝子胤禛特批了一项常规优待，动辄万金，毫不逊色于已为和硕亲王的胤禛等。

太子不争气，日益暴戾骄纵，遭到再次废储拘禁。康熙心痛不已，不再考虑赓续嫡长子皇位继承制，而是准备实施秘密建储计划。

从胤禛在内廷荣获特别资助、统兵西征准噶尔，康熙安排允禩集团成员等事情来看，胤禛最有可能是康熙的暗定储君，故而康熙命其统兵西征，授予储君的抚军之权，期待他以巨大的军功获得储位。

废太子也曾谋求领兵西征，结果泄密被康熙大范围打击。年仅三十岁的胤禛却在众兄弟中脱颖而出。九阿哥胤禟狂喜之后，对亲信说："十四爷若得立皇太子，必然听我几分说话。"（《文献丛编》第一辑《允禩允禵案》）

要知道，此前胤禟力挺胤禩得储位，即便康熙公开宣示"朕与允禩父子之恩绝矣"(《清圣祖实录》卷二百六十一，康熙五十三年十一月丙寅）时，他仍坚持认为："此大位必是八阿哥得耳，诸大臣又皆称扬伊好，断不能出伊之手！"（《世宗宪皇帝上谕八旗·上谕旗务议覆卷五》）

行事莽撞的胤禟，根据康熙命胤禵西征之事，看出康熙秘密建储的政治意图，所以多次不远万里差人给胤禵送去万两金银，并派亲信太监向他传递京城消息。而同样觊觎皇位的聪明胤禩，在胞弟崭露头角时，自然心急如焚。

即便雍正即位后，对康熙命胤禵西征一事，给出了新的说法："彼时允禵理宜劝止允禩，乃竟不行劝止，一任允禩屡次触忤皇考。皇考稔知伊等党与甚属凶狠，特欲解散，令允禵远离京师，差往西宁。伊又不自量，不为国家宣力，乃纵饮沉湎渔取财贿，从极远之处仍往来夤缘与允禩、允禟、允䄉等，互通音闻。"（《雍正朝汉文谕旨汇编·上谕八旗》，雍正四年二月初五日戊辰）但是，他对康熙在关键时期大张旗鼓地重用胤禵，横亘在他拼力夺嫡的前路上，免不了恨得咬牙切齿。

虽然康熙临终前不曾宣示秘密建储的文书，但雍正却始终担心胤禵是大家默认的继承者。

皇位之下无父子，遑论早已对立、也直接争锋的兄弟！

2

雍正帝胤禛和康熙十四子胤禵，皆为孝恭仁皇后乌雅氏所生，是同一个娘的亲兄弟。乌雅氏的父亲威武为中级军官出身，因此，她入宫时身份很低，在康熙十七年十月生下胤禛的第二年，才晋升为德嫔，两年后为德妃。雍正继位后，尊其为皇太后。

雍正帝拟给生母上徽号仁寿皇太后，但未上金册。她在雍正继位后不久死去，虽然死后被雍正帝弄了一个长达十九字的追谥，但不可否认，她是一个福薄的女人。

乌雅氏先后给康熙帝生育了三子三女，第二子六岁夭折，两个女儿早殇。最不幸的是存活下来的两个儿子，一个继承了康熙帝的江山，一个是唯一的大将军王，虽荣耀至极，却势同水火。

康熙五十七年，胤祯为抚远大将军，进军西北征讨策妄阿喇布坦。三年后，康熙帝去世，雍正帝登基，立即给总理王大臣下谕："西路军务，大将军职任重大，但于皇考大事若不来京，恐于心不安，速行文交大将军王驰驿来京。"（《清史稿·允禵传》）雍正帝不直接通知胞弟回京守孝，而是让总理王大臣给胤祯下命令。

兄弟之情，有了君臣之分，一切都按官场的程序走。胤祯被召回京师软禁在寿皇殿，后雍正将其软禁于景陵读书，并派马兰峪总兵监视，还美其名曰要他留在景陵等待大祭。

已被改名的允禵，在景陵等了几个月，等来了生母孝恭仁皇后去世的消息，也等来了雍正一道先打后抚的谕旨："允禵无知狂悖，气傲心高，朕望其改悔，以便加恩。今又恐其不能改，不及恩施，特进为郡王，慰我皇妣皇太后之心。"

雍正帝打着"慰我皇妣皇太后之心"的幌子，晋封允禵为郡王，但是虚衔，未赐封号，注名黄册仍称固山贝子，致使允禵"并无感恩之意，反有愤怒之色"。随着雍正统治地位的日渐稳固，他对允禵也愈来愈严酷。

守孝期未满，雍正帝便开始对政敌兄弟们动手了。"允禩与允禟、允禵皆党附允禩，为世宗所恶。"（《清史稿·允禩传》）雍正元年四月，兵部弹劾允禩，雍正命总理王大臣允禩对允禩议罪，夺爵拘禁。第二年，代管内务府事务的允禑，因圣祖配享仪注即封妃金册遗漏讹错，由贝子降为辅国公。

雍正三年二月，雍正帝对胤禵动手了，指责他挟私怀诈，有罪无功，紧接着一系列问题出来了。管理皇家事务的宗人府，在受命将胤禵议罪夺爵的同时，弹劾允禵为大将军时"苦累兵丁，侵扰地方，糜费军帑"（《清史稿·允禵传》）。

十二月，允䄉被革去王爵，降授固山贝子，没过多久又革去贝子，押回京囚禁于景山寿皇殿内。

雍正四年正月，允禩、允禟案发，雍正召见诸王大臣，以长篇谕旨历数允禩、允禟等罪，将罪状颁示全国，同时也给允䄉弄了罪状十四款。

议政王大臣会议逢迎雍正，"请正国法"。他们敢对并无谋逆大罪的皇帝胞弟下毒手，如果没有皇帝的暗示，是绝对不可能的。这，给雍正帝提供了显示大度无疆的仁君情怀的机会。

雍正帝说："允䄉止于糊涂狂妄，其奸诈阴险与允禩、允禟相去甚远。"雍正帝对同母弟与异母弟区别对待，认为允䄉是糊涂狂妄，但没有允禩、允禟那般奸诈阴险。他恐不服众，加了一句：我对于他们的行事，还是了解得很清楚的，并非单独对允䄉偏袒徇私。

允禩、允禟死于非命。允䄉及其子白起被禁锢在寿皇殿，"宽以岁月，待其改悔"。

这一关，就是十年。

乾隆即位不久，下令释放允䄉，给其自由，封辅国公，十年后封贝勒，晋为恂郡王，任正黄旗汉军都统。乾隆二十年，允䄉病逝，乾隆赏治丧银一万两，赐谥"勤"。

3

虽然雍正对兄弟们的打击，仅在政治领域，只针对首恶者与主要从犯，而不涉及无辜。像允礽的儿子弘晳、允䄉的儿子弘春等，都被进封郡王。只需有功劳于社稷，照样迁升。再如，老八允禩死后，"诸王公大臣仍请戮尸"，雍正"不许"。

雍正帝刻薄对待政敌兄弟，却不寡恩。但在几分真情的背后，又是严苛。

他塑造绝对权威，不惜将乃父康熙给兄弟们取的名字，悉数将"胤"改为"允"：允禔、允礽、允祉……即便自己已死近四十年的另一个胞弟胤祚，也改为允祚。这样的政治改法，让后人以为康熙帝给老十四的名字本来是胤禵。

其实不然。康熙帝给皇十四子取的名字是胤祯，与其同胞兄长、皇四子胤禛，虽有一字之差，却读音相同。雍正帝即位后，下令将其名字中的"祯"字改为"禵"。

《清史稿》《清圣祖实录》都是后世所修，索性早早地按避后世皇帝的名讳的潜规则，改"胤"为"允"。《清史稿·诸王传六》写胤祯，开篇就是"恂勤郡王允禵，圣祖第十四子"，却没有标注他的原名。

这样的做法，导致史家也强迫性地将康熙书旨下谕避了儿皇帝雍正帝的讳。《清史稿·允禩传》记载，康熙四十七年九月，康熙帝"召诸皇子入，谕曰：'当废允礽时，朕即谕诸皇子有钻营为皇太子者，即国之贼，法所不容。允禩柔奸性成，妄蓄大志，党羽相结，谋害允礽。'"康熙骂自己被大臣们拥护的儿子为国贼，着实无情。但他的谕旨中，绝对不会将儿子们的名字写为"允"开头。

雍正为兄弟们改名，将其父康熙帝给兄弟们的名字，悉数改过一遍，弄得像胤祯这样的名字荡然无存。后来将老十三允祥改回原名，也成了一件无上的恩赏。

此事给后来为诸多叔伯翻案的乾隆帝提了一个醒，他在确定皇十五子永琰为储君后，改其名为颙琰，其余弟兄均未改名，仍用"永"，虽然此时要改的生者并不多，死者更可以不被后世改名字。

4

雍正帝之所以对允禵痛下狠手，是有原因的。还叫胤祯的允禵，从小聪明过人，才能出众，为康熙所厚爱。胤禩曾说：十四阿哥聪明绝顶，才德双全，我兄弟皆不如也。

胤祯少年起就频繁地扈从其父出巡，日常生活中，也往往被给予一些特殊优待。

康熙于康熙四十八年封胤禛为和硕雍亲王时，只给了胤祯一个贝子的爵位，按清廷对宗室爵位的规定，贝子一年不过俸银一千三百两、禄米一千三百斛。这与已是亲王的胞兄俸银一万两、禄米一万斛相比，养一家子有些勉为其难。而康熙帝对胤祯的援助是慷慨的。"五十一年，赐银四千两。"（《清史稿·允禵传》）

康熙五十四年至六十一年，整整七年，康熙始终特批十四阿哥一家支领宫物，显得胤祯被特别恩宠。

胤祯个性爽直，重情重义，从小和皇八子胤禩志同道合。康熙四十七年九月，当康熙怒斥胤禩妄蓄大志、如同国贼时，胤祯挺身而出，跪奏曰："八阿哥无此心，臣等愿保之！"此言一出，康熙愤怒地拔出佩刀要诛杀胤祯。是皇五子胤祺跪抱康熙大腿劝止，诸皇子叩首恳求，康熙帝才稍微平息怒火，命诸皇子打了胤祯二十大板。

事后，康熙感觉到他对兄弟有情有义，并对胤祯心直口快、表里如一的品质有了进一步认识，因此之后更加宠爱他。

康熙五十七年，准噶尔部首领策妄阿喇布坦出兵进攻西藏，康熙帝任命胤祯为抚远大将军，统率大军进驻青海，讨伐策妄阿喇布坦。

胤祯统率西征之师起程时，康熙为他举行了隆重的欢送仪式。出征之王、贝了、公等以下俱戎服，齐集太和殿前。康熙帝在"太和殿授印，命用正黄旗纛"。

这是天子亲征的规格。

胤祯成了著名的大将军王。

诸皇子争储到了白热化阶段，康熙帝将征战的军权交予胤祯，而且给予天子出征的规格，给人的感觉是仿佛康熙有意立胤祯为储君。

电视剧《雍正王朝》中，邬思道给胤禛解释其中的奥妙，称康熙帝这是转移诸子争嫡的视线。但，胤禛对此心生芥蒂，对本来反感自己的胞弟设了一道重重的防！

胤禛成为雍正帝的合法性和合理性遭人质疑，甚至传出流言：他篡改了先帝遗诏，先帝要立的是皇十四子胤祯。胤祯对胞兄继位也并不高兴，让雍正帝更加忌恨，故而雍正在给胤祯改名时搞得更彻底，将其父康熙帝取的名字弄得面目全非：允禵。

康熙帝过分推重老十四；加之胤祯缺乏政治头脑，在夺储大战中没有跟随自己的亲哥哥；胤祯自己或许也有觊觎帝位的表现：这都为雍正帝日后长期倾陷、圈禁允禵埋下了祸根。

"八王议政"吊打雍正，
讽刺了更大的阴谋

1

电视剧《雍正王朝》临近尾声，弄出了一场所谓"八王议政"的闹剧，险将雍正逼进了下台的死胡同。

那场景，惊心动魄，扣人心弦。以廉亲王允禩为首的反对党阵营，串通关外四旗主铁帽子王爷率兵进京整顿旗务，准备联手恢复清初的"八王议政"。

八王议政，顾名思义，就是帝王之下的八旗旗主联席会议，可以决策一切国家要务，制衡和对抗大汗或者皇上。

王公大臣议政，清朝确实有这个传统。

从努尔哈赤建国之初的四大贝勒、五大臣，到天命七年（1622）三月推行的八和硕贝勒共治国政制，都是氏族社会军事民主制的一个表现。大汗专制却不能独裁，诸贝勒大臣相互牵制和监督，在一定程度上威胁了汗权。努尔哈赤曾经两次试图择立储君，却因以四大贝勒为首的议政会议抵制，而皆以失败告终。

皇太极以弱势的旗主，得到三大贝勒（代善、阿敏、莽古尔泰）的拥立，最初"五年所凡国人朝见，上与三大贝勒俱南面坐受"（《清太宗实录》卷十一，天聪六年正月己亥），受礼听政，共决朝政。皇太极在即位当月，还设置八固山额真，总理本旗军政事务，"入则赞襄庙谟，出则办理国事"（《清太宗文皇帝圣训》卷四），又设立了两班十六大臣三十二人，或佐理国政，或出兵驻防，进一步分割各旗主的权势。

多尔衮以睿亲王之尊摄政，代行皇权，却不断地强迫顺治帝晋封其为皇叔父摄政王、皇父摄政王，实质就是要凌驾于诸王贝勒之上，对旗主们的权势进行打压和削弱。

顺治亲政后，将多尔衮所统的正白旗改为皇帝亲领。正白旗与原来努尔哈赤、皇太极传承皇帝亲率的两黄旗，一同成为直属皇帝的上三旗。

顺治以降，八旗有了上三旗与下五旗之分。

皇帝是八旗共主，更是上三旗的唯一旗主。

康熙初期，两黄旗大臣因多尔衮留下的宿怨，打压以苏克萨哈为代表的正白旗。这是上三旗的窝里斗。少年天子康熙帝，在旗属关系上，仍是他们共同的旗主。

2

雍正继承了康熙的皇位，也继承了他的上三旗。

八旗旗主，雍正帝一人占仨。

王公贝勒可以奉命办理上三旗满洲、蒙古、汉军事务。雍正十七弟允礼，是他夺嫡的支持者之一，对他尽心尽力、敬畏谨慎，不但爵封果郡王、管理理藩院，而且命其管理正黄旗满洲事务，就是出任正黄旗满洲都统。

用皇室近亲管理旗务，始于康熙后期。康熙帝为了进一步牵掣议政王大臣会议和内阁，积极任命年长的皇子管理旗务，参与国政，组成了一个特殊的中枢权力机构。深得康熙信任的老十二允祹，虽然没有参与"九子夺嫡"的宫斗，但他因被康熙帝交予启蒙老师苏麻喇姑抚养，命总管内务府，同时办理上三旗之一正白旗满洲、蒙古、汉军事务。雍正即位后，总是以他办事不谨慎、礼数出纰漏为由，拟罪夺爵，将其一降再降，降为奉恩镇国公，直至雍正八年（1730）

五月才恢复他的郡王爵。

允䄇之所以遭受雍正连连打击，一是他可能为雍正的假想敌，二是他或为允禩的同情者。

雍正上台之初，政治环境并不稳定，朝中反对者多，下五旗中旗下属人与旗主的隶属关系依然存在。他们其中有不少人与反对党领袖允禩往来密切。但是，上三旗是绝不会让别人染指的，即便是奉命办理旗务的，也只是一个高级经理人。

如此局面，哪还会有电视剧里说的什么允禩、允禟、允䄄、允祥各领一旗，所谓简亲王勒布、东亲王永信、果亲王诚诺、睿亲王都罗各主一旗？

自然归属雍正的上三旗，也被他们分割了。

允禩等强制推行八王议政。这是赤裸裸的逼宫。

老态龙钟的张廷玉据理力争，有心救主，无力破局。心有余而力不足。

若不是老十三拼了最后一口气，力挽狂澜，说不定被艺术创作者穿越架空的雍正，就提前收场了。

电视剧的情节出于虚构，但的确，雍正即位之初，虽有隆科多、年羹尧等人于内于外保驾护航，仍然不能保证康雍交替的政治环境稳定。

当然，在雍正初登大宝，感到形形色色的威胁时，第一时间就想到了打击朋党，进一步削弱下五旗旗主王爷的特权。

3

电视剧《雍正王朝》中"八王议政"闹剧的惊险上演，让于雍正八年五月病逝的允祥，赶在雍正四年非正常死在拘禁地的允禩、允禟前面吐血而亡。

电视剧把权臣隆科多的锒铛下狱，也安排在了这一场戏中。雍正给他加了一条足以灭门的大罪：兵变逼宫。看来轮不到他为了国土，与沙俄侵略者据理力争了。

电视剧把两鬓花白的张廷玉，安排成了上书房（应该是内阁）的领班大学士。

这是现代艺术的创造。

八王议政的闹剧，虽非剑拔弩张，却亦是放手一搏。最后，成功接管丰台大营的允祥破局，雍正反败为胜。

这场戏，使得雍正皇帝进一步剥夺诸王和旗主的权力。

先说那所谓来自关外的四大铁帽子王：

清朝没有东亲王这个爵位，东亲王的出现是剧本的需要。

简亲王世系在雍正朝，为雅尔江阿、神保住兄弟，他们是原和硕郑亲王、镶蓝旗旗主济尔哈朗的曾孙。雍正四年，雅尔江阿因饮酒误事而被诏责夺爵，由其十四弟神保住袭爵，至乾隆十三年（1748），神保住也因过被夺爵。他们没有威胁到雍正的皇权。

睿亲王世系，为太宗朝初封多尔衮。顺治八年（1651）正月，英年早逝的多尔衮被拉清单，其嗣子多尔博被遣回多铎原宗，直至乾隆四十三年，乾隆为多尔衮平反，才以多尔博世系追封世袭罔替的睿亲王。雍正朝是没有真正的睿亲王的。

而果亲王更离谱。雍正元年四月，雍正封十七弟允礼为果郡王，六年二月晋升果亲王。果亲王是雍正的拥趸，不可能成为他的反对者。

历史上，有相关的内容，但事实相反，一切都是雍正掌控和主导的。

当时，他上台还不到九个月。

事情发生在雍正元年七月前后。那时，允祥还不是名副其实的二号首长，隆科多掌步军统领，但权势还没达到顶峰。张廷玉只是深得雍正重任的礼部尚书，入侍南书房，加了太子太保，主持《明史》的纂修，离署理大学士事务还差两年时间。

允禩集团的主要成员却已经被雍正做了分化的安排：允禩作为总理王大臣

之一，爵封和硕廉亲王，位列中枢要员，负责理藩院和工部事务；允禑被责令至西宁军前效力，已经成为重点监控对象；允禵则在雍正元年四月，被议罪监禁，事由是在张家口私行禳祷，针对"雍正新君"。

雍正对诸旗主动手时，允禑和允禵已经失去了人身自由，更莫说政治权力。

即便康熙朝受封敦郡王的允禵曾经受命代替康熙帝办理正黄旗满洲、蒙古、汉军三旗事务，但至雍正即位，正黄旗还是名正言顺地被"雍正新君"接管。

直接掌控了上三旗的雍正，继续康熙后期干预下五旗的方针政策，加大力度清洗不能"与君同好恶"，而同允禩集团往来密切的下五旗王公大臣。

他迅速对上三旗、下五旗的正、副都统进行了大换血，对于异己分子，缘事革职，对于心腹大臣，委以重任。

雍正元年七月，雍正接受给事中硕塞条陈，下发给总理事务大臣商定，将八旗都统印中的"固山额真"（都统）改为"固山昂邦"，"伊都额真"（护军统领）改为"伊都章京"。因为在雍正看来，"额真二字，所关甚巨，非臣下所可滥用，应请改定，以昭名分"（《清世宗实录》卷九，雍正元年七月壬辰）。

八固山额真，为皇太极即位时所设，即八大臣，为管旗的军政长官。顺治十七年，曾依照汉称将固山额真改为都统。但不论是固山额真，还是都统，都是在名义上隶属旗主，但在实质上作为皇帝的代言人分管八旗军政日常事务。

额真者，满语"主"也。

雍正不想天有多日，旗有多主。

他出台一系列手段和谕令，就是要向下五旗旗主王爷夺权，向各旗办理事务的都统等宣示：只有他是唯一的主人，旗主、都统等大小管旗、勋贵官员和旗民一样，都是皇帝的奴仆。

所以，他"将八旗印信，改铸给与"。

名称变了，旧印换新。

雍正还通过内阁，以最高指示进一步限制和剥夺下五旗诸王的特权，严令他们总管所属旗分佐领下人，挑取一切差役，遇有过失，则要锁拿下狱，籍没家产。任意扰民累民，都是违例行为。

与此同时，雍正规定，下五旗诸王如果要进行人事安排，必须向皇帝请旨，被批准后方可进行，并要与管旗都统一起执行。

旗主王爷们不再是下五旗的绝对权威——

一、所属旗民，只许用为护卫、散骑郎、典仪、侍从校尉和亲军，同时在任用之前要请旨。

二、选送身边人员在部院衙门及旗下办差或当管家，也必须请旨。

三、需用多人以供差役，或补任王府官员，或提拔随侍人员子侄，都要向上报备。

雍正规定，诸王不得再将所属京官、外官子弟任意选为包衣佐领等旗属下官，不得再用上三旗大臣侍卫作为门下职员。

上三旗人员只能服务于皇上，不但要从诸王门下撤回，而且原来隶属诸王的宗室、觉罗等佐领，也必须归并上三旗行走。

旗主们禁止使用专属皇帝的服务人员。

对于都统，雍正有着另外一套严格的管理办法：

一、不得擅对旗民治罪，必须尊重国家的司法程序，向刑部报告。

二、不得妄增旗民负担，命他们担任多份差役和官职。

三、对旗务须具实奏报，如果隐匿偏私，被御史弹劾，即将都统等涉事官员严惩。

雍正"命八旗各派满洲御史二人，稽察八旗一应事务"，并采取"调旗派用"的办法，防止御史慑于旗主、都统权势，而不尽心尽责，疏于各旗相互制衡与牵制。

　　分化下五旗旗主权力，并非雍正之始。康熙后期，就多次任用皇子管理旗务，削弱主旗王公贝勒的权势。

　　雍正加大力度打击八旗王公大臣，就是为了进一步清洗对允禩集团持同情态度、对自己不能一心一意的康熙诸皇子、下五旗王爷都统，最大限度地将皇权控制在自己的手中。

雍正在康熙丧期笼络老八时，
却炮轰恩人老九

1

电视剧《雍正王朝》中的老九胤禟，给人的印象是肥胖的莽夫。这是雍正四年（1726）五月彻底清算老九时的政治定调："塞思黑乃系痴肥臃肿、矫揉妄作、粗率狂谬、卑污无耻之人。皇考从前不比之于人数，弟兄辈亦将伊戏谑轻视。"（《清世宗实录》卷四十四，雍正四年五月戊申）连亲爹都嫌儿丑，遑论兄弟们的戏谑。

这样的定调，虽然有新君整肃政敌的因素，但也该是众人服膺的。

胤禟过于肥胖的形象毋庸置疑，但其他形容词，难免是"欲加之罪，何患无辞"。最起码，他在理财和结交方面是弟兄辈中的最优秀者，他利用女儿下嫁百官首富明珠之孙、揆叙之子永福的机会，获取万贯家财，并不吝巨资结交地方官员，筹划着千金散尽还复来。

同时，他也有对地方官员敲诈勒索的一面，如曾授意管家秦道然、太监何玉柱四处招摇撞骗，违令经商，拐卖良家子女。

这是他们兄弟以及清皇室权贵的通病。康熙四十六年（1707）左都御史王鸿绪密查苏州地方拐卖女子案，太子胤礽就是主犯。

即便给人印象正直的四阿哥胤禛，也是同道中人。

雍正元年二月二十九日，朝贺新皇新年的朝鲜使者——陈慰正使砺山君李枋、副使金始焕返国，还在沈阳就向主子驰禀大国国情："康熙皇帝子女众多，不能偏令富饶，诸子女受赂鬻官，若漕总监务等职，随其丰薄而定赇多少。且于京外富民之家，勒取财产，多至数十万，小或累万金，而田园人畜，亦皆占夺，人或不与，则侵虐万端，必夺乃已而不禁。"（吴晗辑《朝鲜李朝实录中的中国史料》下编卷七，景宗三年二月乙卯）

使者们特别强调："新皇帝亦尝黩货致富，及登大位，前日所占夺者，并还本主，而敕谕诸昆弟曰：'朕在邸时，虽不免夺人利己，而未尝伤害人命。他余昆弟，则杀人伤人，朕甚悯之。朕既悔过改图，诸昆弟果有贫窘者，则户部之物，系是经费，朕不敢私用，而内库所储，可以随乏周给。尔等所夺民财，限一年并还其主。若久不还，致有本主来诉，断不以私恩贷之也。'"

捕风捉影，亦不免为大国丑闻，但是藩属国判断宗主国新皇喜好的重要信息。

这些不见于清朝官修史料，貌似无据之谈，但我们所知的雍正初年遇到饥荒，允祉、允祺和允禟囤积粮食，待价而沽，也见于这部异域国史："畿内饥荒，三王、五王、九王贸米积置，不许发卖，以等市值之跳登。即今米一斛，价至银八两，而米无有处，民不得买食矣。"

所谓九王，指的就是雍正皇九弟允禟。他因为窃取女婿家的巨富，又勒取地方，发国难财，俨然成为诸兄弟中的首富，曾大力资助政治人气明星胤禩和胤禵，玩政治投机对抗雍正夺嫡。

因此，胤禟早在雍正即位前后，就被新皇视为一号敌人。

雍正以服丧为由，以内阁行文召回抚远大将军胤禵时，又以遵循旧制，派遣王公往赴军前为名，将胤禟发配西宁。

亲爹刚死，儿子们都该守孝。但是，雍正却厚此薄彼了。

胤禟请求缓行，遭到了雍正的严词拒绝。按常理，父丧，兄弟们该抱团尽孝，稳定过渡，但守孝却成了雍正分离兄弟们的借口，对以仁孝治天下的康熙先帝来说，无疑是种侮辱。

雍正之所以这么做，也是时势所迫。

先不说他得位正不正，胤禩集团对于皇位失落，无疑是怀着强烈的抵触情绪的。即便雍正为了笼络胤禩，将其列为首席总理事务大臣，由贝勒直接晋爵和硕廉亲王，胤禩做事也不尽力，甚至说："皇上今日加恩，焉知未伏明日诛戮之意！"（《大义觉迷录》卷三）

他们做过多年的邻居。早在康熙四十六年，他就与老八、老九和老十，征得康熙帝的同意，在畅春园附近把别墅建造在一起，比邻而居，经常来往。

在胤禩一党最初看来，胤禛是反太子的，他们站在统一战线上。然康熙二废储君后，胤禛表面上谈禅论佛，实际上在筹划如何捷足先登，如其派心腹戴铎前往福建为官，就是想争取康熙倚信的文渊阁大学士李光地的支持。

李光地是一只老狐狸，对戴铎的试探回报"目下诸王，八王最贤"（《文献丛编》第三辑《戴铎密折》），甚至在临死前曾向康熙请求建储。但从雍正即位后，为之加赠太子太傅，入祀贤良祠，并称其为"一代完人"，以及疯狂整治陈梦雷等诸事来看，李光地应该对康熙夸过老四的才德。

而胤禟，不仅是胤禩集团的骨干成员，而且是该集团的黏合剂，起到了团结诸兄弟的作用。老十才智一般，为老十四胤禵所轻蔑，是被老九胤禟拉着才得到了胤禩的尊重。

胤禟的作用，雍正在即位前就清楚。

2

康熙诸子，各有能耐。胤禟不但擅长团结，而且为人仗义，曾经为胤禛赢得康熙的倚信重用，出了一把力。

早期的胤禛，在康熙心里印象并不佳。康熙三十七年三月，第一次封爵诸皇子，大阿哥胤禔、三阿哥胤祉均封为多罗郡王，而比胤祉仅小一岁的四阿哥胤禛，却只能同更年幼的诸阿哥一起封为多罗贝勒。

文华殿大学士兼吏部尚书伊桑阿等提出异议，请求康熙将诸皇子一并按例封为王爵，康熙帝却说："朕于阿哥等留心视之已久，四阿哥为人轻率……朕意已决，尔等勿得再请。"

此后，康熙外出视察，如带着皇太子胤礽和皇长子胤禔，则命三阿哥胤祉带着八阿哥胤禩留守京城，综理政务，奏报京城情况。如康熙四十二年七月，还在塞外的康熙，收到已被拘禁的前内阁首辅大学士、领侍卫内大臣索额图图谋越狱的消息，当即密谕胤祉、胤禩深夜前往宗人府，秘密审讯索额图。此等要务，康熙舍弃年长的胤禛，而倚信年少三岁的胤禩，足见康熙对胤禩的倚重远比胤禛多。

胤禛有时奉命参与政务，都处于从属位置，排名在老八之后。直至康熙四十七年九月，第一次废储，胤禩因为众望所归、打击胤礽被康熙设防，于是康熙命胤禔与胤禛共同看守胤礽。

康熙亲书废储诏书，决意告天，胤礽却说其储位是皇父给的，要废则废，何必告天，多此一举。胤禔等将胤礽的牢骚话禀告康熙，激怒了康熙，康熙说：以后不必来奏胤礽的话。

过了几日，胤礽又说：皇父历数我的问题，大多是真实的，但有一条，我没有杀父谋逆之心！

胤礽是要自证清白，说明自己在康熙四十七年九月康熙回京途中，走近其所居幔城偷窥，并非阴谋杀父，图谋不轨。

胤礽请兄弟们代为奏明，胤禔严词拒绝，并禁止诸弟转奏。

胤禔明白，康熙之所以下决心废储，莫过于胤礽曾与索额图潜谋大事，直接威胁到了康熙的皇权。毋庸置疑，阴谋杀父谋逆是废储的首罪，要将胤礽排挤出局，哪怕莫须有也得有。更何况，他就是胤礽窥探康熙幔城的告密者。

所以，胤禔说：父皇已下旨不许奏报，谁敢再奏？！

这既是回绝胤礽，也是警示诸弟。

孰料，胤禩却对胤禛说："此事关系得大，似乎该奏！"（《文献丛编》第三辑《允禩允禟案》）

胤禩是反太子的，但在此事上直言不讳，敦促胤禛顺势提议，还是再奏一回，与胤禛共同奏报，结果得到了康熙帝赞赏。

也因此，康熙下令将胤礽颈上铁锁去掉，开始谋划复立太子。

而胤禛也受到了康熙的表扬："前拘禁胤礽时，并无一人为之陈奏。唯四阿哥性量过人，深知大义，屡在朕前为胤礽保奏，似此居心行事，洵为伟人。"（《清圣祖实录》卷二百三十五，康熙四十七年十一月戊子）

胤禩的兄弟之情及无心之劝，成就了胤禛的重获圣心。从某种意义上来看，胤禩给了胤禛点拨的恩惠。

3

但是，成为皇帝的雍正，却没有对胤禩的滴水之恩以涌泉相报，而是全力追击。

他率先在康熙驾崩的当日，以胤禩生母、康熙宠妃宜妃郭络罗氏开刀，严斥她在哭大行皇帝时，在尚未正式登基的新皇及其生母、还未正式上尊皇太后的德妃乌雅氏面前忘了尊卑：

"大事方出，朕悲痛切至，心神恍惚，仪文所在，未曾传知。但众母妃自应照前遵行国礼。即如宜妃母妃，用人扶掖可以行走，则应与众母妃一同行礼，或步履艰难，随处可以举哀。乃坐四人软榻，在皇太后前与众母妃先后搀杂行走，甚属僭越，于国礼不容。皇考未登梓宫前，仓猝之际，宜妃母妃见朕时，气度竟与皇太后相似，全然不顾国体。"（鄂尔泰、张廷玉等编纂《国朝宫史》卷三）

康熙刚死，久受宠爱的宜妃痛夫心切，同样是"悲痛切至"，更何况她当时也是重病在床。慌忙悲痛中前来哭夫，哪还顾得上什么规矩？更何况新皇的政治规矩，尚是"未曾传知"。

然而，宜妃却因重情重义犯了雍正的忌讳。

忌讳也是借口，也是争斗的理由。

与此同时，给兄弟们的改名运动，雍正也在紧锣密鼓地进行着。

权力之争便是为利益而战。已被改名的允䄶，虽然在释服不久之后，就被强行贬黜至西北军前，寄望走得"越远越好"（《文献丛编·允禩允䄶案》），但对于胤禩，他始终是站在对立面的，哪怕是臣服也被严防，胤禩丝毫不给其明哲保身的机会。

一、在康熙四十七年九月的太子废立风波中，康熙责备胤禩妄蓄大志，党羽相互勾结，妄图谋害胤礽（即没有向康熙报告相面人张明德谋划行刺胤礽之事），下令将胤禩锁拿，交与王大臣审理。胤䄶不顾康熙正在盛怒之中，与胤禵一起为胤禩鸣冤保奏。二人怀藏毒药，愿与同死，又携带锁铐，亲自随行，以示同患之意。如此行径，可见胤䄶是力挺死忠胤禩的。

二、康熙五十七年，胤禵受封抚远大将军，奉命西征。出发前，胤䄶赠银一万两，此后又几次差人往其驻扎地，送银数万两。胤禵过生日时，胤䄶派人专程送去九件金器，约值一二万两银子。胤䄶多次选派亲信太监向胤禵传递京师信息。胤禵由西北前线暂返京师，胤䄶耗费大量钱财，将其花园修葺一新。胤䄶此为，明为兄弟之间的情意，实际是在政治上拉拢胤禵。

三、雍正继位后，重点打击允禩一党，率先打击财神爷允䄶。朝内外已有雍正凌逼弟辈等议论。派往军前效力的宗室赖士，参奏驻防都统图腊、副都统鄂三与下属人员谈论雍正是非，称他拘拿诸大臣，凌逼众阿哥，纵恣隆科多、年羹尧擅权等，暗示这些事是允䄶说出来的，激怒正为继位正名的雍正。

四、雍正下令查抄老十允䄴府邸，搜出允䄶从西宁驻地与允䄴的秘密通信，有"机会已失、追悔无及"之语，同时发现允䄶还与允禩、允禵等人暗中联系甚密。

五、雍正三年初，雍正以允禵纵容下人，骚扰民间为由，命都统楚宗前往约束。允禵得知楚宗抵达，未照接待钦差大臣之例出迎请安，藐视天威。雍正得闻，怒不可遏。这是对雍正即位之初，兄弟们为父皇康熙举哀，允禵突然跑至新皇面前，"对坐箕踞，无人臣礼"（《清世宗实录》卷四十五，雍正四年六月甲子）一事的再度发酵。

六、曾得允禵救助的山西贫民令狐士义，扮做买卖人，假称有要事求见，遭到允禵拒绝后，仍不甘心，通过太监投递书帖，称山陕百姓都说胤禵好，闻其遭难，表示愿辅有道之主，不附无道之君，欲聚合山陕兵民，以救恩主。此言一出，雍正自然不会放过允禵。其实，允禵在雍正即位后，主动示弱称"奴才弟"被发配西北，只想远离是非，甚至对令狐士义说："我兄弟们无争天下之理。"（《雍正朝起居注册》第一册，雍正四年八月二十七日）

在雍正的心里，允禵始终是"外饰淳良，内藏奸狡"（《清世宗实录》卷二十八，雍正三年正月戊辰）的异己分子。所以，在雍正三年七月二十九日《上谕内阁》中，雍正说得很明白：允禵"自来举动恶乱，结纳党援，妄行钻营，不守本分。且人品庸劣，文才武略，一无可取。兼之居心妄自尊大，伊本无足算数之人！"

他们兄弟之间的恩怨是说不清的。雍正在丧期结束后，决意全面清算已被改名的允禩、允禟、允禵集团问题时，说："允禵肆行傲慢，全无人臣事君之礼，且称出家离世等语。其意以为，出家则无兄弟之谊，离世则无君臣之分。"（《清世宗实录》卷二十九，雍正三年二月丁酉）

逃避也是罪行。

允禵死于二十八款罪状，死于雍正说不清的政治阴谋。

但是，雍正的后继之君乾隆为允禵平反时，却说"未尝无隐然悖逆之心，特未有显然悖逆之迹"（《清高宗实录》卷一千○四十八，乾隆四十三年正月甲戌）。康熙朝之时，在并没公开立储、也未暗定储君的情况下，作为康熙皇子的允禵是有资格参与储位竞争的。但雍正即位后，迅速打造绝对权威，被发配军前的允禵，只要有不合作或者逃避的表现，就像是刀俎上的鱼肉，逃也逃不掉、避不开恢恢天网。

雍正打击老八老九，
为何对老十网开一面？

1

康熙六十一年（1722）十一月，雍正即位，虽然有一道饱含争议的康熙遗诏正名，且有掌管京师卫戍力量的提督九门步军巡捕五营统领隆科多保驾护航，但他所处的政治环境并不稳定。

对其皇权的威胁，并非来自久拘禁所的皇长兄允禔和废太子允礽，他们已被关押了十年左右，很难被群臣惦记；也并非来自西北的抚远大将军、皇十四弟允禵，雍正已通过内阁行文请其入瓮，西北大军已落入了雍正亲信、川陕总督年羹尧的手中。

最大的威胁，来自身边。

康熙晏驾不久，雍正就授允禩集团的灵魂人物兼带头大哥允禩领班总理事务大臣，进位和硕廉亲王，然而他对这位与自己能力相当的八弟还是不放心。

老八是康熙四十七年十一月新推储君活动中最具人气的政治明星。在国丈佟国维的主导下，以阿灵阿、鄂伦岱为首的多名领侍卫内大臣，和马齐牵头的内阁大学士，联合绝大多数大臣，力荐八贤王入主东宫。若非康熙帝早定复储计划，而在此次廷议中力排众议、力挽狂澜、力战群臣，那么允禩必然是被写进历史的接班人。

允禩若能接班，那么不论还是贝勒的胤禛怎么谈禅论道，如何韬光养晦，他也未必能成为最勤政的雍正帝。

好在允禩让康熙帝感到了前所未有的威胁和顾虑。

若干年后，已成为雍正帝的胤禛说："廉亲王允禩若肯实心任事，部务皆所优为。论其才具、操守，诸大臣无出其右者。"（《清世宗实录》卷三十一）

时为雍正三年（1725）四月癸未。

雍正话锋一转，称"其心术之险诈，诸大臣亦无与之比者"。

这是他召集诸王、贝勒、公、大学士、九卿及官员等入殿时公开说的。

雍正帝还说：我与允禩，分属君臣，谊属兄弟。而今，允禩之于我，则情同水火，势如敌国。

冰火两重天，兄弟势如敌。

问题就出在允禩主管工部，武库里的军事装备出现了问题："刀刃无钢，盔有裂缝，甲系市买粗铁所造。"（《清世宗实录》卷三十一，雍正三年四月癸未）

此时，雍正为了证明自己是康熙选中的理想接班人，不但对诸多废弛的吏治制度和法令条文进行改良，并破天荒地开始了解决废除贱籍的社会问题，还在政治、经济、军事等方面做准备，准备着实解决尾大不掉的准噶尔问题。

虽然此前，新任抚远大将军年羹尧和川陕总督岳钟琪配合得好，调配多路大军，平息西藏叛乱，而为首的肇事者罗卜藏丹津并没有被擒获，而是逃亡伊犁河谷的准噶尔要地寻求保护。

对于军事装备的严格要求，雍正此前针对康熙朝遗留的"工部所制器械，类多粗率"的问题，已对工部下严旨：细小的工作应"即行置办"，"若工作稍大，及紧要物件，俱先行奏明"。工部造成之后，应该第一时间奏请差人验收。

此次要验看的，是要发往防御准噶尔前线阿尔泰的军械。结果，内大臣夸岱、内务府总管来保查出了问题。

雍正大怒，这已不是工部第一次出错了，此前就曾发现制造兵丁帐房出了质量问题。

允禩主管工部，是第一责任人。军械不符合标准，他涉嫌玩忽职守，故意渎职。

雍正降旨问话，允裪主动请罪，还说愿意高价赔偿。这给雍正的感觉是明摆着拆台，对他看重的不重视，故意以次充好。

这一次军械质量问题，持续发酵。

允裪被雍正严厉追责，且被揪出雍正元年九月，奉康熙帝及其皇后神牌升祔和太庙，在端门前设更衣帐房，但因其都是新制，故而油漆味大的旧事。

当时，雍正已命允裪带头，领着工部大小官员在太庙前跪了一昼夜。

雍正打击允裪，蓄谋已久。现在重新拉清单，就是彻底清算。

所以，雍正说，康熙生前曾朱批他们兄弟，称他与允裪父子之义早已一刀两断。

父子之义已断，哪还有什么兄弟之情。

雍正打击起来更是肆无忌惮了。

2

雍正即位不久，加紧打击、瓦解允裪集团，并对他的同情者们也进行了严厉的惩罚。

在康熙帝诸子、下五旗旗主、开国勋贵后代、先帝外戚及朝堂文武大臣中，仍不乏允裪的支持者和同情者。

老九允禟、老十允䄉作为允裪的左膀右臂、哼哈二将，雍正对他们的打击更加严厉无情。

雍正毫不顾忌兄弟们还在为康熙守孝，就将西方文化学习达人允祹发配至西宁军前效力，并派出了监控的特务团队。允祹为人慷慨仗义，爱交朋友，为雍正所忌。雍正生拉硬套、穿凿附会，十四皇弟允禵被召回守制，而另一个皇弟出驻西宁。

儿子为父守孝，本是履行礼教观念的尽人子礼，进一步将先帝康熙崇儒重道的作风发扬光大。然，雍正召此遣彼，无非是要巧妙地架空允禵的抚远大将军之实，而将康熙驾崩现场见证人之一的允禑打发到千里之外。

一石二鸟。

允禑拜了康熙灵柩，而不拜新皇天威，被雍正一纸谕旨，顶着郡王的虚名，软禁在景陵读书反省，接受马兰峪总兵范时绎的实时监控。

雍正还派出了以都统楚宗为首的监管团队，监视被贬至西北前线效力的允禵，只要有轻举妄动，就夺爵幽禁，将天潢贵胄踩入泥淖。

允祯于康熙四十八年十月晋封敦亲王，属于颇受康熙喜爱的对象，曾受命办理正黄旗满洲、蒙古和汉军三旗事务，参加了康熙末年凌驾于议政王大臣会议、内阁和南书房之上的特别中枢机构。

允祯的优秀和受宠，尤其他是支持允禵的行为，让雍正对其恨之入骨。

所以，雍正对允祯的打击也很直接。

雍正元年正月，九十高龄的蒙古活佛哲布尊丹巴呼图克图一世，进京拜谒先帝灵柩，不幸病逝。他"原系法教内之第一人"，曾率喀尔喀部来归，支持康熙亲征噶尔丹，"最为有功"。康熙与之约定："朕寿七十，尔寿九十，大庆之年，尔必前来，断勿食言！"（《清世宗实录》卷三，雍正元年正月丙申）一语成谶，康熙七十而崩，活佛九十示寂。雍正命人将灵龛送回喀尔喀，并按最高礼仪给赐名号，且命敦亲王允祯带着册印，前往祭奠。

四月，允祯逗留张家口，被跟随太监举报私行禳祷，"在禁锢之所竟敢为镇魇之事"，语及"雍正新君"（《大义觉迷录》卷一），犯大不敬罪，削爵拘禁。

允祯在心里诅咒他，骂他得位不正。但变了一种玩法，对御讳大不敬。这在清朝是一个大忌。当年，顺治帝驾崩前，独命正白旗的苏克萨哈"恭送御讳"，结果引发了其他三辅臣的刻骨仇恨，最后作为一大罪证使之死于绞刑。后来，乾隆朝江苏布政使彭家屏刊刻族谱，直书御讳不缺笔，结果被赐狱中自尽。

让人不曾想到的是，被定罪拘禁的允禩，似乎因祸得福，雍正想尽办法惩罚允禩、允禵以及同自己一娘生的胞弟允禵，责骂他们"糊涂狂妄""奸诈阴险"，似乎忘记了身陷囹圄的允禩。

雍正四年六月，议政王大臣会议秉承皇帝旨意，给允禩胪列四十款大罪，给允禵弄了二十八款罪状，给允禵造了十四款罪状，颁示全国。

王大臣们请旨杀了允禩、允禵和允禵。雍正帝虽然拒绝了，但先后将允禩、允禵幽禁在不同地方死于非命，而将允禵长期圈禁。

允禩又是躲过一劫。

故而，有人疑问："允禩与允禵、允禵皆党附允禩，为世宗所恶"（《清史稿·允禩传》），雍正帝严惩允禵、允禵，并变着法子折磨允禵时，为何雪藏了允禩？

允禵为首席总理王大臣，允禵奉命到西宁军前效力，然此二人顶风作案，直接违抗雍正旨意，阳奉阴违。

雍正认为允禵挟私怀诈，"自绝于天，自绝于祖宗，自绝于朕，断不可留于宗姓之内"（《清史稿·允禵传》）。

允禵被迫到西宁后，纵容家奴生事，对奉命前来约束的都统楚宗不当回事，被雍正帝手诏谴责他"傲慢无人臣礼"（《清史稿·允禵传》）。

雍正在《大义觉迷录》卷一中历数允禵、允禵、允禩和允禵是如何自成集团的："又如逆贼加朕以屠弟之名，当日阿其那以二阿哥获罪废黜，妄希非分，包藏祸心，与塞思黑、允禩、允禵结为死党。而阿其那之阴险诡谲，实为罪魁；塞思黑之狡诈奸顽，亦与相等。允禵狂悖糊涂，允禩卑污庸恶，皆受其笼络，遂至胶固而不解，于是结交匪类，蛊惑人心，而行险侥幸之辈，皆乐为之用，私相推戴，竟忘君臣之大义。"

雍正强调诸弟抱团，图谋不轨，触怒康熙，以致康熙忧愤震怒，因而病倒，甚至哀鸣与允禩的"父子之情已绝"。

雍正指出，是他以君父高年，忧怀郁结，千方百计地"调停解释，以宽慰圣心"。但没想到，康熙驾崩，他万分悲痛，而允䄉傲慢无礼。雍正加封允䄉为亲王，命其辅政，结果他们继续"以毒忍之心肆其桀骜之行，扰乱国政，颠倒纪纲，甚至在大庭广众之前诅朕躬，及于宗社"。

这些，都是大臣们所共同见到的，"人人无不发指"。

这是对抗皇帝，自寻死路。

而允䄉自雍正元年四月被褫夺敦郡王爵位，逮捕回京关押后，不再有政治表现。雍正多次追责允禩、允禟和允䄉的秘密联系，除了谈及允禟曾给允䄉寄书"机会已失，悔之无及"外，不再提及允䄉参与其中。

雍正说，允䄉被议罪后，"俯首自认，不能更辩一词"。

允䄉应该是开始笑忘红尘。

他甚至出卖了自己曾经的战友。

当然，他也被割断了与外界的联系。

电视剧《雍正王朝》弄的允禩、允禟、允䄉联合关外铁帽子王，向雍正逼宫，欲行八王共掌朝政之事，纯为杜撰，允䄉很早就沦为了雍正的阶下囚。

从诸多现实问题来看，雍正是有意雪藏允䄉，也为其后来著述《大义觉迷录》，自证屠弟清白，提供了一份证明。

允禩与允禟的非正常死亡是否与雍正有直接关联，当存疑，但是奉命监护的人明显玩忽职守，没有被及时处理，却是事实，可见雍正对于两个亲弟弟的暴卒有着不可推卸的责任。

雍正严惩这些弟弟，是打击反对党的做派，并没有查出谋逆之实。允䄉活过了雍正帝，应该有自己独特的活法，或者主动输诚臣服，成了雍正选择性打击异己力量的一个幸运儿。

允䄉生母温僖贵妃和姨母孝昭仁皇后，早在康熙朝就死去，自然庇护不了侥幸的允䄉。

康熙儿子中有一治丧高手，
因此遭到雍正打压

1

康熙之死，与著名的"九子夺嫡"有关。

他的寿命，在有清一代仅次于其好圣孙乾隆帝，而在位时间堪称中国皇帝之最，也因为称帝超长待机，导致了太子难熬、诸子争储，严重内耗了他最后的精力。

早在康熙十四年（1675）六月初三日，他就册立了嫡长子胤礽为皇太子，亲自抚养、教育这个生母难产血崩的苦命儿。当时，国家遭逢存亡之际，吴三桂倡乱云南，带动耿精忠、尚之信、孙延龄在闽粤之地造反。北疆察哈尔部公然叛乱，影响山西驻防蒙古兵联动反清。全国动乱，唯有京师、河南、山东等地还算稳定。

康熙撤藩，天下惊变，然青年天子仍踌躇满志，运筹帷幄，历时八年，解决了这一场席卷全国、声势浩大的动乱。此后，康熙加紧收复台湾，稳定北疆，三次亲征噶尔丹，争夺蒙古统治权。

经历过辅政时代的康熙帝，大范围缩减议政王大臣会议决策权，又以词臣充实有官无吏的非正式机构南书房，从索额图、明珠等大学士结党营私的内阁分割更多的权力，严防大臣擅权揽政的不法行为，进一步集中和加强皇权。

他不想再做鳌拜们操控的傀儡皇帝，一旦大权独揽，就扬言："若等势重于四辅臣乎？我欲去则竟去之！"（李光地《榕村续语录》卷十四）他可以容忍索额图、明珠们纳贿敛财,那是小节,若争权独专则为大忌,则被彻底清洗。

康熙在打造绝对权威时,却忽视了做了三十多年储君的皇太子胤礽。胤礽等得太久了,在索额图的怂恿下铤而走险,对皇权发起了强势的威胁。康熙悲愤至极,不惜将索额图——曾经力助他铲除鳌拜、终结三藩的大功臣——诅咒为"本朝第一罪人也!"(《清史稿·索额图传》)

索额图被活活饿死在监禁地。康熙力排众议复立皇太子。曾经深明大义、行事谨慎的胤礽,在诸兄弟的虎视眈眈中,不思反省,反而变本加厉,使康熙深恶痛绝:"似此不孝不仁,太祖、太宗、世祖所缔造,朕所治平之天下,断不可付此人!"(《清史稿·允礽传》)

康熙垂泪历数太子罪状,再行废黜储君胤礽,却进一步激发了诸皇子的夺嫡雄心。

他虽然一再警示"诸皇子有钻营为皇太子者,即国之贼,法所不容"(《清史稿·允禩传》),也在康熙四十七年十一月将绝大多数大臣力荐的胤禩夺爵幽禁,但对觊觎皇位的儿子们却起不到真正的威慑作用。

因为康熙作为皇帝,是冷酷的;但作为父亲,是仁慈的。

他在晚年,主动分派自己喜欢的成年皇子管理旗务,允许他们参决大政,组成了一个凌驾于议政王大臣会议、内阁、南书房之上的特别权力中枢机构。

他这样做,不外乎两点意图:

一、他明确权力意志,不容许其他人寻租政务大权。他要最大限度地向内阁、议政王大臣会议夺权,精心打造他反复强调的"自古得天下之正莫如我朝"的大清正统。他将文渊阁大学士李光地引为最懂自己的重臣,又深刻忌讳他成为汉官和言官的阵营中心,让嵩祝等满洲阁臣趋之若鹜,形成"满洲大臣,竟无有能御汉大臣者"(《康熙起居注》康熙五十五年五月初二日)的失衡局面。为此,他特地让曾主导议立胤禩而罢免的鹰派人物马齐复出,以加强"满洲大臣"势力。

二、他废黜胤礽之后，仍要选择理想的皇位继承人。虽然康熙一再强调"今天下大小事务皆一人亲理，无可旁贷。若将要务分任于人，则断不可行"，但是，他为了海选、最大范围培育杰出的接班人，充分给予诸成年皇子锻炼的机会，以期遴选出具备足够理政能力的新储君，来弥补他费时四十多年培育太子不成功的失衡心态。

帝王心术是复杂的、随意的、矛盾的。

这，加剧了九子夺嫡的斗争，加速了康熙生命的衰颓。

2

皇十二子胤裪，没有参与"九子夺嫡"，让康熙感到欣慰。但他却在雍正继立后，接连遭遇无情的打击。

首先，胤裪要避皇帝四哥的御讳，被改名允裪。

雍正皇帝大张旗鼓地尊谥康熙为圣祖仁皇帝，在强调"既表尊亲之大义，当施逮下之洪恩"（《清世宗实录》卷四，雍正元年二月己巳）的同时，开始了虚情假意地为兄弟们改名的行动：事件由宗人府提出，亲王阿哥们名同御讳，应当更改。雍正指出："名讳由圣祖钦定，不忍更改。"（《清世宗实录》卷二，康熙六十一年十二月辛未）很快，由礼部牵头，搬出了近似傀儡的皇太后，代替雍正帝强行表态："诸王阿哥名上一字，著改为允字。"

允裪也由贝子晋封为履郡王，还代表新皇向增设历代帝王庙牌位致祭行礼。但很快，宗人府弹劾他"治事不能敬谨，请夺爵"（《清史稿·允裪传》），雍正命在固山贝子上行走。

允裪第一次做郡王，只做了一年，就因办事不体面，而被直接降了两级多。

为何说是两级多，而不是两级？

行走，即入职办事。允裪在康熙四十八年三月被封为固山贝子，这次却因犯事被严惩，险些夺爵，还是雍正网开一面，由多罗郡王降为相当于固山贝子级别的办事人员。

按清朝宗室爵位规定，郡王年俸银五千两、禄米五千斛，荫及长子，也享受年俸银三千两、禄米三千斛。贝子年俸银一千三百两、禄米一千三百斛，不及郡王长子的一半，而且曾经被荫护受赏的长子，也不再享受任何奖励了。

康熙朝以降，皇子封爵，最低也是贝子。

雍正为何对好不容易得封郡王的允裪，进行断崖式处理呢？

事出有因。

允裪曾在康熙五十六年十一月至第二年三月，奉命代管内务府事务，期间遇上世祖孝惠章皇后去世。

顺治生前，独宠董鄂妃，让这位来自科尔沁的正妻过着活寡妇的日子。康熙生母早逝，却对嫡母崇隆有加。嫡母高寿病逝，康熙悲痛不已，要举行高规格的国葬。

内务府必然要大出血，要承担皇太后百日大丧期间大部分费用。丧事完毕，康熙嘉许允裪办得体面，命他办理上三旗之一正白旗满洲、蒙古、汉军事务，参与军国大政，并被赋予实权。

然而，雍正即位不到一个月，就开始全面清查康熙末年遗留的亏空案。允裪主持内务府工作时，亏空了钱粮。

旧账拉清单，功劳不抵过。

康熙六十一年十二月十三日，雍正帝谕令户部："凡有亏空，无论已经参出及未经参出者，三年之内，务期如数补足，毋得苛派民间，毋得借端遮饰，如限满不完，定行从重治罪。三年补完之后，若再有亏空者，决不宽贷。"（《清世宗实录》卷二，康熙六十一年十二月甲子）

这是新皇帝的杀威之棒、立根之本。雍正既要向欠账的督抚大臣追索，也要借机弹压亏空的宗室王公。

允裪在康熙朝曾靠父皇救济过日子，康熙五十一年十一月曾一次性得赏赐银四千两，新增加的郡王待遇方能让日子过得舒坦些，但盈余不多，补偿不了账务，就拖着家具器用上街叫卖，筹钱赔付亏欠。

皇家的物件值钱，但也是出售皇家脸面，遭到了管理皇家事务的宗人府弹劾。

电视剧《雍正王朝》，也设计皇子拖着家具器皿摆列街头叫卖的场景，只是主演不是允裪，换作了雍正的竞争对手允禩和允禟。时间也被安排在康熙四十七年第一次废黜太子之前。

雍正本可以批示一句：允裪操办皇太后丧事，因公挪移，并未中饱私囊，不予追究，或者不给惩罚。

然而，他没有这么做！

3

对于小兄弟允裪五年前代理内务府四个多月内的钱粮亏空问题，雍正皇帝为何不愿意网开一面呢？

康熙朝遗留的诸多吏治弊端和社会问题，让因成功即位而狂喜不已的雍正很快回归清醒，不由打起了冷战。

姑且不说皇家内部存在着形形色色的反对势力，蠢蠢欲动，形成了不稳定的政治环境，就是他所接掌的朝政，也逼着他"朝乾夕惕"地进行大刀阔斧的改良运动。

他在雍正四年（1726）十月初二日的一道上谕中说："朕在藩邸四十余年，凡臣下之结党怀奸、夤缘请托、欺罔蒙蔽、阳奉阴违、假公济私、面从背非，种种恶劣之习，皆朕所亲知灼见，可以屈指而数者。"（《雍正朝起居注册》第一册）

他不敢直言这些是康熙晚年怠政所致，谦称自己"事事不及皇考"（《雍正朝起居注册》第一册），但又不得不承认康熙朝"数十年来，日积月累，亏空贪婪之案，不可胜数"(《清世宗实录》卷九十一，雍正八年二月丙辰）的现实。

这些问题的症结，主要源于他和他的兄弟们暗结亲信、自成集团、内斗倾轧，潜在地削弱康熙皇权，导致康熙身心疲惫、精力衰颓，力不从心，从而滋长了各种各样的官场弊端。他要回避这一点，所以转而强调自己"惟有洞悉下情之处，则朕得之于亲身阅历，而皇考当日所未曾阅历者"(《雍正朝起居注册》第一册）。

雍正自诩长了一双透过现象看本质的慧眼。

他在表达，他具有扑下身子走群众路线的行动！

当他幸运地继承了康熙的龙椅，又得毫无选择地、也很不幸地应对康熙的所有遗产时，他要想有所作为、有所成就、有所稳固，就必须雷厉风行地扫雷，就必须夜以继日地"以勤先天下！"

所以，他清醒地看到自己所要直面的现实，"较之古来以藩王而入承大统，如汉文帝辈，朕之见闻更过之"。

清查贪腐，整饬吏治，已成为雍正登基之后刻不容缓的政治需要和皇权使命。

他不但要向下，更要向上，铁腕防患活跃在身边的允䄄集团的真政敌，以及形形色色的假想敌。

允䄄曾让他感到过夺嫡的威胁：康熙帝在最后的岁月，对这位由孝庄侍女、康熙导师苏麻喇姑抚养成人的皇十二子特别看重。

除了命他代管直接对皇帝负责的内务府，总理母后皇太后的国丧外，还让他长期都统上三旗军政事务。

他虽然年轻，资历低，但仍然在康熙登基六十年之际，受命与还是雍亲王的雍正一同祭祀盛京三陵。另外，他还单独代表康熙祭祀天地，并被授职八旗之首镶黄旗满洲都统。

雍正认为，康熙有可能考虑过选择允䄄作为接班人——就像他对康熙任命胞弟允禵为抚远大将军统兵西征一样。因此，他对允祹心生芥蒂。

雍正的心胸是狭窄的。他对一次就将允祹降为皇弟爵位最低等，还感到不过瘾，很快又以允祹将圣祖仁皇帝配享仪注及封妃金册出现遗漏讹误为由，将他降为镇国公。

允祹的政治待遇，被改为年俸七百两银、禄米七百斛。

直至雍正八年五月，大病初愈的雍正皇帝哀痛允祥早逝，似乎为兄弟情义所触，竟将一直打压的允祹复封为郡王，以弥补他对"诸幼弟""向来不能深知"（《清世宗实录》卷九十四，雍正八年五月乙未）的情感误区。

当初，雍正大位初定，也曾想善待允祹。他将老八允禩、老十三允祥进位和硕亲王后，曾专门给总理事务王大臣等特发谕旨，充分肯定允祹的能力："从前皇祖母孝惠章皇后大事时，皇考命贝子允祹署理内务府总管事务，办理妥协，皇考曾深嘉之。今兹大事，允祹经理三衙门事务，井井有条，其办理梓宫事务，甚为效力。允祹著封为郡王。"（《清世宗实录》卷二，康熙六十一年十二月甲寅）

这是雍正对允祹工作重点的一个总结。论功行赏，却很快算账。

有趣的是，两次举报允祹的都是宗人府，都是因为办理丧仪出了问题而受惩罚。但是，乾隆即位后，还是命令允祹办理大行皇帝丧仪，接管礼部和宗人府。

此次，允祹因办理丧仪有功，还被乾隆给了特殊的嘉奖。

允祹在乾隆朝被晋升为和硕履亲王，可以说是最受尊崇的皇叔，还被列入可乘轿上朝之首。允祹死后，诸子早殇，乾隆还特地以皇四子永珹为其嗣孙，持服百日，并命唯一的皇弟弘昼和最爱的皇子永琪为之披麻戴孝。

这既是乾隆抢占近支宗室王爵的一种隐性表现，又是乾隆在替父雍正弥补皇叔允祹曾经遭受的不公平待遇的显现，即便再犯有过错也是从宽处理，还高度赞赏允祹："恪慎周详，实心任事……备极勤劳。"（《清高宗实录》卷六十一，乾隆三年正月乙亥）

允祹的一生，除了在乾隆十八年（1753）做过短暂的军机处、议政大臣上行走外,政绩乏善可陈。他最大的亮点,就是主持康雍乾三朝的主要国丧和葬礼:孝惠章皇后、康熙皇帝、雍正皇帝、孝敬宪皇后、端慧皇太子及孝纯贤皇后的身后事,都是由他总理的。

允祹的运与不幸,可谓是败也国丧,成也国丧。

他是一个办丧事的高手。

第一顶恩赏铁帽子，
原是追授的安慰奖

1

康熙帝曾在康熙三十七年（1698）三月、四十八年三月，对皇太子胤礽以外、老十四胤禵以上的诸成年皇子两度封爵，分和硕亲王、多罗郡王、多罗贝勒和固山贝子不等。

然而，老十三胤祥始终不得封。

第一次晋爵，康熙只封了皇八子胤禩以上诸子。胤祥只有十三岁，少不更事，不能与崭露头角的哥哥们相比。

其生母章佳氏，出身满洲镶黄旗包衣，父亲海宽为参领，给不了女儿显赫的外戚身份。她初为普通宫女，被康熙临幸后封为庶妃，然年轻早逝，死了才被康熙以"性行温良，克娴内则，久侍宫闱，敬慎素著"（《清圣祖实录》卷一百九十四，康熙三十八年闰七月戊戌）为由，追封为敏妃。

追封章佳氏，是康熙重夫妻感情，还是因为儿子胤祥的原因？且不好说，或两者兼之。

从康熙二十五年至三十年的五年里，章佳氏连续生育了一子两女（胤祥和皇十三女和硕温恪公主、皇十五女和硕敦恪公主），为这一时期内诸后妃生育次数最多者，足见她一度颇得康熙宠爱。

康熙三十七年七月，即章佳氏去世的前一年，康熙帝前往盛京谒陵，便带着十三岁的胤祥。雍正年间，大学士鄂尔泰、张廷玉纂修的《八旗通志初集》

卷一百三十四记载，胤祥为"圣祖钟爱甚笃，省方巡幸，恒命扈从，恩宠优渥"。

此时开始，至四十七年九月间，十年有余，康熙每次外巡或行围，都有选择地带着数位皇子扈从，但固定的有三人：皇太子胤礽、皇长子胤禔和皇十三子胤祥。

无疑，康熙甚爱胤祥，还在其生母章佳氏病逝后，为他指定了一个养母：皇四子胤禛和皇十四子胤禵的生母德妃。

胤禛和胤禵这一对同胞兄弟若即若离。胤禛曾与胤禩等在畅春园附近修别墅，比邻而居，也把胤禵带进了八爷党的圈子，使他成了同父异母的八哥的铁杆拥趸。

胤祥不然。胤禛教其算术，他也把宝押到了明里韬光养晦、暗自蓄势待发的胤禛的身上。

果不其然，胤禛在康熙朝最后十多年连连发力，战胜了皇亲国戚、八旗王公、满汉大臣力挺的胤禩和康熙授予抚军大权的暗定储君胤禵，成了康熙遗诏上"人品贵重，深肖朕躬，必能克承大统"（《清世宗实录》卷一，康熙六十一年十一月）的皇位继承人。

2

雍亲王成了雍正帝。

他登基时，不走新君该走的正门乾清门，而从东旁门进入太和殿。胤祥紧跟其后，是他最坚定、最忠诚、最贴心，也最得力的支持者。

胤祥不再是普通皇子，而是最尊贵的御弟。康熙驾崩第二天，还没正式称帝的雍正即封其为四大总理王大臣之一，爵封和硕怡亲王，参决大政，总管全国财政。

此等顶级殊荣，是胤祥在康熙朝不论皇父如何倚信，都不曾享受的。

尤其在康熙四十七年九月，他还被下旨拘禁。

胤禩之子弘旺在《皇清通志刚要》卷四下写道："康熙四十七年九月，皇太子、皇长子、皇十三子圈禁。"

康熙为何突然拘禁爱子胤祥？

当时"帐殿夜警"事件发生，惊动朝野。大阿哥胤禔揭发皇太子胤礽，在康熙北巡回京途中每夜逼近幔城，裂缝向内窥视。负责保卫康熙安全的胤祥，应该支持了胤禔的举报。

胤祥擅骑射，武功了得，且为人正直。康熙帝在那十年里出巡或行围，总带着他和胤礽、胤禔。皇储矛盾日益尖锐，康熙不敢将胤礽留在京师，便带在身边，同时又带着胤禔，以便制衡和防患胤礽。

胤祥的责任，就是保护康熙的人身安全，防止胤禔与胤礽的火拼或异动。

胤祥作为反太子派的四爷党核心成员，不知胤禛此时还是骑墙派，故而不经请示，支持了胤禔倒太子。

胤祥附和胤禔，构陷胤礽图谋不轨，但没有供出盟友胤禛。这些后来被雍正纂修《清圣祖实录》时删除了。

胤禔更加大胆，在胤礽被拘禁后，向康熙进言：胤礽"所行卑污，大失人心"，如果康熙要杀了胤礽，"不必出自皇父之手"（《清圣祖实录》卷二百三十四，康熙四十七年九月）。

胤禔要替康熙行万难之事，处死胤礽，彻底激怒了康熙。

康熙爱诸子，尤对胤礽怀有更加深厚的爱。即便胤礽肆恶虐众，暴戾淫乱，多有僭制之举，然康熙一直采取放纵的态度，甚至迁怒于已死五年的索额图"暗中拘煽，悖乱行事"（《清圣祖实录》卷二百三十五，康熙四十七年九月）。

胤禔严重触犯了康熙的底线。其生母惠妃赶紧奏称胤禔不孝，请康熙以法严惩。这是一招以退为进的计策。康熙即便恼怒胤禔毫无兄弟之义，但他仍有浓浓的父子之情。故而，康熙以长期拘禁，保住了他的性命。

3

在"帐殿夜警"事件中，胤祥作为康熙倚信的主要护驾皇子，疏于防患，严重失职，导致威胁康熙人身安全的突发事件可能发生，被处以短暂的圈禁，以示惩戒。

他很快被开释，不像民间传闻和电视剧《雍正王朝》渲染的那样，至康熙六十一年驾崩后才被雍正放出。《清圣祖实录》记载：康熙于四十八年二月巡视畿甸、四月巡幸塞外，"皇十三子胤祥"都在扈从的皇子中。

只是，康熙四十八年三月复立胤礽为储君时，再次封爵诸成年皇子，胤祥仍榜上无名。

与太子友好的三阿哥胤祉、顺从圣意力挺复储的四阿哥胤禛，以及不参与夺嫡之争的五阿哥胤祺，都被封为和硕亲王。胤祥已然被打入另册。

胤祥被开释，却被康熙视为戴罪之身，心情烦闷，不久患病。康熙五十年五六月，御医祁嘉钊向康熙奏称："康熙五十年三月初一日，奉旨看十三阿哥恙，系湿毒结于右腿，膝上起白泡，破后成疮，时流稀脓水。原曾腿痛，时痛时止，一年有余，复出此恙。"

胤祥腿病已持续一年多，严重到成疮流脓的地步，康熙还在胤祉、胤祥、胤禛三人的请安折上朱批："胤祥并非勤学忠孝之人。尔等若不予约束，必将生事，不可不防。"（康熙四十九年六月初十日满文朱批奏折）

不忠不孝，不可不防！这是很严厉的斥责！

康熙对胤祥之恨，到了一个极致。

对于康熙憎恨自己盟友兄弟的事情，胤禛记在了心里。

十四年后，雍正二年（1724）八月，已接替康熙的雍正帝追责允䄉部将宗札布时，指出："若言怡王，自幼强健聪慧，人才优良，皇父优加恩宠，此事举国皆知。怡王并非胆大妄为之人，从无非分之念。怡王对皇父尽以子道，对二阿哥尽以臣道。由于与二阿哥好，横遭大阿哥之妒忌、陷害，因而株连于二阿哥。"（安双成《宗札布案满文译稿》）

对储君都尽臣道，何谓不忠？

于皇父始终孝敬，哪来不孝？

雍正秋后反驳康熙对胤祥的痛斥，还授意鄂尔泰、张廷玉旁证怡亲王"谨度徇礼，恪慎有加，不立党援，不邀名誉。所属人众，承奉约束。公私政事，一无扰累。阿其那妄觊非分，数以诈术诱惑诸王，王独不为所动"（《八旗通志初集》卷一百三十四）。雍正不由恼怒胞弟允禵（胤祯）站错了队，而又为胤祥矢志追随而感动不已。

雍正大张旗鼓地为胤祥辩诬，为他鸣冤，是不是感激他为自己出头又不曾牵连自己，或者感恩他替自己一次性给竞争对手胤礽和胤禔挖了大坑呢？

历史的天空，已销蚀了那一片印记。

4

胤祥是康熙诸皇子中满汉兼修、文武兼备的代表。

他精于骑射，发必命中。有一次出巡狩猎，一只猛虎突然出现在林间，他神色不动，手持利刃向前刺之。见者无不佩服他的神勇。

他能文能诗，书画俱佳，遗憾流传下来的作品甚少。雍正为胤祥《交辉园遗稿》作序："朕弟怡贤亲王，天资高卓，颖悟绝伦。如礼乐射御书数之属，一经肄习，无不精妙入神，为人所莫及。而王自谦学力不充，总未存稿。是以王仙逝后，邸中竟无留存者。"

正是他的杰出，让不少人认为，胤祥握有有效兵力，对雍正即位和维稳起到了关键性作用。

其实不然。

康熙后期进一步培育诸成年皇子的辅政能力，维护和巩固皇权，对皇子们委以重任，命参决大政，分领旗务，分管部院。

胤祥却因"帐殿夜警"事件牵连，虽然此后也扈从过康熙离京出巡，但因为腿伤严重，而长期被闲置，甚至被康熙有意限制。

胤祥在军方并无实际权力和势力，所以无法为雍正成功即位起到关键性的作用。

当然，作为皇子，胤祥要高宗室王公一等，少不了有故交新人对他示好。电视剧《雍正王朝》安排老十三接管丰台大营，也是靠着十余年前奉命扈从康熙外巡的影响，而不是领兵征战的军功。康熙三征准噶尔汗噶尔丹，胤祥没有从征。清朝西征准噶尔，领兵的则是老十四。

胤祥能够控制全国野战军，是在雍正七年（1729）领衔负责组建军需房（军机处前身）时。他取代兵部，掌握了对全国三品以下中低层军官的铨选权。

此时的胤祥，已被改名允祥。

允祥初为总理王大臣之一、和硕怡亲王，总管会考府、造办处、户部三库和户部，以及全国水利，参决大政，但重点为政务。他参与了西北军务的筹办，也曾督领皇城禁军，但军权一直牢牢掌控在雍正皇帝手中。

《雍正王朝》称他在康熙驾崩后，迅速接管西山丰台大营和健锐营，翊护即位临危的雍正。这是有违史实的。健锐营组建于乾隆十四年（1749）。康熙朝的禁卫军只有领侍卫内大臣负责的侍卫亲军、丰台大营和火器营，以及负责京师守卫的九门步军巡捕五营衙门。

管理侍卫亲军的领侍卫内大臣六人，首席大臣鄂伦岱和阿尔松阿、满都护都是老八胤禩的人；九门步军掌控在理藩院尚书兼步军统领隆科多手中。胤祥都插不了手。胤祥唯有可能利用曾在康熙三十八年至四十七年间长期负责保卫康熙外巡和行围安全的影响力，与丰台大营和火器营将士搭上关系。丰台大营常备兵力也就六千人，火器营配员七千多人。他在雍正年间，以众所周知的雍正第一助手兼和硕怡亲王之尊，会赢得部队将士的敬畏，但他调兵须有雍正的手令或令符。

雍正三年正月，隆科多被解除步军统领职务，镶白旗蒙古副统领阿齐图接任，一直到雍正十年。雍正作为皇子时被划入镶白旗，与阿齐图有旗属主仆关系。阿齐图效忠雍正，后来受命拘押年羹尧。

康熙朝虽然出现"九子夺嫡"，侵害皇权，但军政事务一直控制在皇帝手中，绝不容诸皇子和众兄弟插手。雍正为了进一步集中和强化皇权，少不了效仿康熙。

5

雍正的荣光，有一半是允祥的功劳。

允祥在雍正年间作为皇帝最得力助手的种种表现，充分表明他颇有办事才力，善于协调人际关系。

他是理财、辅政、治国的一把好手，长期为雍正总理户部、水利和军事，为雍正推行新政改良倾心倾力。

他最后死在工作岗位上，可谓是鞠躬尽瘁，死而后已。

允祥去世时，年仅四十五岁。他为了彻底根治长期以来的水患，翻山越岭，废寝忘食，马不停蹄。雍正还特命太医院使刘声芳转任户部侍郎，跟随在允祥的身边。

野史称刘声芳曾治愈了康熙的下身顽疾，以功加五级，却不能改变允祥英年早逝的命运。

雍正长篇累牍地歌颂允祥的丰功伟绩，感谢允祥辅助自己的巨功：

一、总理事务，夙兴夜寐，因公无私，精白一心，无欺无隐。他一直在权利中枢赞襄政务，殚竭忠诚，八年如一日。

二、他筹办军务、总理财政、兴修水利、督领禁军、整肃吏治、简拔人才，"凡宫中府中，事无巨细，皆王一人经画料理，无不精详妥协"（《清世宗实录》卷九十四，雍正八年五月丙子）。

所以，雍正说："王之懿德美行，从不欲表著于人，而人亦无从尽知之"，不负他所赞许的"忠敬，诚直，勤慎，廉明"。

胤祥"八年有如一日"，成就了"自古以来无此公忠体国之贤王"！

对于雍正而言，允祥是真正的"贤王"，"自古史册所载贤王懿戚，从未有可与王比伦者"。所以，雍正将他改回原名"胤祥"，配享太庙，尊谥为"贤"。

康熙诸子，有贤王之称者有二人：一是群臣所推的"八贤王"胤禩，结果被雍正拘禁，死得不明不白；一个是雍正所赞的胤祥，英年早逝却享受了顶级荣耀。

对于他的死，雍正异常悲痛，就连他们的亲哥哥、诚亲王允祉致哀来迟、缺少伤容，也引发了议罪革爵、拘禁致死。

雍正不但要给予胤祥最大的死后哀荣，而且要给予其子一顶金光闪闪的铁帽子。

雍正八年八月，雍正特发谕旨："吾弟之子弘晓，著袭封怡亲王，世世相承，永远弗替。凡朕加与吾弟之恩典，后代子孙不可任意稍减。佐领属下等项，亦不可那移更改。再者，朕于雍正三年春曾降谕旨意，于王诸子之中再封一郡王，以昭恩奖。彼时王再四恳辞，情词谆切，朕不得已，勉从所请。今吾弟薨逝，朕追念遗徽，中心辗转，在贤王应有加隆之礼，在朕衷实有难己之情。虽与吾弟素愿相违，朕亦不遑顾恤。弘晈著封为郡王，世袭罔替。"（《清世宗实录》卷九十七）

清朝铁帽子王的待遇，一是世袭罔替，隔代不降等；二是俸禄优厚，岁俸银一万两、禄米一万斛；三是赐予世袭罔替王府。

雍正不仅封了胤祥第七子弘晓为怡亲王，世袭罔替，而且又封其第四子弘
皎为郡王，世袭罔替。

双份殊宠，亘古未见。

这也是清朝第一次通过皇帝恩封的方式而实现的铁帽子王，不同于清初以
开国军功获封的八大铁帽子王。

胤祥生子九人，成年的只有四人。嫡长子弘暾于雍正元年受封世子，本有
袭爵的资格，却在十九岁未婚早逝，没有称王的命。其余三子，庶出的老大弘
昌不遵教化行事，被胤祥拘禁在家；嫡出的老四弘皎在雍正朝受封宁郡王，却
在乾隆四年被牵连进皇家内争的弘晳一案中；老七弘晓继承爵位时只有几岁，
乾隆继位后，他一直活跃在朝前，但也只是在乾清门做侍卫，权力并不大。

弘晳案中，弘字辈有四个主要参与者，胤祥三子中竟有弘昌、弘皎榜上有名，
遭到了乾隆怒斥。

乾隆说：弘昌"秉性愚蠢，向来不知率教，伊父怡贤亲王奏请圈禁在家"。
一直到胤祥去世后，弘昌被雍正降旨释放。乾隆即位后，加封弘昌为贝勒，期
待其改过自新，却不知他与弘晳集团"交结往来，不守本分，情罪甚属可恶"（《清
高宗实录》卷一百〇三，雍正八年八月辛亥）。

而弘皎"乃毫无知识之人，其所行为，甚属鄙陋"，是一个典型的吃喝玩
乐的花花公子。

英雄父亲纨绔儿。

协和父辈争斗子。

两大宠臣弹劾范时绎，
雍正不惩反升藏诡秘

1

雍正治吏不拘常规，对贪腐懒政者的手段极其严厉。然而，他在处置一个人的问题上，却让人匪夷所思。

雍正六年（1728）七月，苏、松等地区盗匪成风，雍正指责江苏巡抚陈时夏严打无策、代理两江总督范时绎缺乏能耐，命将江苏下辖七府五州的盗窃案，悉数移交给浙江总督李卫管理，官兵都听其节制。

陈时夏也是代巡抚，康熙四十五年（1706）进士。雍正治吏史上的佳话"命官送母"，送的就是陈时夏的老母。云南元谋人陈时夏，履职江苏，牵挂千里之外的老娘。雍正即令云南总督鄂尔泰，派人将陈母送至苏州，费用皆由公家开支，进程都听陈母吩咐。

陈时夏政绩不显著，玩忽职守。他的不作为，不是本文重点。主角是范时绎——清初开国文臣之首范文程的孙子，其父范承勋曾任康熙朝左都御史、兵部尚书。

范时绎代理总督，官职和品级却不低。他以户部尚书兼职，考虑得更多的是严控两淮盐务抓收入，把军队退出的地方房产再转租出去赚钱。

史上著名的曹頫被抄案，让曹雪芹家破人亡，也是范时绎代督两江时执行的。

他为国家财政想办法，哪知雍正六年，李卫一封密折将他告到了雍正那里：

"江、浙界上盗贼藏匿，浙省究出从盗，咨江南震泽县捕治，竟以替身起解。案中诸盗，江南督臣范时绎留以待谳。"（《清史稿·李卫传》）

范时绎与江宁大盗张云如往来，用替身调包，多次使抓到的不法分子逃过一劫。

李卫智擒曾参与"朱三太子案"的江湖人物甘凤池后，查获张云如以符咒迷惑人，图谋不轨，与甘凤池搞反清复明的活动，计划于雍正八年秋天举事。张云如之所以猖狂横行，是因范时绎伙同按察使马世炘、游击马空北包庇诸盗贼。

谋逆是死罪，足以株连九族。范时绎监管不力不说，还与贼首有往来，这还了得！事态严重，得重新向雍正报告。李卫是雍正的心腹重臣，但雍正不信范时绎暗通贼首，称其乃不足置论之人，派工部尚书李永绍前往金陵会审，得到确凿的证据。

此前，雍正命李卫和范时绎一同办理江南军政，令李卫查办匪患时，曾给范时绎下过侦查的密旨。他满以为两道恢恢天网，不会再留漏洞，哪知漏洞被范时绎大开。

雍正八年二月，雍正下令，罢免范时绎，将马世炘、马空北充军。

按大清律，范时绎理应严惩，然雍正将他召回京师后，命他先去管理太平峪的皇陵，没过三个月，又被起用，获命协理河东事务。

2

在河东，他遇到了雍正帝的另一个宠臣田文镜。

河东总督田文镜弹劾：到任不到两个月的范时绎，在伏汛期间安坐家里不上班。

误工便是懒政。

古代严防官员慵懒,从迟到早退抓起,强调"清、慎、勤",对迟到早退、缺勤等慵懒行为,均有惩治铁律。迟到缺勤,就要扣薪水、降级、撤职甚至坐牢等。

雍正帝率先垂范,朝乾夕惕,自许以勤先天下。昭梿在《啸亭杂录》卷一《世宗不大兴土木》中说他在位十三年,"日夜忧勤,毫无土木、声色之娱",临死前还在忙于政事。

一个勤于政事的皇帝,自然不会姑息一个懈怠职守的官员,更何况这一次的举报者,是雍正好不容易立起来的模范总督。

雍正重提旧事:我念及范时绎是勋臣的后人,加以重用,谆谆教诲,希望他以先人为榜样,哪知他在江南总督任上,吃喝玩乐,荒废政事,"无一察吏安民、诘奸禁暴之善政"(《清史列传·范时绎传》)。

他笔锋一转,称安徽凤阳知府朱鸿绪曾举荐范时绎操守廉洁,吃得很简单,让他很感动,于是命江南、江西巡抚等协助范时绎筹划养廉之道。

养廉银是雍正二年创建的官员补贴制度,以高薪鼓励官员廉洁,规避贪污情事。雍正派人暗查,回报范时绎不拿该拿的养廉银,是一个少见的廉吏,故而,雍正要支持他做一个专心尽力的封疆大臣。

李卫和田文镜都是雍正宠臣,但关系并不融洽。田文镜总督河南时,嫉妒浙江巡抚李卫受宠,私下在雍正面前说李卫的坏话。田文镜见雍正不为所动,转而巴结李卫。雍正七年,新加兵部尚书的浙江总督李卫母亲去世,雍正命其回任守制,田文镜赶紧派人前去吊唁并赠以厚礼。孰料李卫大骂:"老母虽死,亦不饮小人一勺水也!"令人将田文镜使者挡在门外并将礼物丢进猪圈,以示不齿。

李卫与田文镜的不和,雍正皇帝洞察入微。他需要能干的大臣们相互制衡,就像他后来对于左膀右臂鄂尔泰、张廷玉的缠斗不休,一直装傻充愣。

李、田不约而同弹劾范时绎,雍正说:"时绎袒私交,容奸宄,朕复密谕李卫善为保全。且范氏为大僚者，惟时绎及其从弟时捷，勋臣后裔，渐至零落，朕心不忍，所以委曲成全之者至矣。复命协理河务，岂意伏汛危急，时绎安坐于旁，置国事弁髦，视民命草芥。负恩癍职，他人尚不可，况时绎乎？"（《清史稿·范时绎传》）

雍正下旨将其革职，但未及时查办，待伏汛过后，才将他缉拿至京，下狱论罪。

刑部议罪，要将他置于张云如大案中问斩，但没想到，雍正帝很快下旨：宽免释放，授镶蓝旗汉军副都统。

雍正十年四月，雍正签发最高任免令，范时绎任工部尚书，兼镶黄旗汉军都统，三个月后兼刑部尚书事，继而兼管兵部、内务府。直至雍正十二年后，雍正才因他玩乐成性以及行贿琐事，革除尚书之职。范时绎下狱关了几天，但很快又被赦免。

3

对于这样一个碌碌无为的官三代，一向从严治吏的雍正帝为何一再宽容，即便违法乱纪也一次次宽免，还很快擢升高位、掌管要津？

雍正即使是念及范氏前贤的大功，也没必要一再纵容放任一个纨绔公子的胡作非为。而对待其他人，雍正是出了名的严苛。岳钟琪、傅尔丹也有为国建有殊勋的先辈，且二人都为雍正在疆场浴血奋战，但因一两次战场失利，就被论罪下狱拟斩决。

雍正担心"将在外，君命有所不受"，不受其遥控的行军作战，皆为死罪。他激赏重用鄂尔泰、李卫和田文镜，是因为他们政绩卓著。范时绎既无军功，且执政乏能，父祖与雍正也无多少交集，然其受重用的程度，却丝毫不比鄂尔泰之辈低。

雍正托词是朱鸿绪的举荐。朱鸿绪人微言轻，而范时绎早在雍正即位之初，就在受命为雍正监控政敌并不断地告密。

范时绎监控的对象，即雍正的胞弟、大将军王胤禛（后改名允禵）。康熙去世后，抚远大将军胤禛被召回京师软禁在寿皇殿，后又被软禁于景陵读书，被授郡王虚衔，不许回京。

雍正元年正月，范时绎刚由佐领升马兰口副将，不到一个月，旋任马兰峪总兵。清代总兵为绿营兵正，官阶正二品。在短短两个月间，政权过渡，并无战事，范时绎被连升两次，无疑是新皇帝特别信任的人，干着特别重要的事。

允禵的问题，有事出有因的，有情不可原的，范时绎悉数奏报给雍正帝。

雍正痛斥"允禵无知狂悖，气傲心高"（《清史稿·允禵传》）。惩罚不断升级，刚给的郡王降为贝子，还弄了十四条罪，拟斩。

雍正谕诸王大臣九卿，强调诸弟包藏祸心，允禩、允禟唆使允禵萌生大志，康熙知他在家必生事端，所以"特远遣出征在外"。雍正为了终止朝野纷传他凌辱胞弟，冠冕堂皇地称希望允禵痛改前非，但他却不能悔悟，发生了蔡怀玺投书允禵案。

《清世宗实录》四年五月戊申记载："近者蔡怀玺投伊院内字帖，内开'二七变为主，贵人守宗山，以九王母为太后'数语。允禵不行奏闻，将要紧字样裁去，涂抹，但交于范世绎，令无论如何完结，且云'并非大事'。"蔡氏投书貌似怪语，二七一十四，即康熙第十四子允禵，而九王母指的是允禟之母宜妃郭络罗氏。

故宫现存雍正朱批内，有多件范时绎在雍正四年奏报的允禵行动折，其中四件是关于蔡怀玺投书允禵的，其中历叙投书允禵及软禁询问之经过。

雍正遂将允禵与其子白起同禁锢于寿皇殿附近。范时绎因监视有功，很快被擢为署两江总督，先后任正蓝旗汉军都统、镶白旗汉军都统，仍署总督。范时绎监控有手段，理财有想法，但执政无原则，无政治责任，充当着积极的政治斗争的监视者、告密者，满足了雍正的政治需要。

雍正重视他，不论功过都擢用，该是范时绎助他实现了某种不可告人的政治目的。

感恩，抑或堵嘴？

像康熙重用和纵容高士奇、徐乾学等南书房系重臣一样，雍正创密折制，对告密者、监视者离奇放任。锡保如此，范时绎亦如此。这，是雍正新政的一大弊端。

雍正不兑现对康熙的承诺，
挨了乾隆一巴掌

1

康熙六十一年（1722）十一月十三日，畅春园。

圣祖大限将至，召皇三子诚亲王胤祉、七子淳郡王胤祐、八子贝勒胤禩、九子贝子胤禟、十子敦郡王胤䄉、十二子贝子胤祹、十三子胤祥及理藩院尚书隆科多，至御榻前听遗诏。

《清世宗实录》卷一写到康熙生前宣谕的最后一道命令："皇四子胤禛，人品贵重，深肖朕躬，必能克承大统，著继朕登基即皇帝位。"胤禛闻召见驾，正式以储君的身份送了康熙最后一程。是书编撰于乾隆朝，虽然依据的是雍正朝留下的官方文书，但没经过雍正帝审批，是乾隆帝钦定的。

而朝鲜的《李朝实录》却记载康熙弥留之际，召首辅马齐说："第四子雍亲王胤禛最贤，我死后立为嗣皇。胤禛第二子有英雄气象，必封为太子。"他仍以为君不易之道，平治天下之要，训诫胤禛，解脱其头项所挂念珠与胤禛曰："此乃顺治皇帝临终时赠朕之物，今我赠尔，有意存焉，尔其知之。"（吴晗辑《朝鲜李朝实录中的中国史料》下编卷七，景宗二年十二月）

康熙对胤禛即位，满意但不放心，看重好圣孙弘历是一个主要原因。

《李朝实录》还写道，康熙特别叮嘱胤禛："废太子、皇长子性行不顺，依前拘囚，丰其衣食，以终其身。废太子第二子朕所钟爱，其特封为亲王。"

异域官史传递出信息：康熙遗诏立胤禛为嗣皇帝，是有条件的！一、要立弘历为储君；二、善待废太子胤礽与皇长子胤禔；三、立胤礽第二子弘晳为亲王。

条件一，成为雍正帝后的胤禛很快做到。雍正元年（1723）八月，世宗宣布密建皇储：他将皇四子（康熙称"胤禛第二子"，雍正长子弘晖、次子弘昀及另一未计入齿序的弘昐都已夭折）弘历立为储君，御笔《夏日泛舟诗》轴放匣中，置于乾清宫正大光明匾后，待日后取出宣读。同时以密旨藏于内务府，以备非常之时核对。

而另外两个条件，雍正却打了折扣。

雍正把康熙给他兄弟名字里设计的"胤"改为"允"，"胤"只能他专享（胤祥也曾改名允祥，去世后，雍正下旨将"允"改回原字，成为有清一代臣子不避皇帝讳的唯一事例）。不仅如此，因他的同胞老弟老十四名字胤祯与其"胤禛"谐音，也被彻底改为允禵。

2

废太子胤礽前后两度当了三十六年皇太子，康熙五十一年十月再以罪被废黜拘禁。雍正即位后，封弘晳为多罗理郡王，著其随即携家属迁移至京郊郑家庄居住。已改名的允礽则继续禁锢在紫禁城咸安宫，雍正二年十二月幽死，享年五十一岁。

允礽死后，被追封和硕理亲王，并给了一个"密"的谥号。密者，追悔前过也。

这是一个恶谥。在清朝皇室后人中，也曾有人得过此谥。1917 年 1 月 29 日，庆亲王奕劻病死于天津租界，内大臣初拟谥"哲"，溥仪不同意，亲选四字，让内务府选择，为"谬、丑、幽、厉"。载沣闻此，终觉同为宗室，有所不忍，劝溥仪网开一面。溥仪不肯，后在亲贵力争下，才赐谥"密"字而折中。

雍正帝以允礽与允禔是康熙生前定的铁案为由，不顾兄弟情义，维持原判。

他在允礽死后要去哭奠一番，那是虚情假意。他大概忘记了，当初因支持复立允礽为太子，还被康熙帝奖励了一个和硕雍亲王呢。

胤礽为储君时，胤禛对其最为恭敬。即便胤礽受宵小之徒蛊惑，对胤禛很刻薄。胤禛对太子仍以德报怨，不改初心。就是胤礽被废定罪后，遭康熙帝拘禁，不许外人谒见，胤禛还亲自端汤羹前去探视。守卫制止，胤禛说：我只知道尽兄弟之情，而不知道顾忌个人私利。这件事传到康熙那里，胤禛得到了夸奖。

但，做了皇帝的胤禛，却口称大局，而不再大度了。大度无疆只是邀宠的资本。

老大允禔在康熙四十七年十一月，因魇咒太子允礽，谋夺储位，被削爵囚禁，时年三十七岁，至雍正十二年十一月被幽死，终年六十三岁。这一关就是二十六年。

但看允礽、允禔子女情况，他们虽被囚禁在高墙之内，但还是陆续纳了不少妾。康熙和雍正并没有剥夺他们的性生活和生育权。只是他们的子女很不幸，像允禔生女十四人、生子十五人，却有十五人在其幽禁期间去世，其中十人幼殇，不少人几岁了还未来得及取名。

雍正帝并未因此前诸多兄弟毙命幽所，或死于非命，或英年早逝，而对自己的大哥二哥多留存一点亲情。

3

无情最是帝王家。雍正对兄弟们寡情，却给后来的乾隆帝创造了赢得口碑的机会。

乾隆四年十月弘晳案发，被削去理亲王的爵位，但乾隆并未株连，而是改封允礽第十子弘晄袭理郡王。允礽的第三子弘晋、六子弘曣、七子弘晄、十二子弘晥皆封辅国公。

乾隆对于潜在的政治对手，效乃父风采进行终极打击，彻底违背了雍正答应康熙厚待弘晳的承诺。

弘晳为允礽第二子，自幼获祖父康熙宠爱，抚育宫中。在其父被废后，弘晳已长成一名青年，为人贤德，故时有传言康熙会因宠爱弘晳而第三次册立胤礽为储君。在胤礽历经两立两废变故、雍乾二帝相继继位后，作为康熙皇长孙的弘晳心有不甘，且朝中多有持"立嫡立长"的宗室成员党附之。乾隆四年十月初，宗人府议奏，康熙第十六子庄亲王允禄与其子侄辈弘晳等结党营私，往来诡秘，上书请求将他们进行惩处。允禄还是当初康熙给弘历找的火器师傅。

乾隆认为："弘晳自以为是废太子的嫡子，居心叵测。"著将弘晳革去亲王，仍准于郑家庄居住，不许出城，后改禁锢地至景山东果园内，除宗籍，改名为四十六。乾隆四十三年正月，乾隆令将已去世三十六年的弘晳恢复原名，收入宗籍。

至于《李朝实录》所记载的康熙对雍正继位提及的三个政治条件，有人称是康熙驾崩后，朝廷依例遣使向朝鲜等藩属国宣读讣告，朝鲜派去迎候的官员金演从清朝使臣翻译那里得到的情报。有人认为内容不受清朝政治因素干扰，故而权威性强。

不论真实性如何，雍正帝为了自己的江山大计，给允禩弄了四十款大罪，给允禟罗织二十八款罪行，致二人死于非命。

辽宁省档案馆馆藏清代盛京总管内务府档案《黑图档》中一件雍正初年的满文档案，翔实记载了雍正将两个亲弟弟允禩、允禟废除宗室身份，改名阿其那、塞思黑的经过。雍正还将允禟八个儿子的名字均改成贱称：长子改名为拂西浑（下贱的）、二子改名佛楚浑（行丑事的）、三子改名乌比雅达（可恶的）、四子改名额依默德（讨人嫌的）、五子改名为海拉坎（可惜了的）、六子改名董奇（懒惰的）、七子改名杜希贤（糊涂人）、八子改名额依浑（愚蠢的）。

雍正恨弟及侄，可谓空前绝后。乾隆四十三年正月，乾隆却要为受罪的叔叔们翻案。

他承认允禩、允禟"结党枉行，罪皆自取"，不否定他们二人有觊觎帝位的心术，但强调雍正即位后，他们"怨尤诽谤，亦情事所有，特未有显然悖逆之迹"（《清史稿·允禩传》），下旨恢复原名，录入宗室玉牒，子孙一并叙入。

乾隆得了一个为叔昭雪的口碑，又讨好卖乖，称雍正帝晚年多次向他说到冤枉了允禩等人，"愀然不乐，意颇悔之，若将有待"（《清史稿·允禩传》）。难道雍正至死都不承认自己过分无情，就是要等待他的儿子大肆挖苦他四十多年，给他留下荼毒亲情的恶名？

在处理家族恩怨时，乾隆帝狠狠地扇了乃父一巴掌。同时，他将雍正帝生前极其重用的宠臣张廷玉、鄂尔泰、李卫、田文镜等，都做了或大或小的惩罚。按乾隆长期厚祖薄父的表现，如果康熙帝传位给雍正时确有一个"定乾隆为后继之君"的政治条件的话，那么他在审定世宗实录时，不免要做足这篇雍正帝父凭子贵的文章。

毕竟他一直就在渲染他的好圣孙形象，而不惜毁了使大清王朝日趋鼎盛的雍正新政，故而传出了雍正后期因众叛亲离而沉迷房中术的流言，甚至有电视剧，如《天下粮仓》渲染乾隆即位时国库空虚、饿殍千里的雍正遗祸。

幸好，乾隆后期长大成人的清朝宗室毒舌昭梿说了一句实话："宪皇在位十三载，日夜忧勤，毫无土木、声色之娱。余尝闻内务府司员观豫言，查旧案档，雍正中惟特造风、云、雷、雨四神祠，以备祈祷雨旸外，初无特建一离宫别馆以供游赏。故当时国帑丰盈，人民富庶，良有以也。"（《啸亭杂录·世宗不兴土木》）

千秋功过任凭说，雍正所得滚滚骂名，有自身的严厉寡情，也有儿子的添油加醋。

邬先生原型功成身不退，
雍正怒怼：大胆！

1

电视剧《雍正王朝》中的邬先生是一个先知先觉式的人物。

康熙突然停了能干的胤禛、张廷玉的工作，拜皇十四子胤祯为抚远大将军，授天子旗，率数十万大军平叛西北。

胤禛这下慌了神。满怀憧憬的他如堕黑暗冰窖。在康熙的绝对权威面前，他不敢反抗。康熙曾宣示皇权独尊："若等势重于四辅臣乎？我欲去则竟去之。"（李光地《榕村续语录》卷十四）

康熙至临终前，都是明确权力意志、不许侵犯的主。皇长子胤禔、废太子胤礽兄弟阋墙，被拘于禁所限制了自由。有八贤王之美誉的胤禩，因康熙四十七年（1708）的那场票选以绝对优势胜出，等来的不是康熙承诺的储位，而是拘禁后的长期被冷落。

康熙警告"诸皇子有钻营为皇太子者，即国之贼，法所不容"（《清史稿·允禩传》）。这话，胤禛记得很清楚，且在后来给允禩整理档案时，加了一句康熙评语："柔奸性成，妄蓄大志，党羽相结，谋害允礽。"

剧中的康熙如此布局，胤禛绝望了。但养在府中的刑余之人邬思道，却反而向他道喜！

康熙推出胤禛的胞弟胤祯，就是转移大家的视线。《清世宗实录》的解释是，康熙怕胤祯被胤禩蛊惑，特命他领兵外出，以免生事。调虎离山，也是暗度陈仓！

帝王心术出乎常人所想，邬先生一语中的。胤禛成了接班人，邬先生却走了。

邬先生留下心爱的年家妹妹，故作深沉地、悄悄地走了。

建功必须有我。功成不必在我！

邬先生真是胤禛的帝王师吗？准确地说，他是夺嫡师！

史上有邬思道这个人，是绍兴师爷，曾被雍正精心打造的"天下第一巡抚"田文镜高薪聘请做幕客，专事给最高领导人写报告和问安折。后因田文镜嫌价格太高，二人闹分手，结果田氏另请高明写的文书很不合圣心。雍正来信问，邬先生安否？吓得田文镜赶紧重金请回这位天价文案。

邬先生的天价，据《雍正王朝》透露：一年八千两银子。

八千两？按旧制一斤十六两，八千两也就是今日的五百斤，二百五十千克。折合现在的银价，每千克三千六百五十元，总共九十一万二千五百元。邬先生年薪百万。

按河南总督田文镜年俸一百八十两银、禄米一百八十斛，是付不起这笔昂贵的佣金的。但雍正却给天下官员更高补贴，总督每年可拿一万六千两的养廉银。邬先生只要了他养廉银的一半，可见，田文镜支付这笔天价佣金还是绰绰有余的。

2

雍正知道邬先生这个百万文案。他在潜邸养了一批策士，最著名的是戴铎。

戴铎原为雍王府家奴，被胤禛推荐到福建做知府、道员，带着使命去拉拢福建巡抚满保。我们今日所见的戴氏夺嫡之策，就是他于康熙五十二年在福建送来的。

戴氏开篇说一切为了报恩："当此君臣利害之关，终身荣辱之际，奴才虽一言而死，亦可少报知遇于万一也。"士为知己者死，戴氏做足了九死未悔的效忠豪言。

他礼赞康熙为天纵英才的不世之主，分析诸皇子在太子被废后群起夺嫡的情势，对雍王谋略承统大业极口颂扬，要他在康熙面前尽情表演"天性仁孝"，于诸兄弟交往中展示"大度包容"，"使有才者不为忌，无才者以为靠"。

戴铎寄语胤禛以胤礽为警戒，谨慎行动，步步为营，以退为进，不能"以一时之小而忘终身之大害"。

胤礽被初立太子时，深明大义，谨慎孝顺，深得康熙疼爱。西洋来的传教士白晋夸他是十全十美的皇太子，在皇族中，在宫廷里，没有一个人不称赞他，都相信有朝一日，他会像他父亲一样，成为中国前所未有的伟大皇帝之一。然其当久了储君，便受不了诱惑，骄纵跋扈，耽于声色，最终铤而走险，身陷囹圄。

戴氏献策：一、待君父以孝，于兄弟以诚，搞好关系。二、对臣僚谨慎谦恭，对下属奖掖提拔，广聚人气。三、不要掺和是非，大度处世，麻痹战术。

虽然胤禛给了一个冠冕堂皇的回话："语言虽则金石，与我分中无用。我若有此心，断不如此行履也。况亦大苦之事，避之不能，尚有希图之举乎？至于君臣利害之关，终身荣辱之际，全不在此，无祸无福，至终保任。汝但为我放心，凡此等居心语言，切不可动，慎之，慎之。"诚斯良言，疑是他在戴铎死后增删、修改、粉饰而成的。胤禛虽标榜无非分之想，却完全一副胜利者的口吻。

但他践行着戴氏之策，和柏林寺的迦陵上人"朝夕谈禅"（昭梿《啸亭杂录》卷一《善禅机》），让外任官员给他写信介绍当地的社会风情、经济生产等。他韬光养晦，又做准备，"居潜邸时，一切外间人情物理无不痛彻"，同时对废太子医治喂药，说："吾惟知尽昆弟之情，不知顾己之厉害也。"康熙听闻，甚是感动，大为欣慰。（昭梿《啸亭杂录》卷一《居藩大度》）

胤禛积极玩两面派手法，欺骗了竞争对手，让他们不以他为意。康熙正为诸子纷争而心痛不已，却从"居藩大度"的胤禛身上，看到了闪光点。

乾隆时人萧奭自称"草泽臣",对雍正的继位极力赞赏,认为名正言顺,在《永宪录》中驳斥篡位谣传者为"一二奸顽造作无稽,以污人圣德",但又说:康熙驾崩后,隆科多先护雍亲王回朝哭迎,守在宫内,其他皇子"非传令旨不得进"。这有弑父篡位的可能!胤禛拿出康熙的念珠,说是先帝临终亲授,要他戒躁。

清版"烛影摇红"背后究竟如何,各说道理。雍正修《清圣祖实录》和乾隆修《清世宗实录》,及已发现的康熙遗诏实物,内容相似,称康熙命人先当着胤禩等的面宣读遗诏后,胤禛才匆匆入场。这都为胤禛不在场弑父提供证据。而这些都是雍正以降官方的说法,既是被告的自证清白,又做出了原告的光明正大。

雍正还以《大义觉迷录》现身说法,反击胤禩、胤禟的说辞:"夫以朕兄弟之中,如阿其那、塞思黑等,久蓄邪谋,希冀储位,当兹授受之际,伊等若非亲承皇考付朕鸿基之遗诏,安肯贴无一语,俯首臣伏于朕之前乎?"但这二位已经死于非命,无法对证。

当然,康熙最后确定储君时,竞争者大多被拘禁或被边缘化:胤礽被废拘禁了十年,胤禔于康熙四十七年因谋夺储位被削爵囚禁,胤祉被安排从事文化事业建设,胤禩屡遭贬黜被冷落了许久,胤禛被派到了西北前线。留给后世的悬念,是康熙以胤禛为大将军王,最有属意的可能,但他被调离京城远在数千里之外,即便选择他为储君,势必造成京城内讧,兵戎相见,于国于家都是一场流血的灾难。

康熙帝没有那么蠢!这,为雍正的成功即位论提供了合理的解释。

3

戴铎曾在福建给胤禛写信说:"奴才素受隆恩,合家时时焚祷,日夜思维,愧无仰报。近因大学士李光地告假回闽，今又奉特旨带病进京，闻系为立储之事诏彼密议。奴才闻知惊心，特于彼处探彼云'目下诸王，八王最贤'等语。奴才密向彼云：'八王柔懦无为，不及我四王爷聪明天纵，才德兼全，且恩威并济，大有作为。大人如肯相为，将来富贵共之。'彼亦首肯。"（《文献丛编·戴铎奏折》）

康熙五十三年六月，文渊阁大学士李光地因康熙将马齐复出制衡以其为首的汉官，再次请求休致。康熙准假让其处理完家中事宜，两年后返京办事。

胤禛满是愤慨地回信："你在京时如此等语言，我何曾向你说过一句？你在外如此小任，骤敢如此大胆。你之生死轻如鸿毛，我之名节关乎千古。我做你的主子正正是前世了。"爱惜羽毛的义愤填膺，却传递出胤禛欲美名千古扬。

他要做千古一帝！

成功的雍正，以追恤康熙朝宣力效忠大臣之名，赠李光地为太子太傅，祀贤良祠，并将他提拔到"一代完人"的高度。若非戴铎之请奏效，雍正何必回报这般大礼？

胤禛当初真是那样骂戴铎吗？真正的夺嫡师戴铎，究竟给他出了多少谋位的阴谋诡计，除了那一份不免被修饰的戴氏之策外，真实的历史亦不可能修复了。

雍正三年（1725），皇帝下过一道谕旨："沈竹、戴铎乃朕藩邸旧人，行止妄乱，钻营不堪，暗入党羽，捏造无影之谈，惑众听，坏朕声名，怨望讥议，非止一端。朕隐忍多年，及登大宝，知此二人乃无父无君之辈，宽其诛，而皆弃之不用。"

"藩邸旧人"知道的太多了，雍正一直提防着。他即位之初，称康熙驾崩让他哀痛如焚，乱了分寸，命四大总理事务大臣管理诸事，但强调"藩邸事件外"。

藩邸有秘密，戴铎是主要知情人之一。同时，戴铎也是贪心之人，少不了伸手。雍正先派他到四川任布政使，后派他到年羹尧的军营效力，名曰给他锻炼建功的机会，实则调离京城，进行监控。年羹尧举报戴铎藏匿了密折，就说明戴铎死到临头了。

暗藏了罪证的戴铎，栈恋权位而死于非命，下令者就是他誓言死忠的主子雍正帝。

罪名是贪污。不久，年羹尧被赐死家中，他的所谓狂悖之罪中有一条是要结邪党戴铎等怀欺惑众。又不久，另一个参与谋位的主要成员隆科多也死于幽所，诸罪中有一条是庇护戴铎，"不行查参，奸党之罪"。

昔日的忠奴，成了邪党！

孰忠孰奸，孰正孰邪，孰是孰非，千秋功过任凭说。雍正上位后，严惩了不少"藩邸旧人"。

这个结局，子虚的邬先生洞若观火，而真实的戴军师恃功招摇。

正
名

雍正坚称不知
康熙生前传位于己

1

得了便宜又卖乖。这句俗话，用在继承康熙大业的雍正皇帝身上，比较适合。

雍正二年（1724）八月二十二日，雍正谕旨内阁："朕向者不特无意于大位，心实苦之。前岁十一月十三日，皇考始下旨意，朕竟不知。朕若知之，自别有道理。皇考宾天之后，方宣旨于朕。"（《雍正朝汉文谕旨汇编》第六册）

这段文字前，还有一段文字，是雍正的自我表扬："皇考灼知朕之为人行事，爱付大位，盖因朕心仁慈，毫无朋党偏私，能明大义，可以保全尔等之故也。"

这份谕旨，是雍正打击朋党的宣战檄文，主要向皇族宗室们宣谕自己继承了"圣祖仁皇帝大业，若不首正宗室，何以正天下万民"。

一家骨肉，视若仇敌。

这是雍正即位之初，康雍过渡的政治现况。

雍正虽然一再强调自己素来与皇亲国戚并无特别亲密者，也善待了以废太子为首的诸兄弟，但是，皇家"彼此交相陷害"，愈演愈烈，迫使其不得已而出手处理。

骨肉相残，这一切的根源，就是康熙传位雍正一事。

所以，雍正强调：一、自己并不知道康熙生前传诏，要传位于己。二、康熙传位遗诏，是隆科多在康熙驾崩后宣读。三、自己无意于皇位，若先得知，自有另一番道理。

雍正要怎样"别有道理"？

是坚辞不受，还是另造形象？

然而，"心实苦之"的雍正，却为历史留下了一宗清版"烛影摇红"的疑案。

2

按雍正旨意修成的《清圣祖实录》，给了康熙临终前一个宣读传位诏书的特写。

出场者，除了当事人康熙外，就是皇三子胤祉、皇七子胤祐、皇八子胤禩、皇九子胤禟、皇十子胤䄉、皇十二子胤裪、皇十三子胤祥，以及理藩院尚书隆科多。

传位诏书的核心内容是："皇四子胤禛，人品贵重，深肖朕躬，必能克承大统，著继朕登基，即皇帝位。"（《清圣祖实录》卷三百，康熙六十一年十一月十三日）

可是，作为受事主体"皇四子胤禛"，却不在宣读现场。

康熙大限将至，第一时间命人去斋所催见胤禛。

斋所，祭祀斋戒、习礼之所，应该在畅春园内，证明胤禛在为皇父祈求续命，颇有忠孝形象。

近在咫尺，胤禛却迟迟不至，是待斋戒完工，还是故意拖延？

康熙丑时催见，胤禛巳时抵达。此间相差五个时辰，十个小时，胤禛的"闻召驰至"，不啻蜗牛行动。

胤禛对康熙的病情是十分关注的。前一天，他还派护卫太监至畅春园康熙寝宫，"候请圣安"，想必此时的他亦心急如焚。他在苦苦等待康熙久悬未决的最后传位旨意。他即便不在畅春园的斋所，也一定住在临近畅春园的别墅里。

然而，他近十个小时才至，一定是在筹划应对突变的大事。迟到的胤禛，获知康熙病势严重的情况后，在接下来的十个小时里，"三次进见问安"。

在此十个小时内，圣祖实录中并未重提传位胤禛之事，而他和兄弟们一直守护在康熙寝宫外，至少他的死党兄弟胤祥也会想尽办法告知他：大位已定，传之胤禛。

为何雍正要极力掩饰自己是事后获悉呢？

3

如果是康熙死后，雍正才从隆科多宣读的遗诏中获知自己是储君，那么他又为何能在康熙崩逝前，有机会连续三次进见？

一、老病缠身的康熙，在塞外木兰秋狝返京不久，又至南苑行围，疲惫之身遇到气温陡降，受寒引发肺炎，突发心脑血管病，已是深度昏迷。如果他有旨传位胤禛，而不是急召远在西北的皇十四子胤禵，一定会在回光返照中明确储嗣。只有胤禛的储嗣身份明确，他才有机会多次进见——他在为垂危的康熙准备后事。

二、三年后，雍正严厉打击反对党胤禩、胤禟，为之议罪，直指康熙宾天后，胤禩"并无哀戚，乃于院外倚柱，独立凝思，派办事务，全然不理，亦不回答"；胤禟"突至""正在哀痛哭泣"的雍正面前，"对坐箕踞，无人臣礼，其情叵测，众所共知"。只有康熙明旨，帝位旁落，失落的胤禩、胤禟才会表现出毫无顾忌的"怨愤"。（《清世宗实录》卷四十五，雍正四年六月甲子）

三、还有一种可能是，圣祖实录中康熙面授谕旨传位、七皇子及隆科多见证的场景为后来雍正虚构，实质是理藩院尚书兼步军统领隆科多提供武力支持，"上晏驾后，内侍仍扶御銮舆入大内。相传隆科多先护皇四子雍亲王回朝哭迎，身守阙下。诸王非传令旨不得进"（萧奭《永宪录》卷一），给了胤禛同隆科多伪造康熙遗诏的时间和机会。不过，即便隆科多统领着京师卫戍力量，但得到领侍卫内大臣鄂伦岱、满都护、阿尔松阿及八旗绝大多数王公支持的胤禩，未必不会反抗到底。此情形，唯有康熙当着胤禩等发下传位诏书，使之投鼠忌器，不敢行谋逆之举。

四、不可否认，隆科多在康雍过渡中起到了威慑胤禩胤禵集团的关键性作用，故而使本处于弱势的胤禛感激不尽。雍正元年正月初二日，雍正帝在大舅哥、川陕总督年羹尧的《会陈军务事情请先具稿密呈折》上的朱批："舅舅隆科多，此人朕与尔先前不但不深知他，真正大错了，此人真圣祖皇考忠臣，朕之功臣，国家良臣，真正当代第一超群拔类之希有大臣也。"可见雍正对隆科多的翊护感恩戴德，同时也显示了雍正把年羹尧当作自己人，而隆科多为新近发现的政治盟友。

雍正在年羹尧密折上的朱批，极尽对隆科多的赞誉之词，是真心感激，而非客套虚词，也流露出他们曾对隆科多不放心，有过疑虑。隆科多曾支持老大，后改弦更张支持老八，遭到过康熙痛斥。但是，此次隆科多旗帜鲜明地支持胤禛即位，很是坚定，让他感到"真正大错了！"

有学者质疑康熙此前两次废储，一次复储，以及后来实施秘密建储计划，都是召集诸王、贝勒、贝子及领侍卫内大臣、满汉大学士，甚至学士、九卿、詹事、科道言官等宣示旨意，而此次只召七个成年皇子及只是尚书身份的隆科多，着实有些反常。

但是，康熙的嫡长子皇位继承制实践失败后，他积极探索秘密建储计划，明确表示要独自专断皇位传承问题，不再容许侍卫处、内阁等文武百官参与预立国本。

这是有过教训的。

康熙四十七年（1708）十一月十四日公举太子一事，领侍卫内大臣阿灵阿、鄂伦岱，大学士马齐和致仕领侍卫内大臣佟国维为首的大臣议立胤禩，差点打乱了康熙的复储计划。康熙曾将胤禩、马齐锁拿下狱，痛斥阿灵阿等为乱臣贼子。

此次，他让隆科多参与见证，原因有二：一、隆科多是自己的亲表弟兼双重内弟,是皇子们的继舅,更是他们的亲表叔,无论亲疏都是连着骨肉的长辈。

二、隆科多是康熙十分倚信的重臣,从康熙五十年起就统管京师卫戍,在康熙每年离京的数月中,维稳工作做得很到位。

康熙后期经历了十多年储位之争,朝纲混乱,吏治废弛,身后需要一个政治稳定的过渡环境。忠诚于康熙的隆科多,是不二人选。

康熙选择他作为见证人,有托孤的可能。康熙还曾向抚远大将军王胤祯郑重推荐了隆科多。只是隆科多恃功而骄,"妄拟诸葛亮,奏称白帝城受命"(《清世宗实录》卷六十二,雍正五年十月丁亥),以托孤自居,结果为后来被已高度集中和强化皇权的雍正幽死,埋下了祸根。

雍正是不是康熙理想中的不二人选,且不好说。雍正虽不情愿承认在康熙生前获悉明旨传位于他,但,他的功业,不以其在位时间短,而比康熙逊色丝毫。

4

雍正力证自己得位之正,不惜自损不足,曾让康熙极不满意。

先说其雍正之年号,顾名思义,即雍亲王得位之正。

他为乃父康熙润饰"若无遗诏,无非此言"的《面谕》,亦云"自古得天下之正莫如我朝"(《清圣祖实录》卷二百七十五,康熙五十六年十一月辛未)。

正者,正统也。

雍正即位之初,即便年号改得颇有深意,但还得长期面对朝野非议,直指他泯灭亲情、虐待兄弟。尤其在他疯狂打击允禩允禟集团后,依然闹出了湖南秀才曾静派学生张熙前往宁远大将军、川陕总督行辕,游说接替年羹尧、手握川陕甘三省重兵的岳钟琪反清一事。

曾静在信中,痛斥雍正的十大罪状:谋父、逼母、弑兄、屠弟、贪财、好杀、酗酒、淫色、好谀、任佞。

岳钟琪诚惶诚恐，虽然接的是密信，但不敢轻举妄动，赶紧向雍正报告。很快，有司擒获始作俑者曾静。雍正为了自证清白，与他合撰了一本《大义觉迷录》。

雍正说："朕幼蒙皇考慈爱教育，四十余年以来，朕养志承欢至诚至敬，屡蒙皇考恩谕，诸昆弟中，独谓朕诚孝。此朕兄弟及大小臣工所共知者。朕在藩邸时，仰托皇考福庇，安富尊荣，循理守分，不交结一人，不与闻一事，于问安视膳之外，一无沽名妄冀之心。此亦朕之兄弟及大小臣工所共知者。"（《大义觉迷录》卷一）

"所共知者"，这是雍正的政治自信，也是他对即位合法性与合理性的基本维护。这部四卷本自证书，成书于雍正七年。雍正的主要政敌允禩、允禟早在三年前死于非命，允䄉、允䄉以及允䄉、允祉都被拘禁在高墙之内。经历了长期整肃运动的大小臣工，学会了噤若寒蝉。

5

曾以天下第一闲人自许的雍正即位后，多次宣示康熙最后选择了他，以代行祭祀发端，继而"托付之重，君临天下"（《大义觉迷录》卷一），使他唯有朝乾夕惕、以勤先天下，才能报答上天眷佑、康熙之恩。

他甚至在组织人马纂修《康熙起居注》《圣祖实录》时也不忘大做文章，先抑后扬，历数自己曾经不肖，经过康熙的亲自教养，才发生巨变。

他先自曝不足。

他把时间点安排在康熙三十七年三月初三日。

康熙御门听政，文华殿大学士伊桑阿等针对康熙前日封爵诸子——进皇长子胤禔、皇三子胤祉为郡王，皇四子胤禛、皇五子胤祐、皇八子胤禩为贝勒之事，认为康熙这样做是不平等的，提请皇上照例将皇子尽数封王。

这是清前历朝的惯例，皇子天生便是王，像康熙崇拜之至的明太祖朱元璋生子二十六人，除了一个夭折、一个立为太子，其余二十四个皆为王。

胤禛仅小胤祉一岁多，所得待遇却区别很大。贝勒的年俸岁禄，还不如郡王世子。

对于伊桑阿的质疑与进谏，康熙说，本朝太祖、太宗时，封子并非一概晋封，还得看其贤而封。太宗崇德元年（1636）首次封王，只有礼亲王代善、豫亲王多铎、睿亲王多尔衮等封王，其余分封贝勒、贝子、公爵不等。

康熙强调："今朕亦视其贤否加封耳，岂因己子有私乎？"（《康熙起居注册》康熙三十七年三月）贤明程度，是分封皇子的基本原则。

伊桑阿等人说：创业之初，正是振作有为之时，那样封爵能起到激励和表彰作用。而今皇子们都在皇上教养下长大成才，各有贤明，所以请皇上一并加封。

伊桑阿长期兼管吏部尚书事，有着丰富的人事管理经验。而康熙此次也是第一次封爵诸皇子，是朝廷大事，郑重其事，也该皆大欢喜。毕竟此次封爵的，都是成年皇子，都深得康熙赏识。

他是一个厚重老成之人，希望康熙不留下遗憾。

但是，康熙主意已决："朕于阿哥等留心视之已久，四阿哥为人轻率，七阿哥赋性鲁钝。朕意已决，尔等勿得再请，异日视伊等奋勉再为加封，未始不可。"

四阿哥胤禛，并没有给康熙留下一个满意的印象。

从此次晋爵到康熙四十八年三月再次封赏，雍正做了十一年贝勒。而且，二次封爵时，还是因为他支持了康熙复立废太子胤礽，以此为功，才被破格晋封为和硕雍亲王。

这为后来雍正自定年号，标榜得天下之正，做好了准备。

康熙四十七年十一月戊子，康熙决意复储之际，召集诸皇子及众臣谈话。

康熙再次品评诸成年皇子。

康熙对皇四子胤禛的看法，发生了变化："能体朕意，爱朕之心，殷勤恳切，可谓诚孝。"改变了"幼年时微觉喜怒不定"旧印象。

好一个"微觉"，为君者讳，却是胤禛二十一岁时与王爵失之交臂的主要原因。

好在康熙后悔废储，多次做亲贵重臣的工作，甚至搬出了已故太皇太后与赫舍里氏皇后托梦鸣冤，为"前因魔魅，以至本性泪没耳。因召至于左右，加意调治，今已痊矣"（《清圣祖实录》卷二百三十五，康熙四十七年十一月丁亥）的胤礽复储争取支持。

诸臣不理会。作为反太子派主要成员的胤禛，改变立场，力挺康熙，以"诚孝"体贴"朕意"。雍正二年八月，他为此做出解释："有人疑朕与二阿哥不睦，夫二阿哥乃皇太子，国之储君也。二阿哥得罪之先，朕但尽弟臣之道，凡是敬谨。"（《雍正朝起居注册》第一册）

胜利者粉饰"受皇考隆恩笃爱"，即便胤礽千错万错，仍"犹然照常致敬，尽己之道"。而其前次"轻率"，如今"诚孝"，都是康熙对胤禛的评价，但见态度已然发生逆转。

康熙兴奋地说："惟四阿哥，朕亲抚育。"

胤禛欢欣之余，少不了归功于康熙："臣侍皇父左右，时蒙训诲。顷者复降褒纶，实切感愧。至于喜怒不定一语，昔年曾蒙皇父训饬。"（《清圣祖实录》卷二百三十五，康熙四十七年十一月戊子）

"训饬"出了成果，胤禛又自许己功，标榜自我修炼："此十余年以来，皇父未曾降旨饬臣有喜怒不定之处，是臣省改微诚，已荷皇父洞鉴。今臣年逾三十，居心行事，大概已定。喜怒不定四字，关系臣之生平。仰恳圣慈，将谕旨内此四字恩免记载。"

雍正索性再借康熙之旨："十余年来，实未见四阿哥有喜怒不定之处。顷朕降旨时偶然谕及，无非益加勉励之意，此语不必记载。"一经点醒，便蔚成大器。

随着年龄和阅历的增长，胤禛的轻浮有所改变，不再是"喜怒不定"，却没有发生根本性变化。萧奭在《永宪录》卷一中说，康熙临终前，"以所带念珠授雍亲王"，既是念想，也是为了平抚他的轻浮和急躁。

不论他的性格如何改观，康熙第二次废储后，并没有明确选择他做继承者，而是赋予其胞弟老十四胤祯统兵西征的抚军大权，暗定储君。

当时康熙一心复储，容不得其他皇子脱颖而出（深孚众望的胤禩，就是因为人气飙升，而遭康熙锁拿下狱），又怎容得下还不出众的皇四子自夸成功呢？

这只是雍正登基大宝后，给自己造的一个非常巨变、逆袭成功的帝王传奇而已。

雍正大张旗鼓密建皇储，
防患的背后有玄机

1

雍正即位，并无前兆。

只有一份所谓康熙遗诏出炉，显示康熙临终前，并未当面选择皇四子胤禛。

雍正史官秉承圣意纂辑的《清圣祖实录》，把康熙传位诏书写得很简单："皇四子胤禛人品贵重，深肖朕躬，必能克承大统，著继朕即皇帝位。"（《清圣祖实录》卷三百，康熙六十一年十一月甲午）

"人品贵重"，这是性格印象。

知子莫若父。如果康熙不感触颇多、深有理会，又怎知皇四子胤禛最像自己，一定能继承好自己的帝治弘业呢？

皇帝择立嗣皇帝，不是走形式，而是经过了深思熟虑。更何况，实施了三十七年的嫡长子皇位继承制流产之后，不乏帝王心术的康熙，绝不会一时兴起选择继承者。

但是，雍正在元年（1723）八月十七日，召集总理事务王大臣、满汉文武大臣、九卿，聚集在乾清宫西暖阁，公开说："我圣祖皇帝为宗社臣民计，慎选于诸子之中，命朕缵承大统，于去年十一月十三日仓卒之间，一言而定大计，薄海内外，莫不倾心悦服，共享安全之福。"（《雍正朝起居注册》第一册）

"仓卒之间，一言而定大计"，不无草率之嫌，有点完成任务的味道。雍正要证明自己得位之正，合乎法统，表达康熙选择自己继立，是英明决策，让国人共同拥护，然如此说"仓卒"，无形中显示了康熙选择胤禛，并非理性决策。

如此抑扬，有损康熙的理智。

雍正宣示帝业传承，无外乎极力掩饰康熙在康熙五十一年（1712）第二次废黜皇太子胤礽之后，有属意皇十四子胤禵为储君的可能。

然而，因为康熙五十六年发布的著名"面谕"表达了康熙帝在实施密建皇储计划，所以雍正的胞弟胤禵被康熙暗定为储君，这成了一种共识。

康熙五十七年，策妄阿喇布坦的准噶尔军攻陷拉萨，拉藏汗被杀，而侍卫色楞和湖广总督署西安将军额伦特所率清军在藏北全军覆没。康熙筹划已久的西征大业受挫。文渊阁大学士李光地等大多数朝臣一直在力劝康熙息怒休兵，不要轻举妄动。康熙帝顶住巨大压力，选中并无大规模作战经历和经验的胤禵出任抚远大将军，统兵攻击入侵西藏的准噶尔军。

很明显，他对胤禵寄予厚望，期待他帮助解决国家分裂的危险，建立不世之功，以便实至名归地承袭大统。

胤禵率师西征，"其纛用正黄旗之纛，照依王纛式样"（《清圣祖实录》卷二百八十一，康熙五十七年十月庚午）。贝子被超擢为大将军王，大清王朝史无前例。胤禩曾对亲信说："十四爷若得立为皇太子，必然听我几分说话。"（《文献丛编》第一辑《允禩允禟案·雍正四年》）

雍正即位后，由广西巡抚擢升云贵总督的高其倬奏疏，还误将大将军王胤禵与皇帝雍正并写。胤禵奉命西征时，高其倬正在康熙身边任内阁学士，自然对西北战报的格式了然于胸，断然不是感染了雍正所斥责的胤禵在军中施威僭分的流毒，而该是康熙为扶持暗定储君而默认的一种权力过渡形式。

与此同时，康熙也对支持胤禵的胤禩集团成员，做了一定的人事安排，如侍卫处、内阁和八旗满洲都统，大多数是胤禩胤禵一派的支持者。

胤禵坐镇西北，统领军务，收复失土，追击叛军，实现了康熙预期的目标。

康熙六十年十一月，胤禵回京，康熙帝开心地写诗志庆："去年藏里凯歌

回，丹陛今朝宴赏陪。万里辛勤瞬息过，欢歌载道似春雷。"（《圣祖御制文四集》卷三十六）

诗题为"示平藏将士"，但又何尝不是对其深孚厚望的爱子胤祯的称许呢？

然而，就因康熙临时决定与准噶尔首领策妄阿喇布坦休战谋和，命胤祯返回前线统筹和议事宜，就因康熙生前并未及时册立胤祯为储君，或者可能写有传位胤祯的诏书被谋夺皇位的雍正焚毁，雍正才得以有效地利用康熙实施秘密建储计划而不公开的漏洞，给康熙以赋予抚军之权暗定储君的形式重用胤祯，赋予了新的用意："只因西陲用兵，圣祖皇考之意，欲以皇子虚名坐镇，知允禵在京毫无用处，况秉性愚悍，素不安静，实借此驱远之意也！"（《大义觉迷录》卷三）

这场防止国家分裂的保卫战，关系到清朝西部辽阔疆域的完整性。对此，雍正轻描淡写，称康熙竟然派出一个毫无用处、愚蠢粗暴的皇子做样子，极大地侮辱了康熙的谋略和意志。

雍正为了障眼胤祯（允禵）的威胁，狂污康熙拿国家安危做驱逐游戏，目的不外乎证明自己才是康熙用心良苦所保护的理想嗣君。

但是，他又谦虚地承认，自己是康熙临终之前、仓卒之间的选择，更使康雍之际帝业传承的政治格局，扑朔迷离。

2

也正是康熙临终前"仓卒"指定嗣皇帝，导致王公大臣对新皇帝集体抵制。

先看兄弟表现。

康熙驾崩，老八胤禩毫无哀戚之容，而在院中依柱沉默。虽然还未正式登基的雍正，命其为总理事务大臣之首，爵封和硕廉亲王，但他不兴奋、不理事、不合作。

老九胤禟干脆箕坐，面对哀伤的雍正帝，表达不敬与不满。雍正问他，皇父宾天，为何无泪？胤禟说，我帕全湿，谁说无泪！

老十胤䄉奉命护送来京吊孝病逝的蒙古哲布尊丹巴呼图克图龛座返回喀尔喀。作为皇帝特使，担负赐祭奠的使命，然而他行至张家口，说自己病了，不想走了。

再看雍正生母。

儿子即位，母亲该高兴。

然而，雍正生母乌雅氏，坚决拒受仁寿皇太后的封号，不接受臣工朝贺，拒绝移居例应皇太后居住的宁寿宫，而是一直住在康熙生前分给她的永和宫至死。

她以康熙德妃为荣，而以雍正太后为耻，还公开说圣祖选择自己的亲生儿子胤禛"缵承大统，实非梦想所期"（《雍正朝起居注册》第一册，雍正元年五月二十三日）。

这是不顾本朝历代遵行之礼，不给上位称帝的亲儿一点面子。

再看大臣抗拒。

领侍卫内大臣鄂伦岱，是雍正的表叔。

雍正交给他追责另一个领侍卫内大臣阿尔松阿的谕旨，哪知他于乾清宫，当着众人的面摔掷在地，并将阿尔松阿的问题揽到自己身上，公然向新皇叫板。

康熙生前，曾多次怒责触犯天威的鄂伦岱甚至当面称他是可杀之人，然鄂伦岱毫不畏惧、依旧倨傲。

雍正即位，支持八贤王胤禩的鄂伦岱更加嚣张，竟然在乾清宫院内掀衣撒尿。

大家并没有把继登大宝、踌躇满志的雍正帝，视"为天下臣民主"（《宫中杂件》第三百〇九卷第一号，雍正二年八月初三日上谕）。

雍正深深地感觉到，天下臣民仿佛不知君臣大义了，没有"以大统视朕躬"，而是"以昔日在藩之身视朕躬"。

雍正二年八月，雍正成了真正的孤家寡人：大家没把他当皇帝，而只当成一个亲王，着实可悲。

他内心的惶然，到了孤独的程度。

皇族宗室和八旗王公，普遍无视雍正皇帝的权威。

在他的朋友圈里，除了两个幼弟——老十六胤禄、老十七胤礼只点赞不评论外，能在京城真正起到作用的，也就是被康熙雪藏了十年的老十三胤祥和被康熙重用了十一年的步军统领隆科多。后来成为雍正主要助手的张廷玉，此时不过吏部左侍郎，没有话语权。

重臣勋贵，几乎都站在雍正的对立面，即便雍正在年号上动了心思，标榜雍亲王得位之正，说：皇考"肯以宗社大统付托朕躬"，"国家之事，莫大于正名"。（《雍正朝起居注册》第一册，雍正二年十月二十八日）

他从康熙宣扬的"自古得天下之正莫如王朝"（《清圣祖实录》卷二百七十五，康熙五十六年十一月辛未）的面谕中，得到了启发。

他不能重蹈世祖朝多尔衮谣传太宗原系夺立的覆辙。

然而，外界仍在质疑他继统的合法性。

"圣祖皇帝在畅春园病重，皇上就进一碗人参汤，不知何故，圣祖皇帝就崩了驾，皇上就登了位。"（《大义觉迷录》卷三）这是后来胤禩、胤禟的属下太监于流放南疆途中散播的。

"有一个传说，他的父亲雍正皇帝，在他祖父临终时候闯进宫去更改了大行皇帝的遗嘱，把自己的名字写上去，这样承继了大位。"这个传得更久、更远。乾隆五十六年（1791），还被马戛尔尼使团成员斯当东带回英国，写进了回忆录《英使谒见乾隆纪实》。

面对诸多传闻和抵制，雍正想到了早定国本。这个定制是公开的，但定人是秘密的。

于是，他在元年八月，公开密建皇储，以备不虞之需："圣祖既将大事付托于朕，朕身为宗社之主，不得不预为之计。今朕特将此事亲写密封，藏于匣内，置之乾清宫正中世祖皇帝御书正大光明匾额之后，乃宫中最高之处，以备不虞。诸王大臣咸宜居知之。"（《雍正朝起居注册》第一册，雍正元年八月十七日）

他所以这样大张旗鼓，为情势所迫，用意深刻，传递出三个强烈的意思：

一、年届四十六岁的皇帝已经深思熟虑地建储，即便出现人身安全事故，也有理想的继承者，以应对圣祖付托之重，延续太祖、太宗和世祖创垂大业。

二、储君人选由他全权决断，不再接受统治阶层内部其他集团或个人势力的干扰。这一点，并不会引发朝野轰动。早在康熙五十六年十一月辛未日的"面谕"中，康熙宣示："汉高祖传遗命于吕后，唐太宗定储君于长孙无忌，朕每览此，深为耻之。或有小人，希图仓卒之际，废立可以自专，推戴一人，以期后福。朕一息尚存，岂可容此辈乎？"（《清圣祖实录》卷二百七十五）康熙已显示自己足以掌控储君人选，那么侥幸上位的雍正，也要表达自己的能力和谋略不逊色于先帝。

三、暗定储君，却未公开人选，在雍正皇后所生的嫡子早逝的情势下，再择储嗣，则无嫡庶之分，该是唯能是举、择贤而立。这符合满洲旧制，不会遭到八旗王公的反对。同时已定国本，自然会得到汉人士大夫官僚的支持。

3

雍正当初即位，应是精心研究了康熙秘密建储计划的，而他自己就是充分利用其不及时公开建储之事的漏洞，而趁机捡漏上位的。

此事，成了雍正的经验教训。

如果将雍正秘密建储，简单地理解为防患抵制新君，甚至有可能谋逆的反对派，有其充分的合理性，但也忽略了他在转移矛盾的视点。

按防患来理解，若其惨遭皇族宗室及八旗大臣的反对派侵害，忠诚大臣可以遵照遗诏复立暗定储君。

此中疑点重重。

一、公开建储之事，而隐秘皇嗣之名，备不虞之需。他这么做，因反对者人多势众，他要防患于未然。

既然反对者有能力干掉他或废黜他，必然诉诸武力，那么同样有能力揪出、陷害他预定的继承者。

康雍过渡，政治环境不稳定，但比拼实力，即便雍正有步军统领隆科多和川陕总督年羹尧的支持，但胤禩胤禟集团的支持者绝大多数是满洲八旗的王公大臣，有几乎一半的领侍卫内大臣、内阁大学士、满洲都统，足以倾覆和瓦解雍正的保皇势力。

二、他详细交代密建皇储诏书藏在哪个位置，是宣示权威，还是指引路径？

最具吸引力的宝藏，一旦公开线路图，自然少不了窥伺者们最强烈的关注。难道雍正不怕反对者偷取后，对暗定储君展开疯狂的追杀吗？

一个密封的匣子，就是既定的靶子。雍正如此冒险，也算是制订了一个转移矛盾的疯狂计划。

三、从后来雍正重用的王公重臣来看，张廷玉、田文镜、李卫以及鄂尔泰、鄂尔奇兄弟，在雍正前期，并不在权力中枢，没有实际力量与反对派抗衡。

雍正公开秘密建储，又不公开暗定储君人选，王公大臣自然少不了对入围人选进行猜测。

当时，雍正有四个儿子，都是庶子，即齐妃李氏所生的皇三子弘时、熹妃钮祜禄氏所生皇四子弘历、裕嫔耿氏所生皇五子弘昼，以及贵妃年氏所生的第八子福惠（福慧）。

论生母，年贵妃资历最浅，年纪最轻，但身份最显贵，仅次于皇后，深受宠幸。

雍正让她后来居上，是向其兄、为自己成功接管西征大军的川陕总督年羹尧示好。

雍正最初所立的是十三岁的弘历,还是襁褓之中的年妃之子福惠,那只有天知道。雍正的立储诏书,并无第二人知情,他完全有机会后来销毁重写。即便雍正在公开建储诏书前,曾于八年九月密示张廷玉、十年正月再次密示鄂尔泰和张廷玉,那也是福惠死后的事情。

福惠死于雍正六年九月,年仅八岁,却被按照亲王礼殡葬。顺治十五年(1658)正月,雍正皇祖顺治帝所属意的储君人选皇四子夭折,就被追封为荣亲王。雍正先后生子十人,福惠是第二个享受亲王哀荣的。即便是雍正唯一的嫡子弘晖,于康熙四十三年(1704)八岁早殇,雍正即位后也没有给予任何追封。

在蜜月期内,雍正对年羹尧是非常重视的。即便倚重隆科多,也不忘给臣子年羹尧写信做说明:"舅舅隆科多,此人朕与尔先前不但不深知他,真正大错了,此人真圣祖皇考忠臣,朕之功臣,国家良臣,真正当代第一超群拔类之希有大臣也!"(年羹尧《会陈军务事情请先具稿密呈折》,雍正元年正月初二日朱批)

雍正重奖对自己继承皇位出力最多的隆科多,也没忘记在西北战场还没建立大功的年羹尧,两人一并加封太保。

雍正通知总理事务王大臣:"青海台吉,兄弟不睦,倘边境有事,大将军沿袭驻扎甘州,相隔遥远。朕特将一切事务,俱降旨交年羹尧办理。若有调遣军兵、动用粮饷之处,著边防办饷大臣及川陕、云南督抚提镇等,俱照年羹尧办理。"(《清世宗实录》卷七,雍正元年五月庚子)

延信为雍正堂兄,爵封辅国公,在胤禵返京后代行抚远大将军之权。雍正这样安排,就是要加大年羹尧的权限,使之权势地位实际在抚远大将军延信和其他总督之上,代替雍正帝直接节制川陕、云贵的地方官员和征战部队。

雍正急需年羹尧为之彻底解决西北战局,不免利用密建皇储而不公开人选的方式,向年羹尧暗中表示,其妹年贵妃的儿子有暗定储君的可能。只有伸出天恩浩荡的橄榄枝，才会更有效地激励继任抚远大将军年羹尧，当然，也让皇城内外蠢蠢欲动的反对派势力，因为年大将军的存在而投鼠忌器。

虽然皇家内部争夺不休，但他们在维持爱新觉罗氏统治的根本利益上，是绝对团结的，甚至可以说，在捍卫爱新觉罗家族权力时，他们表现出绝对的识大体，可以为此牺牲自己和小家庭的性命和荣辱。所以，在年羹尧平定罗卜藏丹津的叛乱后，反对派对雍正的抵制开始明显弱化。

倘若年羹尧后来不恃功骄纵，在雍正面前无人臣礼，其外甥或许有替代乾隆的可能。

年羹尧忘乎所以，死于非命，其妹妹年妃和外甥福惠，也随之倒台而早逝。生母外家毫不显赫的皇四子成了乾隆帝，以胜利者的姿态力证自己是雍正元年的暗定储君，还给安排了一个康熙惊赞"是命贵重，福将过予"的天命（《清史稿·高宗本纪一》）。

雍正处心积虑地安排弘历为暗定储君，不意乾隆玩了文字游戏：康熙择子看孙辈，雍正沾了他的光。

一个生育大数据：
雍正搞定康熙重臣年羹尧

1

年羹尧以虎贲大帅的威名影响后世，其实他最初是康熙帝看重的翰林儒臣。

他是康熙三十九年（1700）进士，参加庶吉士选拔，散馆授检讨。他虽然没给康熙做过日讲起居注官和经筵讲官，但以成功主考康熙四十四年四川乡试和四十七年广东乡试为由，被康熙帝任命为侍讲学士，康熙四十八年二月成为内阁学士。

清制规定，"内阁为百僚之长，中书实办事之官"（《龚自珍全集》第五册《上大学士书》），侍讲学士为从四品，满洲四人，蒙古、汉人各两人；内阁学士，兼礼部侍郎衔，从二品，满洲六人，汉人四人。

年羹尧在内阁没干多久，就被康熙外放巡抚四川，成了封疆大吏。

他在短期内升五级，可见才干和能力深得康熙帝的赏识。

康熙帝简任年羹尧，有皇四子胤禛推荐的可能，另外还有一个重要原因，是年羹尧有一个清廉的能臣父亲：年遐龄！

安徽怀远人年遐龄生于明崇祯十五年（1642），仕清后加入汉军镶黄旗，由笔帖式授兵部主事，累迁刑部郎中，康熙二十二年任河南道御史，巡视中城，成绩突出，被调回京师任内阁侍读学士、宗人府府丞，不久晋内阁学士，转工部侍郎。

年遐龄为官低调，不显山露水，符合康熙优待儒臣的要求："谨慎勤劳，后必优用。"（《康熙起居注》第一册）他被擢升湖广巡抚，充分展现他的施政才干和改革气魄。他在湖广提前试验了后来被雍正定名为摊丁入亩的土地改革，同时联手湖广总督郭琇清查了湖北土地问题，肃清官场贪腐，平定红苗叛乱。

康熙四十三年，在湖广抚台任上干了十三年的年遐龄，已六十二岁。他以身体有病为由，请旨致仕，康熙特旨准其原官离休，回京养老。康熙没有忘记他，先后将其长子年希尧升为直隶广平知府，以其次子年羹尧巡抚四川。

四川成为年羹尧政治人生最重要的新起点。

他抵达川地后，迅速了解、掌握了四川的基本省情，大刀阔斧地兴利除弊。他一身廉正，严拒收礼，被康熙激赏坚持始终，做个好官。

康熙四十九年二月，斡伟生番罗都等掠夺宁番卫，杀死游击周玉麟。康熙命年羹尧与四川提督岳升龙相机围剿。岳率兵进剿，擒获罗都，年提前回师，被川陕总督音泰弹劾。部议要将革职，但康熙命从宽留任，并要音泰和年羹尧和衷共济。

年羹尧赴川封疆的两个月后，专门给康熙帝上呈感谢信，以犬马自喻，称才疏学浅，但是皇上不嫌弃他一介庸愚，使之三世受恩，定当竭力图报，他还向康熙报告了自己不辞辛苦、扑下身子、深入底层，调查蜀中现状，提出了多条治蜀建议和主张。

2

年羹尧在四川勤于职事，因出问题遭到部议免职，但康熙帝下旨留任。其中有原因：一是康熙的看重，二是胤禛的力保。

此期间，胤禛已贵为和硕雍亲王，但在胤礽复立的前期，他以支持太子的姿态，在皇子夺嫡战中韬光养晦，暗蓄力量。

电视剧《雍正王朝》中，雍正骂年羹尧是"奴才"。年羹尧家族隶属汉军镶黄旗，都是雍王府的家奴——包衣。

包衣有"上三旗""下五旗"之分，上三旗的包衣隶属内务府，下五旗的包衣分隶诸王门下。

自家年轻的奴才被父皇特别看重，胤禛看在眼里喜在心里，赶紧行动，向父皇求恩典，将年家小妹妹收入雍邸的妻妾团队。

康熙五十年，康熙帝指婚，年羹尧的妹妹年氏给雍亲王做侧福晋。

此后十二年，年氏给胤禛生下一女三子：康熙五十四年三月生第四女，五十九年五月生第七子福宜，六十年十月生第八子福惠，雍正元年（1723）五月初十生第九子福沛。

胤禛妻妾成群，有名分者近三十人，但在此期间，只有年氏一人在不停地生育。且在康雍交替之际的四年（康熙五十九年五月至雍正元年五月），年氏一口气生育了三个儿子。毋庸置疑，她颇得宠爱，胤禛紧锣密鼓地争嫡上位，重整山河，朝乾夕惕，同时用年氏勤于生产的大数据，向年羹尧传递出其妹宠冠后宫的信息。

雍正总共有十子，即孝敬宪皇后所生的长子弘晖，齐妃所生弘盼、弘昀、弘时，孝圣宪皇后所生的弘历，纯悫皇贵妃所生的弘昼，敦肃皇贵妃所生的福宜、福惠、福沛，以及谦妃所生弘曕。值得注意的是，敦肃皇贵妃年氏所生三子的名字，雍正花了心思，他并未采用其子侄共用的"弘"字，而是改为"福"字作为区分，其中必有特别的政治用心。毕竟他一即位，就忙着给兄弟们改名字。这是做给他极其倚重的年羹尧看的。这可以为将来新皇帝的帝王名讳改字，省去不少麻烦。

他在以一旦成功，将来储君的独特名字，争取年羹尧的支持！

一、他可以直接立年妃所生的儿子为法定接班人。

二、他是告诉年羹尧，你支持了他，就是未来皇帝的亲舅舅。

因为年羹尧是在康熙五十七年十月受封四川总督兼管巡抚事。康熙六十年五月，年羹尧进京入觐，康熙御赐弓矢，升其为川陕总督。随后，年羹尧掌控着皇十四子、抚远大将军胤禵用兵西北的粮草供应。

胤禛最强劲的对手老八胤禩，是实力派人气明星，赢得了胤禵的支持，也在对年羹尧威逼利诱，极尽手段地拉拢这位扼守西南边陲并影响西北战局的核心人物。

年羹尧统领川陕军政和民事，兼任定西将军。他表现出了不同凡响的战略眼光，于康熙六十年九月，利用青海部落土司之间的矛盾，辅以"以番攻番"之策，迅速地平定了郭罗克地方叛乱。

3

第二年十一月，康熙帝驾崩，胤禛成了雍正帝。他不直接下旨，而是通过内阁下令通知胤禵还京奔丧，命年羹尧与延信共管军务。

延信是豪格之孙，正蓝旗满洲都统，参与议政，受康熙帝重用。康熙五十九年，延信率师取道青海到达西藏，击败策妄阿喇布坦部将策零敦多卜后，进入西藏。西藏平定后，朝廷下诏："平逆将军延信领满洲、蒙古、绿旗各军，经自古未辟之道，烟瘴恶溪，人迹罕见。身临绝域，歼夷丑类，勇略可嘉！封辅国公。"

他与胤禵私交甚笃，同年羹尧也有交情。雍正五年，雍正以其与胤禩等结党，结交胤禵，偏袒年羹尧，入藏时侵吞公帑十万两为由，夺去其新晋贝勒爵位，逮下由亲王大臣按法处治，定谳延信党援、欺罔、负恩、要结人心、贪婪乱政、失误兵机等二十罪，按罪当斩，后改拘禁。此为后话。

雍正命延信掌大将军印，而非直接命年羹尧掌控，就是麻痹胤禵和延信，使其莫生异心，方便年羹尧在胤祯走后顺利接管几十万大军。

年羹尧成功地完成使命，雍正帝议叙平定西藏时运粮及夺隘之功，将年羹尧晋升为三等公，世袭罔替，加太保。

太保，与太师、太傅，为三公，品级与大学士同等，但荣耀不相提并论。雍正元年三月，追赠一等公佟图赖为太师，追赠一等公佟国纲、佟国维为太傅。佟氏父子，分别为康熙生母、雍正祖母孝康章皇后的父亲、兄弟。没过几天，雍正帝又封隆科多、年羹尧为太保，赏赐双眼孔雀翎、四团龙补服、黄带、紫辔，荣耀至极。他们为雍正即位的稳定过渡，都提供了强有力的军事支持。隆科多是佟国维之子、雍正养母孝懿仁皇后之弟。雍正帝将大舅哥弄到与小舅舅隆科多同日而语的位置，足见对他的极度信任和超规重用。

年家妹妹被封为贵妃，年龄最小，地位仅次于皇后乌拉那拉氏，高了生育第三子弘时的齐妃李氏、生育第四子弘历的熹妃钮祜禄氏（即孝圣宪皇后）一个等级。同她在雍邸并肩的李氏，年纪比她大，资历比她老，生育一样多，只得了个齐妃。

作为联姻工具的年氏，名分虽贵，但也是很不幸的。其所生皇四女两岁而殇，福宜只活了一岁，福沛生下来就是一个死胎。然而，胤祯仍超常宠幸年氏，这是向扼守西南、威慑西北的年羹尧示好：即便幼子纷纷夭折，他也不改对年氏的初心。

雍正登位，内有隆科多，外靠年羹尧。雍正将年羹尧拉为羽翼，工具是一个女人。

只可惜，新任抚远大将军的年羹尧，一家受封几个一等公，居功自傲，飞扬跋扈，强制辖区的督抚、京城的王公对自己跪送跪迎，甚至对主子雍正皇帝也"无人臣礼"。烽台大营操演场上，年羹尧将士卸甲"只知有军令，不知有皇上"，激怒了雍正，回宫后令年妃脱衣当卸甲，企图将所受的侮辱转移给那个被侮辱的女人。

疯狂之至，危险来了，纵然你厥功至伟，也难逃罗列大罪：大逆罪五条、欺罔罪九条、僭越罪十六条、狂悖罪十三条、专擅罪六条、忌刻罪六条、残忍罪四条、贪婪罪十八条、侵蚀罪十五条。

只要皇帝需要，大罪九十二条都是少的。雍正帝甚至说："青海叛逆由年羹尧激成。"幸好庙堂决策高深、前线将士奋勇，才致使"西陲绥靖"。而年羹尧，"凭仗国威"，位列三公，锡封五等，以犬马之忱，"贪冒天公，不揣涯分，辄肆猖狂，为所欲为，略无忌惮"（萧奭《永宪录》卷三）。

雍正上位刚四年，年妃就随着哥哥政治生命的终结黯然而薨。年妃临死前，雍正大概是良心发现，给了病入膏肓、起不了床的她一顶皇贵妃的凤冠。但已经晚了！三年后，八岁的福惠骤然病逝，即便被乾隆帝追封亲王，也改变不了其母被利用的人生。

当然，如果年羹尧不改家传的廉正初心，后来的皇帝是不是弘历，还真不好说！

年羹尧之死，
是雍正最大的不幸

1

雍正四年（1726），新年刚过，年羹尧被赐自尽。

圣旨是前一年十二月下达的。雍正一时兴奋，让年羹尧多活了几天，在被严密监控的家中吃了最后的年夜饭。

从雍正即位，到年羹尧被赐死，仅仅三年时间。年氏急剧膨胀，与雍正放纵宠任有着很大的关联。

两年前，青海大胜的捷报传到紫禁城，雍正狂喜过后，纡尊降贵，与年羹尧约定："不但朕心倚眷嘉奖，朕世世子孙及天下臣民当共倾心感悦。若稍有负心，便非朕之子孙也；稍有异心，便非我朝臣民也。"

君不"负心"，臣不"异心"。

雍正帝在雍正二年正月初二日年羹尧的奏谢恩赐宝物折上，朱批要和年羹尧做"千古榜样人物"，一个是"出色的皇帝"，一个是"超群之大臣"。

君臣知遇，浓情蜜意。

年羹尧不敢这样对雍正说情话，但却在天高皇帝远的地方，学起了后宫侍寝的"翻牌"，皇帝吃饭的"传膳"。

这是皇帝的专用名词，臣子僭用，就是大逆不道、僭越礼制。

所谓大逆罪、僭越罪，是足以杀头的大罪。年羹尧恃宠骄纵，导致他忘乎所以。

年羹尧远在西北，雍正加强联系，和他商量朝廷军政要务，公开嘘寒问暖，很是矫情，让他的风头盖过了对雍正即位建有首功的隆科多。

雍正要感恩隆科多，还向年羹尧做出说明。雍正元年正月初二日，雍正帝在大舅哥、川陕总督年羹尧的《会陈军务事情请先具稿密呈折》上朱批："舅舅隆科多，此人朕与尔先前不但不深知他，真正大错了，此人真圣祖皇考忠臣，朕之功臣，国家良臣，真正当代第一超群拔类之希有大臣也。"雍正向年羹尧推重隆科多，就是要表达年羹尧与他雍正是老友，而隆科多只算是新朋，以免年羹尧误会君恩被分。

雍正首重年羹尧，派在身边工作的侍卫去年大将军帐下听差，让年羹尧过把皇帝的干瘾。一些督抚甚至王公，自甘受辱，在年羹尧面前卑躬屈膝，无非是年氏为皇帝的大宠、重臣、帮手和勋戚，而顺应皇帝的过分重视，主动默认年羹尧许多僭越封建等级制度的行为。

年羹尧在雍正即位前，已然是四川总督兼定西将军，雍正即位后，很快如同一个暴发户，官拜川陕总督，进位太保，爵封一等公，受赏双眼孔雀翎、四团龙补服、黄带、紫辔及金币等非常之物。连续死了三个孩子的妹妹，资历虽浅，但被直接封为贵妃，仅次于雍正的发妻皇后。父亲被封为一等公，寸功未立的儿子也被封为一等子。

年羹尧手腕和臂膀痛，雍正赶紧温语慰问，不是"甚想你"，就是"不知如何疼你"，或者是"实不忍欺你一字"。今天小青年之间的浓浓爱语，早在雍正的最高文书中用得淋漓尽致。年羹尧隔空说这痛那痛，无非是要秘书们代劳写奏折，自己懒得抄而找借口，却被雍正郑重其事地心疼起来。

雍正二年六月三十日，南方官员给雍正进贡荔枝，雍正第一时间想到的不是宫眷皇子，而是立即派人飞马送往西安，走官道，六百里加急，让年羹尧尝鲜。

年羹尧也擅长逢迎，收到"鲜荔枝四枚，臣敬谨开看，竟有一枚颜色香味丝毫未动，臣再东望九叩，默坐顶礼而后敢以入口也"（七月初二日川陕总督年羹尧奏谢御赐珐琅等物折）。

2

雍正对年羹尧及其家人关怀备至，使得年羹尧愈发疯狂膨胀，自寻死路。雍正纵容年羹尧对督抚将军颐指气使，默许他向地方官员索要财物古董。年羹尧的擅作威福和雍正的过分宠信有着直接关系。

就连雍正也承认：年羹尧"之妄谬，皆由朕之信任太过"，"朕今深恨辨之不早，宠之太过，愧悔交集，竟无辞以谢天下！"（《清世宗实录》卷三十二，雍正三年五月）

莫由追悔。

此前不是没有官员弹劾年羹尧私结党羽、贪污纳贿、骄纵跋扈、欺君罔上，但都被雍正轻描淡写地忽视了。只有当年羹尧在雍正面前放肆，"御前箕坐"，才被视为"无人臣礼"（昭梿《啸亭杂录》卷九《年羹尧之骄》），才被重新纠察。年令获赠物品的下属"向北叩头谢恩（萧奭《永宪录》卷三)"，将自己发给其他总督、将军的文书擅称"令谕"，都是严重破坏封建社会的政治规矩的，被雍正视为对皇权的侵越。故而雍正在严厉打击允禩允禟集团及其支持者、同情者的同时，决定对年羹尧痛下杀手。

为了处死年羹尧，雍正弄出了"大逆之罪五，欺罔之罪九，僭越之罪十六，狂悖之罪十三，专擅之罪六，忌刻之罪六，残忍之罪四，贪黩之罪十八，侵蚀之罪十五，凡九十二款"（《清史稿·年羹尧传》）。

这其中到底有多少成立，只有要实现政治目的、塑造绝对权威的雍正皇帝清楚。年羹尧三年盛极而衰，而且是骤升骤降，虽然降的过程中有贬任杭州将军一事，是一个犹如不舍的缓冲，但雍正已经打定了主意舍弃年羹尧。

　　雍正要给天下一个交代，给自己一个宽慰，当然，更要给朝廷文武一个警示和威慑。

　　当镇海将军何天培于雍正三年七月七日奏报年羹尧族兄年文煜房屋财产处置问题时，大骂"年羹尧乃背负皇上重恩之人，理法之所必诛，亲故之所应绝"，祈求雍正严旨禁止年氏族人往来。雍正当即御批，表示赞同："甚是。一点地步留不得，瞻顾不得。千万年体面声名要紧，此等奸险负恩小人，当大家处治，一尽情以为天下后世权奸之戒，亦畅快事也。"

　　一年前的"恩人"，成了"负恩之人"。

　　几个月后，年羹尧成了雍正的"误宠匪人"（雍正三年十一月初十日两广总督孔毓珣奏折朱批）。

　　大臣们拟将年羹尧处以大辟之刑，并将其家人处死，然而雍正却说念及他的青海之功，不忍加以极刑，也不广为株连。

　　毕竟年羹尧的妹妹年贵妃，还是雍正皇帝的枕边人。

　　毕竟年羹尧的青海大捷，让雍正在朝堂上扬眉吐气，握紧了皇帝的权杖。

　　但是，雍正三年七月十八日，雍正却为了给自己杀年羹尧找一个坚定的理由，主动搬出先帝康熙还是傀儡时，权臣鳌拜结党营私、擅作威福的丑闻，与年羹尧作比较："当日鳌拜以开国元勋辅政，犯罪三十条，遂至不可保全。年羹尧今日之功，岂能及鳌拜之大，而所犯之情罪，则甚于鳌拜。"（《上谕内阁》卷三十四）

　　鳌拜擅权，乃严重欺负少年康熙如傀儡，矫诏杀死辅臣苏克萨哈和大学士苏纳海、总督朱昌祚和巡抚王登联。而年羹尧骄纵跋扈不假，但在成熟政治家雍正帝面前，除了礼仪不到位外，还是不敢做冒犯雍正的粗暴行为的。雍正弱化鳌拜的侵权行为，为之重新祭葬，恢复一等公名誉，而对年羹尧，却说"谋逆虽实，而事迹未著"（《清史稿·年羹尧传》），就是缺乏证据又要给自己的对手加大罪行的强词夺理。

其实，年氏平定青海之功，对于雍正在即位之初不稳定的政治环境中集中和强化皇权有着直接的帮助，绝非鳌拜辅政所能比拟。

雍正为了处死对自己不尊重，甚至让自己感到威胁的年羹尧，不免夸大其词，然而刻薄寡恩地处死年羹尧，客观上也导致了雍正中后期对西北用兵的连连失利。

3

年羹尧死后一年，雍正准备对准噶尔用兵，秘密组建了军需房（后改为军机处），命和硕怡亲王允祥领着大学士张廷玉、户部尚书蒋廷锡等一帮未经战阵且对西北陌生的文臣出谋划策。结果，教条指挥实战，虽然派出了岳钟琪、傅尔丹两位名将两路夹击，也是兵败。

宁远大将军岳钟琪和靖远大将军傅尔丹，除了要防备对手噶尔丹策零的假意和谈、暗中袭扰外，还要接受远在千里之外的雍正帝的具体遥控。他们没有年羹尧的狡黠和自主，也没有年羹尧所得的恩宠和奇遇，一旦失利，就会遭到身边的、朝廷的明枪冷箭的猛烈攻击。

监控傅尔丹的锡保，不知军而因告密有功进位顺承亲王。构陷岳钟琪的鄂尔泰，是雍正新封的保和殿大学士兼领班军机大臣，除了在西南试验改土归流有功外，更擅长虚报这样那样的祥瑞邀宠。

锡保和鄂尔泰揣摩圣意，让雍正更想证明自己：一、他要在西北重塑天威，找回康熙三征准噶尔的荣耀；二、他要表示年羹尧死后，自己照样能平定边患，扩大版图。

前线兵败，只会激得他恼羞成怒。

如果留下年羹尧，即便将他拘禁，或许朝廷也会对西北有着更多的了解，然而，雍正帝却没想到。

年羹尧在临死前，也曾"椎心泣血"地上了一份哀求折："臣今日一万分知道自己的罪了。若是主子天恩，怜臣悔罪，求主子饶了臣。臣年纪不老，留作犬马自效，慢慢地给主子效力。"

同治年间刑部员外郎陈康祺不敢臧否雍正寡恩，但在《郎潜纪闻·二笔》中谈及"年羹尧之兵法"，说："年虽跋扈不臣，罹大谴，其兵法之灵变，实不愧一时名将之称。"不免有对雍正杀了年羹尧而兵败准噶尔的感伤。

有人举证年羹尧不忠不法，
雍正大骂贻笑天下

1

雍正三年（1725）三月，天空出现"日月合璧，五星联珠"现象。又是雍正热衷的祥瑞，群臣称贺，远在西安行辕的抚远大将军年羹尧也送来了贺表。

年羹尧称颂雍正夙兴夜寐，励精图治，但将"朝乾夕惕"误写为"夕惕朝乾"。

意思未变，但雍正小题大做，狂说年羹尧"平日非粗心办事之人"，"不欲以朝乾夕惕四字归之于朕耳"。这是对年羹尧年前入京觐见"无人臣礼"的泄愤。

雍正自许御极以来，日理万机，兢兢业业，朝乾夕惕。年羹尧颠倒语序说反话，"自恃己功，显露不敬之意。其谬误之，断非无心"（《清世宗实录》卷三十）。

雍正居藩大度，上位便偏执。在大家极口颂扬盛世祥瑞时，他特别强调"年羹尧青海之功，亦在朕许与不许之间而未定也"。此意便是没有他指挥，哪有年的功高。

雍正降旨问责，年羹尧托词患病由他人代书。雍正认为他事君不诚，下定决心严惩，行文通知各省将军、督抚、提镇，共议年羹尧的罪行。

川陕总督岳钟琪、河南巡抚田文镜、镶白旗汉军都统范时捷、刑部侍郎黄炳、鸿胪寺少卿单畴书、原直隶巡抚赵之垣等，纷纷举发年羹尧的罪状。

直隶总督李维钧直言："羹尧不忠不法，请立正典刑法。"（《清史列传·李维钧传》）

很快，议政大臣、三法司、九卿等给年羹尧拟罪九十二款。

让李维钧始料未及的是，力促雍正处死年羹尧的他，在年氏罪行表中出镜率很高，仅次于主犯年羹尧。

僭越之罪第九条：年羹尧受直隶总督李维钧跪道迎送。

专擅之罪第六条：年羹尧指示李维钧，命清苑令陆篆接受前任亏空事项。

忌刻之罪第五条：年羹尧当初举荐李维钧巡抚直隶，设计侵害原巡抚赵之垣。

这都是对李维钧极其不利的。而且，雍正帝在李维钧的奏章上，朱批"近者年羹尧奏对事，朕甚疑其不纯，有些弄巧揽权之景况"，"朕今少疑羹尧。明示卿朕意，卿知道了，当远些，不必令觉，渐渐远些好"。

李维钧赶紧有证有据地落井下石，给昔日的主子年羹尧罗列了十条罪状。

李维钧系康熙三十五年（1696）以贡生选授江西都昌知县，后来做过知州、刑部员外郎、江南道监察御史，于康熙五十三年任直隶守道，分管财政和民政。在此期间，他走女人路线，攀上了远在千里之外的川陕总督年羹尧。

年羹尧是康熙末年重臣，同皇四子胤禛是郎舅关系。胤禛极力拉拢年羹尧，待康熙驾崩登极后，第一时间即令年羹尧接管抚远大将军胤禵的西北大军。

雍正拉拢年羹尧，靠的是年家妹妹的生育大数据。李维钧心领神会，让一侍妾拜年府管家魏之耀做干爹，后借发妻去世，将魏氏干女扶正。

有了这份与国戚家的干亲关系，李维钧随着干岳丈，跪到了年大将军面前称家奴。

李维钧幸运地在雍正元年正月，被擢升为直隶巡抚。

2

李维钧的前任赵之垣，是一个很有背景的官三代。其祖父赵良栋在顺治朝便是名将，曾随大学士洪承畴经略云贵，后来在康熙帝的平藩大战中建立殊功，升至勇略将军、云贵总督、兵部尚书。其父赵弘灿做过九年两广总督，还做过兵部尚书。

康熙六十一年六月，赵之垣的叔父、直隶巡抚加总督衔赵弘燮病逝，圣祖赐谥肃敏，诰赠其妻吴氏一品夫人，且以赵之垣荫袭署理直隶巡抚。之垣上任后，不知康熙属意胤禛，弹劾年羹尧清理赵弘燮亏空银四十万两，算到他头上。康熙还未来得及处置此事，或者弹章被胤禛的人扣压而没送达康熙手中，雍正便上位了。

年羹尧上奏：赵之垣庸劣纨绔，贪婪成性，断不可令为巡抚！

雍正同年羹尧正在蜜月期，且有执掌吏部的总理王大臣隆科多援手，罢免赵之垣，随便捣鼓下便顺理成章，而让年羹尧推荐的家奴干女婿李维钧上任轻而易举。

赵之垣懊悔了，也给年羹尧送了二十万两金珠，抱上年的大腿，被鼎力向雍正推荐，但为时已晚。雍正对年不满，自然对其前后两端的态度更加恼火，不予依从。

赵之垣被年羹尧安排到贵州做一个知府，而李维钧成了雍正新政的改革先锋。

李维钧在直隶推行摊丁入亩，很有成绩。雍正朝此项制度的研究，就是以他为案例。

他还想试验耗羡归公，扩大政声，雍正没准，但说："天下督抚皆当如此留心，扩而充之，何虞吏治不肃、民生不遂耶？"（《清史列传·李维钧传》）

雍正二年，李维钧负责考核直隶吴桥县令常三乐，通过一番明察暗访后，鉴定他"操守尚好，但懦弱不振，难膺民社之寄"，希望吏部将他调离县令一职，让他做分管教育的官。

吏部看了考核报告，认为小常既然"生性怯懦，必有废弛实迹"，那你老李为何不直接纠参他的严重违法乱纪问题？不说具体原因，就不能予以批准。

李维钧坚持要将常三乐调岗，吏部请示尚书隆科多后，将这个官司提给了最高领导人。雍正看完考核报告后，径直批示：常三乐"居官罢软，殊属溺职，相应革参"，支持李维钧，驳了吏部的坚持。

李维钧的诸多建议和工作，与雍正各项重大改革思路经常不谋而合。在诸多廷臣疆吏尚不得要领时，李维钧率先领会和响应，成了践行雍正新政的一面旗帜。

像李维钧这样的能臣干吏，正是雍正急需的。

第二年十月，雍正特改直隶巡抚为总督，以李维钧出任，还加了兵部尚书衔，节制提督总兵。李维钧成了直隶总督定制之后的首任总督。

李维钧做总督，高兴不及半月，雍正给他送来了一句批语："有人奏尔馈送年羹尧礼物过厚，又觅二女子相赠之说。"这是一槌敲边鼓！

雍正此前还特地下谕要川陕、云南督抚都须秉命于年羹尧，命他直接参与管理朝政。雍正纵容放任，年羹尧恃功骄纵，命王公督抚恭送跪迎，娶蒙古贝勒之女为妾，让儿子穿四龙补褂、吹鼓手着蟒服，自己用起了专属皇帝的黄袱。

当年羹尧不尊重他是天下唯一的王时，雍正就得亮剑了！

3

雍正发现李维钧的奏章，文情口气与年羹尧相仿。李为皇帝做事，却学着年羹尧。

今非昔比。雍正曾认为治理天下只要有十个年羹尧就好办了，希望文武百官都学习年羹尧，但当年羹尧日益强横，侵犯人主权力时，优点便成了罪证！

雍正严厉地责备李维钧不该学年羹尧遣词造句。李维钧很有政治敏感度，赶紧称自己已与年羹尧划清了界限：原来每年见面两三次，现在断绝了关系。

　　雍正的密探无处不在，圣旨又来了，责问道："西安总督官厅内，未有隔五日不见直隶李维钧之介使。众目昭彰，何可强辩？巧言粉饰，以狡狯为得计，以隐蔽为深谋。恐一旦发觉，罪无可逭。尔其思之！"（《清史列传·李维钧传》）

　　皇帝长了千里眼，李维钧赶紧表忠心，大肆揭短年羹尧：年跟他说"大将军印我已交不出去了"，受了哪些官员的好处，还给他归纳了"僭妄骄侈、奸诈贪罔十款"。

　　年羹尧被贬为杭州将军。有人奏陈他藏匿资财，尤以直隶、四川、江南为多。

　　雍正下旨严查，出首者免罪，隐漏者照逆党例正法。

　　李维钧又不积极了，避重就轻，遮掩不说，公然违反雍正治吏的政治规矩。

　　雍正警告：我本想网开一面，保全你的性命，你还如此执迷，恐怕不想要脑袋了。

　　精明的雍正，看出了李维钧居心险谲，阳奉阴违，于是命领侍卫内大臣马尔赛、左都御史蔡珽前去查访。

　　蔡珽也是年羹尧推荐给雍正的，康熙六十一年接任四川巡抚，但因利益相争而遭到年羹尧的弹劾论死。雍正命解押至京问斩，孰料先期进京的年羹尧激怒雍正，引起雍正不满。

　　雍正高调起用蔡珽，委以多项要职实权，使之成为发难年羹尧的一把利剑。

　　雍正应该也想过用李维钧做另一把利剑，哪知这厮蝇营狗苟，妄图隐匿年羹尧的财产。

　　蔡珽首战即至直隶查抄年氏家产，不给李维钧半点侥幸。李维钧的阴谋破产。

　　浙江巡抚李卫奉命查抄了李氏老家，发现他学了年羹尧，四处寄存赃款。

　　李卫揭发，李维钧那位与魏之耀结为干亲的继室，实为家奴张大之妻。李维钧为攀上年羹尧，不惜将家奴之妇先占为妾，冒称继妻，还命亲儿子认其作生母。

一团乱麻，一窝丑闻，丑得雍正赶忙下旨以忠厚之道教天下考虑，不再说此事。

李维钧擅长玩两面派，出首告发年羹尧，最后被定罪"年之逆党私人"，犯了侵吞公款、构陷他人、隐瞒亏空、藏没家财等罪，被判处斩监候，妻子充为官奴。

未及，李维钧病逝于狱中。这个雍正赏识的干吏、新政的标杆，起于龌龊，行事丑陋，而名节大亏。即便他干了一年零十个月的直隶巡抚、两年的直隶总督加兵部尚书，成了封疆大吏兼朝廷重臣，最后却因雍正弃用论罪，而成了一个反面典型。

李维钧和蔡珽，都因年羹尧的力荐而成为雍正的一时腹心重臣。年羹尧当初有推荐亲信、结纳盟友、扩张势力的可能，但不能说是结党，对雍正有谋逆之举。他们于尊荣的位置养成了骄纵放肆的性格，无形中威胁到雍正的君权。年羹尧的倒台，成了雍正杀戮功臣的一大证明，也促使李、蔡恩将仇报、狡黠奸猾。

李维钧诡计败露后，雍正大骂"你不怕做贻笑于人之督抚，朕不甘为轻举妄动之人主"。这首鼠两端的丑，在他们几人的身上有着各种形态、各怀鬼胎的表现。

第一功臣盛极而衰，
雍正是怎样弄死隆科多的？

1

胤禛能成为雍正帝，内靠隆科多，外倚年羹尧。"内外夹辅"是历史共识。

川陕总督年羹尧为西陲要员，其上为抚远大将军、贝子胤禵。康熙驾崩后，雍正让内阁迅速通知胤禵进京守孝，以年羹尧和管大将军印的延信同掌军务。

延信为太宗长子豪格之孙，与胤禵交好。而年羹尧因妹妹于康熙五十年（1711）给雍亲王做侧福晋而成了国戚。帝位换人，统帅调离，年羹尧迅速为妹夫掌握这一支打了不少胜仗的军队。这是雍正帝成功登基后的事情，年羹尧的重任就是夺权维稳。

而紫禁城的较量更惊心动魄。后来各种各样的传说和反清观念，将勤于政事、忙于改革的雍正帝，塑造成一个穷凶极恶的暴君，连其头颅也被一个虚构的吕四娘砍走。雍正在《大义觉迷录》中进行反驳："朕到底是不是谋父、逼母、弑兄、屠弟、贪财、好杀、酗酒、淫色、诛忠、好谀、奸佞的皇帝？"他要自证清白！

康熙晏驾时，诸多对皇位虎视眈眈的皇子，除胤禵统兵西北外，都在京城。但教康熙遗诏在，若无足够的武力保护，胤禛上位也必然不会顺利。

理藩院尚书兼步军统领隆科多，为胤禛即位提供了强大的武力支持。隆科多是助其继位的第一功臣，雍正对他的回报，就是一个有力的证明。雍正发出的第一道任命谕旨是："命贝勒允禤、十三阿哥允祥、大学士马齐、尚书隆科多总理事务。"

康熙弥留之际，宣谕曰："雍亲王皇四子胤禛，人品贵重，深肖朕躬，必能克承大统，著继朕登基即皇帝位，即遵典制持服。二十七日释服，布告中外，咸使闻知。"这是 2013 年辽宁省档案馆新馆展示的康熙遗诏，与《清世宗实录》所载主旨相同。雍正没有篡位。隆科多是唯一的大臣承旨者，与允祉、允祐、允禤、允禠、允祹、允祥诸皇子同为御榻前的见证人。电视剧《雍正王朝》安排出场的张廷玉、马齐，清室修史并不认可。

当时内阁，有文华殿大学士嵩祝、萧永藻，武英殿大学士马齐、王顼龄，文渊阁大学士王掞。隆科多虽是雍正帝嫡母兼养母孝懿仁皇后之弟，不在大学士与议政大臣之列，但被雍正定为与两亲王、一首相并列的总理事务王大臣，若无特殊的功劳是不可能受此大任的。

付出便得回报。雍正对隆科多的奖赏越来越多。隆科多父亲佟国维已死三年（隆科多是佟国维第三子，《雍正王朝》错为出卖他的侄儿），有司请示袭一等公的报告一直被康熙留中不批，雍正上台就命隆科多袭爵，第二月任命他掌六部之首的吏部，仍兼步军统领。朝廷人事权和京师卫戍权都交给了他。

雍正的谕旨提及隆科多，皆前署"舅舅"，以示尊崇。有清一代，被皇帝公开以"舅舅"相称者，唯隆科多一人耳。像其父领侍卫内大臣、承恩公佟国维为康熙的亲舅舅，并有二女嫁给康熙帝做皇后和皇贵妃，而康熙对佟国维也是直呼其名。

《清世宗实录》记载：雍正元年（1723）三月，"加吏部尚书兼步军统领、舅舅隆科多，保和殿大学士马齐，川陕总督年羹尧俱为太保"。隆科多位列首席，尊崇显贵。

隆科多兼管理藩院事，主持纂修《圣祖实录》和《大清会典》，为《明史》

监修总裁官。雍正同康熙一样，都是喜欢修史争正统的主。他首重隆科多，就是要将制定新的意识形态的大权交给腹心重臣。

青海战事成功平定，雍正帝破格恩赏年羹尧，也给了隆科多一份同样的赏赐：双眼孔雀翎、四团龙补服、黄带、紫辔。此等赏赐，让他们一等公享受到亲王的待遇。这样的待遇，马齐等内阁大学士望尘莫及。当时的张廷玉即便"日侍内值，自朝至暮，不敢退，间有待至一二鼓"（《清史稿·张廷玉传》），也只是一个非阁臣的户部尚书兼四朝国史总裁官，更不能同隆科多所受尊荣相提并论。

2

雍正初期最为显赫的隆科多，在雍正三年正月开始了他的滑铁卢。

雍正帝首先将其步军统领解任，即解除兵权，避免他存在武力威胁皇权的可能。

隆科多是康熙五十年由被贬在一等侍卫行走的前正蓝旗蒙古副都统、銮仪使，被表哥兼姐夫康熙授任提督九门步军统领的。康熙多次警告表弟兼小舅子"不实心任事"，导致部属"违法妄行"（《清史列传·隆科多传》），但对他仍很是照顾，擢其理藩院尚书，仍掌京师警卫武力，让他监视报告废太子胤礽和皇长子胤禔的举动。

清朝没有抄袭前明的锦衣卫、东厂、西厂，赏高级侍卫黄马褂取代了飞鱼服和绣春刀。步军统领兼领皇家密探职事，秘密监视京师内的宗室王公和部院重臣的动向。尤其康熙晚年，已被九子夺嫡折腾得身心疲惫，更加懊恼，他更需要隆科多的绝对忠诚。孰料，忠诚的隆科多同以静制动的胤禛暗自缔结了政治同盟。

没有永久的利益共同体，盟友分利不均就会分道扬镳。当隆科多和年羹尧一样操控人事任命权，不断侵害皇帝的绝对权威时，雍正帝的达摩克利斯之剑，必然向无人臣之礼的重臣砍去。

即便是曾经的左膀右臂，也会被强势的他无情地斩去。年羹尧如此，隆科多亦如此。

雍正三年六月，有人举报隆科多次子玉柱品行恶劣。这是八旗子弟入关后的通病，但雍正抓住机会，将子凭父贵的玉柱所得銮仪使革了，下谕隆科多严加看管。

雍正帝将已由抚远大将军贬为杭州将军的年羹尧，解押至京会审，给他弄了大大小小的九十二款罪。同时，他进一步敲打隆科多，给内阁大学士下谕："前以隆科多、年羹尧颇著勤劳，予以异数，乃交结专擅，诸事欺隐。"（《清史稿·隆科多传》）他下令，收缴所赐的四团龙补服，命不得复用双眼花翎、黄带、紫辔。

此招一出，明示朝野，皇帝的舅舅隆科多恩宠不再。

隆科多有意干扰处理年羹尧案，雍正下令交都察院严加处理。皇帝要处理隆科多，政敌们越来越忙，隆科多的罪行就越来越多。隆科多收取总督赵世显、满保和巡抚甘国璧、苏克济等的金银。就连嚣张跋扈的年羹尧，也被查出向他行过贿。

隆科多与年羹尧结成了新的攻守同盟，大有架空雍正帝之势。

雍正下谕曰："朕御极之初，隆科多、年羹尧皆寄以心腹，毫无猜防。孰知朕视为一德，彼竟有二心，招权纳贿，擅作威福，欺罔悖负，朕岂能姑息养奸耶？向日明珠、索额图结党行私，圣祖解其要职，置之闲散，何尝更加信用？隆科多、年羹尧若不知恐惧，痛改前非，欲如明珠等，万不能也！殊典不可再邀，覆辙不可屡蹈，各宜警惧，毋自干诛灭。"（《清史稿·隆科多传》）

隆科多与年羹尧的罪行中，计入了家奴的妄为。隆科多第二条大罪就是"纵容家人，勒索招摇，肆行无忌"，即牛伦挟势强索他人财物。年羹尧"纵容家仆魏之耀等，朝服蟒衣，与司道、提督官同座"，"家产数十万金，龑尧妄奏毫无受贿"。

罪行坐实，恶奴罪责难逃，纵主更是首罪。法司会审的结果是，请继续将已削太保的隆科多革去尚书职务和一等公爵，并同牛伦一起斩立决。

雍正帝只是将牛伦正法，革去隆科多的尚书，令他料理与俄罗斯的边疆事务。

3

隆科多看似躲过了一劫，但雍正帝要处理他的决心并未消除。

早在一年前，他已查实隆科多参与了康熙四十七年理藩院尚书阿灵阿与左都御史揆叙、王鸿绪等密议举允禩为皇太子一事。他对已死多年的阿灵阿与揆叙夺官削谥，将他们的墓碑改镌"不臣不弟暴悍贪庸阿灵阿之墓""不忠不孝阴险柔佞揆叙之墓"。雍正帝说："本朝大臣中，居心奸险，结党营私，惟阿灵阿、揆叙为甚。"（《清史稿·阿灵阿传》）

对于手握重兵、险酿巨变的隆科多，雍正帝早已恨得更深。虽然没有及时发作，但他不露声色地在有恃无恐的隆科多的前路上挖了万丈深渊。

坐稳龙椅的雍正不再需要隆科多了。他可以将拱卫京师的步军交给沉溺声色、生活奢华的高度近视患者鄂尔奇，而不愿自己曾极为倚仗的重臣隆科多继续显摆。

雍正帝派人到隆科多与沙俄使者的谈判桌上，将他以结党营私、私藏玉牒的严重罪名，抓捕下狱。

隆科多被曾亲热喊他作舅舅的雍正帝整出了"大不敬之罪五，欺罔之罪四，紊乱朝政之罪三，党奸之罪六，不法之罪七，贪婪之罪十六"（《清史稿·隆科多传》）。

雍正帝说：隆科多所犯四十一款重罪，实不容赦！

隆科多被关在他见证康熙驾崩的畅春园，"外筑屋三楹，永远禁锢"，一年后死于幽所。其妻子险被弄进辛者库为奴。他好不容易得来的一等公，被给了其弟庆复。

对于隆科多盛极而衰，《清史稿》说得很实在："当其贵盛侈汰，隆科多恃元舅之亲，受顾命之重……方且凭藉权势，无复顾忌，即于覆灭而不自怵。"恃宠而骄，权逼皇帝，显耀之际，亦是覆灭之时。"臣罔作威福，古圣所诫，可不谨欤！

雍正首辅曾是
反对其继位的带头大哥

1

雍正在清朝最大的政治变革为设立军机处，将内阁基本排除在朝廷核心决策之外。有人说军机处取代了内阁，这是不确切的。军机处只是为了让皇帝高度集权，而架空作为政府首脑机构的内阁。

龚自珍在《上大学士书》中写道："军机为谕之政府，内阁为旨之政府；军机为奏之政府，内阁为题之政府。"雍正帝命大学士张廷玉、蒋廷锡、鄂尔泰入军机处协办机务，而只在内阁的大学士所职掌范围被明确限制为日常政务处理。

因而，很多人认为雍正内阁首辅为张廷玉和鄂尔泰。张、鄂为内阁首领不假，但论内阁首辅，该是马齐。马齐自雍正元年（1723）三月由武英殿大学士改任保和殿大学士起，直至雍正驾崩后一月卸任，都是名副其实的保和殿首席大学士。

张廷玉于雍正六年三月、鄂尔泰于雍正十年正月入值保和殿，且被雍正临终授为顾命，遗诏死后配享太庙，宠冠群臣，但他们在内阁的排名一直在马齐之后。

只是由于马齐在雍正朝的史料记载严重欠缺，没有雍正帝之于张廷玉、鄂尔泰那么多亲密接触扶持的文字证明，所以盛名不显，甚至被人们遗忘他一直是内阁首辅。

马齐的资历老，能力强，威望高，在康熙朝两度出任武英殿大学士，达十七年之久。而且，他在康熙二十九年（1690），三十九岁时任左都御史，就和理藩院尚书阿喇尼一起列位议政大臣，开清史先例。康熙帝曾多次赞赏他廉洁奉公、刚直不阿。

康熙六十一年十一月十三日，圣祖驾崩，世宗继立，雍正帝当即"命贝勒允禩、十三阿哥允祥、大学士马齐、尚书隆科多总理事务"（《清世宗实录》卷一）。

雍正帝特颁谕旨，强调自己因丧父内心纷繁，掩抑即位成功的喜悦，命群臣所有启奏诸事，除其藩邸事务外，都须交送四大臣；而凡有谕旨，必经四大臣传出。

雍正帝以这种方式首重允禩，晋和硕廉亲王，封理藩院尚书，委管工部事务，对争位最大对手以示优宠，旨在稳住八王党的不满情绪。马齐曾是允禩的死忠粉丝，险被康熙处死。康熙当时认为马齐打了小算盘，欲在谋立允禩成功后恣肆专行。

雍正改元定局后，逐步将与允禩亲密之人尽行遣散，如强迫允䄉至西宁军前效力，以大不敬之罪抓捕允䄇回京拘禁，软禁大将军王允禵在景陵附近的马兰峪读书，并派人领重兵监视。雍正对允禩予以孤立，并多次晓谕臣下不要重蹈朋党习气，对名义上的二号首长敲山震虎。他的黑名单中，似乎没了马齐的名字。

雍正元年九月初四日，世宗率大学士马齐等奉圣祖皇帝及其四位皇后神牌升祔太庙，在端门前设更衣帐房。新制的神牌，油漆味大。雍正大怒，命管工部的允禩及工部侍郎、郎中等跪在太庙前一昼夜。雍正帝对允禩等防范训斥，敲打严惩。然而，雍正在晋升帮助自己即位成功的两大重臣——吏部尚书兼步军统领隆科多、川陕总督年羹尧——为太保时，又将保和殿大学士马齐一并加为太保。

太保与太师、太傅位列三公，是中国古代朝廷最显贵的荣誉称号。雍正封完太保后，又追赠曾外公、一等公佟图赖太师，追赠舅公、一等公佟国纲和佟国维太傅。

虽然太保马齐没有像隆科多、年羹尧那样得到双眼孔雀翎、四团龙补服、黄带及鞍马紫辔的赏赐，但隆、年二人很快盛极而衰，而马齐却没有因为曾带头举荐允禩为皇太子而遭到雍正帝的疯狂打击。

2

马齐推举允禩为储君的事情，发生在康熙四十七、四十八年间。

康熙四十七年十一月，太子胤礽被以疾病为由废储，幽禁高墙内，康熙帝郁怒成疾，无日不流涕，甚至梦见太皇太后颜色殊不乐，但隔远默坐，与平时不同，还梦见赫舍里氏皇后以皇太子被冤说情。他以梦说与诸臣听，用意很明显：痛心，复储。

国舅兼国丈、前领侍卫内大臣兼议政大臣佟国维启奏："皇上治事精明，断无错误。此事于圣躬关系甚大，请度日后若易于措置，祈速赐睿断；若难于措置，亦祈速赐睿断。总之，将原定意指熟虑施行为是。"（《清史稿·佟国维传》）

佟国维为外甥兼女婿的江山永续考虑，但不为胤礽考虑。他是支持皇八子胤禩的。虽然康熙帝对这位舅舅兼岳父总直呼其名甚至经常训斥，但对他的一片苦心还是认可的。于是，康熙下发谕旨，命诸大臣保奏诸皇子中优秀者为皇太子。

时任武英殿大学士马齐曾任户部尚书，当时同太子胤礽有过合作。但，他心向胤禩。

胤禩广有善缘，有八贤王之誉。裕亲王福全曾向弟弟康熙举荐他：心性好，不务矜夸，聪明能干，品行端正，宜为储君。胤礽虽有深明大义、为人谨慎的一面，但被康熙过分宠爱放任而性情乖张，在共事中不免同刚直的马齐闹了不少矛盾。

康熙特谕不许马齐参与此事，有三种可能：一是他德高望重一呼百应，二是他位高权重影响朝局，三是他不满胤礽另推胤禩。马齐没有体会到康熙有意复立胤礽的用心。理藩院尚书阿灵阿等书"八"字密示诸大臣，胤禩取得了绝大多数票。

康熙郁闷了一段时间。第二年正月，康熙问群臣，去年他身体违和时，命大家推举新储君人选，为什么大家都选了胤禩。究竟是谁在暗箱操作？

大臣们都说是自发的，没有首倡者。康熙仍不罢休，直接问是不是佟国维、马齐授意，群臣附议。

作为一个垂暮老父，胤礽既废，诸皇子觊觎储位，结党营私，骨肉成仇，让康熙帝无不心痛。于他而言，胤礽出生便丧母，两岁立储，是他亲手抚育成才，颇有帝王气象，虽因其溺爱骄纵，过失不少，但究非大恶。他懊悔仓促废之，更恨这些势利的大臣助长"八阿哥到处妄博虚名，凡朕所宽宥及所施恩泽处，俱归功于己。人皆称之，朕何为者？是又出一皇太子矣"（《清圣祖实录》卷二百三十四）。

康熙不想彻底放弃自己精心培育的嫡长子，更担心胤禩借着太子被废的机会邀结人心，与朝臣结党谋夺储位，成为另一个更加强横的"皇太子"，威胁自己的皇权。他不但要将胤禩锁拿，交予议政王大臣会议审理，更要威慑他的支持者。

马齐自证清白，称不知情，但没讲究说话的策略，态度很强硬，还拂袖而出。

康熙很恼火，找来大学士张玉书问话。张玉书落井下石，直指马齐称大家都要立胤禩，故而他和大学士温达才同行保奏。

康熙大怒："如此不诛，将谁诛乎？"（《清史列传·马齐传》）下令将马齐族人一并提拿，拟将马齐斩立决，最后因"任用日久，不忍加诛"，交由胤禩严加管束。

然而不久，康熙帝又将马齐起用，让他负责与俄罗斯的贸易事务，后又命他总管内务府。几年后，康熙帝见文渊阁大学士李光地成了言官核心，领导汉官大有倾倒满臣之势，很是不满，于是命马齐复掌武英殿，在抗衡中重占上风。

马齐能在康熙的绝对权威下大难不死，复任首辅，与其杰出的理政能力不无关系。

3

不仅如此，马齐应该是一个秉公持正的朝廷大佬。

不然，在雍正帝对政敌兄弟及其支持者疯狂打击时，为何却厚待曾极力推举胤禩为储君的马齐？

虽然雍正帝曾说过马齐等大学士"不肯尽心办事"，"漫不经心"（《雍正朝起居注册》第一册），但他强调：马齐出任大学士二十多年，非常敬谨宽厚。康熙帝出巡，马齐每次随从，都是出力很多。

他充分肯定了马齐善于办理朝政，任劳勤勉，总理事务竭尽忠诚的事实。雍正特赏其一等轻车都尉，加上他所袭的一等男爵，合为新给世职二等伯。

雍正六年三月，大学士张廷玉由文渊阁改授保和殿时，马齐已独掌保和殿五年。

张廷玉、鄂尔泰职事保和殿，俱为少保，名列太保马齐后。雍正还与马齐家缔结了儿女亲家。雍正五年七月，皇四子弘历奉命迎娶马齐弟李荣保之女富察氏为嫡福晋。雍正有意让马齐的侄女成为后继之君的皇后，即乾隆帝最爱的孝贤纯皇后。

李荣保累迁不过察哈尔总管，雍正择其女为未公开储君的元妃，无疑是看重马齐的缘故。雍正还将马齐另一弟弟马武授领侍卫内大臣，死后按伯爵待遇赐抚恤。

此时，雍正帝正忙于严惩已改名的允禩，将其定罪四十款，很快将其圈禁至死。而康熙四十七年群臣推举允禩为储之事，雍正帝并未忘记。雍正二年，他追责已死多年的前理藩院尚书阿灵阿与左都御史揆叙，夺官，削谥，将他们的墓碑改镌"不臣不弟暴悍贪庸阿灵阿之墓""不忠不孝阴险柔佞揆叙之墓"。他将助其登基的第一功臣隆科多定罪幽死，也有当时隆科多参与议立允禩的原因。

马齐作为议立允禩的主导人，是反胤禛继位的带头大哥，却没因此遭雍正秋后算账、严厉追责，反而受到顶级优待，成为政坛常青树和皇帝的姻亲，很让人奇怪。

这，或是因为马齐无奈于康熙择储朝令夕改，乾纲独断，而只好提前与允禩撇清了关系；或是因为马齐并未实际主导，在对答康熙时是完全根据允禩的人望做出的判断，只是做了康熙的出气筒。

更让人奇怪的是，马齐作为雍正朝内阁首辅，历时十三年，这段历史却被《清史稿》记载得极其简单："世宗即位，降敕褒谕，予一等阿达哈哈番，寻命袭其祖哈什屯一等阿思哈尼哈番，进二等伯，加太子太保。雍正元年，改保和殿，进太保。三年，复降诏褒其忠诚，加拜他喇布勒哈番，以其子富良袭。十三年，引疾乞罢，许致仕。"其以病请求退休之事，还是雍正驾崩、乾隆即位一个月后的事情。

这，与他在乾隆朝四年的荣休生活中所得的皇帝嘉奖、病重慰劳及死后赐祭葬相比，显得蜻蜓点水一般。难道是赞赏"马齐历相三朝，年逾大耋，举朝大臣未有及者"的乾隆帝，有意为皇阿玛雍正和伯岳父马齐不为人知的共事隐瞒什么吗？

康熙能臣阿灵阿
是怎么得罪雍正的？

1

雍正二年（1724）十月二十八日，世宗召集大学士、九卿、科道等朝会，发布一道谕旨：

"本朝大臣中，居心奸险，结党营私，惟阿灵阿、揆叙为甚。当年二阿哥之废，断自圣衷。岂因臣下蜚语遂行废立？乃阿灵阿、揆叙攘为己力，要结允禩等，造作无稽之言，转相传播，致皇考愤懑，莫可究诘……将阿灵阿墓碑改镌'不臣不弟暴悍贪庸阿灵阿之墓'，以正其罪。"（《清史稿·阿灵阿传》）

同时，雍正帝下旨，将揆叙的墓碑改镌"不忠不孝阴险柔佞揆叙之墓"。

阿灵阿死于康熙五十五年（1716），第二年揆叙去世。雍正改碑时，他们已去世七八年。但是，有一件恨事，却让雍正一直耿耿于怀。

那一件恨事，发生在康熙四十七年十一月。康熙帝因太子被废，急火攻心而病倒，国丈佟国维建议他重立储君。

康熙帝九月废储后心生懊悔，想复立胤礽，又怕大臣认为他出尔反尔。他收到佟国维的请示，很高兴，当即发通知，让众臣于诸皇子中推举优秀者为储君。

他希望众臣能保奏胤礽重新做太子。他也表现出对胤礽多有垂顾，方便大臣们正确判断，顺应圣意。谁料，大臣们的选票还是投给了皇八子胤禩。

佟国维、马齐、阿灵阿、揆叙、鄂伦岱等康熙的重臣，都是胤禩的死忠分子。

在投票前，康熙特地颁发了一道命令，不许武英殿大学士马齐参与。哪知马齐仍与佟国维一起暗中倡导，示意群臣选立胤禩。后来，内阁大学士张玉书、温达说明，自己的票投给胤禩，也是受了马齐的蛊惑。

马齐说，选胤禩，是人心所向。

群臣说，选八爷，为大家意愿。

阿灵阿、揆叙等公开为胤禩拉票。满朝文武，绝大多数的选票上，都写着"八"字。

胤禩为臣心所向，康熙却更加愤怒。他赶紧行使一票否决权，力推胤礽复出。

胤礽复为太子，胤祉、胤禛、胤祺因和太子交好，俱晋升为和硕亲王。而大家积极拥立的胤禩，被康熙派人锁拿拘禁，辱骂其母是微贱的辛者库女人，骂他是"柔奸性成，妄蓄大志，党羽相结，谋害允礽"（《清史稿·允礽传》），即国之贼。

大臣们支持胤禩之事，康熙深究不放。张玉书称马齐主导了大臣们的选票。

康熙找马齐问话，马齐矢口否认，拂袖而去，惹恼了康熙。康熙欲对他论死，最后将其革去大学士，交予胤禩严行管束。没过多久，康熙又重新起用马齐，委以重任，使之成为首席大学士，以制约以大学士李光地为首的汉臣。

康熙帝虽然训斥了佟国维、阿灵阿、揆叙等，但未进行实质性惩罚。康熙五十一年，揆叙任左都御史，仍管翰林院事。他们死后仍获赐祭葬。康熙帝虽让阿灵阿的次子阿尔松阿降了一级，袭二等公，但仍擢升他为领侍卫内大臣、刑部尚书。

2

康熙六十一年十一月，康熙驾崩，雍正帝还未正式即位便下发了两道最高命令：

一、命贝勒胤祹、十三阿哥胤祥、大学士马齐、理藩院尚书隆科多为总理王大臣，为新皇处理潜邸以外的所有事务。

二、谕内阁：贝勒胤祹进封廉亲王，十三阿哥胤祥进封怡亲王。

两道圣谕，皆以胤祹排名首位。胤祹成了雍正之下的二号首长。马齐作为力挺胤祹的召集人，入列总理事务的四大臣。此外，佟国维也被追封为太傅。

这样的安排，说明胤祹该是平安着陆了。亲王证书颁发，贺者云集王府，但胤祹福晋郭络罗氏（《清史稿》误记为乌雅氏）说：这有什么好贺的？恐怕不久要被砍脑袋了！

一语成谶。

雍正帝拿已死多年的阿灵阿、揆叙投石问路，罪名即十六年前他们议立胤祹。

满洲镶黄旗人、遏必隆第七子阿灵阿的老婆是真正的乌雅氏，是康熙德妃、雍正生母孝恭仁皇后的妹妹。阿灵阿是雍正帝的亲姨父。

阿灵阿与康熙帝的关系更加复杂。他们不但是连襟，且阿灵阿是康熙帝的小舅子，他的两个姐姐，一个是孝昭仁皇后，一个是温僖贵妃。正因有多重关系，侍卫出身的阿灵阿，十六岁时因原袭父爵任镶黄旗满洲都统的大哥法喀能力不济，出了问题，而被康熙帝下令改由他袭爵一等公，授散秩大臣，擢镶黄旗满洲都统。

这一改任，兄弟阋墙。康熙三十三年十一月，温僖贵妃病逝，阿灵阿举家在朝阳门外的殡所持丧。阿灵阿不好好守孝，在大庭广众之下散播：法喀与三弟福保妻瓜尔佳氏偷奸，翻墙诱惑，欲行奸污。法喀恼羞成怒，上达天听，查明是阿灵阿造谣。

法喀虽被削爵罢官，但他也有背景。其继妻为赫舍里皇后的妹妹，他是康熙帝的姨妹夫兼大舅哥。兄弟造谣斗家丑，拳脚相向欲死拼，激怒正烦心的康熙，开除阿灵阿的公职。

康熙虽然怒惩了小舅子兼姨妹夫阿灵阿,但保留了他的一等公爵,不久授其一等侍卫,累迁正蓝旗蒙古都统,擢升领侍卫内大臣、理藩院尚书。康熙帝还将阿灵阿的次女指婚给皇十七子胤礼为嫡福晋。

阿灵阿与康熙又多了一层关系:亲家!

康熙五十五年,阿灵阿病重,康熙特命最宠爱的荣宪公主制作开胃小菜,赏赐给他,并请西洋名医为他诊治,在其死后还给予了高规格的葬礼。

然而,多重皇亲国戚的亲戚关系,却没保住阿灵阿的死后哀荣。哪怕雍正帝在追责阿灵阿前不久,命阿灵阿的女婿、果郡王允礼任镶红旗满洲都统,仍兼任镶蓝旗汉军都统,还通知宗人府对允礼照亲王待遇给予俸银俸米。

在毫无征兆的情况下,雍正帝突然拿阿灵阿议立胤禩等问题,使康熙愤怒说事,说:“此朕与阿灵阿、揆叙不共戴天之仇也。伊自知罪恶深重,为国法所不容,自此心愈奸狠,纵恣酒色,以致灭身,虽非自尽,实天诛之也。”(《清史列传·阿灵阿传》)

当事人康熙帝对阿灵阿极尽宽容和关爱,而雍正帝视之有不共戴天之仇。他所仇恨的,莫过于亲姨父对自己不支持,而支持了自己最强劲的政治对手!

3

是个能臣的阿灵阿,究竟是真心佩服胤禩的才干,还是受了外甥胤禩的鼓动而成了八爷党的勇先锋呢?史料不载,不好妄论。胤禩如果没有足够强大的能耐和智慧,也不会获得上下内外那么多的支持,与康熙精心培养了三十多年的胤礽势均力敌。

当时的胤禛也是胤礽的支持者。他承认“允禩若肯实心任事,部务皆所优为。论其才具、操守,诸大臣无出其右者”(《清世宗实录》卷三十一,雍正三年四月癸未），与自己能力相当，从前众大臣皆保举胤禩为皇太子，认为他是一个奇人。

一旦素有才干的胤禩，再度成为雍正帝执政的威胁，那么给最高领导人的印象就是"其心术之险诈，诸大臣亦无与之比者"。雍正帝要警示大臣们不要像康熙朝那样群起支持胤禩，那样的局面只会导致自己更加孤立。

他以追责死者阿灵阿、揆叙等来示警。他认为佟国维、马齐中意胤禩，皆非出自本心，而阿灵阿和揆叙、鄂伦岱、王鸿绪是拥立胤禩出力最多者。于是，"世宗既谴允禩，诸臣生者被重诛，死者蒙恶名，将安所逃罪"（《清史稿》卷二百八十七）。

雍正重提守孝丑闻，称："经皇考洞悉其奸伪，面加戒饬，谓丧事会集之所，族大人众，焉有男女无别而得以肆行无忌之理。阿灵阿凶毒益甚，坚执前说，以致皇考震怒，严行处分。阿灵阿遂敢雠怨皇考，百般设法，陷及无辜，其以暧昧不明之事捏造陷害，令他人抱不白之冤，欲以遮盖其家丑者，不止数十百件。阿灵阿忍言狗彘不为之事，是必能为狗彘之行者也。"（《雍正朝起居注册》雍正二年）

雍正严惩阿灵阿一事，并不见诸《清世宗实录》。实录卷二十五只是说，雍正二年十月丙申，"谕内阁：前因刑部尚书，不得其人，将阿尔松阿特加擢用。乃受任以来，无心效力，朕劝之不听，惩之不畏，令其总理天下刑罚大事，于国事无益。刑部尚书员缺，著礼部尚书塞尔图调补"。

雍正帝以阿尔松阿柔奸狡猾甚于其父阿灵阿的理由，给予革职，将他遣送到奉天为其祖父遏必隆守墓。两年后，雍正帝又找了一个理由，称表弟阿尔松阿怙恶不悛、效父行逆、大干法纪，判处斩立决，并将其妻儿没入内府为奴。

阿灵阿、阿尔松阿父子并未对雍正构成实际性威胁，但他成功投石，很快把新的石头相继砸向胤禩和隆科多。隆科多作为雍正帝即位的一号功臣，被论罪下狱的罪名之一，就是与阿灵阿、揆叙结党营私。

隆科多为佟国维第三子，也是康熙帝的表弟兼小舅子，他的两个姐姐分别为康熙帝的孝懿仁皇后、悫惠皇贵妃，被雍正帝亲热地称呼舅舅。多重皇亲国戚的身份最后还是死于非命，身后荣辱尚不及阿灵阿。

乾隆即位后，降旨称阿灵阿那一块雍正改碑不必设立，暗指雍正矫枉过正。

矫枉过正是一种政治手段。

在封建时代，皇亲国戚是莫大殊荣，阿灵阿、隆科多等以多重关系受尽皇帝宠信。而那林林总总的、这样那样的裙带关系，不论带有多少光环，在权力争斗中都仅为浮云。政治资源既是一种资本，也是一种风险，凡事皆须慎心积德、如履薄冰，稍有纵情傲物，便易在瞬间招致血腥的杀戮。

雍正替父赎罪报师恩

1

满洲镶黄旗人顾八代，并非皇亲国戚，死于康熙四十七年（1708）十二月，却在雍正朝获得了多项不可想象的顶级荣耀。

雍正四年（1726），世宗下谕称原任礼部尚书顾八代"品行端方，学术纯正"，征战有功，曾与他"与共朝夕，讲论忠孝大义，研究经书至理"（《清史列传·顾八代传》），复礼部尚书衔，加赠太傅，予祭葬如典礼，谥文端，立碑墓道。

死前被罢职，死后无恩典，连一个盖棺论定的美评都没给。难道他生前犯了什么错，或有什么罪，遭到康熙严厉的惩罚？

雍正说，顾八代因公事牵连，受到了不公正的政治待遇。后因病休，被康熙遗忘了。他几次想为之陈情，但因康熙病重而不便叫屈。

顾八代出身世贵，但为官清廉，人生遭际匪夷所思，死后还是前来吊唁的雍亲王胤禛觉得尴尬，才出资为他治丧。

胤禛做了皇帝，不忘昔日顾八代为上书房师傅时使他"获益良多"。雍正看到顾八代的后人贫困，特地从内务府拨发了一万两银子，以示迟到的抚恤。

这，既是对师情悠悠的回报，也是为康熙不公的赎罪。

而赠太傅，更是顶级赏赐。雍正曾追赠佟国纲、佟国维为太傅，他们是康熙的舅舅、雍正的舅公，是助其上位的第一重臣隆科多的伯父和亲爹。厚赠佟氏先人，表面是因为亲戚的缘故，实则报隆科多护其即位之恩。康熙临死前，"相传隆科多先护皇四子雍亲王回朝哭迎，身守阙下，诸王非传令旨不得入"。这是"草泽臣"萧奭在《永宪录》中的猜测，但隐约传递出雍正与隆科多的战友情非同一般。

同样是胤禛的老师，张英、励杜讷分别为雍正亲信汉臣张廷玉、励廷仪之父，却只得了一个太子太傅。太傅比太子太傅高了一个等级，顾八代享受此等殊荣，足见他对雍正的情谊和影响更为珍贵。

2

不仅如此。雍正八年七月，京师贤良祠建成。世宗"崇忠念旧"，以新亡的怡亲王胤祥居首位，除祭祀大学士张英、户部尚书赵申乔、河道总督靳辅、湖广总督杨宗仁、福建巡抚陈瑸等五汉臣外，还特谕入祀大学士图海、满洲正白旗都统赉塔、礼部尚书顾八代、兵部尚书玛尔汉、河道总督齐苏勒。

这些雍正极力表彰的"国家效忠宣力之臣"，"持躬正直，奉职公忠，或垂节钺之勋，或励冰霜之节，俯仰无愧，朝野所共钦。始终不渝，无瑕疵之可指。似此等靖共尔位，不愧古大臣之风者，不乏其人"（《清世宗实录》卷九十六）。

齐苏勒为继靳辅之后的治河名臣，雍正元年起任总河，建有巨功，于七年春病逝于任上。图海、赉塔分别是康熙平定三藩的抚远大将军、平南大将军，玛尔汉在康熙朝经历了平定王辅臣、征讨吴三桂、舌战俄罗斯、从征准噶尔，皆有大功。

与他们相比，顾八代似乎名声不著。

顾八代，姓伊尔根觉罗氏，其父顾纳禅是随太宗征明的悍将，得赐号"巴图鲁"，后随摄政睿亲王入关，四处拼杀，屡立战功。顺治十六年（1659），顾八代以荫生加入护军，参加了洪承畴、吴三桂等平定云南的战争，拼杀有功，得两个功牌。

顾八代被安排到户部做笔帖式。不久，他因侄儿佛岳去世无子，承袭家族的二等轻车都尉世职，擢升吏部文选司郎中。

这个上过战场、立过军功的小人物，在四辅臣时期一直坐冷板凳，直至康熙十四年，圣祖御试旗员，顾八代以第一名的成绩，被改授翰林院侍读学士。

翰林院职掌"论纂文史"，实际肩负了经筵日讲和侍直南斋两大职能。状元顾八代入承儤直，常侍左右，讲究文义，充当康熙众多机要秘书和高级参谋之一，品秩不高却近水楼台。他曾身历战事，康熙少不了赋予他重要的政治角色。

康熙十六年六月，顾八代受命前往韶关，向围剿吴三桂的镇南将军莽依图传谕，转述行军方略，督其收复广西。

顾八代随莽依图进驻梧州。莽依图初始无视文职官员顾八代的存在，不听建议，几番不敌吴世琮，最后才想到请他出谋划策，果然几次连败吴世琮。

吴世琮是吴周政权的龙威将军，非常凶猛，不但计杀叛而翻覆的广西将军孙延龄，且连败抚蛮灭寇的广西巡抚傅弘烈。

康熙十七年，莽依图先与傅弘烈闹矛盾，相互弹劾，被康熙严旨斥责，留任戴罪立功。不久，莽依图病重，就把军事的指挥权全权委托给在军中日有声威的顾八代。

顾八代运筹帷幄，又冲锋陷阵，以三万人将十万吴军一举击溃，吴世琮重伤而逃。

翰林院掌院学士拉萨哩、叶方蔼，以顾八代在平藩前线战功卓著，向康熙请功。他们在请功报告上，称顾八代随征以来，能力称职，以"政勤才长"注考。

让他们没有想到的是，最初极力反对平藩的保和殿大学士索额图，擅自将注语改为"浮躁"。

3

"浮躁"二字好生了得。在前线浴血奋战、指挥有功的顾八代,将面临断崖式处理。

索额图权势炙热,办事专横,吏部只能将错就错,以莫须有的浮躁恶名,依例将顾八代降调。好在顾八代此前幸运地捡漏家族世职,没被一撸到底,而是随旗办差。

莽依图因功升任护军统领,不忘顾八代的襄助大恩,坚决反对索额图和吏部的处理意见。他直接对康熙抱不平:"顾八代襄办军务,竭诚奋勉。三载以来,运筹决胜,动合机宜。请留军前委署副都统,参赞军务。"(《清史列传·顾八代传》)

莽依图的直言,让堪当智勇大将的顾八代没被仓促调离。顾八代继续以原衔随征,但因莽依图突然病逝,而改随平南大将军赉塔征战云南。

赉塔接受顾八代和参赞大臣穆占、勇略将军赵良栋商定的进攻策略,于康熙二十年对云南最后一战,灭了吴三桂的接班人、吴周政权的洪化皇帝吴世璠。

历时八年的三藩之乱,最后以吴世璠的首级及夏国相等人被押解到京,而宣告康熙的彻底胜利。吴世璠的首级交由刑部悬挂示众,夏国相被凌迟处死,势迫投降的巴养原等五人立斩枭示。康熙帝下旨,将吴三桂的骸骨分送各省,以儆效尤。

康熙论功行赏,顾八代补侍讲学士,被安排到上书房给皇子们授课。雍正后来追忆恩师风采,说:"当征剿吴逆时,以学士协赞军务。从将军莽依图、赉塔等克复粤西、滇南,劳绩茂著,备承恩眷,且深知品学优长,足为模范,特命为朕兄弟之师。"(《清史列传·顾八代》)

顾八代以内阁学士的身份任《平定三逆方略》副总裁官,做过几年经筵讲官兼礼部侍郎。康熙二十八年,顾八代被擢礼部尚书,不意三年后,圣祖一纸命令,通知内阁:"顾八代因在内廷供奉多年,屡次擢升,以尚书至今,今观

其人，不宜留任部院，著革去尚书，以伊世职随旗行走。"（《清圣祖实录》卷一百六十）

命令是康熙巡幸塞外时发来的。顾八代的平藩巨功，康熙只字不提。

突然将顾八代的礼部尚书罢免，康熙并未说明什么原因，但保留了他继续给皇子们授课的任务。此中唯一可以解释的是，顾八代耿介清廉，是既得利益者眼中的异己分子。康熙心里明白，但为了特殊的政治需要，只得牺牲遭人忌恨的顾八代。

此期，曾在顾八代功劳簿上改注"浮躁"的索额图，以领侍卫内大臣复出，成功签订《中俄尼布楚条约》，制衡和打压"徇利太深，结交太广，不能恪守官箴"的武英殿大学士明珠及其亲信大学士余国柱（《清史列传·明珠传》）。

索额图鼎力支持的皇太子胤礽扈驾巡幸，深得康熙溺爱，也方便了索额图借手给顾八代致命一击。顾八代究竟怎样得罪了索额图，史料未载，不好猜测。有可能是康熙决意撤藩时，熟悉云南边事的顾八代说了不该说的话，支持了主战的明珠。

康熙拉拢明珠扳倒势力坐大、侵害帝权的索额图，不惜出卖这位曾经的战友和政治合作者："吴逆倡乱，有谓撤藩所致，请诛建议之人者，朕若从之，皆含冤泉壤矣。"（《清史列传·索额图传》）局外人顾八代，不免连带上了索额图的黑名单！

雍正即位后，几次下诏褒奖顾八代，明显有为其鸣冤、替父赎罪的成分，当然更多的是为某种政治利益既得的感恩与回报，不然也不会给他无上的荣耀。

我们可以猜测，顾八代在康熙朝，对胤禛以退为进的夺嫡，有过决定性的指引。康熙四十七年底的夺嫡公开赛中，胤禛看准了康熙表演"无日不流涕""孝庄托梦说"诱导群臣表态"臣等无不同心"的真实意图，果断地支持废太子胤礽复出，同时对得票最多的皇八子胤禩保持友好。

果然，胤禛得到了康熙的赞赏，直接由贝勒晋和硕雍亲王，又被胤禩一党疏忽。

胤禛自许"天下第一闲人",尊道家,谈禅机,与大家保持一团和气,暗交封疆大吏年羹尧和禁卫老大隆科多,且对康熙帝表现诚孝,画西藏于版图中。

他韬光养晦,迥异于其他皇子公然自成集团、结纳亲信,且不时为康熙治国理政干苦差,因而得到了更多的锻炼机会和圣心关注。当大家把猜疑的目光盯紧在以天子亲政的规格用兵西北的抚远大将军、皇十四子胤祯身上时,胤禛在康熙登基六十周年大庆之际,奉命相继往盛京祭告祖陵、代行南郊祭天。

这是不容小觑的政治信号,但被大家打了马虎眼。

胤禛明显得了高人的指点,要早于戴铎为邀宠兜售的夺嫡方略。神机妙算的邬先生,只在不拘小节的电视剧中当着雍王师。而真正的雍王师顾八代临终之前必有特殊的教诲。具体怎样,当已被最忌讳心腹们藏密折、留证据的雍正洗刷殆尽。或者说,顾八代不像戴铎、隆科多、年羹尧之流那般留了后手,做到了绝对忠诚!

雍正对已死几十年的吕留良
剖棺戮尸

1

所谓雍正的头颅被砍一说，源于两个民间传说：

一、吕四娘刺杀雍正。

雍正七年（1729）五月，湘南士人曾静受吕留良反清思想学说影响，将遭遭戍广西的允禩余党传言雍正阴谋夺位事继续散播，称："春秋时皇帝，该孔子做；战国时皇帝，该孟子做；秦以后皇帝，该程子做；明季皇帝，该吕留良做，如今却被豪强所夺。"曾静被抓后，指定已辞世多年的吕留良为罪魁祸首，还对康熙、雍正进行了一系列颂扬与礼赞。于是，雍正下令将已经死了快五十年的吕留良，戮尸枭众，对吕家亲人、族人及妻妾家人等，或进行了斩首的判处，或发配边疆予官军为奴。残酷、无情、惨厉的手段，慑服了许多士子的心神，也激发后人编撰出吕氏幼女吕四娘长大学武后，斩去情人雍正头颅的传说。

二、雍正秘建血滴子暗杀组织，结果深受其害。

传闻雍正为排除异己，将粘杆处的侍卫秘密建成了一个血滴子组织，动不动就对反对者进行暗杀，运用一个名叫血滴子的暗器将人的脑袋割掉取走，极其凶残。故而后人杜撰雍正的脑袋被斩取走，喻指他自食其果。

这些都是反清情绪所致。吕留良案是真，但吕四娘事缺乏可信的根据。只是仇满排清的情绪，使得人们将勤政的雍正皇帝弄成了一个暴君形象。

雍正死于中年，离奇而逝。除了长期的勤政导致身体严重透支外，准噶尔的战事又起，皇三子弘时被杀后又是皇八子夭折，曾静案发，加之最得力的助手、怡亲王允祥病逝，变故多生，急火攻心，身体超支，导致雍正七年冬至九年秋，雍正患了一场重病，严重到了准备后事的程度。

《清世宗实录》《清史稿》之类正史没写明病症名称和严重性，但从停办万寿节大宴，停止年度决囚，还赦免一些"应得遣戍、监追、籍没及妻子入官等罪"（《清史稿·世宗本纪》）等非常事来看，他的身体已经到了非常时期。

《清世宗实录》记载，雍正帝于雍正十三年八月二十一日得病，"仍照常办事"，第三天子时驾崩了。病逝于床榻，自然也没有头被砍走之事了。

辛亥革命后，为了政治需要，吕留良被尊为反清义士，故有各种各样的小说笔记为发生在雍正十年的吕留良案进行翻案，并说雍正是吕四娘刺杀的。侠女成了惩治邪恶的正义杀手，为其祖父吕留良和家人报仇雪恨。

传说归传说，雍正是自己累死的，而非死在吕四娘的剑下。但吕留良确实是雍正下令剖棺戮尸的。

2

吕留良是明末清初杰出的学者、思想家、诗人和时文评论家、出版家，浙江崇德县人，生于崇祯二年（1629）正月，祖上在明朝世代为官。他幼时即"颖悟绝人，读书三遍辄不忘"，八岁能文。他擅长二十四绝技，"凡天文、谶纬、乐律、兵法、星卜、算术、灵兰、青乌、丹经、梵志之书，无不洞晓。工书法，逼颜尚书、米海岳，晚更结密变化。少时能弯五石弧，射辄命中。余至握槊投壶、弹琴拨阮、摹印斫砚，技艺之事皆精绝。然别有神会，人卒不见其功苦习学也"。如此杰出人才，顺治十年（1653）应试为诸生，后隐居不出。康熙间拒应清廷的鸿博之征，后削发为僧。

吕留良死于康熙二十二年（1683）八月。让他没有想到的是，他死后过了四十九年，还会被剖棺戮尸。雍正十年，受雍正七年曾静案引发的吕留良案，吕氏子孙及门人等或被戮尸，或被斩首，有六十余人由江南流徙至北疆宁古塔世代为奴，直至宣统元年（1909）清廷颁发新律，禁止蓄奴，吕氏子孙才摆脱为奴为婢的厄运。

吕留良案，罹难之酷烈，为清代文字狱之首。

不能否认，吕留良生前的反清思想表现为激烈行动：清康熙五年拒不应试，被革除诸生，当时朝野为之震惊；康熙十七、十九年，两次不应"征辟"，决意出家为僧、遁迹吴兴县妙山，筑风雨庵著书、讲学，所著诗词文章多有"谤议及于皇考"言论。

雍正帝即位不久，软禁其弟胤禵，并将其同党发遣广西。诸人路过湖南时，传播雍正阴谋夺位事。受吕氏反清思想学说影响的湘南士人曾静，以清朝末运已至，罗列清廷和雍正的多种罪状，筹划推翻清廷。他委托弟子张熙将罪状呈示陕甘总督、宁远将军岳钟琪，寄意岳氏应具先人岳飞抗击金兵的忠义和赤诚，颠覆专制汉人的少数民族政权。

怎知捐官出身的岳钟琪，刚刚全盘接收了年羹尧的军政大权，正忧虑自己被雍正猜疑，故而及时、全面地向主子报告了曾静的意图和反动。雍正下令缉拿，张熙被拿获，难禁刑逼，将曾静等人的异动情形和盘托出，震惊了雍正。文人蛊惑民心，虽无大动作，但竟然欲策反掌军大吏，自非小事。

雍正集结审案高手，密令浙江总督李卫、湖南巡抚王国栋、副都统海兰等有生力量，顺藤摸瓜，寻踪觅迹，甚至捕风捉影，缉拿曾静等人。湖南是主战场，王国栋、海兰制订计划、分配责任，多方围剿。曾静与张熙家人先后被抓，押至京城。

曾静交代，他应试靖州时，得读吕留良所评点时文，中有论"夷夏之防"等语，深受影响，便派门人衡阳人张熙专程去浙江吕家访求书籍。

当时，吕留良早死，其子毅中将乃父遗书全交张熙。曾静见留良书中多反清复明之意，愈加倾信。他与吕氏弟子严鸿逵、再传弟子沈在宽等往来投契，每赋诗相赠答。

曾静所著《知新录》中谓"中原陆沉，夷狄乘虚，窃据神器，乾坤翻复"，"华夷之分，大于君臣之伦，华之与夷，乃人与物之分界"。又称："春秋时皇帝，该孔子做；战国时皇帝，该孟子做；秦以后皇帝，该程子做；明季皇帝，该吕留良做，如今却被豪强所夺。"

3

雍正是清朝入主中原后的第三任帝王，此时清政权已有近八十年历史，但，汉人对于异族统治的王朝仍难忍反对，不时抗争。

他们怀念前明的历史风云，哀伤旗兵铁骑践踏中原的凶悍，惶恐于薙发易服令的强制，也对流亡的南明政权甚至吴三桂叛乱寄予了殷殷厚望。

这般情势，激发了不少小知识分子坚守对前朝和汉族的忠贞，不吝身家性命地参与反清复明的种种行动，或如陈近南组织天地会，或如石涛、朱耷等出家为僧潦倒度日，或如王夫之苦居瑶峒四十余载，或如吕留良对永历小政权尊崇之至，直呼清廷康熙年号而毫不避讳。

曾静在严刑讯问面前，供称了多位儒士的不满行为，指认已辞世多年的吕留良为罪魁祸首，还对康熙、雍正进行了一系列颂扬与礼赞。他的坦白从宽、谀辞谄媚、圣朝明君，正契合雍正平服民心的用意。

雍正责令重臣将关于此案的十道上谕、提审官员的审理意见，及包括曾静《知新录》《知几录》片段在内的四十七篇口供、张熙的两篇口供，辑成四卷本《大义觉迷录》，并附录曾静积极认罪、投诚效忠的《归仁说》，刊刻印行，传播天下，还要求各级官员阅后发表读后感。

雍正帝始觉吕留良等鼓吹的民族思想具有广泛基础，而关于胤禩等人的流言，实属为患非小。

至于曾静，属于乡曲"迁妄之辈"，不足为大患。雍正七年九月，他不顾以和硕怡亲王为首的满朝文武联名反对，将同曾静问答之词编为《大义觉迷录》，派大员带领曾静到江宁、杭州、苏州等地进行宣讲，对留良、胤禩辈言论，进行批驳揭露。

十月，曾静、张熙被免罪释放，放归原籍，还给了他一千两白银和一个不大不小的官职。这种并不实际的许以功名，貌似真诚的仁慈与宽厚，满足了曾静的期待与欲望，他也欢欣地成为雍正收买人心、反击政敌的一粒棋子。但让曾静也没想到的是，雍正十三年冬，乾隆即位，终以"泄臣民公愤"为由，将曾静的罪名改定为"诽谤先帝"，将他与同伙张熙一同凌迟处死。

川陕总督、宁远大将军岳钟琪上奏雍正，引发吕留良案，但雍正已对他起疑，后下狱险死。乾隆十三年（1748）三月，由于大金川叛乱而清廷出兵多时未果，乾隆帝想到岳钟琪，决意重召，先授予他总兵衔，后改授四川提督，赐孔雀花翎。其时岳钟琪已届六十二岁，久违官场十年有余了。后岳钟琪平大小金川之役有功，被乾隆赞为"三朝武臣巨擘"。

这一场由曾静发起的悖乱活动，引发了最高统治者和地方大员的不安和恐惧，也牵连甚广地锁拿了不少无辜人。

元凶曾静，虽经受了枷锁、杀威棒和惊堂木的恐吓，但没有受到雍正的严厉惩处。这是出于雍正的宽仁，还是另有深意，就需读者深入思考与体会了。

曾静辞令的乱源是死者吕留良，而吕氏也对新朝确有不恭，这无疑会引发一起著名的文字狱。

改良

高级文案张廷玉与雍正帝
是师兄弟

1

张廷玉是康熙留下来的重臣，更得雍正重用。可以说，他和怡亲王允祥是雍正的左膀右臂。

虽然史上张廷玉并非雍正的首任领班大学士，但他是在雍正朝急剧高升的第一人。雍正弥留之际，特地"遗诏以廷玉器量纯全，抒诚供职，命他日配享太庙"（《清史稿·张廷玉传》），以防后继之君打压先帝之臣。

乾隆确实不待见张廷玉，让书生意气的张廷玉心灰意冷。当他告病退休时，乾隆恩威并施，说："卿受两朝厚恩，且奉皇考遗命配享太庙，岂有从祀元臣归田终老？"张廷玉一再乞求，乾隆仍是不允："为人臣者，设预存此心，必将漠视一切，泛泛如秦、越，年至则奉身以退，谁复出力为国家治事？是不可以不辨。"

乾隆对张中堂不友善，时不时玩动作，一边续聘张廷玉为首辅掌机要加三等伯爵；一边挖苦张廷玉"以缮写谕旨为职"，"毫无建白，毫无襄赞"，"不过因其历任有年，如鼎彝古器，陈设座右而已"。

在乾隆眼里，张廷玉不过一个写写文书、抄抄上谕的高级文案而已。

这位在雍正朝始终极受重用的一代名相张廷玉，真的只是抄写高手吗？

2

雍正重用张廷玉，程度至极。他不但让张廷玉长期任首辅大学士和领班军机大臣，还在雍正十一年（1733）将刚考中进士的张家长子张若霭直接选入南书房，出任礼部尚书。

不能否认，张廷玉得雍正如此优待，系两人有些裙带关系。康熙二十二年（1683），胤禛六岁进南书房，跟从张英学习四书五经，向徐元梦学习满文。张英就是张廷玉的父亲，也就是说雍正和张廷玉是师兄弟关系。

也正是有着这层关系，雍正打击政敌兄弟，师兄张廷玉始终不说不，而且坚定不移地出谋划策。故在电视剧《雍正王朝》中，康熙弥留时为防止新君即位遭兵变，和张廷玉一道对隆科多演了一出请君入瓮的厚黑戏；老八搞所谓八王议政向雍正逼宫，张廷玉临危救驾，一番翔实的史料分析，大义凛然地击溃了八王议政的假把戏；其弟张廷璐被设计为科场舞弊案的主犯，也是张廷玉大义灭亲、临场观刑，大大地支持了雍正！

雍正整顿吏治、推行新政，张廷玉"万言万当，不如一默"，从不说不。

而在历史上，张廷玉确是一个理财辅政的大才。

3

士为知己者死，皇帝给了臣子最大的殊荣，臣子报以皇帝最诚的业绩。

一、社会维稳

康雍之交，大批流民涌至浙闽赣粤边界深山老林搭棚居住，垦山种植，呼朋引类，生息日久，人员愈多，既不可驱令回籍，又不听编入县册。偶遇年谷不登，辄结党盗窃，为地方之害。张廷玉闻知此事，立即向雍正帝奏报，折中建议，妥善处理，对朝廷区分匪党、安抚流民、防患民变、选贤任能、收服民心及实现社会安定，无疑起到了实效之功。

二、制度建设

清初袭前明旧制，官员有事报告皇帝，公事用题本，私事用奏本。题本盖印，奏本不盖印。这两种文书都是公开的，不利于下情上达，且题本办文程序烦琐，容易泄密。张廷玉把奏折制度化，重要的事务，地方官员都先撰拟奏折，经过皇帝朱批，认可之后才写题本作正式报告。但奏折中的朱批内容，不得写入题本。题本由此成为官样文章，奏折代替了原来题本的作用，成为主要官方文书。这一制度一直坚持到清末。

张廷玉为保证奏折的内容不致泄露，制定了一整套保密制度，使奏折制度更加完善。这种官方文书制度被确立下来，不仅方便了朝廷政令的推行，而且关乎君臣间权力的分配。

三、襄赞军机

《清史稿·张廷玉传》记载：雍正"八年，上以西北用兵，命设军机房隆宗门内，以怡亲王允祥、廷玉及大学士蒋廷锡领其事。嗣改称办理军机处。廷玉定规制：诸臣陈奏，常事用疏，自通政司上，下内阁拟旨；要事用折，自奏事处上，下军机处拟旨，亲御朱笔批发。自是内阁权移于军机处，大学士必充军机大臣，始得预政事，日必召入对，承旨，平章政事，参与机密"。

雍正八年，长期和清廷对抗的蒙古准噶尔部煽动青海和硕特部首领罗卜藏丹津及西北各族反清，雍正决定出兵征讨。因战事紧急，军令需要迅速处理和严守秘密，即令在隆宗门内设立军机房，嗣改称办理军机处，简称军机处。

张廷玉就军机处的性质、官职、职能、纪律等，都做了严格规定：军机处参与官员奏折的处理和谕旨的撰拟；军机章京负责誊写、记档及日常工作；军机处设《存记簿》，"奉旨存议"事务一律登记；"密事有件"，密封存档，届时拆阅办理等。

这一整套严密的规章制度，不仅加强了皇权统治，避免了政出多门以及丢失、泄密现象的发生，更重要的是统一了办文机构，保证了档案的齐全、完整与安全，为利用和编撰方略（志）提供了方便。

注意啦！《雍正王朝》中的军机处，没有了蒋廷锡，增加了廉亲王允禩和隆科多。事实上，军机处于雍正八年才设置，而允禩死于雍正四年九月，隆科多死于雍正六年六月。军机处设置时，允禩和隆科多早就死了。

四、整顿刑律

康熙晚年被诸子夺嫡弄得精疲力竭，留给雍正的朝局外强中干，吏治松弛，政治不清，国库空虚。

张廷玉以大学士兼尚书，先后掌管礼部、户部和吏部，继续他原任吏部左侍郎的风范，坚决摒除请托行贿之风，严惩奸胥滑吏，是贪官蠹虫敬而生畏的"张老虎"。

他以身作则，即便是儿子看他喜欢一幅画，擅自要来，挂于书房，被他看到也当即发怒退回。

他身居要职数十年，却"门无竿牍，馈礼有价值百金者辄却之"。凡别人馈送之礼，价值超过百金则拒绝。就连雍正顾念张廷玉生活清苦，赏银两万两，张也不敢收。雍正说："汝非大臣中第一宣力者乎！"

张廷玉对于清朝刑律整顿与改革，有着很大的促进作用。《清史列传·张廷玉传》记载，张廷玉于雍正"十一年三月，条奏：'慎刑二事，一、各省人犯，罪重收禁，罪轻取保。独刑部遇各衙门送犯，不论事情大小、罪犯首从，俱收禁，致累无辜。请敕议送部人犯，分别收禁、取保，定例遵行；一、刑部引用律例，往往删去前后文，止摘中间数语，即以所断之罪承之；甚有求其仿佛，比照定拟者，高下其手，率由此起。都察院、大理寺同为法司衙门，若刑部引例不确，应令院寺驳正，不改即行题参；如院寺扶同朦混，草率行事，一并处分。'"张廷玉奏改刑部滥禁、滥引律例之弊，提出了自己的看法和主张，很快得到了雍正的回应，"命九卿议行"。

至于雍正推行的摊丁入亩、耗羡归公、养廉银和改土归流等制度,张廷玉都是最坚决的执行者和推动者。所以,雍正认为张廷玉"自简任纶扉以来,只遵朕训,仰体朕心,懋著忠勤,恪恭奉职","赞襄机要,公正无私,慎重周详,事事妥协"(《清史列传·张廷玉传》)。

4

值得注意的是,《雍正王朝》中的张廷玉,被虚构成了康熙安排制约隆科多的大人物。

熟悉康雍过渡史的读者都知道,雍正即位,做了十年步军统领的隆科多起到了关键性的作用。

隆科多为康熙的亲表弟兼双重内弟(其两位姐姐,分别做了康熙的皇后和贵妃)。他曾是皇八子胤禩的支持者,曾在康熙四十八年二月己巳受到康熙的斥责:"鄂伦岱、隆科多、顺安颜,与大阿哥相善,人皆知之。尔等又欲立八阿哥为皇太子,将置朕躬及皇太子、诸阿哥于何地耶?乱臣贼子,自古有之。今观众人情状,果中舅舅所奏日后难于措处之言矣。"(《清圣祖实录》卷二百三十六)

康熙亲舅佟国维谏阻复立胤礽,善意提醒康熙皇储之争尖锐,"难于日后措处",却在此处被康熙反其意而用之,痛斥佟氏子孙隆科多等为"乱臣贼子"。

但是,两年后,康熙决意第二次废储,以支持胤礽的步军统领托合齐恃权不法,迫使其称病请辞,任命隆科多接掌负责京师警备、保安的提督九门步军巡捕五营统领衙门。

隆科多成了康熙末任步军统领,且在康熙五十九年被安排兼任理藩院尚书。由是可见,康熙甚为倚信和重用隆科多。

康熙赏识隆科多的才干,满意他在侦知奏报王公大臣秘事的尽心尽力,还在五十八年正月十九日抚远大将军胤禵的奏折上，朱批称隆科多"乃应成为将军之人"。

这句话，夹杂了两层意思：一、隆科多有能力，具备成为将军之素质；二、希望胤禵关注甚至拉拢隆科多，让隆科多成为自己的人。

康熙在做权力交接的人事部署，向传说中的暗定储君胤禵积极推荐隆科多，为之保驾护航。

让康熙和胤禵都没有想到的是，隆科多背叛了康熙属意胤禵的政治意图，最终成了以"天下第一闲人"（《世宗宪皇帝御制文集》卷六《雍邸诗集序》）障眼天下人的雍亲王胤禛的人。

胤禛行事隐秘，与隆科多投机择主有些相似。

胤禛最初与胤禩、胤禟、胤䄉来往密切，结成反太子派，甚至连在畅春园周边修别墅，也是连在一起，仅一墙之隔。但是，在康熙四十七年十一月公举太子活动中，他率先洞察到康熙的复储意图，成为复立胤礽的支持者，因而获得康熙的赞赏："前拘禁允礽时，并无一人为之陈奏。唯四阿哥性量过人，深知大义，屡在朕前为允礽保奏，似此居心行事，洵是伟人！"（《清圣祖实录》卷二百三十五，康熙四十七年十一月戊子）

康熙对能力杰出且人气飙升的政治明星胤禩进行严厉打击和压制时，将原为贝勒的投机"伟人"胤禛，直接晋爵和硕雍亲王。

胤禛一改原来在康熙心中的不好印象，开始疏远胤禩等时，康熙仍然认为他与胤禩关系密切，讲究兄弟情义。康熙五十五年九月，胤禩病重，人事不省，本在扈驾外巡的胤禛奏请皇父，要求自己先行返京探视胤禩，比向来与胤禩友好的胤禵还显得急切。

康熙说："四阿哥随驾在外，惟伊一人，乃置扈驾之事。奏请先回，看视允禩。观此关切之意，亦似党庇允禩。"（《清圣祖实录》卷二百六十九，康熙五十五年九月己卯）康熙貌似不高兴，责备胤禛置扈驾之事不顾，但心里还是高兴的，当即下旨命胤祯负责料理胤禩的医药之事，为之延请良医。

胤祯行韬晦之计，满足了康熙的爱子之心：即便幽禁锁拿，也希望诸子和谐，兄弟情深。

而隆科多由最初支持皇长子胤禔，转而支持皇八子胤禩，最后成了皇四子胤禛的拥趸，甚至通过康熙的朱批给皇十四子胤祯留下了好印象。当胤禩病重，康熙命贝子苏努、佟国维、马齐、鄂伦岱等前往探视时，隆科多并不参与。

就是这样貌似骑墙、实则寻机的两个人，采取了最为隐蔽的方式，走到了一起，顺利获得了康熙的弘业。

萧奭在《永宪录》卷一中不无揶揄地说：甲午，康熙"晏驾后，内侍仍扶御銮舆入大内。相传隆科多先护皇四子雍亲王回朝哭迎，身守阙下。诸王非传令旨不得进"。第二天才传读大行皇帝遗诏："皇四子雍亲王为人贵重，事朕以孝，政事皆好，堪膺大任！"

这样的宣读遗诏方式，明显与皇家修撰的《清圣祖实录》《清世宗实录》不同。二帝实录，皆称康熙弥留之际，当着皇三子胤祉为首、包括皇八子胤禩在内的诸阿哥及步军统领兼理藩院尚书隆科多，宣读传位诏书，传位于胤禛。当时，胤禛不在场。

《永宪录》明显暗藏了胤禛和隆科多再次行事隐蔽、不无斧声烛影的玄机。尤其是"诸王非传令旨不得进"，暗示隆科多已武力控制了皇权交接的现场。

缘于此，雍正正式登基后，于康熙六十一年十一月二十一日上谕内阁："孝懿皇后，朕之养母，则隆科多即朕亲舅"，当即将康熙曾留中不发的佟国维请袭奏折拍板，命立有大功的隆科多承袭佟国维留下的一等公。

雍正通知内阁，以后公文书写隆科多，必须署作"舅舅隆科多"。

皇帝的舅舅，也是全国人民的舅舅。

此等顶级殊荣，大清王朝独一份。

至于《清圣祖实录》中的"舅舅佟国维"，那也是雍正为了感激隆科多，给的推恩。

此外，雍正还加隆科多为太保，赏赐双眼孔雀翎、四团龙补服、黄带、紫辔。这是亲王的待遇。

若非手握京师卫戍力量的隆科多对雍正即位起到了最为关键的作用，雍正也未必会这样舍得！

但是电视剧《雍正王朝》却把隆科多弄成了被动的角色，完全受制于奉行康熙旨意的张廷玉。

剧中康熙的暗定储君，也成了隆科多并不情愿支持的胤禛。

剧中的张廷玉，官拜上书房大臣，在佟国维被退斥、马齐被降级后，成了康熙之际的首席上书房大臣。

他手持制约隆科多首鼠两端的康熙密旨，让隆科多投鼠忌器。

然而，这样一个在电视剧中厥功至伟的大人物，实际却不在雍正即位之初安排的总理事务大臣之列（廉亲王胤禩、雍亲王胤祥、武英殿大学士马齐和理藩院尚书隆科多），就连萧奭《永宪录》卷一所载"传大行皇帝遗诏，命领侍卫内大臣总理銮仪卫事嗣三等公马尔赛、提督九门巡捕三营兼理藩院尚书隆科多、武英殿大学士兼户部尚书马齐辅政"，其中也没有张廷玉的大名。

不论雍正的任命，还是康熙的遗诏，张廷玉都不在其中。

史料记载，此时的张大人，还不过是缮旨办差的词臣，官拜吏部左侍郎。在雍正即位后，张廷玉因为筹办登基大典、撰写告祭文书有功，才被擢升为礼部尚书，进入枢臣之列。

至于他那顶"上书房大臣"的帽子，也是编剧的拔高误导。

上书房大臣，即上书房师傅，皇帝安排教授皇子们读书的老师。这是雍正朝的发明，康熙朝并无此职务。

康熙朝后期的诸子纷争，导致康熙日见衰颓，朝纲纷乱，吏治腐败，警醒着夺嫡制胜的雍正要加强皇子教育。于是，他在乾清宫左边设置上书房，选择朝中重臣名士教授年满六岁的皇子，自己不时前往稽察。

昭梿《啸亭续录》卷一《上书房》说："皇子六龄，即入上书房读书……雍正中，初建上书房，命鄂文端、张文和充总师傅。"

张文和，即指张廷玉。文和，乃其死后乾隆给的谥号。

对于上书房的建置和张廷玉出任上书房总师傅之事，康熙帝绝对意想不到。

雍正设置上书房，对康熙顽强地坚持了三十七年之久的嫡长子皇位继承制不啻一种讽刺："本朝鉴往代庶嫡争夺之祸，永不建储。"（《啸亭续录》卷一《上书房》）

鄂尔泰的弟弟也是
雍正的心腹

1

雍正十年（1732），鄂尔泰、鄂尔奇无疑是耀眼的政治明星兄弟。三省总督鄂尔泰被召回京，出任保和殿大学士兼兵部尚书，办理军机事务，虽名列马齐、张廷玉之后，但因改土归流之功爵封一等伯。户部尚书兼步军统领鄂尔奇，兼翻译乡试正考官。

对于这一对西林觉罗氏兄弟，昭梿在《啸亭杂录》中写了一个有趣的故事：

鄂尔奇近视，但聪敏，出名后沉迷声色，与其胞兄鄂尔泰兴趣相反。某日，鄂尔泰在家洗脚，鄂尔奇推门而入。鄂尔泰来不及遮挡，于是抱腿于怀。鄂尔奇很奇怪，拿着烟筒敲打。鄂尔泰颤抖了一下。

鄂尔奇问：这只大白猫是何等稀罕物，竟被哥哥抱在怀里珍藏？

鄂尔奇在咫尺之间，竟然看不清鄂尔泰抱腿盘坐在椅子上的窘态。这样的高度近视患者，却被雍正帝长时间重任，管理全国财赋和京畿卫戍部队。

鄂尔奇是康熙五十一年（1712）进士，改庶吉士，散馆授编修。雍正即位后，鄂尔奇四迁至侍郎，历工、礼二部，署兵部侍郎。五年，擢户部尚书兼步军统领。

雍正十一年九月，鄂尔奇的厄运来了。直隶总督李卫弹劾鄂尔奇"捉拿越控，细事滥用部牌，庇护私人，并坏法营私、萦制扰民各款"（《清史列传·鄂尔泰传》）。

鄂尔奇把手伸进了李卫的辖区，李卫很不高兴，便向雍正帝密折告状。

都是皇帝重视的人，但也被厚此薄彼。雍正立即将鄂尔奇革职，交付议政王大臣会审。这样安排，就是让内阁辅臣兼军机大员的鄂尔泰无从插手。

议政王大臣会议商定对鄂尔奇加倍治罪，报告提交后，雍正帝说："鄂尔奇受朕深恩，有玷职守，大负伊兄鄂尔泰教训。理宜从重治罪，朕念鄂尔泰裨益国家政务甚多，以之相抵。鄂尔奇加倍治罪之处，着从宽免。"

雍正帝先前对鄂尔奇的长期重用，并非是看在鄂尔泰的情面上。鄂尔奇管户部和提督九门时，鄂尔泰还在总督云贵广西试验改土归流。鄂尔奇要比鄂尔泰显耀得多。

鄂尔奇的这份显耀，是雍正帝结合其实际能力给的。

2

雍正是一个以制度化上位并以制度化执政的皇帝，即位伊始便行非常举措，选用田文镜、李卫这样的干才，刚柔并济地推行制度化吏治，让想贪的不敢贪，把平庸的都赶走，但对有政绩的廉政官员给予一系列暖心的奖励。

对于贪赃枉法、懒政无为的官员，雍正帝极其严苛，给予严厉的打击。直隶吴桥县令常三乐，失职渎职，被雍正下令撤职。云南开化总兵仇元正作风拖拉，雍正勒令他致仕回家。

他不容忍贪，也不姑息懒，两手抓，两手硬，诛杀贪官时，常组织官员去现场观摩。

河南学政俞鸿图，传说因小妾泄密考题被严惩，弄出了著名的写了七个"惨"字的腰斩案，搞得雍正在历史上很尴尬。但雍正少为人说的另一面其实很可爱，如在德才兼备敢担当的大臣报告上批示，等任务完成后好好聚聚；对领导干部患病想见儿子的，将其子调回，使之公私兼顾；对想见的官员，算上一卦，又亲笔去信告知，近期不宜远行，下月再来；对远任异地的孝子官员的老母进行特别照顾……最有趣的是，新君上位，翰林院的毛头小伙孙嘉淦指责他争取接班时与兄弟们闹得不愉快，却没想到被激怒的雍正在情绪平复后赞赏其胆量，给予其重任。

他对昔日心腹重臣贪赃枉法痛下杀手，也对重用后的官员政绩平平给予严厉斥责，更对那些贪官污吏、朋党宵小进行无情打击。他以"摊丁入亩"推行仁政、德政，也以双管齐下两手硬，实现"雍正一朝，无官不清"的政治清明。

这是一种思想，一种格局，一种推动国家繁荣的基础和机制。

能干的近视患者鄂尔奇，被李卫举报坏法营私、乱制扰民，无疑撞到枪口上了。

3

雍正帝要严惩鄂尔奇，是因为他侵害了整顿吏治的底线。但，他最终以鄂尔泰的情面，而没有将鄂尔奇论罪。

论罪事小，拿掉为要。雍正帝有特别的政治考虑。鄂尔泰以大学士管兵部，入军机处，如其弟继续掌京师警卫武力，皇帝有一定的担心。如同拿掉助其继位有大功的隆科多、年羹尧一样，雍正严防手握大权的重臣"交结专擅，诸事欺瞒"（《清史稿·隆科多传》）。

对于当年的腹心大臣隆科多、年羹尧，雍正帝曾经说过："朕御极之初，隆科多、年羹尧皆寄以心腹，毫无猜防。孰知朕视为一德，彼竟有二心，招权纳贿，擅作威福，欺罔悖负，朕岂能姑息养奸耶？向日明珠、索额图结党行私，圣祖解其要职，置之闲散，何尝更加信用？隆科多、年羹尧若不知恐惧，痛改前非，欲如明珠等，万不能也！殊典不可再邀，覆辙不可屡蹈，各宜警惧，毋自干诛灭。"隆科多就曾是理藩院尚书署步军统领。

袁枚《小仓山房文集》卷八记载：雍正帝最初以鄂尔奇为兵部尚书兼提督九门步军统领，鄂尔泰获悉后，曾力劝雍正帝不可如此重用。雍正帝问："卿虑尔弟反耶？”鄂尔泰答：“兵权贵一，不可归后世。”雍正帝不以为然，仍坚持己见。

鄂尔奇没有做过兵部尚书，只是此前代理兵部侍郎。但鄂尔泰以大学士掌兵部尚书事后，鄂尔奇仍提督京师九门，雍正对这对兄弟未必不设防。

兵部尚书与步军统领不能同人兼任，鄂尔泰看到了，难道聪明的雍正帝没有看到？当然，雍正帝也不会在让鄂尔泰以保和殿大学士管兵部后，还让他能够约束的弟弟管理拱卫京师的卫戍部队。

雍正帝不想鄂尔泰成为第二个隆科多或者年羹尧。

雍正帝崇信祥瑞，鄂尔泰便大造祥瑞取悦。雍正改土归流，鄂尔泰不惜大肆杀戮。对于这样一个顺承能干办事的狠角色，雍正帝将鄂尔奇革职但不查办，就是不动声色地剪除了鄂尔泰有可能存在的武力威胁，而使之专心任事。

4

鄂尔泰以康熙三十六年举人，六年后袭职入仕，但在康熙朝一直是低级办事人员。雍正帝上台后，以为人才，先将他破格擢任江苏布政使，继而晋升广西巡抚。在他赴广西途中，雍正帝突然改变主意，改任他为云南巡抚，兼管贵州、广西二省。

在云南的鄂尔泰一直忙着，忙着大造祥瑞，频频奏称云贵出现诸如嘉禾、瑞鹤、卿云、醴泉等。雍正六年十二月初八日，鄂尔泰奏报：万寿节当日，云南四府三县“五色卿云，光灿捧日”，次日“绚烂倍常”（《朱批谕旨·鄂尔泰折》）。雍正七年闰七月，鄂尔泰又奏报，贵州两地在一个月内祥云连续七次出现。

鄂尔泰不惜毁坏自己的名誉，来大造这样那样的所谓祥瑞，为雍正帝继位的合法性和合理性虚构吉兆。雍正帝对他的忠诚很是赞赏，让他在云南坐着巡抚的位置行使总督的职权，而总督杨名时也很识趣地管些巡抚的闲事。

他以血色的武力行动，试验着朝廷争论的"改土归流"。

雍正四年十月，已署云贵总督一年的鄂尔泰获得总督实职，加兵部尚书衔，用兵对向官兵挑衅的广顺长寨土司进行毁灭性的打击。长寨事定，鄂尔泰总督云、贵、广西三省事务，进一步制订改土归流和用兵的计划，坚决镇压反抗的大小土司，很快征服了两千余寨。

雍正帝以改土归流，对边疆官制进行改革，鄂尔泰作为这件大事的主角，因功加衔少保，并被召回京师入阁拜相。后雍正帝在西北两路用兵准噶尔，以有丰富战斗经验的鄂尔泰赴陕甘前线督师，经略军务。

鄂尔奇案发时，鄂尔泰已回京复命，仍兼兵部尚书事，署吏部尚书。雍正帝对鄂尔奇只做了革职处理，既是对鄂尔泰示好，也潜在地给了他一个警告。一年多过去，贵州改土归流地区土民叛乱，雍正帝顺应鄂尔泰所请，削去伯爵之位。雍正帝驾崩前，还是将鄂尔泰作为顾命大臣，以其同庄亲王允禄、果亲王允礼和大学士张廷玉，一同留给乾隆帝为总理事务大臣，并遗诏他和张廷玉死后配享太庙。

表面上，雍正帝将鄂尔泰视为知己，乾隆帝也说："当日鄂尔泰、田文镜、李卫皆督抚中为皇考所最称许者，其实田文镜不及李卫，李卫又不及鄂尔泰。"（《蕉窗雨话》卷十）但此三人的公开不和，以及鄂尔泰与张廷玉的暗中缠斗，给雍正帝甚至乾隆帝制衡股肱大臣创造了绝好的机会。

"破落户"李卫买官
被雍正破格大用

1

中国封建王朝多次实行捐纳制度，以国家的名义卖官鬻爵，以补财政收入的不足，以清朝为甚。项目之繁，次数之多，力度之大，可谓吏治一大特色。

朝廷弄出常例和暂行例两种方式，常例不常有，暂行例却持久。单康熙一朝，常例不曾开，而暂行例不下三十次。富裕的士子和低级官员，通过捐出身、捐官位、捐爵名、捐诰封，花银子补充朝廷的军需、赈济和河工费用等，而达成政治梦想。

著名的雍正能臣李卫，就是通过捐纳走上仕途的。

电视剧《雍正王朝》给李卫安排的出场身份，是一个在江湖招摇撞骗的穷哈哈、小混混。康熙四十六年（1707），还是皇子的胤禛带着十三弟胤祥赴江南赈灾，途遇出身市井的李卫和坎儿装死骗钱，救赎翠儿，人贩反悔，双方大打出手。胤禛让年羹尧制止，把李卫、坎儿、翠儿收作家奴。文盲李卫，成了胤禛的跟班。

这，将李卫的出场提前了十年，而且给他改变了政治出身。

史上的李卫，江苏铜山人，由捐纳员外郎，于康熙五十六年授兵部。按清朝捐纳制度，乾隆初年的费用最低，但捐一个员外郎也需六千四百两银子。而在吏治混乱、国库空虚的康熙末年，捐银数额远超六千四百两。若李卫家底不厚实，也不会花大价钱买一个从五品京官。

当时正是诸皇子夺嫡的白热化关头，韬光养晦的雍亲王胤禛绝不会掏钱给自己的家奴捐一个员外郎，弄一个兵部实缺，将其调至户部做郎中，授人以柄。

李卫后来说其家"族繁丁众"（《清史列传·李卫传》），他是一个出身殷实的富家子弟。钱不是胤禛出的，但李卫是一个干才，以出众的政治表现赢得了胤禛的赏识，从而被引为腹心之臣。雍正初继大统，就将原定直隶驿传道的李卫，改任云南盐驿道，管理边疆盐业，且管云南铜厂，雍正二年（1724）擢升为云南布政使，仍兼理盐务。

盐务和铜矿，是国家的经济支柱，直属中央管理。李卫为地方藩台，也是钦差大臣，加之他为人耿直，作风强悍，雍正帝说"近有人奏汝恃能放纵，于督抚上司前粗率无礼，操守亦不能纯，间有巧取处"（《清史列传·李卫传》）。李卫分管财赋和盐、矿，是带着使命来的，在地方保护主义面前，不免有强硬态度，给人巧取豪夺的感觉。

好在他忠于主子，"不避嫌怨"，虽然让上司们很不高兴，但雍正很高兴。雍正称他是"恃能"，而非"恃宠"，希望他涵养性情，做个全人，"有则改之，无则加勉"，传递出对他的能力和治绩很满意的信息。

2

雍正三年，李卫升浙江巡抚，且奉命进京接受皇帝的接见。雍正帝对他交代特殊的使命。李卫不负雍正所托，参与同河道总督齐苏勒的治水大计，及时飞马给皇帝传递治理情况和官员作风。

李卫对齐苏勒的成绩是肯定的，称他操守学问都是优等，办事不避勤苦，同时也说齐苏勒自负过高，不搞民主制，没有好辅佐的干才。

齐苏勒和康熙中期的靳辅一样，都是治河名臣。康熙帝偏信爱臣于成龙，对靳辅半信半疑；而雍正帝坚定信任齐苏勒，支持他的治水工作，雍正十年以堵筑睢宁朱家口决口，加兵部尚书、太子太傅。

两年后，齐苏勒病逝。雍正帝说："隆科多、年羹尧作威福，揽权势。隆科多于朕前谓尔操守难信，年羹尧前岁数诋尔不学无术，朕以此知尔独立也……齐苏勒历练老成，清、慎、勤三字均属无愧。"京师贤良祠修成后，雍正帝命将齐苏勒与靳辅作为首批人员一同入祀。

作为雍正的爱臣，李卫资历尚浅，但他不去打压齐苏勒，而是表扬齐苏勒，襟怀坦荡。雍正帝将其派往浙江，未必不是授予了李卫调查齐苏勒居官作为的使命。

正是有了这份正直无私，李卫被授命兼理两浙盐政，整顿浙盐在浙、苏、皖、赣四省的行销市场。清代体制僵化，在浙盐区靠近两淮盐区的地方，不能就近买便宜的两淮之盐，只能吃价高的浙盐，导致越区贩私盛行，官盐运销不畅，不少盐枭铤而走险，纠集部众数百名，拥有大船数艘，经常袭击官兵，走私气焰嚣张。李卫上任后，部署兵力，加强缉私力量，严防两淮私盐从镇江府入侵浙盐行销区，以此保障浙盐的销路，重点打击具有强大组织的大盐枭。

李卫治理两浙盐业市场，大刀阔斧加绣花针，很快稳定了社会民心。同时，他还重点修筑海塘，几乎每年都要奏请整治浙江海塘事宜。

雍正帝不满意江南总督范时绎对松江海塘改土易石工程的办理，令李卫赴工查勘，并采纳了李卫的修治方案，由李卫同江南督抚稽查治理。海塘工程系由政府财政开支，但所拨款额多不敷用，且必须先经奏准，然后兴办。

李卫在浙江多方面自筹资金，"除应动用正项之外，皆系每岁设法盐务等类节省额外盈余陆续抵用"（《清史稿·李卫传》）。

李卫还是一个擅长捕盗的高手。雍正六年，江南地区盗贼盛行，而地方官又非缉盗之才。范时绎不履行督臣之责，伙同按察使马世烆、游击马空北对诸盗贼在一定程度上进行包庇，经常以替身代为受过，使其逃过一劫。雍正帝及时任命李卫统管江南七府五州盗案，节制各级兵将官吏。

　　李卫明察暗访，雷厉风行，捣毁了一系列犯罪团伙，并毫不徇情，上书弹劾不法官员。范时绎被调离原职，马世烆、马空北被贬戍充军。其间，李卫还粉碎了甘凤池、张云如等筹备雍正八年秋天举事反清复明的阴谋。

3

　　雍正七年，李卫被加封兵部尚书。他因母病故，回任守制，不久加太子少傅。三年后，他署理刑部尚书，出任直隶总督，提督以下并受节制。

　　第二年，李卫疏劾内阁首辅、保和殿大学士鄂尔泰的弟弟、步军统领鄂尔奇坏法营私，紊制扰民。雍正帝虽碍于情面没严惩鄂尔奇，但因此奖励了胆大的李卫。

　　乾隆上位后，李卫仍秉公执法，疏发诚亲王府护卫库克与安州民争淤池，被赏赐四团龙补褂。

　　四团龙补褂，是皇子王爷的朝服，是荣耀的象征。清制，皇子龙褂为石青色，绣五爪正面金龙四团，前后两肩各一团，间以五彩云纹。亲王，绣五爪龙四团，前后为正龙，两肩为行龙。郡王，绣有行龙四团，前后两肩各一。

　　礼亲王昭梿在《啸亭续录》专辟一节写"四团龙补褂"："诸王有特赐四正龙者，许服用焉。异姓初无赐四团龙者。雍正中，年大将军羹尧特赐四正龙补服，不久即以骄败。乾隆中，傅文忠公以椒房优宠，兆文毅公惠以平定西域功，阿文成公桂以平定两金川功，福文襄王康安以平定台湾功，皆赐四团龙补服。"乾隆朝的四团龙补褂受赐者，傅恒为孝贤纯皇后之弟，乾隆十四年（1749）督师大金川之战，降服莎罗奔父子，两封一等公，班师获赐。兆惠、阿桂、福康安都是以彪炳军功受赏。

　　李卫受赏四团龙补褂，则于乾隆二年正月，比傅恒要早十二年，是因秉公持正。足见，他在雍正、乾隆心中的地位位列极品之上。当时的四团龙补褂，与皇帝的龙袍无差异，直至乾隆十四年傅恒受赐后，以为与御服无别，乃奏改亲王服二行龙二正龙补服，郡王服四行龙补服，以为定制。

李卫病疾发作，乾隆帝派御医到府诊治。乾隆三年十月二十二日，李卫病逝，年五十一岁，乾隆帝命按总督例赐予祭葬，谥敏达，入祀贤良祠。然而，四十二年后，乾隆帝突然发飙，称："李卫于督抚中并非公正纯臣，在浙江无功德于民，闻其仰借皇考恩眷，颇多任性骄纵之处。设使此时尚在，犹当究治其愆！"（《清史列传·李卫传》）

圣心难测，李卫极受雍正的重用和恩宠，品秩不过从一品，乾隆初登大宝，却给了李卫四团龙补褂，以示最高恩宠。然就因为乾隆巡幸江浙，见到杭州西湖庙里有李卫及其妻妾的塑像，"虽有大小，面貌相仿"，且书"湖山神位"，很不高兴，下令将所有的神像毁掉。

李卫身后荣辱，似乎雍正在五十多年前便已先知。早在李卫初任云南布政使时，雍正帝告诫他不要有"小人逞志之态……若不痛自刻责，未易改除，将来必以此受累，后悔何及。"李卫早死，没有后悔的机会，但其干才之名，却被乾隆帝大肆污损，就连敢说真话的昭梿都未提及李卫在乾隆初年穿过四团龙补褂。

雍正的天下第一巡抚
原是田文镜

1

田文镜在仕途上是前路漫漫后来奇。康熙二十二年（1683），他以一个秀才的身份出任福建长乐县丞，时年二十二岁。后来成为其命中贵人的雍正帝胤禛，时年仅五岁。

学历低，但田文镜懂得坚忍，在县丞任上干了十年后，又做过十一年山西宁乡知县。至康熙四十四年，做了一年直隶易州知州后，辗转频繁，品秩也没提高多少，于康熙五十六年才被擢升内阁侍读学士。

侍读学士是一个从四品的京官，且按建制有八位之多，但此时的田文镜能够见到康熙帝。即便机会不多，但他完全能与尚未成为雍亲王的胤禛贝勒经常往来。

电视剧《雍正王朝》开头设计，康熙四十六年，黄河暴涨，河堤决口，上百万民众流离失所。四皇子胤禛奉命前往赈济救灾，发现了李卫和田文镜。当时的田文镜，还只是基层干部，被胤禛带回京城当差。

这与历史是有出入的。田文镜于康熙四十五年内迁吏部员外郎，已是一任京官。但按电视剧创作"小节不拘、大事不虚"的原则，这一情节凸显了：田文镜在康熙后期迅速升迁，同在朝堂上举足轻重的胤禛有着很大的关系。

后来乾隆帝上台后，说田文镜是雍正帝"所最称许者"（《清史列传·田文镜传》）之一，另外两人为鄂尔泰和李卫。

雍正继位不久，就派田文镜祭告华山。山西发生灾害，年羹尧上疏雍正帝，请求朝廷赈灾。雍正去函询问山西巡抚德音受灾的情况，德音回复没有灾害。

田文镜回京觐见雍正帝，具体汇报了身历目睹的山西灾情。雍正帝嘉奖他直言无隐，令其前去负责赈灾，署理山西布政使。

田文镜有过二十多年的地方工作经验，很快厘清了长期积累下的公务，剔除了原有的痼疾，将隐瞒不报的山西巡抚德音、布政使森图、大同知府栾廷芳及其他高官一并缉拿，查出了群官贪污舞弊案，使吏治为之一新。

《雍正王朝》没有安排这一出戏，而是设计隆科多推举诺敏出任山西巡抚，诺敏大搞政绩工程，铤而走险，与下属官僚串通向商家拆借巨款，制造半年填补藩库亏空的假象，乐得新君御书"天下第一巡抚"的匾额，赐给"楷模"。田文镜受命赴山西清查藩库亏空情况，发现其中有假，因而引出雍正怒斩诺敏这出戏。

2

不论查处的是德音还是诺敏，田文镜都立了大功。雍正二年（1724），田文镜赴任河南藩台，不久代理抚台。他雷厉风行，以严厉的风格治理地方，专理诸州县清查亏空赋税的事务，且开辟荒田。

有人将他视为酷吏举报。雍正帝派人察访，发现田文镜去沉疴下猛药，并没有不对之处。雍正帝不但批准了田文镜改革行政区划的请示，而且将其实授河南巡抚。

雍正对田的改革，是坚决支持的，批准了他推翻河道总督齐苏勒裁汰堡夫的报告。田文镜清查积欠，实行耗羡提解；限制绅衿特权，严限交纳钱粮，并严行保甲制等。

田文镜推行士绅富户一体当差、一体纳粮："徭役法，丁随粮派。请将豫省各邑丁粮均派地粮内，绅衿富户不分等则，一例输将，以雍正五年为始。"遭到了士大夫的激烈抗拒。广西巡抚李绂被授直隶总督，回京途经开封，田文镜出城相迎。李绂责备田文镜蹂躏读书人的尊严，田文镜密奏雍正帝，并说李绂与被弹劾的黄振国为同榜进士，是为黄振国挟私报复。

李绂入宫见雍正帝，说黄振国等被田文镜冤枉，指责文镜行为过激。雍正帝对新督直隶的李绂要给面子，处置了按田文镜指示办差的地方官员。

当年十二月，浙江道御史谢济世弹劾田文镜结党营私、有负圣恩、贪虐不法，罗列了十大罪状，涉及李绂与田文镜互劾案的诸多当事人。

雍正帝很不高兴，指责谢"自恃言官，胸怀诡异"（《清史列传·田文镜传》），命内阁、九卿严查，谢供认不讳，"自认风闻无据，显系受人指使，要结朋党，扰乱是非"。雍正本拟将谢氏斩首，后发配军中效力，并将黄振国等人或处死，或谪戍边地。

雍正帝在责备李绂等干扰国政的同时，大肆表扬田文镜"每事秉公洁己，实巡抚中第一"。

电视剧中虚构的雍正朝"天下第一巡抚"的名号，不是虚构的诺敏虚功冒赏所得，而是奖给了坚决推行雍正新政的田文镜。

3

雍正五年七月，田文镜被特授河南总督。还是管理河南一省，品秩高了一格，但是雍正帝并不满足，还给他加兵部尚书衔。田文镜在河南继续履行抚台的事务，但享受了高配两格的督台加尚书的职权。

这还没完，雍正帝还将其原属正蓝旗汉军的身份，抬旗进入皇帝亲率的正黄旗。雍正帝对田文镜在河南的治绩给予了充分的肯定，称他"忠诚体国，公正廉明。豫省吏畏民怀，称为乐土"(《清史列传·田文镜传》)。

田文镜在工作中，有严苛刻薄之举，但他执政勤劳，律己严明，不畏权贵，严格以制度办事，故而在很短的时间内使辖区焕然一新，官员直接受惠，百姓得免加派，大大减轻了百姓的负担。而且他还对黄河水患进行了一系列有效的防治工作。

雍正帝决意将山东交给他治理，授其为河南山东总督。辖区扩大，但田还是敬终如始地勤政办事，做雍正新政的先锋，清查亏空，整顿火耗，增设驻防，规划州县。他因治绩卓著，被雍正帝奖励了太子太保的荣誉称号，并兼任北河总督。

遗憾的是，雍正八年，年近古稀的田文镜，痼疾缠身，精神衰颓，经常被不良下属欺诳，导致山东水患灾区救济不及时，出现了乡民卖儿鬻女的悲剧。雍正帝命田文镜回京调理，痊愈后回任。

雍正十年十二月，刚因病辞职不到一个月的田文镜死在河南。雍正帝说：田文镜"老成历练，才守兼优，自简任督抚以来，府库不亏，仓储充足，察吏安民，惩贪除弊，殚竭心智，不辞劳苦，不避嫌怨，庶务俱举，四境肃然"(雍正《河南通志》卷一《圣制》)。

田文镜作为雍正重用的名臣、惠及乡民的循吏，获旨在河南省立专祠祭祀，并准入祀河南贤良祠。没过三年，乾隆上台，兵部尚书史贻直举报田的继任者王士俊开捐输伤害百姓利益。乾隆说：河南自从田文镜上任督抚以来，严格治理，其下属官吏竟剥削民众，致使人民深受其困。

乾隆帝强调，田文镜曾隐匿河南灾情不报，百姓流离失所，幸亏先帝爱民，派遣官员前去赈抚，才保证河南安定，天下人尽皆知。

皇帝发话了，不再像先帝那样庇护田文镜了。新任河南巡抚雅尔图上奏："文镜在豫，百姓至今怨恨，不应入豫省贤良祠。"(《清史列传·田文镜传》)

是减轻了负担的民众怨恨，还是被一视同仁的富户士子中伤，明眼人都能看出雅尔图打了自己的小算盘。雅尔图看到乾隆帝降旨将李卫入祀贤良祠，而拿李卫同鄂尔泰素来不和为由，以拿掉田文镜为试探，想要谏阻李卫入祀京师贤良祠。乾隆帝看出了雅尔图的心思，没有批准将田文镜的牌位从河南贤良祠中拿掉。

然，乾隆帝还是对这三位先帝"最称许"的心腹重臣做了一个对比："田文镜不及李卫，李卫又不及鄂尔泰。"这三人，虽然忠诚于同一个主子，而相互间却不断掐架。就如张廷玉与鄂尔泰，虽是雍正帝的左膀右臂，但暗中较劲不止。不同的是，雍正帝采取了满汉制衡，而乾隆帝进行着借力打力。

循吏勤政褒贬不一，帝王心术不可预测。

雍正的帝王师，
怎成了田文镜的小文秘？

1

在电视剧《雍正王朝》中，胤禛之所以能成为雍正。邬思道邬先生厥功至伟！

这个邬先生，是大难不死的刑余之人，行为乖张但料事如神，不论康熙出什么牌，他都能猜中。

剧中，康熙在万寿宴上，收到被调包的大将军王胤祯的死鸡礼物，也不追责，反而将刚刚赏赐亲王双禄的雍亲王，以及上书房大臣张廷玉、马齐撤职，让踌躇满志的胤禛近乎绝望。

哪知邬思道一听，马上祝贺胤禛，说该准备继位前的大事安排。

果不其然，康熙大限将至，也紧锣密鼓地给胤禛接班做防暴部署，给隆科多多重恩惠、一旨制约的拉拢。

邬思道猜中了。胤禛称帝了。

对于这位帝王师，胤禛也下了血本，养在府邸十年，还让年羹尧的妹妹秋月伺候了十年。

秋月爱上了邬先生。邬先生说她迟早是四爷的人。为勒回年羹尧这匹脱缰的战马，四爷纳了秋月做侧福晋。

雍正要给邬先生名分，邬先生却要半隐。

好一个半隐，答得很巧妙。但，允祥送邬先生，邬思道道了真言，露了真情。

兔死狗烹，皇上也不例外。他要允祥辞掉铁帽子王，可保一世平安。史上的允祥做定了铁帽子王，而且死后改回原名不避皇帝名讳。

他见到新来的如月，却直呼秋月。看来邬先生对秋月情有独钟，引为红颜知己，但座主出于政治需要，抢走了他心爱的女人。

邬先生很聪明。他知道给皇上继位前做过私密事情的人，都会很快被处决。

为何他能先知？他的答案是："我是一个阴谋家。"

潜台词，胤禛即位，也是靠的阴谋。

雍正的帝王师邬思道走了，在"天下第一巡抚"诺敏山西亏空案发时，走进了钦差大臣田文镜的幕府。

2

而像邬思道这样给胤禛承继大统出谋划策的著名人物，却不见于正史。

《清史稿》中没记，《清史列传》也没记。

不过，清末民初史学家李岳瑞在《春冰室野乘》中，写到了邬思道这个人。

邬思道，又名邬斯道，绍兴师爷出身，自幼好读书，科考不得意，便开始了游幕生活。他客居开封时，被河南巡抚田文镜发现，高薪聘请至幕府。

当时，田文镜正为一件案子的公文发愁，屡写屡被驳。

邬思道大笔一挥，立就，送至北京刑部，一次性通过。

李岳瑞在《春冰室野乘》中，专门写了一篇"田文镜之幕客"邬思道。记载，某日，邬思道对田文镜说："君愿为吐气督抚，抑或庸碌督抚？"田答，当然想做吐气督抚了。邬说："既然你想做吐气督抚，就得听任我替你办一件事，此事你却不可掣肘。"田问何事。邬答："我替你准备了一篇呈给皇上的奏章，这道奏章送上去，君的大业便可成。只是此奏章内容你一字也不能看，不知你能不能信任我。"

好一个田邬问答！

让田文镜不敢想的是，邬思道要弹劾雍正的"舅舅"、官居大学士，且对雍正有拥戴之功的隆科多，"宠遇日隆"，恃宠骄纵，常做越礼违法之事。

此时，雍正已对隆科多非常厌恶，正想清除而苦于无从下手。满朝文武虽知隆科多不法，但慑于其权势，无人敢揭发。邬思道替田文镜写的奏折，雍正看后正求之不得，立即将奏折发交六部核议，办了隆科多。

田文镜也更受雍正器重，也该了解了这背后的邬思道。

邬思道也很有个性，一次与田文镜意见不合，拂袖而去。此后田文镜请其他人写的奏折，总是不合帝心，雍正严叱。

"自此文镜奏事，辄不当上意，数被谴责。"

田文镜只好再次重金请邬先生。

雍正手下有个上谕高手，即首辅张廷玉。雍正认为张"遵旨缮写上谕，悉能详达朕意，训示臣民，其功甚巨"。

而今又遇一个奏折捉刀者，邬思道也。时间久了，雍正在关爱田文镜时，某次也会在奏折上朱批："朕安好，邬先生安否？"

以二月河《雍正皇帝》为原著改编的《雍正王朝》，把邬思道虚构为雍正神机妙算的帝王师，根据应该在此，认为邬思道是雍正的故人。

邬思道所谓半隐，方便皇上随时可以找得到，正好切合邬思道寄身在田文镜幕府做文秘的事情。小说和电视剧引进邬思道做帝王师，一半是因为历史上雍正皇帝认可邬思道捉刀的奏折，一半是谐音乌有先生来给胤禛出谋划策。

亦假亦真，虚实掩映。

邬思道能猜中雍正的心思来写奏折，"甚慰朕心"，但还是不能成为他是帝王师的绝对依据。只能说，他善于观察朝政，揣摩圣意耳。

绍兴师爷之所以有名，也是因为有此能耐也。

3

在争储夺嫡的斗争中，每一个成功者的身边，都有一个所谓你就是你、我就是我的帝王师。

那些伟大的过程和功绩，甚至名字，是不会被写进正史的。同样是夺嫡制胜的李世民，就曾经一而再、再而三地威胁褚遂良交出起居注，拒绝臣下对尊重历史的谏议，最终迫使房玄龄想着法子删出一册实录呈阅圣目。

很有争议的雍正继位，就一定正大光明么？

邬思道的赫赫之功没被写进正史，不能证明胤禛继位之前，就没有养几个帝王师在潜邸。

既然田文镜都有专门给他写奏折的文秘，那么雍亲王自然会养一帮子出谋划策的谋士。

有清一代，大官都有养幕僚的习惯。著名的左宗棠、李鸿章、赵烈文都是幕僚出身，曾国藩的幕中出了不少大人物。这些幕僚中，自然不乏王闿运那样耍帝王术的人。

或许邬思道真的没在雍邸干过，甚至和雍正并未见过一面，但是曾经的雍亲王、雍郡王甚至四贝勒手下少不了邬思道这样的人物。

他们的丰功伟绩没有被写进正史，原因只有一条，那就是被人为地洗干净了。

邬思道不是说过"我是一个阴谋家"吗？

即便他们归隐了，哪怕是半隐，雍正也会向四周打听"邬先生安否？"

安，平安，也是安分。

雍正需要的是一个安分的邬先生，不然他也不会让一个情窦初开的小姑娘贴身伺候谋士之后，再成为自己的小妾和贵妃。

雍正直接否了
田文镜的十大罪状

1

雍正四年（1726）十二月，朝廷发生了一件大事。

新考选浙江道御史不满十天的谢济世，向雍正帝递交了一份举报信，揭发河南巡抚田文镜"营私负国，贪虐不法"（《清史稿·谢济世传》），一共列举了十大罪状。

这怎了得？田文镜在河南清查税赋亏空、开垦荒地两年多，用数据说话，卓有成效。田文镜手段严厉，办事迅速，成了足以让雍正帝骄傲的天下第一巡抚。

雍正很不高兴，这是奇谈怪论嘛！田文镜前次在山西做布政使，"剔除未清理案件，吏治一新"，而今巡抚河南，"整饬河工，每事秉公洁己，实巡抚中第一"。（《清史列传·田文镜传》）

明明可圈可点，明明值得大赞，却没想到功劳成了罪过。

雍正将谢济世的劾疏驳回，但没想到谢的第二份弹章又送来了。

皇上很是恼火，虽然田文镜不像谢济世那样是一个大学霸 [谢济世，康熙四十七年（1708）广西会试第一，四年后考中进士]，但他办事能力强，且地方工作经验丰富。雍正帝即位之初，他就作为皇上专使，前往华山告天，归途去山西赈灾，成绩显著。

而谢济世赴任浙江前，在翰林院做了十年的检讨。雍正帝是一个实干家，不像康熙帝那样喜欢从翰林院挑选词臣入承僎直南书房，他需要田文镜、李卫、鄂尔泰那样的改革先锋。虽然书读得少，挤不上科考的独木桥，但他们以实绩换得了简拔重用、平步青云，这也是一种新路径、好典型。

谢济世这样一个新监察御史，敢叫板封疆大吏田文镜。雍正帝自然不答应。

十个谢济世，也抵不上一个田文镜。雍正帝说，田文镜秉公持正，实心治事，为督抚中罕见者，贪赃坏法，朕保其必无。

雍正帝不需田文镜自证清白，自己就积极为他辩护。他严厉地批评谢济世不践行他指示的"科道无私"原则，远在浙江却攻击河南抚台。

"济世于督抚中独劾文镜，朕不知其心？"雍正此言一出，大学士和九卿会商，称谢济世弹劾田文镜的各条款都是假的。

谢济世的弹劾报告中，有一部分内容为此前被田文镜弹劾的黄振国、邵言纶、汪诚的诬告，及包庇张球罪状的事。这些情况，雍正帝很熟悉。

几个月前，广西巡抚李绂被擢升直隶总督，回京途经河南开封，与出城相迎的田文镜发生了争执。李绂责备田文镜肆意蹂躏读书人的尊严，田文镜将此事密奏给雍正，并说李绂与被弹劾的黄振国为同榜进士，故而为了黄振国挟私报复。

李绂入宫陛见雍正帝时，说黄振国这些人都是被田文镜冤枉的，而田文镜的属下张球为官行为非常恶劣，反被重用。

谢济世在浙江，却与广西来的李绂说的大同小异。看来他们之间必有联系，想群起扳倒新政的高大标杆。

雍正朱笔一挥："若自恃为言官，听人指示，颠倒是非，扰乱国政，为国法不容！"

雍正帝有意倾向田文镜，不久将其特授河南总督，加兵部尚书衔，还抬旗进入皇帝亲率的正黄旗，进行特别的奖励。同时，雍正帝下旨严斥谢济世与李绂要结朋党，拟将他们论罪处斩。最后，被议罪二十一款的李绂被安排到《八旗志》编辑部当差，而谢济世被发配到新疆阿尔泰军前效力。

2

谢济世职位虽低，但他欲撼动皇帝宠任的重臣，影响朝野。

雍正帝扬言史书告诫不要诛戮谏官，但他也要不惧人言史载，杀了谢济世："诛戮谏官之过小，酿成人心世道之祸大。"（《清史稿·谢济世传》）

当时正是雍正严厉打击异己分子的关键期，允禩、允禟、允祯和隆科多、年羹尧相继被论罪下狱。他们或是雍正帝的亲兄弟，位居极品；或是雍正即位的功臣，进封太保、一等公。

雷厉风行、大刀阔斧的雍正帝，已完全不在乎诛戮谏官之类的区区小节了。

为了威慑朝野文武，雍正帝指示亲信大臣做足谢济世的犯罪事实，以证明他破格任用的人，都经得起各种各样的政治考验。

哪知，他以高蹈的姿态张舞着所谓秉公持正的政治戒尺，却碰了一鼻子灰。刑部尚书励杜讷受命问谢济世，是谁指使他攻击田文镜。

谢济世对曰："孔、孟。"

他谴责秀才出身的田文镜不遵孔孟之道，欺辱斯文，暗指雍正大肆任用这些学历不合格、不尊重礼教的官员，会让天下士子寒心。

励杜讷问何故。

谢济世凛然而答：我读了孔孟之书，就必须以孔孟之道对皇上忠谏。如果见到田文镜这样的奸逆行径，保持沉默，那就不是忠臣。

雍正帝似乎不需要这样的忠臣。而初到阿尔泰军营的谢济世，受到了大将军、平郡王福彭的礼遇和优待，给了他讲学、著书的充裕时间。但是，没过多久，振武将军、顺承郡王锡保来到阿尔泰监军。

雍正七年六月，锡保向雍正帝送去密折，称谢济世撰写《古本大学注》，毁谤程朱，责难理学。

锡保给雍正送去的书上，有"见贤而不能举"两节，谢济世注疏："拒谏饰非必至拂人之性，骄泰甚矣"等语。雍正联想到自己将谢氏发配军前的起因，就是弹劾田文镜。看来谢氏心怀不满，对皇上的裁决有怨言："言人君用人之道，借以抒写其怨望诽谤之私也。"（徐珂编《清稗类钞·谢济世以谤讪获咎》）

雍正帝给内阁下最高指示：谢济世之存心，昭然可见。他污蔑公正任事的田文镜，袒护婪赃不法的黄振国，甘于听从李绂、蔡珽、邵言纶、汪诚等人指使而为之报复，颠倒是非，紊乱黑白，不辨好恶，违背了人之本性。天理国法，所不能容。

雍正帝在上谕上洋洋洒洒地写道："试问谢济世：数年以来伊为国家敷陈者何事？为朕躬进谏者何言？朕所拒者何谏？所饰者何非？除处分谢济世党同伐异、诬陷良臣之外，尚能指出一二事否乎？谢济世以应得重罪之人从宽令其效力，乃仍怀怨望，恣意谤讪，甚为可恶。"朱批一连串反问，是雍正帝最擅长的。

锡保还举报了与谢济世一起来到阿尔泰军前效力的前吴县知县、工部主事陆生楠，撰写《通鉴论》十七篇，"言词狂妄，非议朝政"（《清稗类钞·陆生楠以通鉴论被诛》）。

陆生楠与谢济世都是广西人，为人傲慢，被雍正帝以为同党，判为戍边。

陆生楠在书中论述封建、建储、兵制、君臣关系、无为而治等问题，涉及朋党之争等敏感话题。

对于陆生楠，雍正帝说他"借托古人之事几，诬引古人之言论，以泄一己不平之怨怒"（《清世宗实录》卷八十三），赶紧下旨九卿、詹事和科道言官对二人议罪。

雍正帝收到的议罪报告是：谢济世诋讪，怙恶不悛；陆生楠愤懑猖狂，悖逆恣肆。二人都在军前就地正法。

谢济世是"罪大恶极"的"首恶"。雍正却私下给锡保发了一道密旨：只杀陆生楠，绑了谢济世观刑；等杀了陆生楠，就宣旨将谢济世放了。

3

这，让人不解了！

如果纯以文字狱论处，谢济世的问题要远比陆生楠严重，他是直接攻击田文镜的乱纪违法，指摘雍正帝的处事不公。诬告重臣，中伤君父，那是死罪。

谢济世被雍正帝偷偷地保住了性命。这样的处置方法，让人不由联想到同期雍正帝处置的吕留良、曾静案。雍正帝不顾满朝反对，将已死近五十年的吕氏开棺戮尸，而对主犯曾静进行免死重奖，还和他联合写出了一本《大义觉迷录》印行。

谢济世在戍九年后，被乾隆帝召回京师，重新授予江南道御史。

谢济世也变得聪明了，主动报告乾隆帝，要将原著中有争议的问题、文字进行删改。但是，他还是刚直不阿的性格，仍是九死未悔的做派，即便被湖南巡抚许容诬告、继任巡抚蒋溥密奏谬附舆论，也是不改初衷。

他坎坷的一生，四次被诬，三次坐牢，两次丢官，两回论死，九年戍边，一次陪斩，充满传奇色彩，但他却作为一个直臣的形象传之后世。

他在雍正朝屡受打击，是因为他非议的对象是皇帝激赏的田文镜，而乾隆帝不喜欢田文镜。后来他人攻击谢济世时，乾隆说："朕不以语言文字罪人。"（《清史稿·谢济世传》）但谢济世的大难不死，《清史稿》仍归功于雍正，称他不肯诛戮谏官也。

外交家图理琛是否做过
血滴子老大？

1

电视剧《雍正王朝》离奇地给著名的隆科多加了一份领侍卫内大臣和上书房大臣职务。这是康熙临终前同被拔高的张中堂唱双簧，强迫他力挺雍亲王上位时封的。

康熙要赋予他宝刀再出鞘的政治使命。诸皇子在大行皇帝遗体前为传位问题大打出手。隆科多瑟缩唯诺，依着张廷玉的吩咐行事。新皇帝大呼图理琛出场。

图理琛，黄马褂紧绷着一身横肉，俨然一介赳赳武夫——被历史烟云遮掩的非著名人士图理琛，就这样被大家关注了。

此后，图理琛常侍雍正左右，保卫皇帝安全，同时办了许多秘密差事，如惩办山西巡抚诺敏、调离抚远大将军年羹尧、处死皇三子弘时等。

图理琛在诺敏面前，带着随从，解开上衣，娓娓道来：这些都是百战之余，皇上命我从千军万马中挑出来的充实宫掖宿卫，又称粘杆处卫士，统归皇上，领侍卫内大臣代管。

粘杆处，即传说中的血滴子，是雍正为皇子时招揽江湖死士秘密创建的特务情报组织，名曰粘蝉钓鱼捉蜻蜓，实则暗杀异己搞恐怖。血滴子的带头大哥，只能是雍正的潜邸心腹，且对其成功承继大统立了功勋，故而位高权重，让人噤若寒蝉。

剧中未交代图理琛的实际职务，但比管步军的所谓领侍卫内大臣隆科多级别低。允裸等逼宫，图理琛说隆科多用步军将御林军换防了，是"奴才失职，奴才有罪！"

如此看来，图理琛的编制，同在侍卫处和粘杆处。他该是内大臣级别，从一品，协助领侍卫内大臣掌管侍卫亲军。否则，他怎能直接派人监控大佬隆科多呢？

图理琛出身满洲正黄旗，符合侍卫处和粘杆处只选上三旗人员的首要条件。然而，历史上的图理琛，却并非勇猛的武夫，而是普通的文职。

康熙二十五年（1686），图理琛以监生授内阁中书，十一年后转中书科掌印中书舍人，寻迁内阁侍读。

康熙九年八月，圣祖命改内三院为内阁。内阁重新成为负责处理日常政务的国家权力机关，并明确了其官品和建制。

内阁为百官之长，中书为办事之官。图理琛在内阁干了十六年处级科员。

康熙四十一年，图理琛调任芜湖关监督税务，很快擢升礼部牛羊群总管。这是一个司局级国企，不料因管辖的牲口数目不够，他被告发免职，回家闲置了七年。

突然，不知是哪位权臣想到了他，或是他终于打通了关节，被官复原职。

2

康熙给图理琛交代的新任务，是奉命率团至伏尔加河下游，访察土尔扈特部。

土尔扈特在南俄与北高加索地区势力十分强大，其首领阿玉奇汗曾帮助俄国防卫南方。当沙皇试图用武力征服、政治拉拢、金钱收买等手段，彻底征服土尔扈特时，阿玉奇软硬不吃，坚持本民族的独立自主，从来都不承认沙俄的宗主权。

阿玉奇笃信藏传佛教，经常派遣亲属远道去西藏朝觐。康熙三十七年，阿玉奇派遣侄儿阿喇布珠尔借道准噶尔入藏熬茶礼佛，遭到与阿玉奇失和的准噶尔台吉策妄阿喇布坦围困。阿喇布珠尔归途受阻，于是向清廷求援，请求归附，被封为贝子。康熙帝在嘉峪关外赐给了他一片牧场。

阿、策本是翁婿。《皇朝藩部要略》卷十记载："初，策妄阿喇布坦徙博罗塔拉，乞婚阿玉奇。阿玉奇以女妻之，其第三子散扎布率属户万五千余从往。自噶尔丹既灭，策妄阿喇布坦谋并诸卫拉特族，留散扎布不遣。阿玉奇索其子，乃逐散扎布归额济勒，仍留从户不之给，分隶准噶尔鄂拓克，阿玉奇固索不获，因构难。"

有家不能回的阿喇布珠尔搭线，阿玉奇遣使向康熙帝进贡。康熙答应将阿喇布珠尔送回，于是派图理琛同侍读学士殷扎纳等率团，借道西伯利亚，前往土尔扈特。

北国天寒地冻，路途遥远，沿路经过不少部落，俱以图理琛使团为天使迎来送往。康熙五十三年六月，图理琛一行终于见到了传奇人物阿玉奇，向他告知，康熙帝厚待阿喇布珠尔，想将他送还，但因策妄阿喇布坦的阻隔，只能借道俄罗斯来迎。

策妄阿喇布坦曾与康熙合作，彻底击败乃叔噶尔丹，使之自杀，并将其骨灰献给康熙。他成为准噶尔大汗后，势力不断东扩，与清军剑拔弩张，一场大战即将爆发。故而，康熙要将阿喇布珠尔送回去，就必须绕道俄罗斯。

阿玉奇提醒道："我虽外夷，然冠服与中国同。俄罗斯乃嗜欲不同、言语不通之国也。天使归经其国，当察其情，俄罗斯若以往来数故，不假道，则我无由入贡矣。阿喇布珠尔荷厚恩，与归土尔扈特，复何疑虑？"（《清史列传·图理琛传》）

图理琛一行，不远万里，不辞艰辛，对于厚礼"以越境无私交，却不受"，让阿玉奇深受感动。

这次破冰之旅，影响直到半个世纪后。阿玉奇曾孙渥巴锡率部东归，见到了乾隆帝。

乾隆在《土尔扈特部归顺记》中写道："康熙年间，我皇祖圣祖仁皇帝，尝欲悉其领要，令侍读图丽琛等，假道俄罗斯以往。而俄罗斯故为纡绕其程，凡行三年又数月，始反命。"图丽琛，即康熙朝杰出的外交家图理琛。

图理琛向康熙进呈了一本图文并茂的《异域录》，授兵部职方司员外郎，升郎中。

3

康雍之际，图理琛久在兵部任中层干部。雍正既立，图理琛受命赴广东盘查藩库，旋即任广东布政使，后转任陕西布政使、巡抚。

有封疆职事的图理琛，既不属侍卫处，也无缘进入以潜邸雍和宫为总部的粘杆处。

原因是图理琛非藩邸旧人。他于外事不辱使命，而治政理财却是一塌糊涂。他为藩台，只知钱粮而不知兵丁，做抚台晓得讨好兵丁又算不清钱粮出纳。雍正痛斥他"身为大臣，乃偏执己私，遂至前后大相矛盾"（《清史列传·图理琛传》）。

图理琛与西安将军延信有交集。雍正先对猜忌的延信示好，继而以其同允禩、允禵和年羹尧有勾结，侵吞公帑十万两，遂夺爵定罪，最后将其囚禁于畅春园至死。

图理琛因为无政治责任的失察，被取消封疆大员的资格，调回兵部做侍郎，又调任过半年的吏部右侍郎。这是他幸运的政治人生顶峰，也给其坎坷仕途留下了污点。

雍正五年（1727）夏，俄国使者萨瓦来京谈判边界问题，图里琛随原理藩院尚书隆科多、喀尔喀郡王额驸策零作为中方代表。前期由隆科多主谈，萨瓦以发动战争威胁清廷放弃领土，隆科多坚决要求俄国归还所侵占的喀尔喀土地。

不料，雍正五年六月初八日，议政王大臣就隆科多私藏玉牒一事汇报处理意见，认为他正为喀尔喀边境同俄国使臣谈判，等办完事，再将他革职问罪。

雍正急不可待，说："尔等所议，俟隆科多办完鄂洛斯之事，再行拿回，甚非朕意。朕从前差隆科多前去，并非不得办理鄂洛斯事件之人，以其能办而差往之也。鄂洛斯事件系最易完之事，特给以效力之路，令其赎罪，而隆科多去后，看伊奏一应事件，不但并不稍改伊之凶心逆行，竟不承认过失，而举动狂悖。"（《雍正朝起居注册》）

雍正将有严重政治问题的隆科多带回，改命策零主谈，吏部尚书察毕那、理藩院尚书特古忒和图理琛继续参与谈判，最后签订《布连斯奇界约》《恰克图条约》。

谈判换取了边界暂时的安宁，却牺牲了更多的利益：贝加尔湖南及西南约十万平方公里国土割让给了俄国。毋庸讳言，好胜暴躁的雍正，在关键期撤换强悍的隆科多，使得策零、图理琛等在漫长的谈判中进退失据，干了一件百身莫赎的蠢事。

图里琛以唯一去过俄国的官员成为参与者，但他没有话语权。而有权的保和殿大学士兼雍正姻亲马齐，在后方收了俄方一千卢布，就输送了雍正的态度和意见。

马齐侥幸躲过了追责。数月后，有人举报：副使图理琛前往赴楚库河与俄使立石定界时，与萨瓦鸣炮谢天，于定界处所私立木牌，擅纳俄国商人入界贸易。

举报者还说，图理琛巡抚陕西时，将全国兵数缮折私授延信。

雍正大怒，拟将其斩决，后又从宽处理，将其派往扎克拜达里克筑城。

或许因为出使拉近了土尔扈特与清廷关系的功劳，他被后继之君乾隆突然想起，调回授内阁学士、工部侍郎，然而没过多久，乾隆又下旨："图理琛年老昏庸，不胜工部侍郎之任，著仍为内阁学士。"（《清史列传·图理琛传》）是时，他才六十岁。

他真年老昏庸吗？难说！但可以理解。图里琛像一个性情文人，混迹于千姿百态的官场，却始终不免平庸的政治作为。他做学问苦差不错，但做不了实干家。这与其雅号"睡心主人"颇匹配。心已沉睡，焉能洞若观火，立足国情传递正能量？

雍正高调给新总督送去俩非常之人

1

雍正元年（1723），新任湖广总督杨宗仁连续向雍正要了三个人。

先是五月，杨宗仁推荐广东南海知县宋玮到湖南做宝庆知府、广州左卫守备范宗尧改补湖北汉阳知县。

这都是杨宗仁任广东巡抚时的老部下。他升任湖广最高军政长官，按理说调两个人不难。但他动了吏部的奶酪，侵犯了主管吏部的总理王大臣隆科多的专项权力。

雍正即位，理藩院尚书兼步军统领隆科多拥戴有功，与廉亲王允禩、怡亲王允祥和首辅大学士马齐一同总理事务，承袭一等公，进位太保，且被授为吏部尚书。雍正对其极为宠信，公开行文："谕内阁：隆科多应称呼舅舅，嗣后启奏处，书写舅舅隆科多。"（《清世宗实录》卷一）

这是皇帝的称法，成了一种顶级荣耀。隆科多为雍正继母兼养母、康熙孝懿仁皇后的弟弟，雍正自然要称舅舅。然，外甥当了皇帝，舅舅便是奴才，若想被公开称舅舅，就得皇帝给予特别的恩典。

不仅如此，雍正初期朝廷铨选官吏，隆科多可以不经奏请，任意挑选，时称佟选。

杨宗仁不送礼，直接找雍正要人。隆科多很不高兴，少不了要对雍正发牢骚。

杨总督鼎力推荐的宋、范二人年富力强，经验丰富，是推行雍正新政的能吏干将，但雍正下发特谕："各省尽属版图，在在皆需贤员，何地非民，何缺非要，隔省题官实属越例。假若别省贤员，彼之督抚不加褒奖、不行荐擢者，备将情节声明密奏则可。今因初次，朕姑从尔请。"（《清世宗实录》卷七）

从宽允准，也是从严警告。此事被罕见地写进了皇帝实录，警示天下督抚，不得以不足违反政治纪律。

新承大统的雍正帝，最怕重臣督抚用自己的人搞山头主义。虽然他上位前后安排了不少心腹大臣职掌要津，如蔡珽巡抚四川、李维钧主政直隶，张廷玉任礼部尚书、励廷仪为刑部尚书，但那都是皇帝统率大局、保卫皇权的政治布局。

杨宗仁幸运地没被处理。他赶紧带病上班，在湖广推行雍正帝的耗羡归公。

试验还未出大成绩，杨宗仁就病倒了，他又找雍正要人了。

他这次要的，是他的儿子杨文乾，时任陕西榆林道员。这是夹在督抚和知府之间的地方长官，多为正四品，也有二三品的特例。晚清监察御史李慈铭讪之为"尊卑不别，等级不明"，请求取缔，未获准。

这次杨宗仁之请，雍正欣然批准。

因为杨宗仁在请求报告中说，他自四月起，胸膈不舒，常常头晕，虽吃药在调理，可两个月过去仍不见好，故而请求将儿子调到身边，为其养老。

雍正同时给吏部尚书隆科多、川陕总督年羹尧下令，让他们配合做好杨文乾的跨省调动。一路绿灯。杨文乾很快来到武昌，以按察使衔在湖北办差，工作孝道两不误，方便杨宗仁每天看到儿子。

与此同时，雍正还给太医院下旨，马上差遣一名御医前往武昌。御医在太医院属于第一等，只有十三个固定名额。人少事多，也得派专人去给杨宗仁看病。

这是一项政治任务，御医赵士英奉旨赶赴武昌后，立即为杨宗仁调治。

很快，杨宗仁胸膈渐觉宽舒，精神如旧，虽大便还不通畅，但他赶紧向雍正报告，御医治病"见效如神"。雍正批示，叮嘱杨宗仁"用心调理，有年纪人，斟酌一些妥当丸药，常服有益"。

杨宗仁再次上折谢恩，希望再能留御医一些时日。雍正朱笔一挥：赵士英去时，朕已有旨，你要留他多少日子，就叫他住多少日子，一切要等你的病大好了再回！

此次雍正对杨宗仁调人，不同以往，是他行非常措施从严治吏的另一面，不无可爱，全然没了平常的"刻薄寡恩"！不但准了他的非常之请，还送了一非常之人。

雍正笼络臣工不乏暖心的招数！也正因如此，不少如杨宗仁一般的能臣干吏，殚精竭虑地为雍正新政身体力行、死而后已！

2

雍正元年九月，杨宗仁的身体康复，命杨文乾送御医回京谢恩。三年正月，雍正下旨授杨文乾为河南布政使，四月擢升广东巡抚。

雍正还在照顾杨宗仁，使其子不在其手下任职，但在周边省份主政。皇帝用心了，但没过多久，杨宗仁还是病逝于任上。

雍正给出的评价是："杨宗仁谨慎持躬，廉能供职，效力年久，懋著勤劳。自简任总督以来，洁己奉公，孤介端方，始终一节。"（《清史列传·杨宗仁传》）

杨宗仁以廉吏能臣的风范，成了雍正赠少保、谥清端的良臣。

雍正给他御制像赞，称他"廉洁如冰，耿介如石"。雍正八年，像冰石一样的男人杨宗仁，作为本朝行政总督第一人，首批入祀贤良祠。

杨宗仁封疆时间很短，康熙五十七年（1718）十一月被擢广东巡抚前，最高的职务为此前做过三个月的广西按察使代巡抚。

他入仕的学历低，因出身汉军正白旗，于康熙三十五年由监生授知县。但他政绩卓著，先后在知县、知州、知府任上，被三届总督、巡抚举为卓异。

甘肃巡抚岳拜向康熙夸他"老成练达，有守有才，边俗番情，素所熟习"（《清史列传·杨宗仁传》)。他没成为岳拜期待的治边能臣，却成了雍正瞩目的治吏先锋。

康熙五十八年，圣祖降谕各省督抚清理钱粮亏空问题。杨宗仁在广东推行督抚、司道、府厅交相砥砺的办法，不许亏缺，禁止徇私，"地方有不得已事，当以督抚等所得公项抵补。不敷，则济以公捐，必不使课帑虚悬"（《清史稿·杨宗仁传》）。

杨宗仁铁腕治理、追缴亏空，同时灵活地以省级财政收入弥补贫困地区亏空，坚决不对民众胡乱摊派，引起了从严治吏以立威的新君雍正的关注。

杨宗仁获命总督湖广，遇上其母去世，按规矩要回家丁忧守制。雍正命其在任守制，不用进京陛见谢恩。

杨宗仁上折，表示不要惯例上的封妻荫子，请求对其亡父母谕祭。

杨氏的孝道，为雍正拉拢重臣提供了一个新路径。这也衬托了他打造的所谓"忠厚"的道德天下。他想表现自己是出于对乃父康熙的孝顺，临危授命担起了大清江山这一副重担。

雍正不但谕祭杨氏父母，且照旧进行封荫之赏，还给他送来了一根孔雀翎。

刘廷玑《在园杂志》卷一记载："戴孔雀翎，所以壮军威，分近侍也。《分甘余话》所载本朝侍卫，皆于冠上戴孔雀翎，以目晕之多寡为品之等级。武臣提督及总兵官亦有赐者。后文臣督抚亦或蒙赐，得之者以为幸。"

杨宗仁幸运地受了格外的奖励，涌泉相报，针对湖广"文武各员向所属官弁索取陋规节礼，州县必致横征私派，武弁必至虚兵冒饷，兵民挟比逞私，员弁不敢过问"（《清史列传·杨宗仁传》）的官场恶习开刀。

杨宗仁颁发严令，禁止文官有私派、武弁有扣冒，同时以强有力的手段整顿盐业市场，使商人减价售盐，惠及贫民，砸断了贪官污吏长期索贿分赃的利益链条。

雍正闻讯后，高兴地说：我对别人是听其言而观其行，而对杨宗仁是信而不疑！

雍正的"信而不疑"（《清史列传·杨宗仁传》），使杨宗仁在不足三年的总督任上，对"素称俗薄民刁、兵骄吏玩"的湖广，进行了一系列卓有成效的改革，革除了过去几十年来严重损害民众利益的俸工旧弊，在全国督抚中率先建成社仓制度。

依制度改革，向陈弊动刀，为民众减负，方能成其久远，方能惠及当时。雍正帝感慨地说，这是实现"全楚地方否极泰来之机"。

杨宗仁年逾花甲，拖着多病之躯，在短暂封疆的几年里，"砥节矢公，始终一节"（《清史稿·杨宗仁传》），堪称康雍之际严于律己、忠于职事的能臣干吏，且没有因为雍正的重用而混迹于各种各样的政治倾轧中迷失自己！

他尝言："士当审其所当为，严其所不可为。"其管理手下大员小吏，宽平忠厚，安上全下，各称其职，靠的是一份率先垂范的操守，凭的是一种清廉耿介的情怀。

3

他这一坚定的理想，影响到其子杨文乾。杨文乾后来在广东巡抚任上，虽有小波折，但大体而言，还是一个莅政精勤、实心任事、厘正陈弊的好官。

杨文乾不幸英年早逝，雍正不无感叹地说他急公心切，力疾办理，"洵属殚力封疆之臣"（《清史列传·杨文乾传》）。

杨文乾死后，其子杨应琚于雍正七年因荫而授户部员外郎，于乾隆朝被举为能臣，青云直上，历任河道总督、两广总督、闽浙总督、陕甘总督，后以东阁大学士出任云贵总督。这是他的权力顶峰，但在此，他遇到了滇缅间土司屡与缅人的冲突。

他仓促督师攻缅，战败虚报战功，被乾隆召还，大学士等议罪斩立决，乾隆下旨加恩勒令自尽，累及其子杨重谷被处以绞刑。

杨门悲剧，让人感叹唏嘘。杨应琚有其祖其父的勤政能干，但在权力达到顶峰时，得鱼忘筌，贪功起衅，最终铸成大错。

康熙给雍正培育的
水利专家

1

雍正八年（1730）建成贤良祠，雍正特书招牌"崇忠念旧"，以国家的名义褒奖有功人士。

首批入祀者，以刚死的怡亲王允祥为首，另有大臣十人。他们绝大多数是逝于康熙朝的"名臣硕辅"。而雍正朝的代表除了允祥外，另有两人，一个是杨宗仁，一个是齐苏勒。

杨宗仁五年前病故在湖广总督任上，他是推行火耗归公的标兵，"廉洁如冰，耿介如石"（《清史列传·杨宗仁传》）。出身满洲正白旗的齐苏勒，雍正七年二月病逝，其政绩就是治河有功，与同时入祀的康熙朝靳辅都是著名的治河大臣。

靳辅曾从征三藩，立功归来封内阁学士，出任安徽巡抚又做了几件可圈可点的大事，加兵部尚书衔，于康熙十六年（1677）授河道总督。靳辅治河很有成就，但因与权臣明珠走得近，遇上了康熙新宠、安徽藩台于成龙较劲，于是陷入了无休止的争论。著名的御史郭琇弹劾明珠八大罪状，顺便也将靳辅狠狠地奏了一本。康熙喜欢靳辅能干，但不爱他的固执，将其两次革职，贬回老家闲居了三年。

相较于靳辅，齐苏勒是幸运的。齐苏勒最初是康熙朝的天文观察的储备人才，任过钦天监博士、灵台郎，职掌日月星气，观测天象变化。清承明制职官，多有品秩擢升，部院长官由原来正二品改为从一品，而灵台郎则由前明正七品降为从七品。

副处级技术干部要想平步青云，得有洞察入微的政治眼光。齐苏勒在国家气象台苦熬，就是坐上监正的位置，也不过副厅级。做过顺治朝监正的汤若望，后来官至正一品，那是康熙感谢他当初力挺自己做法定继承人，为他特加光禄大夫。

康熙能让一个洋和尚成为一品大员，也会有办法改变一个小技术员的政治命运。

康熙让齐苏勒以内务府主事任永定河河长，并在南巡考察水利时将他带在身边。

康熙不重用靳辅，但对他的能耐还是积极利用的。于成龙、郭琇们对靳辅的攻击张弛有度，但不妨碍康熙从这个反面教材身上学到不少有效的经验。

康熙现学现卖，调教齐苏勒治理永定河，结果卓有成效。他高兴地说："现今永定河，经朕亲临指示，挑水埽坝，俱有裨益。"（《清史列传·齐苏勒传》）康熙亲临现场指导，交办特殊任务，为齐苏勒建功创造了不少特殊的机会。

功成受赏，齐苏勒被升任翰林院侍讲、国子监祭酒，继续兼管永定河事务。永定河是齐苏勒崭露头角的第一站，也是康熙帝引以为豪的标志性工程。康熙让他作为高级水利专家，陪同副都御史牛钮监修河南武涉等县决口项目。

2

康熙亲自培育齐苏勒，对他寄予厚望，影响了后继之君雍正对这位特殊人才的垂爱有加。雍正即位，就将他破格提拔为山东按察使，兼理运河事务。

雍正命他先去河南，与河道总督陈鹏年一同审察河南巡抚杨宗义的治黄修堤方案。

杨宗义提出，利用马营口南岸旧有河形处，疏浚引河。

齐苏勒同陈鹏年却将方案否了：黄河不能两处流通，此处排水则造成彼处淤塞，这是必然之势。马营口堤已修好，如再开引河，会造成宣泄，侵蚀河堤。

雍正没有批准杨宗义的方案。齐苏勒到了山东，刚把工作理顺之时，又接到了圣旨。

齐苏勒代理河道总督，接替殉职的陈鹏年。没多久，他被转正，成为全国总河长。

他上任第一年，就使黄河经受住了秋汛大考验。雍正下旨：奖赏加三级，特赐孔雀翎。

齐苏勒总河，修堤防洪，政绩不少，几乎零失误。雍正称赞他"在工年久，历练老成"，是当之无愧的"清、慎、勤"。

雍正六年，署两江总督范时绎、江苏巡抚陈时夏奉诏疏浚吴淞江，导致陈家渡决堤。年近七十的齐苏勒闻讯后，赶赴现场，踏勘灾情，指挥有度，化险为夷。雍正说：吴淞江虽交给齐苏勒一同料理，但是范时绎、陈时夏应办之事。齐苏勒不透过，敢担责，做实事，"此即封疆大臣实心为国为民，感召天和之明验！"（《清史列传·齐苏勒传》）雍正又命吏部给他议叙加三级。

3

同样是自己钦定的河道总督，雍正给陈鹏年赐谥恪勤，给齐苏勒美评勤恪，文字相同，位序颠倒，而且在他们身后是两种截然不同的态度。

雍正承认陈鹏年"洁己奉公，实心为国。因河工决口，自请前往堵筑，寝食俱废，风雨不辞，积劳成疾，殁于工所。……此真'鞠躬尽瘁，死而后已'之臣！"（《清史列传·陈鹏年传》）河南巡抚孙国玺疏请将陈鹏年入祀河南省立贤良祠，雍正虽然批准了，但对孙国玺提出的入祀理由"功侔砥柱"，狠批言其实。

而对于自己圈定进入京师贤良祠的齐苏勒，雍正特书他"厥功懋著"。在他心里："历来河道总督如靳辅、齐苏勒二人，实能为国宣劳，有功民社。"

逝者不知身后荣辱，而雍正心中有厚薄。这该与他们留给最高领导人的印象有关。

陈鹏年治河也有功，雍正想过锻炼他，但他服务新朝时间太短。齐苏勒总河伊始，第一份奏折就充满爱国情怀："治河之道，若濒危而后图之，则一丈之险顿成百丈，千金之费靡至万金。惟先时豫防，庶力省而功易就。"（《清史稿·齐苏勒传》）国家修堤，耗费了数以万计的巨资。一处出现问题，可能导致百处坍塌，给国家造成严重的损失。他要防微杜渐，自己辛苦，也要为国家节省财力。

官员能有这样的思想和认识，很实际，也很难得。守护国家的公共设施，不使国家财产遭到流失，这比不拿国家一分一厘的清正官员的境界更高一层。

说这样的话不忘初心，干实效的事须有始终。齐苏勒用七年治河经历，书写了一位掌管国家河政的清官廉吏的成长历程。

齐苏勒以严规铁律，对全国河道官员进行制度化管理："各堤坝岁久多倾圮，弊在河员废弛，冒销帑金。宜严立定章示惩劝。"不给中饱私囊的不法官员留机会。"举劾必当其能否，人皆懔懔奉法。"（《清史稿·齐苏勒传》）

河道总督每年的收入为一万三千多两银子，过去由属官供应，都被齐苏勒请旨禁止，同时革除了逢年过节的收礼红包。这一大笔收入，在雍正推行养廉银制度时，算是合法收入，拿了不违法，但齐苏勒分文不取，清廉至极。

他将河标四营遗留下来的年收入，交给中军作为置办军械的开支；将盐商按例馈赠的四千两银子奖励有功人士……他向雍正报告每一笔收支的安排，对于创收部分除掉衙门办公经费一千两银子外，结余四千两银子"未经奏明，不敢擅更"。

雍正看完报告，感动得大呼：爱卿太清廉勤勉了！教我怎么不赞赏你的好主意！

齐苏勒是雍正非常欣赏的清廉干臣：河堤工程修得坚固，河工款项用得实在。

雍正需要这样的先进典型。

雍正五年，齐苏勒患病，世宗特派御医带药上门诊治。在他陛见谢恩时，还下旨要他支取一万两养廉银。齐苏勒是否拿了，史料未载，谕旨要他自行提取。两年后，齐苏勒病逝在任上，雍正特赐藩库银三千两，作为归葬的费用。

雍正厚爱齐苏勒：一是他能干，治水有大功；二是他清廉，拒收了巨资；三是他刚直，独立不夤缘。《清史稿·齐苏勒传》记载："齐苏勒久任河督，世宗深器之，尝谕曰：'尔清勤不待言，而独立不倚，从未闻夤缘结交，尤属可嘉。'又曰：'隆科多、年羹尧作威福，揽权势。隆科多于朕前谓尔操守难信，年羹尧前岁数诋尔不学无术，朕以此知尔独立也。'"

隆科多、年羹尧拉拢不成，就围攻齐苏勒。雍正不为所动，还是坚持重用他。这是真实的历史，还是雍正向历史表功？原告身败名裂成了最高法官痛恨的对象，而被告是最后受尽特别恩遇的成功者，判决书中的内容都是雍正任意写的。是秉笔直书，还是曲笔说笑，那都无法对簿公堂了。

但有一点值得说明，齐苏勒具备了一个真正的学人操守，而雍正对他虽有过怀疑，但最终是信任的。

雍正四年，河南境内的河道治理取得了初步成效，而山东河工吃紧。雍正看到齐苏勒在江南忙碌，就直接任命了吏部侍郎嵇曾筠为副总河，负责山东河工。

雍正在齐苏勒的奏疏中朱批道：我原派嵇曾筠前来助你，若他在河工有益则已，倘若对你有掣肘不便或徒劳多事，实则没有益处，你尽管报来，我即可将他撤回。

齐苏勒纵有一万个不满意，也不敢说一句不满意。嵇曾筠是皇帝安排的人，齐苏勒只能高兴地接受，消解自己的不满意变成皇帝的满意。齐苏勒深悉河工事务，也深悉雍正心术，给足了嵇曾筠机会，让他成为新的治河名臣。

不准守孝：
雍正阻挠河臣丁母忧回家

1

康熙六十年（1721）三月，左都御史朱轼的父亲去世。论伦常、讲情义、按礼制，朱轼都要回籍守孝，结果不论他怎么请求，康熙都不批准。康熙坚决要他在任守制。

朱轼决定舍了一品大员的乌纱帽，请旨前往西北军前效力。他想绕道回家葬父。直至第二年二月，他不知想了多少办法才请假成功，回到了老家。

雍正即位后，将朱轼召回京城，称他是"朝堂良佐"，请他总裁纂修《圣祖仁皇帝实录》，入值南书房。雍正给朱孝子加吏部尚书衔和太子太保，不久让他正式接掌六部之首的吏部。这是雍正帝彰显仁孝即位，替父剥夺朱轼仁孝本分道歉。

道歉，除给了顶级的政治优待外，雍正还进行实质性的补偿，敕封朱母冷氏为一品夫人，并送去了两千两银子。两年后，冷氏病故，已是文华殿大学士兼吏部尚书的朱轼再次乞假回家终制，雍正很爽快地应允，还大书特书"朱轼事母至孝"，并将他拔到了"尽忠正所以尽孝"的高度。

然而，另一位文华殿大学士兼吏部尚书的母亲去世，雍正却想尽办法阻挠他回籍守孝。

事情发生在雍正十一年（1733）十二月，新晋大学士嵇曾筠的母亲病故，老嵇及时提交了辞呈。哪知雍正冠冕堂皇的客套话说了一大堆，称她"抚孤守节，教子成名"（《清史列传·嵇曾筠传》），加恩赐祭一坛、赏银千两，就是不准嵇曾筠的假。

此前，雍正听说嵇母病危，特地给她一品封典，使她生前感受了一次皇恩浩荡的奖赏。

雍正一再强调对嵇母生前身后的赏赐，是嵇曾筠作为大学士应得的，是对他为人子显扬至极的一种承认。但是，对于嵇曾筠的请假，雍正朱笔一挥："在任守制，给假三月！"同时，雍正只给了老嵇的儿子嵇璜六个月的假。嵇璜为翰林院编修。

雍正对嵇氏父子夺情，剥夺他们为人子孙需尽孝的权利。他不再说"尽忠正所以尽孝"了，而是执意要嵇曾筠"尽孝正所以尽忠"。

雍正的理由是"河防关系重大"，命他料理完丧事，即回河道总督任上照常上班。

雍正为达成目的，一边送隆重的礼物，一边说暖心的嘉言。但嵇曾筠就是不识趣，坚持要回籍终制，步步紧逼，雍正只能答应。

不过雍正附加了条件，你终制可以，印务交给高斌代理，而你必须在家就近协办河工。

高斌曾任副总河，现任两淮盐运使署江宁织造。雍正对他很重视，不久将高氏在皇四子弘历府上做使女的女儿指定为宝亲王侧福晋，将其家由内务府包衣抬入满洲镶黄旗。弘历即位成为乾隆帝后，即将高氏女封为贵妃，即慧贤皇贵妃。

雍正重视亲家高斌，但对嵇曾筠规定不断。雍正说："在伊终制之心既已得遂，而河防事宜亦大有裨益矣。"（《清史列传·嵇曾筠传》）雍正对嵇得遂心愿，很无奈，也很窝火。刚过一年，雍正就给嵇曾筠下旨：你在安葬老母后，必须上班。

老嵇请的假是"终制"，即按礼须持丧三年。而雍正只给了他半守半工的一年半。

2

嵇曾筠之所以抗旨力争，要回家终制，是有原因的。

其父嵇永仁，秀才出身，曾在福建总督范承谟幕中做参谋。耿精忠呼应吴三桂谋反，囚禁范承谟，威胁嵇永仁投降。嵇氏不屈，康熙十五年遇害。

当时，嵇曾筠还只七岁。其母杨氏守节，抚养他成人。范承谟之子范时崇于康熙四十七年任广东巡抚后，为嵇永仁叫屈，使之从祀范承谟祠，但没有荫及嵇曾筠。

嵇曾筠发奋读书，终于在三十七岁那年考中进士，参加庶吉士特训，散馆授编修。十一年后，充日讲起居注官，提督山西学政。

雍正元年正月，雍正找到五十多岁的嵇曾筠，进行破格提拔。

从嵇曾筠在雍正元年的工作履历来看：元月，入南书房，兼上书房行走；二月，擢左佥都御史，署河南巡抚；三月，充河南乡试正考官；六月，迁兵部左侍郎。嵇曾筠能被挑剔的雍正选入皇帝办公室，并给皇子们讲授经史，是时来运转，大器晚成。

嵇曾筠刚到兵部上任，黄河中牟刘家庄、十里店诸地决口。雍正命他前往监督修筑。第二个月，他就将刘家庄的决口合龙，四个月后修好十里店。

嵇曾筠初战水利，卓有成效。雍正决意将他作为治河大臣培养，给足了机会。

雍正直接任命嵇曾筠任东河（山东、河南）副总河，专督黄河河工。他踏勘黄河大堤，并发明采用开河导水、排除险情的引河杀险法，治理水患。

嵇曾筠治河有功，雍正六年升为兵部尚书，后又转任吏部尚书，仍管副总河之事。他成了河道总督齐苏勒之外雍正治河的第二张王牌。

嵇曾筠与齐苏勒治河，配合默契，相得益彰。虽然雍正跟齐苏勒说，他不打招呼任命嵇为副总河，如果你认为行事有掣肘或做不了事情，只要报告，就可以撤回。

齐苏勒治河能干，也不傻。他知道雍正在给自己培育接班人，于是全力配合。

雍正三年，嵇曾筠请奏在祥符县回回寨浚引河，工程即将竣工。齐苏勒奉命偕河南总督田文镜视察。齐苏勒提出，所浚引河与现在水向不甚相对，但尽力予以修正。

有了专业老师齐苏勒的带教，嵇曾筠的治河能耐越来越强。嵇曾筠很谦逊，即便位列兵部、吏部老大，也甘愿给齐苏勒做治河的副手。

齐苏勒死后，嵇曾筠出任河道总督，驻守淮阴，督责修建淮河入洪泽湖的山盱，洪泽湖入运河、黄河的高堰，以及运河通长江的芒稻河闸等关键性堤闸工程，成绩显著，被加太子太保。雍正十一年四月，其以文华殿大学士兼吏部尚书，继续总督河南河道。

雍正曾评价："大学士嵇曾筠自简任河道总督以来，整理有方，调度合宜。"（《清史列传·嵇曾筠传》）这是雍正对嵇曾筠治河成绩的充分肯定。

3

康、雍两朝极为重视修筑海塘。江浙沿海防御海潮危害的土塘、柴塘、石塘等，分江南海塘、浙西海塘和浙东海塘，以防御钱塘江大潮侵袭的浙西海塘最关紧要。

乾隆即位后，认为海塘为越中第一保障，命嵇曾筠以大学士总理浙江海塘工程。为了方便嵇氏总调度，乾隆特命其巡抚浙江，并照李卫例，改为总督，兼管盐政。

水利专家执政地方，也有不少主意。他条奏盐政四事，请改商捕为官役，严缉私贩，定缉私赏罚，地方有抢盐奸徒，官吏用盗案例参处。

而对于乾隆寄予厚望的海塘工程，资深专家嵇曾筠到任即建言："海宁南门外俯临江海，请先筑鱼鳞石塘五百余丈，保卫城池。"海宁筑绕城大石塘，自此始矣。

嵇曾筠又请于仁和、海宁两县酌建鱼鳞大石塘及疏浚杭、湖水利，于第二年四月完成海宁绕城大石塘，接着兴筑老盐仓至尖山大石塘。这个项目历时七年建成，为清代筑鱼鳞石塘规模最大的一次。

其所筑鱼鳞石塘形式较前人更完善，被沿用至民国初期。他以千字文编制自仁和至平湖四县海塘序号，健全海塘管理，还给乾隆帝培育了一个治河名臣嵇璜。

乾隆三年（1738）十二月，嵇曾筠因患痰疾病逝，乾隆加赠少保，加祭一次，哀伤地说：大学士嵇曾筠才品优长，老成练达，久任河道总督，懋著勤劳。

乾隆大力表彰嵇曾筠在浙江兼管督抚事务，督修海塘，造福百姓，将其入祀浙江贤良祠。

继任河道总督高斌死后，弘历为纪念岳父治河有功，命有关方面在清江浦将高斌与靳辅、齐苏勒、嵇曾筠三河臣同祭于河神祠，名四公祠，同时又入祀京师贤良祠。

对于雍正给他留下的水利大师嵇曾筠，乾隆更是说："嵇曾筠劳绩，可媲美二人！"这"二人"，一个是靳辅，一个是齐苏勒。而当初雍正竭力要将丁母忧的嵇曾筠夺情，也是因为国家水利大事，更需要这样一位具有大匠精神的治河名臣。

《清史稿》本传说："曾筠在官，视国事如家事。知人善任，恭慎廉明，治河尤著绩。用引河杀险法，前后省库帑甚钜。"嵇曾筠是一个不忘慈母恩的孝子，又是一个有大局观念的忠臣。他率先垂范，身体力行，深得雍乾二帝的诚心重用，也影响了其第三子嵇璜。

稽璜在乾隆朝治河有功，但因一次治河不为乾隆理解，被称"办差不善"，调离河工，回京出任工部尚书。此后虽被追责降级，但很快，乾隆命其总裁纂修国家重大文化工程《四库全书》。不久，他官至文渊阁大学士，旋充文渊阁领阁事兼国史馆、三通馆总裁官等，在京任职二十余年，主持编写文化典籍《河源纪略》《四库全书》和"清三通"等。河臣成了文臣，成绩也不小，这得感谢乃父对他从小的严格教育。

雍正御用的红顶风水大师
开海禁

1

被清末词人况周颐誉为"国初第一词手"的纳兰性德（字容若）只活了三十岁，但至今名声很大。近代大学者王国维极口颂扬："纳兰容若以自然之眼观物，以自然之舌言情。此由初入中原未染汉人风气，故能真切如此。北宋以来，一人而已。"

纳兰性德词名卓著，掩盖了他显赫的出身。其父为权势炙热的武英殿大学士明珠，其母为英亲王阿济格第五女。他是皇亲国戚，是小康熙一岁的堂表弟。

他二十二岁成进士，没进翰林院做文职，也没外放地方主政，而成了御前侍卫，初授三等，不久晋一等，多次扈驾出巡，曾奉旨考察沙俄侵边情况。

康熙如此安排他，既是拉拢明珠的一种手段，也是喜爱性德的自身才华。遗憾的是，天妒英才，纳兰性德于康熙二十四年（1685）五月三十日溘然而逝。

他没有看到乃父擅权揽政终被康熙日益疏远，也没看到几个子女长大成人。

授业恩师徐乾学为其撰写墓志铭，称他有三子一女。康熙四十七年，明珠病故，经筵讲官兼户部尚书王鸿绪在墓志铭中记载："孙五人：长福哥，早卒；次富尔敦，康熙三十九年进士；次福森，皆性德出……孙女四人：长适翰林院侍讲高其倬，次适翰林院侍讲学士年羹尧，次适马喀纳，皆先卒，次未字，皆性德出。"

　　徐、王是在康熙身边工作的死党，虽在康熙的布局下整垮了明珠，但在文史学术上，仍不失为一代名家。他们对青年俊彦纳兰性德之死，还是极惋惜的。但他们各自对纳兰子女的记载不同，时过三百多年，也已无法据理力争或对簿公堂了。

　　从王氏铭文来看，雍正重臣高其倬与年羹尧，都娶了纳兰性德的女儿，成了连襟。

　　年羹尧成功接管西北大军和打赢青海大战，官拜抚远大将军，爵封一等公，加衔太保，成为雍正在西北的军政代言人。其妹年氏也妹凭兄贵，成了皇后一人之下的皇贵妃。

　　雍正期待年羹尧成为"千古榜样人物"，约定"不但朕心倚眷嘉奖，朕世世子孙及天下臣民当共倾心感悦。若稍有负心，便非朕之子孙也；稍有异心，便非我朝臣民也"。风云骤变，受尽特别恩遇的年羹尧日益骄纵，自许功高盖主，最后被雍正以无人臣礼等九十二款大罪，逼着在家中自裁。

　　想当初，平叛罗卜藏丹津之乱后，雍正大书肉麻话："尔之真情朕实鉴之，朕亦甚想你，亦有些朝事和你商量。""你此番心行，朕实不知如何疼你，方有颜对天地神明也。"（《朱批谕旨》）天地为证的话，雍正说了一箩筐，但没保住他。

2

　　年羹尧死后，其子年富被立斩。三法司拟追责其家族：男子十六岁以上皆斩首；十五岁以下的男子及举家女人，都给功臣为奴。

　　年羹尧的大姨夫高其倬，此时正在闽浙总督任上，奏请解除朝廷钦定的禁海令。

　　顺治十二年（1655），朝廷颁发《禁海令》，规定商民不得下海交易，沿海居民内迁五十里，违者或越界者，无论官民一律处斩，货物没收，犯人家产偿给告发人。康熙三年又下旨：再迁徙五十里，禁止出海捕鱼和贸易。

内迁一百里，海疆似魔界。这是清廷防汉制夷的政治考量，同时打击毁灭反清复明势力，配套施行空前绝后的闭关锁国政策。

康熙二十三年收复台湾后始解除海禁，准许澄海、南澳等地居民回原籍耕种，准许对外贸易。但，康熙五十六年，圣祖开年忙的第一件事就是：复行南洋海禁！

他和兵部等长官及两广、闽浙督抚将军商定：一、商船可去东洋贸易，但不许去南洋，沿路堵截，"沿海一带水师巡查，违禁者严拿治罪"；二、将船卖给外国，造船人及卖船人"皆立斩"；三、出海人留在外国，"知情同去之人枷号三月；该督行文外国，将留下之人，令其解回立斩"。（《清圣祖实录》卷二百七十一）

康熙朝实行残酷的迁海令，迁途造成了几十万人的死亡和数不清的大小屠杀！

这是有原因的！自康熙首开海禁后，每年出海贸易者多至千余，而回来者不过十之五六。不少人留居南洋，让清廷感到了恐慌，担心这些人聚集海上，再次反清。

康熙再定禁海国策，以血腥的斩杀令威慑出海者，不惜动用大国外交进行追捕。一度繁荣的外贸再次委顿，重金打造的大船等着腐朽，沿海经济日趋萧条，靠海吃海的居民生活更加艰难。不少生活无着的穷苦百姓，不惜铤而走险，逃亡海上。

雍正即位后，重开海禁的呼声日盛，地方官员和商人偷偷走私贸易，但雍正的内心十分犹豫，迟迟不能推出解禁的政策。

此前在云贵推行改土归流卓有成效的高其倬，是康熙五十六年的内阁学士，身历目睹朝廷禁海之争，不久外放广西巡抚，署云贵总督。雍正即位即改实授，这该与极度重用年羹尧，并惠及亲友有关，当然出身汉军镶黄旗的高家也是显贵遍朝野。

高其倬于雍正三年（1725）调闽浙总督，进兵部尚书衔，加太子少傅，成为皇帝青眼有加的封疆大吏。他依然保持着新政先锋的高姿态，向雍正先说地方社会不稳定因素：地少人多，无田可耕，不给活路就只会逼迫他们去为盗匪。

他以治安维稳的大局意识开头，继而为出海的人冒险谋生作证明：富人造船经商，贫民出力下海，一条船能养活百把号人，还有余钱养活他们的家人。

一船活百人，百人活百家。这个生活成本，不是他们在本地抢食，而是在海上解决。一本万利解决许多人的温饱，哪还有人去为盗作乱？

高其倬清楚地写道："曩者设禁例，如虑盗米出洋，则外洋皆产米地；如虑漏消息，今广东估舟许出外国，何独严于福建？如虑私贩船料，中国船小，外国得之不足资其用。臣愚请弛禁便。"（《清史稿·高其倬传》）

高其倬一点都不愚蠢，把算盘拨得山响，就是告诉雍正：康熙的禁海令有着严重的问题！

他没说那是逼穷困老百姓造反的根源，而是以一组一针见血的反问句，开导了高度重视他的雍正。雍正聪明地把高氏请示批给主管户部和兵部的怡亲王允祥。

允祥向来具有开放情怀，引导大学士和九卿会商，很快通过了高其倬的解禁请示。

高其倬冒险奏请解除海禁，解除居民饱受海禁之苦，繁荣沿海对外贸易，此功丝毫不逊于年羹尧的西北平乱。他的大胆奏请，需要为民请命、不惜己命的勇气。

民间传闻，雍正誉其为"名臣第一"。此说不见诸正史，但"匡时良臣"之说，确有诗为证。雍正五年十月，雍正以心腹李卫为浙江总督，改高其倬专督福建，不久特召高氏返京陛见，御制诗称赞他"操凛冰霜功带砺，匡时重镇眷良臣"，还给他加太子太保以示补偿和褒奖。为了区别有分，雍正只给了李卫太子少傅。

3

此次高其倬回京，雍正还赋予了特别的使命，就是把他找来确定自己的陵寝之地。

高其倬精通堪舆之术，曾为唐代杨筠松《撼龙经》《疑龙经》做批注。若干年后，大诗人袁枚为他撰写墓志铭，说："公于学靡不窥，天文地理皆洞悉，而诗尤工。"

雍正命高其倬相度修缮福陵。按先例，雍正的陵寝该在马兰峪的东陵，与父祖葬在一起。雍正曾想把东陵内九凤朝阳山作为自己的墓地。但堪舆师看后，认为此地规模虽大，但形局不全，穴中多沙石，实不可用。

雍正舍近求远，两次邀请高其倬进京，还将其调任两江总督。雍正八年九月，高其倬随允祥在易州泰宁山中的太平峪，看中了"万年吉地"。高称该地为"乾坤聚秀之区，阴阳合会之所，龙穴沙石无美不收，山脉水法调理详明，形势理气诸吉咸备，洵为上吉之壤"。雍正以此地距东陵数百里，恐不合适，命群臣阅史求证。大臣们以汉唐帝王多有远离祖先、另辟陵区的事实，说服了雍正帝。

雍正特地下谕表扬他："高其倬历任封疆，其树绩建勋、扬名垂誉者，不可悉数，原不以此为宣力见长之地。乃能悉心筹度，务期万全，一毫无胆顾推诿，实出于一片忠爱至诚之悃，不仅才识超群已矣。"（《清史列传·高其倬传》）

雍正为了感谢他，特授一等轻车都尉世职，并前所得骑都尉为三等男。

今日之泰陵，就是高其倬看中的吉地。

谈及改土归流，人们都会把功劳集中在雍乾名臣鄂尔泰的身上。但作为鄂尔泰的前任，高其倬先是大胆地推行怀柔政策稳定土司，继而率先试验改土归流的雍正新政，为鄂尔泰进一步扩大战果夯实了基础。鄂尔泰出任保和殿大学士后，雍正急调高其倬代管云贵，保证平稳过渡。

高其倬以行事谨慎稳重、谋事富于胆识而闻名。但是重返两江，以总督管江苏巡抚事，因没及时举报下属知县承修海塘工程赔项，被部议降为巡抚。有人说高其倬为官过于圆滑，不愿弹劾不法官员。

虽然因连带责任受罚，雍正未下旨宽免，但还是一如既往地重视他，还准了他弹劾大舅哥年希尧渎职一案。乾隆即位后，继续重用高其倬，先后命其主政湖北、湖南，以平乱有功加三级，出掌工部、户部，死后又给予特别的恩赏，嘉勉他练达老成。

这位红顶风水大师，没因连襟年羹尧荣辱巨变而遭际生死劫，也没因破局圣祖海禁而经历死生门，久任封疆贯始终，身居高位更老成，可谓是雍乾政坛极为罕见的不倒翁。他窥知泰陵吉地的玄机，却没被皇帝防患死于非命，反受持久重用，不啻一个今古传奇。打铁还需自身硬，高其倬自身的能耐和操守至为关键。

雍正首任军机大臣
公开掠巨功

1

成立军机处，是清朝历史上最大的政治改革。电视剧《雍正王朝》自然绕不开这一件大事，但不知为何，却把军机处的成立，提前至年羹尧统兵征战西北的雍正二年（1724）。雍正帝因户部筹集军需粮草不力而绕开户部，设置专门的领导小组，参加者为怡亲王允祥、廉亲王允祺和上书房张廷玉、隆科多、马齐三个大臣。

蒋廷锡成了缺席者。

电视剧强调小节不拘、大事不虚，然像军机处这样的出场设计，明显与历史严重不符。

《清世宗实录》卷八十二记载：雍正七年六月初十日，世宗下谕："上承先志，下靖边陲，师出有名，事非得已。两路军机，朕筹算者久矣。其军需一应事宜，交与怡亲王、大学士张廷玉、蒋廷锡密为办理。"此时，年羹尧、隆科多、允祺已死数年，且马齐并未入列。

此时这个部门还不叫军机处，而是为密筹西北军需所建立的户部军需房。它的存在，挂靠户部。

康熙为控制西藏而进一步争夺蒙古统治权，虽对准噶尔军入藏做了失误判断，但还是三次征讨噶尔丹。康熙用兵西北的政治意图，是为青海活佛。雍正继位后，继续康熙的军事事业，继续执行既定的扩张政策。

雍正元年，噶尔丹之侄策妄阿喇布坦支持青海和硕特部首领罗卜藏丹津纠集二十万人，进攻西宁。雍正命年羹尧、岳钟琪率兵讨伐，大胜，青海归入清朝版图。

此后四年，世宗陆续将皇权竞争对手允禩、允禟、允䄉和允禵或圈禁幽死，或严密监押，且将助其继位后恃功骄纵的隆科多、年羹尧弄死。

内部主要矛盾解决了，雍正帝开始要对准噶尔动手了。

雍正帝决定秘密筹建军机处，"是以经理二年有余，而各省不知有出师、运饷之事"（《清世宗实录》卷八十二）。为了防止泄露军事机密，军机处特设置在隆宗门内。

皇帝亲自领导的军机处，以一新的朝廷决策机构的面目出现，明显将内阁基本排除在核心决策之外，严重地削弱了留守内阁的大学士权力。即便马齐于雍正朝一直担任保和殿首席大学士，他的权限也只在办理日常政务。位列其后的保和殿大学士张廷玉、文渊阁（《清史稿》作文华殿）大学士蒋廷锡、保和殿大学士鄂尔泰（雍正十年后加入军机处），则主要协助皇帝处理军国要务。

张廷玉等三人的编制在内阁，但因协办机务，不需经常到阁，按例不看奏本。鄂尔泰只有阅评散馆卷时才到堂。蒋廷锡隔几日去看看，算是负责的。

2

《清史稿·军机大臣年表》说："雍正七年，青海军事兴，始设军机房，领以亲王、大臣，予银印，印藏内奏事太监处，有事请而用之。"

雍正帝最信任倚重的十三弟允祥入值军机处，原因不消说。张廷玉、鄂尔泰入选，一是他们为保和殿大学士，都是著名的雍正宠臣。张廷玉长期工作在雍正身边，鄂尔泰以在云贵广西强行改土归流有功而被重用，俱加少保。

而常熟人蒋廷锡，原是宫廷画师。他受常州画派鼻祖恽南田影响，变没骨法之纤丽，开创蒋派花鸟画。他画过《塞外花卉》七十种，被视为宫廷珍宝。

他因花鸟画得好，且学问优长，受康熙赏识，以举人供奉内廷，于康熙四十二年（1703）三月不经会试而破格入选殿试，被赐进士，参加庶吉士进修，散馆后即被授编修。他是康熙帝看重的人，很快历左右春坊赞善、侍讲、侍读、庶子、少詹事，于康熙六十年底以内阁学士充经筵讲官。

蒋廷锡成了年长他十五岁的康熙帝的师傅。雍正继位后，调蒋氏至礼部右侍郎，仍兼内阁学士，并赐诗称赞他"在公勤夙夜，懋绩有贤声"。

雍正帝激赏蒋氏为勤政贤明的能臣。康熙朝著名的《古今图书集成》，本由侍奉皇三子、诚亲王允祉读书的陈梦雷奉命历时五年编成。雍正即位后，允祉因犯错被贬斥，陈梦雷受牵连，于雍正元年正月被再度流放到黑龙江。雍正令蒋廷锡重新编校已经定稿的《古今图书集成》，去掉陈梦雷名字，代之以蒋廷锡名字。

蒋廷锡掠了陈梦雷编书之功，时为户部尚书，但非经筵讲官。是书印制完成时，署名蒋氏实时职务。蒋氏于雍正二年六月调任户部侍郎，四年三月升户部尚书。

雍正六年三月，雍正帝授蒋廷锡为文渊阁大学士，仍兼理户部尚书。

蒋氏官拜大学士殿阁名号，史界有文渊阁说、文华殿说两种。

王先谦《东华录》雍正十二记："戊午，命蒋廷锡为文渊阁大学士。"《清史列传·蒋廷锡传》载："六年三月，授文渊阁大学士。"《清代职官年表》雍正七年栏与《清史稿校注·大学士年表一》《清史稿校注·蒋廷锡传》所记相同。这些该是以《清世宗实录》卷六十七所写"戊午，命户部尚书蒋廷锡为文渊阁大学士，兼理户部尚书事"为据。

持文华殿说者，最著名的莫过于《清史稿·蒋廷锡传》："六年，拜文华殿大学士，仍兼领户部。"同治六年（1867）印行的《国朝耆献类征·蒋廷锡传》载："六年三月，授文华殿大学士。"《旧典备征》《重修常昭合志》《清国史》《清史馆未刊纪志表传稿本专辑》都将蒋氏署作文华殿大学士。这存在一种猜测。《清史稿·世宗本纪》称：雍正帝六年"三月丁巳，大学士田从典罢，以蒋廷锡为大学士。"文华殿大学士兼吏部尚书田从典以老病乞休，获加太子太保致仕，故而认为蒋廷锡顶了田氏的出缺。当时从文华殿出缺的，还有张廷玉，同月改授保和殿。

蒋廷锡官拜哪个殿阁犹存疑，但他作为分管户部的大学士，是大家共识的。

3

雍正七年，宁远大将军岳钟琪出西路，靖边大将军傅尔丹出北路，征伐准噶尔。

雍正帝以成立户部军需房调度战备物资为名，来掩盖行军方略的最高指挥部。

张廷玉分管吏部，秘密调度人事。户部领导蒋中堂，兼过一年多的兵部尚书，安排钱粮轻车熟路。允祥是总理户部的亲王，并掌握了三品以下武将的铨选权。这样的班子，理财有方，调度得宜，及时有效地保证了转运军事供应。

数以千万计的军需，出于国库，没有向民间摊派，并联系晋商秘密购办军需，配合了军事攻略，"挽输数年，而海内未尝知有用兵之事也"（《八旗通志初集·怡亲王胤祥》）。

雍正帝对蒋氏委以重任，是因为他数年来主持户部，协同允祥办理户部事务，"秉公执正，厘剔诸弊，甚属尽心"（《清史列传·蒋廷锡转》）。雍正帝对蒋氏职任要务，是完全放心的，让他主持顺天乡试和全国会试，一旦发生流言蜚语、妄加谤议污蔑蒋氏的事件，便责成步军统领、顺天府尹、五城御史察访捕治造谣者。

蒋氏母亲病逝，雍正特遣大臣作为皇帝专使前往赐奠茶酒，加恩谕祭一次，照生前例诰封一品太夫人，并赐予一千两银子治丧。雍正帝命蒋氏夺情，丧葬事毕就上班，在任守制，足见此为非常时期不得已而行之的违礼事件。

雍正反复强调蒋廷锡在内廷侍从二十多年，谨慎勤劳，对部院事务"皆实心办理，明晰妥协。简任农曹，尤为称职"（《清史列传·蒋廷锡传》）。

雍正十年闰五月，蒋廷锡死于任上，以身殉职，雍正特地辍朝一日，赐葬加祭一次，给了文肃的谥号以盖棺论定。

不知为何，他作为首任军机三臣之一，却是唯一没有享受到配享太庙和入祀贤良祠者，乾隆帝只安排他入祀了苏州乡贤祠。

倒是其子蒋溥，同样是花鸟画高手，在乾隆朝任东阁大学士兼户部尚书，而在死后被入祀贤良祠。

更让人不解的是，《清史稿》蒋廷锡本传没有像允祥、张廷玉那样，留下首任军机大臣的记载。同时，其奉命掠夺陈梦雷编纂皇皇巨著之功的污点，也没有录入。这，实为蒋氏政治人生中该正评反批的两大亮点。

心术

康熙不许大臣葬父，
雍正补偿获一良佐

1

康熙帝标榜仁孝治天下，却在晚年干了一件不许大臣尽孝的傻事。

康熙六十年（1721）三月十九日，左都御史朱轼收到父亲亡故的讣闻，不知所措。因为前一日为康熙帝六十八岁寿诞，满朝文武正在庆贺万寿圣节。

群臣为了将万寿节办得热闹点，联名要为康熙弄一个尊号。康熙说："加上尊号，乃相沿旧习，不过将字面上下转换，以欺不学之君耳。本朝家法，惟以爱民为事，不以景星、庆云、芝草、甘露为瑞，亦无封禅改元之举。现今西陲用兵，兵久暴露，民苦转输。朕方修省经营之不暇，何贺之有？"（《清史稿·世祖本纪三》）

皇十四子、大将军王胤禵统率驻防新疆、甘肃和青海等省的八旗、绿营十多万人马，讨伐攻打西藏的准噶尔蒙古大汗策妄阿喇布坦，已一年有余，此时正准备乘胜追击，直捣策妄阿喇布坦的巢穴伊犁。但因运输困难，迟迟不能发起总攻。

大臣们要上尊号，也是为了反哺君父的孝道。康熙说过："凡人尽孝道，欲得父母之欢心者，不在衣食奉养也，惟持善心，行合道路，以慰父母，而得其欢心，斯可谓真孝者矣。"（《庭训格言》）皇帝要大家对父母尽孝，群臣也得为君父尽孝。

康熙帝驳了群臣的谀颂，称自己是爱民皇帝，不是不学之君，但心里还是喜滋滋的。

朱轼的丁忧疏，拖到十天后才报给吏部。左都御史的老爹过世，吏部尚书安慰完几句节哀的话，赶紧向内阁请示，建议按制度让朱大人解任丁忧。

内阁票拟，按吏部的意见办。大家满以为康熙帝会批准，因为他曾强调："人孰无祖父母、父母，为子孙皆当尽孝，何分贵贱？朕孝治天下，思以表率臣民，垂则后裔。"（《清圣祖实录》卷一百三十三）但没想到康熙帝迟迟不下朱批，也不在朝会上表态，直到四月初五日，内阁才传出话来：奉上谕，着朱轼在京守制。

康熙推崇朱熹学说，朱轼为程朱学派的重要代表，对皇上不准他回家守孝、安葬父亲，非常苦闷。他秉承"皇权专制加道德教化"为政治主张和为官之道，出任潜江知县时，便认为教民易俗莫如圣谕十六条，强调教育的重要性，办书院崇尚儒学。

无故被皇帝夺情，无疑损害了他坚守儒家孝道的礼教观念。他忧急如焚，病倒了，而且病情日益加重。他在初九日、十九日又两次上疏请求终制，通过通政司送到内阁，但内阁不再上报康熙帝，坚持最初旨意，将报告打回，不许他赴江西老家奔丧。

朱轼想了另一个办法：请求赴军前效力，想以置身险境换得机会绕道回家葬父。嵩祝、马齐等内阁大学士不敢顺水推舟，怕触犯天颜，带话给朱轼说：要从军投效，可以，但要写专门的报告。皇帝要你在任守制，就是不许回家尽孝！

康熙帝不许朱轼尽人子礼，还给忧愤成疾、日渐病重的朱轼下旨：山西、陕西发生旱灾，朝廷发放五十万公款，你去山西赈灾。

朱轼是从基层走上来的官员，清正廉洁，关心民生，临危受命，强忍着丧父之痛去山西劝粜给赈。他严惩贪官污吏，奖励富户、绅士捐献粮钱，救济灾民。他还组织劳力整治漕河水道，停收米船课税，以利粮食流通，责任地方官设厂，医治患病灾民。他疏请山西建立社仓以备荒歉；大兴水利，引泉灌田，民受其利。

刚把山西的事情处理好，康熙帝又送来谕旨，要朱轼赶赴陕西会同审查川陕总督年羹尧参劾的西安知府徐容、凤翔知府甘文煊亏空银米案。康熙六十一年二月，已查清陕西亏空案的朱轼再次上疏，请假葬父，才被批准回籍。

父死一年未葬，孝子不能尽孝所致。这让理学名臣朱轼强忍剧痛，不无悲哀。而导致他有违伦常的剧痛，却是宣扬孝道的康熙帝强悍促成的。内阁不敢请奏，有责任。康熙帝逼朱轼夺情，貌似重用其才，但他强奸和摆布大臣的孝道，又不失为一个强化"满洲旧俗"而不惜破坏汉官坚守的儒家孝道的"不学之君"。

2

朱轼是康熙三十三年进士，历任潜江知县、刑部郎中、陕西学政、奉天府尹、浙江巡抚、左都御史等，有着长达十年的基层工作经验，也在中央部门多个职位历练过，并做过几年封疆大吏，颇有政绩，很有大局观念和掌控能力。

他在潜江，下车伊始，即下免耗之令，以民为本，正供之外无丝毫多取。他关心民生，对于营田水利各节，筹划举措，事必躬亲。他在浙江督修海塘，多所创造，采用木柜法作堤基，从而堤塘坚固，潮患免除，民则安之，故人言"朱轼所修不塌"。他治官严明，对于懒政无为、欺压百姓的贪官污吏，给予严厉的打击。

他做过一年通政使，熟悉联系内阁的通政使司"掌受天下奏章，校阅送阁、稽其程限，而按其违失，有不如式者劾论之"（《历代职官表》卷二十一），清楚上疏的程序并按制度办事。康熙帝赏识他，但与内阁合起手来，让他想成为孝子而不得。

康熙帝不松口，让朱父暂厝一年不得葬。这让忠诚的朱轼伤透了心！就连他请几天假回去处理丧事都不给。康熙晚年的非理性强横，就连掌"议天下之政""赞理机务，表率百僚"（《历代职官表》卷二）的内阁，也不敢质疑。文渊阁大学士兼经筵讲官王掞，见皇上已老，太子被废，想趁着康熙过万寿节的开心劲建议复储，陶彝等十二位御史也疏请建储，康熙怒斥王掞植党虚荣，下令将年近八旬的王掞和诸御史发配西北军前效力。王掞老迈，其子奕清代往，为父赎罪。

王掞被罚，朝野惶惶。内阁忧虑事态扩大，于是帮助康熙剥夺了朱轼的伦常权利。

<h2 style="text-align:center">3</h2>

雍正帝上台后，进一步对朱轼委以重任，安排他总裁修撰圣祖实录，赐府第及千两白银。

雍正元年（1723）正月，朱轼入值南书房，并给诸皇子当师傅，两个月后加吏部尚书、太子太保，晋太子太傅，此后三任会试正考官。三年，朱轼拜文华殿大学士，兼吏部尚书，跻身相位。六年，朱轼以病请求解任，不准。怡亲王允祥去世后，雍正帝命朱轼接手总理京畿水利营田事务，并兼兵部尚书，署翰林院掌院学士。

朱轼给储君当师傅，雍正帝设席懋德殿，命弘历行拜师礼。

雍正帝改元，特地诏封朱母冷氏一品夫人，并给银两千两养老。朱母八十大寿，雍正帝送去了御书"淑范崇年"牌匾和"柏府清风贻令子，萱堂煦日庆遐龄"对联致贺，还赐银千两兼珍御上药、绢帛等。

这，似乎是替父还债。这，正是捡漏拉拢人心。

雍正四年二月，朱母病逝，朱轼正在外地视察水利。雍正帝下谕："大学士朱轼之母冷氏，壶仪淑慎，训子成名。今闻在籍病故，深可轸恻。朕优礼大臣，推恩贤母，用颁异数，以示眷怀。著江西巡抚动支司库银二千两赏给。俟朱轼抵家，读文致祭一次。朱轼查勘水利事竣到京后，著驰驿回籍。"（《清史列传·朱轼传》）

虽说朱母是诰封一品,但让朝乾夕惕的皇帝花费心思地做出诸多安排,着实罕见。他不但没命正忙于水利大计的朱轼夺情,还令他回京后,走官道快点回家。

治河患、兴水利,是历代皇帝都十分重视的国家大计之一。雍正帝说:"朱轼事母至孝,今伊母病故,哀痛必切。但伊母年已八十余,禄养显扬,俱无余憾,正当节哀抑恸,护惜此身,为国家出力,尽忠正所以尽孝。著再赏银二千两,为伊奔丧回籍费用,守孝百日后,即来京办事。"

雍正体恤之至,完全不像康熙那般罔顾大臣的人伦常礼,而是显得格外体恤下属,有人情味。或许是父丧的遗憾,让孝子朱轼大胆地请求终制。雍正帝没有刁难,而是批准解任,让他管理畿辅水利事务,给了他半年假。

朱轼推迟了一月回京,雍正帝又派学士何国宗、副都统永福"迎劳赐食",还给朱轼下了一道特别的指示,即让他工作时,"素服终丧"(《清史稿·朱轼传》)。

雍正帝对朱轼非常重用,称"朝堂良佐",也极尽宽容,不仅成就了他对长辈的孝道,而且感染了他对晚辈的仁爱之情。

雍正四年八九月间,被拘禁在宗人府的允禩、允禟死于非命。他们都是同雍正争夺帝位的政敌,生事被定罪下狱后,允禟成了"塞思黑",允禩改名"阿其那"。

他们死后,有大臣建议将他们的子女贬黜为奴。刚回京的朱轼,提出反对意见说:他们都是圣祖的孙辈,谁敢将其奴役?

雍正帝闻言,十分感动。"谅哉,古大臣不是过也!"(《清史稿》卷二百八十九)

雍正力挺的汉人大法官
总犯错

1

清朝统治者入关扩大政权，在职官设计上，独具民族特色。

清朝迅速使中国在世界贸易危机中突出重围，以新的姿态引领全球，最大的闪光点就是积极引进儒家士大夫进行合作。

合作是政治上的。清初皇帝不断强化正统观念，大张旗鼓地修历史、造舆论，让坚守儒家礼教观念的主体民族汉族接受：清朝统治继承了中原历代王朝的正朔。

他们的政治意图很鲜明：清之代明，不是"征诛"，亦非"禅让"，而是因前明官民的"迎请"，是天命所归，是顺天而治。

他们以一种新的民族征服，淡化民族压迫。他们要让人们承认清朝政治统治的合法性和合理性，以保证清朝统治地位不可动摇，同时避免被汉人同化。

康熙从翰林院选了一批汉人词臣，入值内廷，备作顾问，但坚定地在康熙五十六年（1717）十一月二十一日颁发一道长篇面谕："自古得天下之正莫如我朝。"（《清圣祖实录》卷二百七十五）文末一句更是交代了此谕的重要性："若有遗诏，无非此言。"

不论面谕，还是实录，都是经过雍正增删、修饰而问世的。雍正借康熙遗诏之名表达了他鲜明的民族观念，而且在著名的《大义觉迷录》中强调"本朝之得天下，较之成汤之放桀、周武之伐纣，更为名正而言顺"。

雍正最倚重的汉臣张廷玉行文为证：雍正朝按旧制，内阁行走班次，"系满洲大学士领班"（《澄怀主人自订年谱》卷六）。雍正十年（1732），云贵广西总督鄂尔泰被调回京师，任保和殿大学士，很快排名在掌管吏部、户部的保和殿大学士张廷玉前。

这一切，是雍正的政治制度。

但在对汉人励廷仪的使用上，雍正却一改常态。

2

励廷仪于雍正元年二月，被任命为刑部尚书。此后十年，他都是联合职掌司寇。

十年间，刑部尚书前后换了五任，普遍任期短。最长者为海寿，历时四年。与励廷仪同时出任的刑部尚书佛格，因是允禩党羽，雍正很快罢免了他，而没有因其为宗室、镶白旗汉军都统而留半点情面。

励廷仪面对涉及旗人的政治案，是没有多少发言权的。雍正整治允禩一众皇族成员及年羹尧、隆科多等重臣的大案，励廷仪只是奉旨办事。

励廷仪很识趣，结合地方命案和社会治安，提出设满洲理事同知、办地方团练。前明曾有人向朝廷提出办地方团练，崇祯没当回事，结果乡兵没办起来，明朝就亡了。

崇祯弃用的救命稻草，两百多年后被清末的统治者重点扶持。曾国藩、左宗棠、李鸿章等办的湘军、楚军和淮军，使得清朝在内忧外患的十字路口续命六十年。

清朝办团练有基础。励廷仪给雍正提出了一项好建议：团练民间壮年。

励廷仪说："团练民壮，每州县选五十名，分习枪、箭。尤壮者选为头役，于州县俸工内酌给工食，勤加训练。"（《清史列传·励廷仪传》）

雍正比崇祯聪明，不是临时抱佛脚，不是战时乱凑兵，而在盛世用廉价的钱养两用的兵。他赶紧回应：此奏甚好，着刑部通知各省督抚认真推行。

本该兵部尚书考虑的事情，却被刑部尚书提了建议。

3

雍正五年，皇帝决心彻底解决隆科多问题，以结党营私、私藏玉牒之罪，将其从与沙俄谈判的桌上锁拿回京。

隆科多的家奴、镶蓝旗护军七十八家下妇人王氏代其小叔成儿告发，菩萨保帮助转移、窝藏隆科多赃款，涉及金额为赤金六千五百两。这就是不法罪的第六条："自知身犯重罪，将私取金银预行寄藏菩萨保家。"（《清史列传·隆科多传》）

菩萨保，允禩长子弘旺吗？非也！允禩长子弘旺于雍正四年三月被迫改名为"菩萨保"，随即被定罪，发往热河充军。

雍正《上谕内阁》记载："菩萨保身系职官，本宜奉公守法，乃与隆科多交结往来，希图护庇。"此菩萨保"身系职官"，另有其人。上谕接着说"五年七月，刑部审拟主事菩萨保藏匿隆科多应追入官银，听其诡称祖遗给"。此菩萨保，时任刑部主事，为前镶黄旗蒙古都统、太子太保倭黑之孙，祖上是清初追随努尔哈赤打天下的五大臣之一费英东。其所藏银一万四千五百两，"系伊祖倭黑遗留，并非隆科多寄放之物"。菩萨保抱隆科多的大腿，却未能如其名得到菩萨的保佑。

雍正命刑部严审菩萨保。但他牵连隆科多，家族亦多有显贵，其堂兄弟傅尔丹为领侍卫内大臣兼黑龙江将军。盘根错节的人情关系，相互保护。刑部尚书塞尔图将菩萨保与隆科多的罪责轻描淡写，还将首告依"家奴告主"拟以重罪。

雍正要将与允禩、隆科多关联的人连根拔起，自然不会对塞尔图的敷衍塞责满意。他怒不可遏地另派王公大臣审讯刑部所有堂官，欲治其党恶徇私、肆行欺罔之罪。

第二天，雍正的圣旨来了："天气暑热，刑部事件要紧。菩萨保一案，励廷仪亦难说无过。但伊系汉人，着回部办事。黄国材、鄂尔奇俱着办理刑部事务，务须秉公同办，不必分别满汉。"（《雍正朝起居注册》第二册）

雍正帝将塞尔图发遣黑龙江，命正黄旗汉军都统黄国材、户部尚书兼步军统领鄂尔奇（满洲镶黄旗人）办理刑部事务；将刑部右侍郎高其佩（汉军镶白旗）革职，转在都统行走；以励廷仪错拟菩萨保罪名，给了一个奉旨革职留任的处分。

励廷仪身为汉人，无实际话语权。雍正自然知道，特地指示以后"不必分别满汉"，寄望励廷仪不畏权贵，彻底贯彻他抑制亲贵的政治意图。

最后挖出隆科多四十一款罪状：大不敬之罪五、欺罔之罪四、紊乱朝政之罪三、党奸之罪六、不法之罪七、贪婪之罪十六。雍正在雍正八年升刑部右侍郎海寿为刑部尚书时，特命励廷仪行走在前。

4

昭梿《啸亭续录》卷一写康熙的南书房，说："仁庙与诸文士赏花钓鱼，剖析经义，无异同堂师友。故一时卿相如张文和、蒋文肃、厉尚书廷仪、魏尚书廷珍等皆出其间，当代荣之。列圣遵依祖制，宠眷不衰，为木天储材之要地也。"

"厉尚书"即励廷仪，为康熙三十九年进士，丁母忧还未守制满期，即被特命在南书房行走。他做过日讲起居注官，擢内阁学士，充经筵讲官。康熙晏驾当月，他刚任翰林院掌院学士。雍正继位，旋即以其为兵部右侍郎，兼掌翰林院。

雍正帝是要重用他。十年后，励廷仪病逝，雍正揭开此中原委，一是励廷仪是康熙帝教育出来的人才，二是励父励杜讷"老成端谨，学问优长。朕幼年在宫中读书时，资自讲论，至今念之不忘"（《清史列传·励廷仪传》）。

励廷仪和张廷玉一样，他们的父亲都曾入值内廷，都曾给康熙、雍正二帝上过课。励廷仪先于张廷玉两年入值南书房，也给康熙讲过经义。

他们同雍正帝有师兄弟之谊，且在康熙朝该多有交流。雍正对恩师们的儿子，是信任的，是倚重的，即位时，径直任命张廷玉、励廷仪和翰林院掌院学士阿克敦办理大事典礼翰墨，供几筵祭告文字。随后，将他们提拔至要害部门当尚书。

张廷玉任礼部尚书，励廷仪做刑部尚书。他们跻身于枢臣之列。

雍正为排除异己运筹帷幄，以刑部事繁杂、礼部事简单，命张廷玉接替励廷仪兼任掌院学士。他期待励廷仪专心料理刑部事务，成为他议罪政敌的代言人。

哪知他的问题不断，屡遭弹劾。雍正只好一再降旨宽免。即便其手下侍郎高其佩擅改皇帝的新宠田文镜拟定的斩决为监候，因监管不力被革职也是很快复职。

励廷仪职掌刑部十年，于雍正九年迁任吏部尚书，仍管刑部尚书事；在雍正十年五月以病乞休，也被皇帝慰留。这，证明雍正帝始终对他有着特别的安排。

他除了对整治科举考场、私盐市场和清查官员收入等问题，提出了一些建设性意见外，对雍正特殊的政治需要并无多大的贡献。他曾主审谢济世案，谢氏一番孔孟教导的忠臣论，当堂驳斥得励廷仪出尽了洋相。

而张廷玉政绩突出，深得雍正的欢心，被委以多任，视作"大臣中第一宣力者"："朕即位十一年来，朝廷之上近亲大臣中，只和你一天也没有分离过。我和你义固君臣，情同密友。如今相隔月余，未免每每思念。"话语虽肉麻，也是真性情。

《红楼梦》原型人物受重用太荒唐

1

不少学人爱为《红楼梦》人物找原型，像林如海、贾雨村，原型被指为雍正重臣魏廷珍。

林如海，林黛玉的父亲，出身世禄之家，考中探花后，迁为兰台寺大夫，后为扬州巡盐御史。魏廷珍为康熙五十二年（1713）的一甲三名，即探花郎，入值南书房做过日讲起居注官，于康熙六十一年管理过两淮盐政，也就是两淮巡盐御史。

曹雪芹创作贾雨村这一人物，意在"假语村言"，提醒读者统率全文。贾雨村中过进士，做过知府，因贪酷徇私被革职，跑到林家给黛玉做家庭教师，攀上荣国府二老爷，夤缘起复。《红楼梦》第九十二回，贾政说："几年间门子也会钻了。由知府推升转了御史，不过几年，升了礼部侍郎，署兵部尚书。为着一件事降了三级，如今又升……"说的就是贾雨村。魏廷珍在雍正九年（1731）授礼部尚书，三年后调兵部尚书。

这都是索隐派、考证派的探索任务。本文要谈的是魏廷珍的政治作为和宦海沉浮。

《清史稿》卷二百九十论曰："圣祖以朱子之学倡天下，命大学士李光地参订性理诸学，承学之士，闻与兴起。"魏廷珍就因参与修书，成了李光地的门徒。

康熙三十三年正月，前翰林院掌院学士李光地，改为提督顺天学政。李光地上任不久，其母离世，须按礼制辞职回乡丁忧守制，但康熙下旨夺情，称："提督顺天学政关系紧要，李光地特行简用，可在任守制。"(《清史稿·李光地传》)

李光地请假离任了九个月，但他将举人出身的魏廷珍等招入幕阅卷，推荐他们入内廷，校订《乐律渊源》。魏廷珍在成为探花郎前，就在康熙的身边常睹天颜。

《李光地年谱》记载：康熙四十二年，"又使诸生从而受学，于是陈万策、魏廷珍、王兰生及冢子钟伦，皆通历算之学。公有诗云：'年运递奔驰，六艺缺复久。诸子兴未衰，斯文卒已厚。'盖深喜之也"。

魏廷珍精于乐律，且通晓历算。这样的优秀人才，又有经常同康熙单聊的文渊阁大学士李光地老师的扶持和推举，自会得到皇帝的欢心。他一通过殿试，康熙就将他安排在翰林院，入皇帝办公室做词臣、当顾问，担当专使祭告中岳及济、淮两渎。

康熙在他成功主持一届江南乡试后，任命他为詹事府詹事，寻迁内阁学士。

曾长期给康熙讲书释疑、评析书画的高士奇，最高不过是詹事兼侍郎。老高没有小魏的一甲身份，连两榜出身都不曾有，但他因极得信任而招摇纳贿，成为著名的枉法之臣。魏廷珍却以"向来为人清正和平"(《清史列传·魏廷珍传》)，给欲以非常举措廓清康熙中后期以来吏治腐败的雍正帝留下了很深刻的印象。

2

雍正虽不喜欢魏氏洁身自爱而不任劳怨的文人操守，但一上位仍将他补湖南巡抚。

康熙的中枢词臣成了雍正的封疆大吏。雍正重用他，希望他不负重托，一改昔日清高闲散的文臣旧风，成为干练果敢、雷厉风行的新朝能臣。

雍正二年，世宗通知湖广总督杨宗仁、湖北巡抚纳齐喀和魏廷珍："前命建社仓，本为民计。劝捐须俟年丰，如值歉岁，即予展限。一切条约，有司勿预，庶不使社仓顿成官仓。今乃令各州县应输正赋一两者，加纳社仓谷一石。闻楚省谷石现价四五钱不等，是何异于一两正赋外加收四五钱火耗耶？"（《清史稿·食货二》）

社仓，即义仓，民办粮仓，是清初已有的、非制度性的赋税形式——积谷捐的产物。积谷捐"按亩派捐"，在各地推行。黄六鸿《福惠全书·杂课·积谷》记载："积谷以备荒，此司牧要政之一端。"积谷只为有备无患，起到备荒，平抑物价，解百姓燃眉之急的作用，本为田赋以外的自愿乐输，朝廷颁令劝捐，也仅在鼓励而已。

魏廷珍等为弥补钱粮亏空，推行强制性摊征，很快被朝廷发觉，雍正急令喊停。

魏廷珍在雍正元年十一月奏称，湖南藩库"净亏空十万七千余两"，"又欠湖北藩库中一万七千余，又欠各州县军需用银两一万七千余，又应补解过巡荆道库银四万七千余两，俱未清完"（《雍正朝汉文朱批奏折汇编》第二册《偏沅巡抚魏廷珍奏覆查核钱粮采买米石折》。湖南巡抚原称偏沅巡抚。雍正二年，以官名与地不相符，改偏沅为湖南，此后称湖南巡抚）。除了及时提醒皇帝亏空不仅仅在藩司外，其他政绩乏善可陈，让雍正大失所望。

一、辰溪诸生黄先文故意杀人案发，本该依械斗致命律处以绞刑。遇朝廷大赦，他赶紧为杀人犯请免死刑。

二、会同农民谭子寿等奸杀三人，他判了拟斩候秋后行刑，报到三法司核查。法司认为重罪轻罚，报告给雍正。正在组织修订大清律的雍正，斥责他草率蒙混。

三、他拨发绿营兵饷，本要按规矩向朝廷具题请示，结果他擅自做主给发了。

初至地方主政的魏廷珍并未记住雍正的忠告："地方利弊之应革应兴，属员贤否之应举应错，须尽力振作一番，方冀可收成效。"（《清史列传·魏廷珍传》）成绩空空，而过失满满。吏部给他一个降三级调用的处罚，提交给雍正审批。

雍正治吏向来严苛，不无刻薄寡恩。魏廷珍胆战心惊地等候皇帝的严惩：降级革职免不了，弄不好谪戍军前效力，或者处以斩立决。

在他苦苦等来的圣旨中，雍正有三种意思：一是充分的肯定，表扬他为人老成、学问操守超越常人；二是温和的责骂，责备他料理刑名钱谷能力差，处理不了繁杂政务；三是召回的调令，让他先回京，再任盛京工部侍郎。

盛京工部侍郎，为清朝陪都长官，掌营作政令，稽查采伐，预算经费，秩正二品。魏廷珍被雍正调任，品秩未降，还得了一份悠闲的肥缺。

雍正以特别的处罚，驳了由总理王大臣、舅舅隆科多掌管的吏部惩罚意见。

一年过去，雍正派人给正在盛京逍遥自在的魏廷珍送来一份调令，要他再次封疆。

3

魏廷珍这次的安徽抚台又是补授——雍正时刻想着他，一旦出现了巡抚员缺，就以"因一时不得其人"（《清史列传·魏廷珍传》）的名义将他隆重推出。

魏廷珍还是不争气。雍正四年三月，他题报泾县管粮税的户房典吏王时瑞等伪造公章、私收钱粮一案，刑部认为审理不严：严重违纪的窝案，仅处以赔补了事。

刑部将魏氏的意见驳回，并一纸弹劾，将魏廷珍告到了雍正那里：魏廷珍监管不力在前，重罪轻罚在后，明显徇私敷衍，必须严惩，以儆效尤！

雍正朱笔一挥：刑部驳斥得对！老魏屡教不改！

老魏赴任前，雍正特地找他训了话。他保证改过自新，哪知还是言行不一。

雍正朱批骂了几句，草草收场。魏廷珍上疏称上任以来，清理钱粮，查访亏空，发现了不少问题。他话锋一转："清厘钱粮，官吏侵蚀，往往匿民欠中，不易清察。请视民欠多少，多限一年，少限半年，分别详察。官吏侵蚀，循例责偿，如实欠在民，督征催解，州县有遘赋，继任受代，许以时察报。"(《清史稿·魏廷珍传》)

雍正批准了魏氏的限期完成计划，并将期限做了较大尺度的延长。

不料好事刚近，又遭横祸，两广总督孔毓珣请旨进京报告问题，途经安徽灵璧，发现沟洫不通、积雨成潦，于是顺带向雍正报告了途中见闻。

雍正龙颜大怒：魏廷珍玩忽职守，于本省事务漠不关心，着交部议严查。

魏廷珍缺乏实干精神，是个按部就班的庸吏。他回奏："臣年五十有九，精力远不如前。乞内补修书之地，俾得自效。"(《清史列传·魏廷珍传》)

魏廷珍之言，是实话，年近花甲，精力不济。他自知堪当编撰书籍之任，难履燮理政务之责。结果，雍正又狠狠地骂了几句就完了，即便吏部以"廷珍自陈不职务，应照才力不及例，降二级调用"，他仍坚持下旨宽免。直至雍正八年五月，才调魏廷珍署理湖北巡抚，一年后调任礼部尚书。

魏廷珍第二次封疆，还是政绩不显，问题不断。雍正竟然让他连续干了六年。

难道是因为他是雍正称赞为"一代完人"李光地的得意门生吗？魏廷珍修书做学问是一把好手，但主政地方理财审案却是典型的滥竽充数。

雍正从严治吏，讲究宁缺毋滥。而从魏廷珍一事来看，雍正既不重罚，也不尽其才，还先后命其总督漕运、署督两广、职掌兵部，最后仍调任礼部尚书。

魏氏理政能力有限，但他自身还是过硬的，整肃贪腐倒是卓有成效。过去漕运船只过往淮河，签证官无不索贿，魏廷珍上任伊始，就建设标准营房，并严格整饬运丁，杜绝偷卖挂欠之弊。他亲自签证卡片，简化手续，使小吏不能插手作弊。

雍正对魏氏的漕运管理成绩是满意的。但继任的乾隆即位后，却命魏氏作为尚书代表，去给雍正守护了三年泰陵。

魏氏后来做了两年左都御史、工部尚书。乾隆五年（1740），他七十三岁，以老病请求退休。乾隆批复：魏廷珍历任中外，凡事推诿，从不实心供职，着革职。此非荣休。

魏廷珍为官清廉是真，久得雍正重用也是真，但在宦海过分明哲保身，无大过却太荒唐。他以雅士封疆而庸碌无为，虽然得了乾隆一个"林泉耆硕"的褒奖及一个"文简"的美评盖棺论定，但说到底，他还是尸位素餐而已，为后世忌。

康熙能臣为民减负，
雍正重用秋后算账

1

如果弄一个中国皇帝治吏排行榜，雍正绝对会在严字榜排前三。

他以强有力的制度管理，在皇子办差时就深得康熙欢心，终于在强强较量的争储大战中胜出。他上位伊始，便积极改革机制，强化吏治建设，修订大清律例，大兴非常措施，让许多在康熙末年废弛的官场过来的官员很不适应。

雍正对懒政怠政不作为的庸官，往往两个字：撤职！对假公济私牟暴利的贪官，直接是斩决。他不但在庄严的朱批中笔无遮拦地痛斥，还经常性组织官员专赴刑场观摩：殷鉴不远，警钟长鸣！

雍正为了鼎盛大清王朝，不遗余力地廓清康熙中后期以来沉积的歪风邪气，制度治吏，毫无情面，即便是自己重点打造的榜样，也不容出现半点瑕疵。

雍正三年（1725）七月，文华殿大学士白潢以病辞职，但没想到第二年江西新任巡抚汪漋请求朝廷撤销征税大使，牵扯出他任江西巡抚时的一桩政务问题。

康熙五十六年（1717）七月，白潢巡抚江西，朝廷因南昌、吉安、抚州、饶州四府旧有落地税一千三百多两没完成，下令设大使负责征收。

落地税，又叫落地捐。农民、小贩上市销售的农副产品，不管价值大小都得征落地税，税额不多，但各地重复征课，极为苛扰。

为此专设一个机构，少不了巧立名目地加重百姓的负担。白潢认为官役费浮于税，不免暴征横敛，下令停止征收，以"巡抚、司道公捐代纳，伪编纳税人名册报部"（《清史稿·白潢传》）。他直接从官府所收的其他财政收入中节流填补。

这一方式，不再变相地劳民伤财，被继任巡抚王企埥、裴幰度沿袭。

但他们疏忽了，没有及时撤销税使，使之无职掌却拿工资，留下一个财政包袱。

所以，汪漋要甩掉这个尾大不掉的包袱。

白潢为百姓减负，汪漋为政府减负。他们没考虑到雍正皇帝规范税收的一盘大棋。

雍正行文内阁：如果此项税银不该征收，白潢当时就应奏请圣祖施恩豁免。如果必须征收，白潢就得按朝廷规矩办差，令商人民众依律缴纳，断不能以公捐开支。

国家经制钱粮怎容地方官员任意增减！朝廷税收政策禁止地方擅自改弦更张！

即便要免掉，这个恩情也必须留给皇帝来彰显。否则，就是"曲示私恩"，"似此沽名钓誉，岂人臣事君之道？"（《清史列传·白潢传》）。

雍正以汪漋执掌一省，凡事不能据理而行，将白潢所推行的悖理之事当作一项制度，将错就错，也是渎职，免去巡抚一职，降二级调用。

而对于首倡者白潢，以"沽取虚名，擅变旧例"之罪，被部议革职，以示严惩。

雍正命令：已被停收近十年的落地税，照收！不收者，荣休大学士也被秋后算账。

2

荣辱一瞬间。

就在几年前，白潢还可谓极尽尊荣。

康熙六十一年十一月十七日，雍正正式登极的前两天，特命兵部尚书白潢协理内阁大学士事务。当时还未设协办大学士一职，名为协理大学士事务，后称署大学士事，或称额外大学士。从这个角度来看，白潢称得上是大清王朝第一位协办大学士。

白潢富有才干，为官清正，深得新皇的赏识。白潢要比第二任协办大学士、雍正的老师徐元梦幸运得多，仅仅协办一月，便被转正文华殿大学士，兼兵部尚书。

白潢为汉军镶白旗人。与其同掌文华殿的，还有满洲镶白旗嵩祝、汉军镶白旗萧永藻，他们都是在内阁任职十多年的老人，雍正即位俱加太子太傅。

白潢连夜上疏请辞。雍正朱批：朕初登大宝，非常惶恐，唯恐有负先帝"托付之重"。内阁重地，担子不轻。我素闻你"居官操守甚好。巡抚江西时，绥辑地方，甚有裨益。及任兵部，清勤恪慎，皇考每加优奖"（《清世宗实录》卷二）。

雍正充分肯定白潢是康熙留下来的好官，在江西、兵部政绩卓异。这样的能臣干吏，正是推行改革新政及一系列治吏措施所必需的。

雍正帝急切地挽留白潢："今朕以机务重大，资尔料理，尔可即遵旨供职，不必固辞。兵部事务亦紧要，仍著尔兼管。"

康雍交替之际，内部政权过渡，西北战事紧张，维稳至为关键。

就在几天前，雍正刚任命总理王大臣、理藩院尚书隆科多为吏部尚书，仍兼步军统领，已在稳定京师朝政。兵部的当前要务，就是要配合雍正的亲信、川陕总督年羹尧顺利接管西北大军，同时与新总理户部三库事的怡亲王允祥统筹全国调遣军兵、动用粮饷。

白潢有在康熙身边侍读的经历，也有在基层工作多年的经验，管过粮驿，做过参议，任过臬台，当过藩台，进入内阁职掌兵部办事也是井然有序、任劳任怨。

他任事恪守，持重老成，得到了雍正写诗夸奖，称"蓼萧多雨露，应及老成人"。

不料，墨香犹存，雍正的天威就让荣休在家的白大学士，很快成了归籍白身。

乾隆二年（1737），白潢苍凉老死。朝廷没给这位已罢官十年的前辅臣赐祭葬、谥号。

时过一年，乾隆帝突然下旨，褒奖逝者，称原任大学士白潢向在巡抚任内有清廉之名，告休之后缘事革职。今闻病故，着给还大学士职衔，以示优待大臣之意。

乾隆恢复了白潢身后的政治待遇，忽略他在雍正朝参与机务的成绩，重提他在江西的清廉操守，虽无加衔美评，也非盖棺论定，但不啻一种替父道歉。

而雍正重论旧事，秋后算账，就是告诫天下百官，他的政治规矩既惩后，也惩前。

3

雍正自许"俯仰不愧天地，褒贬自有春秋"，积极推行摊丁入亩、士民一体当差等，以一系列重大改革改善民生。

他破天荒地将清初荒唐的人头税制度，改成土地多的多缴、土地少的少缴、没有土地的不缴，让底层老百姓享受了与富豪士绅平等的待遇。

穷人不再是专职的纳税者、服役者，官绅苛征的利益链条被斩断了。毋庸置疑，雍正在探索新形势下的仁政、德政，但过于严苛的制度，却让清官白潢受了罪。

白潢减免杂税，严防不法官员挟私敛财欺民，事出有因，情有可原。雍正完全可以酌情考量，变革不了可变通，不将事态扩大化，不料却严惩探索者和报告者以儆效尤。

白潢革除州县漕节陋例，并令火耗限加一，对于原来加至三四者悉数罢除之。

他实勘水利，兴建堤坝。"民自是无水患，号为白公堤。"(《清史稿·白潢传》)

他对因公挪用亏空钱粮的州县官员，采取灵活限期完成不受罚的措施，得到了康熙赞同。

他为官一任，以身作则，造福地方，在赋税政务、水利民政上惠泽百姓。

他虽然是靠父辈军功荫护出任，没有参加科考便得了笔帖式的官身，却积极为寒窗苦读忘食废寝的士子争取登龙门的机会。

按顺治朝规定，推行南、中、北三卷分区域取士，浙江、江西、福建、湖广、广东五省属南卷者。"酌人才之多寡，定为均平之数"，但不能照顾到边远地区。康熙五十一年（1712）四月谕礼部："南北卷中未经分别省份，故取中人数不均"，"贫士自远方跋涉赴试至京，每限于额，多致遗漏"，规定"自今以后，考取进士额数，不必预定，俟天下会试之人齐集京师，着该部将各省应试到部举人实数，及八旗满洲、蒙古、汉军应考人数，一并查明，预行奏闻，朕计省之大小，人之多寡，按省酌定取中额数。考取之时，就本省卷内择其佳者，照所定之额取中。如此，则偏多偏少之弊可除，而学优真才不致遗漏矣"(《大清会典事例》卷三百五十《礼部·会试中额》)。

第二年癸巳恩科会试，始行按省确定中额。分省取士成为定制。公平取士，择优录取，兼顾各省利益，以各自的应试人数，按照相应的比例确定录取名额。这是康熙对会试中额分配的一大改革，对文化教育落后地区做了政策倾斜，也给足了传统科举大省的人才以机会。

康熙三十五年朝廷增额：江西七十五名，浙江七十一名，湖广七十名。六年后，浙江巡抚赵申乔、湖广总督郭琇分别向朝廷争取，两省都增至八十三人。而历任江西巡抚不及时提请，浙江、湖广各增至九十九人时，江西还只有九十个名额。

白潢据理力争，要"将江西乡试中额照浙、楚一例取中"。他的理由是："江西科第之盛，远胜浙江、湖广。"(《清史列传·白潢传》)

白潢之言非虚！前明共产生九十名状元（不包括武状元），江西十九名，占百分之二十；而被取进士一万一千有余，占全国十分之一强。江西曾多次创造包揽一甲甚至前七强的好成绩。这就是"江西科第之盛"的实力。

这组大数据，虽然没有见诸白潢史传，但他旗帜鲜明地争取，自是了然于胸。

他既给读书人争取更多的机会，也为国家输送更多的人才。康熙批准了他的请求。

不久，白潢因病请调回京，康熙很快命其职掌兵部。不曾想因在江西给百姓减负，几年后被雍正的铁律重重地绊了一跤。

雍正既立之际，盛请白潢出任大学士兼大司马，难道对他的过去不熟悉吗？若不熟悉，又何来知道他巡抚江西时，安抚集聚民众，甚有裨益？难道雍正用人不察，或非常治吏的戒尺太情绪化？

白潢之劫，虽非万劫不复，终是细节决定了劫数。

雍正从严治吏，
为何对一人三次论斩不执行？

1

雍正十一年（1733）四五月，河南学政俞鸿图至许州主持乡试预考，小妾和家仆兜售考题，让几个不学无术的富二代中举，一时哗然，酿出了群体性事件。事发，第二年三月，雍正下旨，将俞鸿图腰斩。

腰斩为中国古代最为残忍、极不人道的刑罚之一，可以与杀千刀的凌迟相提并论。一个是一刀，一个是千刀，都是技术活。杀不死犯人，行刑者就得死。

行刑者也是卖力的，得了小费就给犯人一个痛快。俞鸿图被行刑前才得知被处以腰斩，已经来不及给刽子手包红包。刽子手拿不到好处，索性给俞鸿图一个慢死。

没及时死去的俞鸿图，痛苦地用手指在地上蘸着自己的热血，写下七个"惨"字。

雍正闻讯后，下旨废除腰斩。但，那七个"惨"字，见证了雍正朝律令的残酷。

腰斩是雍正继承的先人发明的遗产。雍正即位后，就对大清律做了大量的修订。

明万历十五年（1587），努尔哈赤于费阿拉建建州老营，"定国政，凡作乱、窃盗、欺诈，悉行严禁"（《满洲实录》）。当时尚未创制满文，法不成文，法令重在"神判"，带有原始特色，刑罚极其残酷。

朝鲜人申忠一《建州纪程图记》说："奴酋不用刑杖，有罪者，只以鸣镝箭脱其衣而射其背，随其罪之轻重而多少之，亦有打腮之罚。"努尔哈赤的刑罚，有打腮、贯耳、割鼻、箭射、头顶热铁锅等。其他部落亦然。乌拉国主布占泰为迎娶已许努尔哈赤的叶赫老女，竟以鸣镝箭射伤嫁给他的努尔哈赤第四女穆库什。

天命三年（1618）二月，努尔哈赤准备向明朝发起挑战，颁发兵法，规定甲喇额真（参领）如不将法令宣谕于众，罚其及本牛录额真（佐领）马各一匹；若谕之不听，即将梗令之人论死。努尔哈赤相继将《明会典》翻译成满文，制定《逃人律》和《督捕例》，规定"凡逃人已离家，被执者，处死；其未行者，虽首告勿论"。他为追捕"逃人"，不惜动用国家武装，对逃亡奴婢进行拉网式追杀。

太宗于天聪五年（1631）制定户律。多尔衮摄政时颁行《大清律集解附例》，康熙亲政后责成主管刑部的文华殿大学士对喀纳会同都察院、大理寺将《大清律集解附例》的满、汉文义校正。这是清代第一部完整的成文法典，除仍保留了大量《明律》成分外，还对宗室觉罗犯罪、旗下人犯罪与平民发遣、职官犯罪、强盗窃盗、谋杀人、服制、理藩院、逃人逃旗督捕及民族征服等，做出了严格的刑罚规定。

雍正元年初，世宗因刑部尚书陶赖、张廷枢坐审讯陈梦雷一案，革职降五级调用，以宗室兼镶白旗汉军都统佛格、兵部侍郎兼翰林院掌院学士励廷仪掌刑部。佛格同允禩有往来，很快被革职。雍正曾听过励父励杜讷讲经史，故对廷仪寄予厚望。

同时，雍正帝命加吏部尚书衔高级顾问朱轼等为总裁，将《大清律集解附例》"逐年考证，重加编辑"，厘定成书，于雍正三年修成《大清律集解》。是书分六类，三十门，律文四百三十六条，附例八百二十四条。律首列有"律分八字之义""六赃图""五服图""狱具图""丧服图"等，律后又附"比引条例"三十条。

此时的大清律，业已定型，为乾隆五年（1740）《钦定大清律例》奠定了坚实的基础。

2

雍正是一个强化律例、细化罪名的皇帝。

他打击政敌兄弟，给允禩议罪四十款，给允禟议罪二十八款，给允䄉议罪十四款。虽然他说："夫以朕兄弟之中，如阿其那、塞思黑等，久蓄邪谋，希冀储位，当兹授受之际，伊等若非亲承皇考付朕鸿基之遗诏，安肯贴无一语，俯首臣伏于朕之前乎？"（《大义觉迷录》）但阿其那（允禩）、塞思黑（允禟）早于三年前不明不白地死于幽所，死无对证，罪名笼统。乾隆给他们平反时承认，雍正议罪允禩、允禟，臆测"诚所不免""情事所有"，"未有显然悖逆之迹"（《清史稿·允禩传》）。

猜测定罪，着实荒唐。而雍正帝严惩年羹尧、隆科多时，大臣们弄得条理清楚明白。年羹尧大罪九十二款：大逆罪五条、欺罔罪五条、僭越罪十六条、狂悖罪十三条、专擅罪六条、忌刻罪六条、残忍罪四条、贪婪罪十八条、侵蚀罪十五条。而隆科多"大不敬之罪五，欺罔之罪四，紊乱朝政之罪三，党奸之罪六，不法之罪七，贪婪之罪十六，凡四十一款"（《清史稿·隆科多传》）。

款款都是力证，条条足以论死。然有一个大臣，在执法严苛的雍正面前，至少三次论死，证据确凿，"诸所犯均应斩决"（《清史列传·蔡珽传》），却最后无罪释放，死于乾隆八年。

此人就是蔡珽，雍正朝的重臣。他虽然没有入阁辅政，但久在枢臣之列。

3

蔡珽是康熙朝留下来的大臣。他最初一直在为东宫僚佐的詹事府任职，历任左中允、左谕德、左庶子。康熙在驾崩前的当年二月，特地将时任少詹事的蔡珽破格提拔为翰林院掌院学士兼礼部侍郎，七月，外放蜀地接替年羹尧做四川巡抚。

蔡珽成了封疆大吏。他的顶头上司为川陕总督年羹尧。

雍正上位，内靠隆科多，外靠年羹尧。雍正元年五月，雍正发出最高指示："若有调遣军兵、动用粮饷之处，著边防办饷大臣及川陕、云南督抚提镇等，俱照年羹尧办理。"云、贵、川的地方官员，必须秉命于年羹尧。

年羹尧总揽西部一切事务，成了雍正在西陲的总代理。雍正二年，身兼太保、抚远大将军、川陕总督、一等公等数个要职殊荣的年羹尧，请奏要在四川开矿。

蔡珽说：四川不产白铅，开采不便！

蔡珽和年羹尧为好友。他抚川后曾去热河陛见，在年羹尧的安排下特地谒见了胤禛，成了雍亲王的心腹。

年羹尧是从四川巡抚任上起家的，对蜀地情形可谓了如指掌。他没想到蔡珽竟然对皇帝的批准、大将军的指令坚决抵制。

年大将军刚平定青海罗卜藏丹津叛乱，大胜而归，威震西陲，享誉朝野，被雍正视为"恩人"。蔡珽想撼动朝廷桢干，无疑是搬巨木砸自己的脑袋。

部议将蔡珽革职，罪名是阻挠公事。

年羹尧不干，举报蔡珽凌辱重庆知府蒋与仁导致蒋自杀，上报病亡。雍正大怒，再三问责。部议非军务钱粮，酌情减罪。

雍正坚决要将蔡珽问斩，命将其押解至京，以便百官观刑。

年先于蔡进京，恃功骄纵，强令王公督抚对他跪迎接送，在雍正前态度骄横，无人臣礼，导致失宠。他把自己当成了与雍正并肩的二皇帝，皇帝皱眉，群臣攻之。

朝堂群情汹汹，雍正帝说："年羹尧从前不至于此，或自恃己功，故为怠玩，或诛戮太过，致此昏愦，岂可仍居总督之任。"（梁章钜《归田琐记》卷五）

不久，蔡珽被带入京师，雍正召见，称将其"人将谓朕以羹尧故杀珽，是羹尧得操威福柄也"(《清史列传·蔡珽传》)。雍正把要依律斩了蔡珽之事，推得干净。

蔡珽赶紧炮轰年羹尧贪婪放纵、网利营私的种种恶行，当然也说了自己如何英勇无畏地抗拒年大将军。雍正将蔡珽免罪，且大张旗鼓地下特旨，将他升为都察院左都御史，不久又命他兼正白旗汉军都统，晋兵部尚书，兼左都御史。

雍正此中很有深意：重用年羹尧欲置之死地的蔡珽，就是要向年羹尧动手的信号。

大难不死的蔡珽，偕领侍卫内大臣马尔赛赴直隶，调查总督李维钧藏匿年羹尧财产一案，得实，李维钧被革职，以蔡珽署理总督。

若非雍正决意惩年，蔡珽早已身首异处。蔡珽因祸得福，位高权重时身兼吏部尚书、兵部尚书、左都御史、直隶都督、汉军都统及经筵讲官。但在年羹尧被赐自裁后，雍正以蔡领事过多，逐渐卸任，最后专管兵部。之后，蔡珽又被揭发徇庇直隶昌尹营参将杨云栋贪污军饷，遭部议革职。雍正下旨从宽处置，降为顺天府尹。

蔡珽没理会雍正保他，暗中和继任川陕总督、宁远大将军岳钟琪较劲。蔡珽巡抚四川时，岳钟琪为四川提督，得幸年羹尧被治罪身死，平步青云，成为雍正优宠有加的西陲大员。岳钟琪扶摇直上时，蔡珽还未被做断崖式处理，老蔡不甘心小岳后来居上，忙着制造流言蜚语。

此时，雍正查阅幕客汪景祺那份歌颂年羹尧为"宇宙之第一伟人"的《上抚远大将军太保一等公陕甘总督年公书》，发现蔡珽在四川受贿，为夔州知府程如丝大造"治行第一"的政绩工程，于是派人明察暗访。不查不知道，一查吓一跳。"珽挟诈怀私，罪案山积"，受贿营私，纵容不法，造谣生事，结交名家罪人，他不但"谗毁岳钟琪，造为荒谬之言，动摇重臣"，而且中伤雍正朝的二号首长"怡亲王查勘水利，拨兵引导，讹传七省，骚扰军营"(《清史列传·蔡珽传》)。

蔡珽恃宠而忘乎所以，以为是自己扳倒了年羹尧。殊不知一旦他侵犯了雍正的政治底线，十八条罪名也是从宽处理。法司称，蔡珽所犯的罪行，条条都足以斩立决！

雍正帝还是想放过他，下旨从宽改为应斩监候。

一年半过去，管理旗务的多罗信郡王德昭举报，蔡珽私藏朱批折子三件。这该按大不敬律立斩不赦。雍正下旨，待蔡珽从四川押解进京，立即以正国法。

此时又有人检举，雍正三四年震动朝野的李绂、谢济世与田文镜的互劾案，原罪人物——河南信阳知州黄振国，为蔡珽掌吏部时提拔的已革知县。浙江道御史谢济世弹劾河南巡抚田文镜，与李绂的言辞相似，似乎是有人唆使。田文镜打铁自身还算硬，借着雍正帝对李绂与谢济世怀疑时，集中力量弹劾黄振国贪劣不法。

雍正怒斥"蔡珽、李绂、黄振国等辄敢固结党援，肆行欺妄，合谋协力，倾陷清正无私之田文镜"（《清史列传·蔡珽传》），就事论事，蔡珽被再次定为应斩监候。

这一候，蔡珽被关了七年多，至雍正十三年八月，高宗继位，遇赦获释。

数罪并罚，蔡珽之罪，远甚于俞鸿图。俞鸿图是当即被腰斩，但蔡珽被无罪释放。

在以非常举措从严治吏的雍正那里，律例是执政的规矩，也是为官的戒尺。但因封建皇权的独裁，蔡珽能够一次次得脱，无形中脱掉了雍正帝的外衣，暴露了其选择性执法的本质。

严苛的雍正，
爱对重臣说肉麻的情话

1

雍正十一年（1733），河南学政俞鸿图督学许州，主持会试预考，科考防范颇严，操守亦称严谨。

未料，他违规带一妙龄小妾赴任。少妾从老夫处甜言蜜语套出考题，与仆人串通，买卖考题，万两白银入袋。

小妾把考题贴在俞鸿图官服背后补褂上，俞鸿图穿出，仆人轻轻揭去，授给应试者，而他一点也没觉察到。

一"富二代"，平时不读书，金榜却题名，舆情汹汹，声动太和殿。刑部议判俞鸿图腰斩，雍正因群体性事件怒火正旺，毫不犹豫圈定。

俞鸿图仓促受刑，及赴刑场方知身受腰斩，可身上不见分文。刽子手一向索取规费，得钱则刀斧锋利快下，得不到好处则故意缓缓而下，所以此次俞鸿图血肉之躯寸寸受割。

惨遭慢死的俞鸿图，手蘸自己的热血，在地上连写了七个"惨"字。这是从周代到雍正年间，延续了两千多年的腰斩刑罚最后一次实施。何其惨厉！

2

雍正打击敌人和犯官的手段冷酷无情，对腐败的贪官、瞎混的庸官、溜须拍马的巧官都进行终极打击，但对他看中的臣子却格外亲近，让那些清官、能人、干臣大显身手。

臣下抗议他对田文镜、李卫太好了，他非但不听，反而呵护有加，加官晋爵。在大清朝十二个配享太庙的有功大臣中（原为十三人，和琳受其兄和珅案发牵连而被迁出），雍正一朝占了三个名额，其中他的首席大学士张廷玉是唯一的汉臣。

张廷玉"雍正元年，复命直南书房"，"廷玉周敏勤慎，尤为上所倚"。雍正认为张廷玉"遵旨缮写上谕，悉能详达朕意，训示臣民，其功甚巨"，全合雍正本意。

二人"名曰君臣，情同契友"。

某次，张廷玉得病，雍正对近侍说："朕连日来臂痛，你们知道吗？张廷玉患病，不是朕的臂病又能是什么呢？"

今日媒体常报道，孪生兄弟姊妹，一方有个病痛而另一方有感应，孰料雍正对臣子张廷玉也有此等心灵感应。

张廷玉回乡祭祖，雍正赠他一件玉如意，祝他"往来事事如意"。雍正顾念张廷玉生活清苦，赏银两万两，张不敢收。雍正说："汝非大臣中第一宣力者乎！"

3

雍正登位，文靠隆科多，武靠年羹尧。

雍正元年十月，青海发生罗卜藏丹津叛乱，青海局势顿时大乱，雍正命年羹尧接任抚远大将军，驻西宁坐镇指挥平叛。第二年，平定青海战事的成功，令雍正喜出望外，把年视为"恩人"。

雍正帝给他下了一道谕旨："西宁兵捷奏悉。壮业伟功，承赖圣祖在天之灵，自尔以下以至兵将，凡实心用命效力者，皆朕之恩人也。朕实在不知怎么疼你，才能够上对天地神明。尔用心爱我之处，朕皆都体会得到。我二人堪称古往今来君臣遇合之榜样，也足可令后世钦慕流涎矣！"

雍正在给年羹尧奏折的朱批中写道："尔之真情朕实鉴之，朕亦甚想你，亦有些朝事和你商量。"

"实在不知怎么疼你"还要"上对天地神明"，"甚想你"（即"很想你"），这两句今日热恋男女都觉得肉麻的情话，没想到近三百年前就被雍正用上了，而且是对着一个五大三粗的大老爷们。

4

雍正对其他德才兼备的臣下，也是满满的温情。

康熙六十一年（1722），雍正继位，派杨宗仁赴任湖广总督。杨宗仁上表谢恩，报告省情，自称奴才，却被雍正改作"臣"，并标注"称臣得体"。

雍正元年，能干的杨宗仁重病卧床，想见他在陕西榆林做道台的儿子，问皇上可否允准儿子文乾请假回来看老父一面。雍正二话不说，一边下旨调杨文乾回湖北加按察使衔"侍宗仁任所"，一边派御医专赴武昌诊治。雍正说：请假耽误孩子前程，现在让他转任湖北，公私兼顾两不误。"杨宗仁力疾视事，饬诸州县编保甲，立社仓，罢荆州关私设口岸百五十处"，死后雍正为他制像赞，谓"廉洁如冰，耿介如石"。杨文乾做到了广东巡抚，是个能臣清官。

一次，某巡抚接到雍正的亲笔信，让他进京商量大事。巡抚赶紧准备，马上动身，结果出门时又收到雍正的一个特快专递，也是雍正手书，说他请人给巡抚算了一卦，巡抚近日忌出行，请下月再来。

雍正登基后，命大臣们上疏言事，翰林院检讨孙嘉淦屡次上书皇上：请亲骨肉、停捐纳、罢西兵，弹劾新皇在争位接班时和兄弟们搞不团结闹恩怨。气得雍正逼问翰林院负责人："这个愣小子为何这样狂妄，是不是找死？"

但在孙嘉淦性命攸关时，礼部尚书朱轼一句实话"孙嘉淦确实狂妄，但臣却佩服他的胆量"，警醒雍正公开表示"服其胆"，对朝中九卿大员说：朕即位以来，孙嘉淦凡遇国事总是直言极谏，毫无顾虑，朕不但不责怪他，反而一再加恩，就是鼓励众臣直言。

故而有人评价"嘉淦初为直臣，其后出将入相，功业赫奕，而学问文章亦高，山西清代名臣，实以嘉淦为第一人"。但此"第一人"幸好碰上了雍正的大度和赏识。

总兵请旨避御讳，
雍正：朕很喜欢你的名字

1

康熙六十一年（1722）十一月二十日，新皇帝胤禛的登基仪式很简单，就连最基础的群臣朝贺礼也给免了。但是，一场避皇帝名讳的文字运动，却大张旗鼓、声势浩大地开始了。

避皇帝名讳，这是封建专制时代帝王特权所致的政治运动。新皇登基，无论大人小孩，还是今人古人，只要名字与皇帝同字同音，都须彻底改掉。

虽然此时，新皇帝还没正式启用雍正的年号，但维护雍正皇帝的权威已成了维护国家最高形象。

首先从皇家内部改起。

先帝康熙给雍正皇帝诸兄弟赐名，第一个字为"胤"，现在都必须径改，无论是亲王郡王，还是普通皇子，原名中的"胤"，一律改为"允"。只动一个音符，但读音、意义都变了。

昨天是兄弟，今日是君臣。

天地有别，从名字开始。

雍正的胞弟、著名的皇十四子，没有享受到一奶同胞的亲哥哥即位带来的喜悦。他的抚远大将军职衔，被雍正以为子尽孝之名给褫夺了。这是政治斗争的结果，老十四不是哥哥的支持者，而是站在了哥哥的对立面。

成王败寇。

胜利者的决定，就是命令。

老十四名叫胤祯，必须全部避雍正名胤禛之讳，被改为允禵，被改得面目全非。

国戚名字同音，也得改。

雍正即位，任命第一功臣隆科多为总理事务大臣，加太保，并追授其父佟国维为太傅、其祖佟图赖为太师。佟图赖的父亲佟养真也被推恩进行追封，封一等公，加赠太师，谥曰忠烈，入祀昭忠祠，专祠供奉，并赐额为"功崇元祀"。

佟养真在天命初年，向率军攻克抚顺的太祖努尔哈赤输诚投降，弃商从戎，攻打明军，以功授三等轻车都尉世职，奉命驻守抚顺，于天命六年（1621）七月，被明将毛文龙突袭擒获，押送京师，明正典刑。

其长子佟丰年一同被杀，次子佟图赖承袭世职，成为太宗、世祖朝名将，任汉军正蓝旗都统。佟图赖父凭女贵，是顺治皇帝的岳父之一以及康熙皇帝的外公。

佟养真为康熙的太姥爷，曾外孙的儿子胤禛做了皇帝，他的名字也必须避皇帝讳。

佟养真被改名为佟养正，虽然他已死了一百多年。

2

在这场全国范围的政治运动中，却有人没有改名。

不是他不肯改，而是皇帝不让改。

此人为蓝廷珍，官拜台湾总兵。

他名字中的"珍"，与雍正名讳的"禛"同音。

皇帝的亲兄弟和老祖宗都被改名，蓝总兵更不敢躲在孤岛上装成不谙政治的土皇帝。他不敢擅改，而是要郑重其事地改，于是向新皇帝问安，提交改名的请示。

这份报告是雍正元年（1723）八月二十日递交的。

蓝廷珍恭敬地奏请赐准改名："照礼讳嫌，名分宜引避。臣本名廷珍，查字画虽不上同圣讳，而音声无异，似于尊重之义未协，请将臣名廷珍改为廷瑛字样，以符礼制。"

让蓝总兵意料不到的是，严苛的雍正，竟然对他的大表忠心很是赞赏。

雍正投桃报李："不必。从来只讳上一字，近来将下一字都要讳，觉太烦。况朕讳下字同音者颇多，况珍字于御讳总不相干，若书满字，他们都写贞字，这还犹可，汉字何必改？你的名字，朕甚喜欢，就是原字好。"

你的名字，我很喜欢！

雍正不但没让蓝廷珍改名蓝廷瑛，还为其从祖蓝理收复台湾有功、他本人新近又平定一场叛乱连连点赞，称他是守台名将！

康熙六十年四月，内地移民朱一贵自称亡明宗室起兵反清第一人，聚众在凤山姜园造反，攻陷台湾府治，诛杀总兵欧阳凯、副将许云等。时任南澳总兵蓝廷珍向闽浙总督满保请命，率部急赴澎湖，与提督施世骠会师后进剿，很快消灭朱一贵的义军。

蓝廷珍因功受赏，被赐三等轻车都尉世职，还被授福建水师提督，加戴花翎。

3

有人认为这是雍正的亲和，殊不知这是恩遇示好。

雍正在嘉奖令中指出，蓝廷珍赤胆忠心，很有度量，不可挑剔，但也多次指出蓝的个人操守不好，喜欢用人唯亲、大搞裙带关系。

对于这位"操守未优，屡加训诫"（《清史列传·蓝廷珍传》）的武将，雍正皇帝还特批他跋山涉水、不远千里地来京觐见，并批准他去马兰峪拜谒康熙的景陵，以示特别的恩宠。

有人认为，雍正准其拜谒景陵，是因为蓝廷珍对先帝很有感情，其实未必。蓝廷珍虽在康熙朝从基层把总干到了地区军分区司令员，靠的却是拼军功和从祖蓝理的提携，不是康熙帝的格外垂青。

但是，雍正是把他当作心腹爱将在培养的。雍正七年十一月，蓝廷珍病逝，雍正皇帝赏银两千两治丧，并加赠太子少保，赐予襄毅的美评。

当然，蓝廷珍被不按礼制改名，主要系于雍正新皇登基的倚重。

名字中同样有一个同音字的内阁学士魏廷珍，也没有被改名，而是很快被授职湖南巡抚。

被诬告也严惩？
雍正非常治吏有点拼

1

雍正五年（1727）八月，奉天将军噶尔弼奏报盛京亏空三万多两库银。雍正盛怒之下，将几年前他写诗称赞"老成"的文华殿大学士嵩祝，直接开除公职。

嵩祝职掌文华殿已有十五年之久。位高权重，雍正即位还给他加了太子太傅。

雍正罢免他的理由很简单：康熙三十八年（1699），贝子苏努任奉天将军，指令官员在外放贷，导致亏缺，而于康熙四十八年以正红旗满洲都统署奉天将军的嵩祝，隐瞒此事未报。

苏努为太祖长子褚英的曾孙，历任宗人府左宗人、镶红旗蒙古都统、镶红旗满洲都统、纂修玉牒总裁官。康熙三十七年起，苏努任奉天将军十年。他参加过三征噶尔丹，有着一定的军事才干，晋爵贝子。康熙对他的工作很满意，两次延长他在盛京的任期，说："盛京地属紧要，且师旅繁多，无一好将军不可。苏努甚公正严肃，不徇情面，人皆钦服，管辖兵丁甚善，简任将军以来，军旅之事大为整顿。似此者诚为难得，再复留任一年。"（《康熙起居注》第七册）

苏努在盛京，官兵皆诚服，大将不易得。康熙将他调回京后，命参与处理国家军机大事，掌管三万人马，负责向皇上奏报京师一切事务。

雍正元年二月，世宗施政受阻，被议者多，突然向族兄苏努发难。雍正强调："苏努系七十之党，结为生死之交。七十等朋比为奸，摇惑人心，扰乱国是。"（《清世宗实录》卷四）七十（齐世），即允禟嫡福晋董鄂氏之父，都统衔武职京官。

雍正优待苏努，封为贝勒，命其子勒什亨为领侍卫内大臣、御前行走，但他们"心无厌足，仍然结党营私，护庇贝子允禟，代为支吾巧饰，将朕所交之事颠倒错谬，以致诸事掣肘，难于办理。"雍正将勒什亨革任发往西宁，随允禟至军前效力。

兄弟一旦成为仇雠，雍正自然不会放过苏努，于是派人查勘他在奉天的问题，这就有嵩祝未报的苏努挪用公款放贷事件。

未报者不止嵩祝一人，前后数任将军都没作声。他的前任蒙俄洛调任宁古塔将军后，于康熙五十四年去世。后任唐保住在雍正二年十二月解任，也未能幸免于惩罚。

嵩祝任期不长，很快回京掌礼部，半年后授文华殿大学士兼礼部尚书。入阁拜相的他，是否了解苏努放贷内情不好说，但绝对想不到十五年后栽到了雍正的手里。

康熙曾有心栽培他为首揆。康熙五十三年，温达病休，返阁不久病逝，内阁只有满洲镶白旗嵩祝、汉军镶白旗萧永藻和汉人李光地、王掞四人。嵩祝循例居首。

而李光地于康熙二十五年十月以内阁学士入侍讲帷，不久掌翰林院，后拜文渊阁大学士，比嵩祝入阁早，又是理学名臣，深得康熙信任。方苞在《安溪李相国逸事》中说，康熙"临御天下已五十年，英明果断，自内阁、九卿、台谏皆受成事，未敢特建一言"，惟李光地"因事设辞，以移上意，故上委心焉。每内阁奏事毕，独留公南书房，暇则召入偏殿"（《碑传集》卷十三）私聊，一聊便是许久。

康熙重视李光地，嵩祝放下高贵的满洲旗人身份，请求李光地在康熙面前替自己美言。康熙发现后，痛斥他"但务趋奉李光地、赵申乔"（《康熙起居注》第三册），使"满洲大臣内，竟无有能御汉大臣者……今汉大臣欺压满大臣，八旗皆受辱矣"。

康熙将曾抗旨谋立胤禩的已革大学士马齐复出，以加强满族官员势力。嵩祝之孱弱，带给了极力强调"自古得天下之正莫如我朝"的康熙以耻辱，但康熙并未责罚他。

康熙五十五年四月，全国大旱，在热河避暑的康熙命嵩祝传旨在京诸臣祈雨，令勿因遇端午相互宴请。十多天过去，在京大学士萧永藻、王掞等给康熙送去一份贺信："热河得雨霈足，臣等不胜欢忭。"结果马屁拍到了马蹄上！康熙大怒，他要天下有雨，不图一地祥瑞，再派嵩祝还京，严查政令不通、阁臣狂喜之事。

嵩祝查到萧永藻、王掞和一群尚书祈雨不到场、奏报又延迟。他很老实地归罪为自己监管不力，自请处理。部议将其大学士革去，康熙帝给了他一个革职留任。雍正恢复其职，但因他不老实举报苏努，仍然示以严惩。嵩祝死后，雍正忘了曾有过蜜月期，不但无祭葬追谥，就连其承袭的正四品骑都尉也降成了正五品云都尉。

2

同样是隐瞒不报，雍正不同于康熙的处理态度，即便是一桩本身不涉案的旧案，也要将一个位列宰辅的老臣一撸到底。这是他的政治规矩，严厉而近乎寡情。

然而，这位以非常举措从严治吏的皇帝，有时却充分表现出温和可爱的一面。

雍正二年八月，有人举报了浙江巡抚黄叔琳三个严重问题：

一、黄叔琳任吏部侍郎时，同两淮盐政谢赐履奉命前往湖广，同总督杨宗仁商定盐价、革除陋规，期间接受盐商吴雨山贿赂，并给他弄了一个总商的身份。

二、他在杭州庇护海宁陈氏仆人行凶。

三、其弟黄叔璥由巡城御史改任巡台御史，途经杭州，家人与商铺发生争斗，黄叔琳将商家刑拘至死，引发了三次罢市。

这怎了得，黄叔琳到浙还只半年，就惹出了几起群体事件。雍正大怒，立即表明用他封疆的缘故：黄此前做江南乡试正考官及任吏部侍郎，大家传他名声很好。

雍正标榜自己先知先觉："自命下日，屡次召见，观其神气顿异，语言浮泛，跪领朕一切训旨，总不安详存神敬听。彼时朕即疑之。"（《清史列传·黄叔琳传》）既然早发现这位康熙三十年的探花郎徒有虚名，夸夸其谈，注意力不集中，为何仍要重用之？难道是明知其能力不济，还反其道而用之做一次实验？

既然有人说黄叔琳的种种违法乱纪，雍正索性大书特书黄叔琳的问题：一、举荐人才不公；二、奏报政务不当；三、密报问题不完整；四、请托廷臣不作为。

雍正说，这些问题看起来小，但他初任就如此任性，将来放纵起来，那还了得？

"大负朕之任用！"雍正将黄革职罢任，派出两路人马详查他的严重违纪问题。

杭州将军安泰先期报告：乡绅陈世侃的家仆金宁祥和肉铺商人贺懋芳发生口角，黄叔琳审案时不慎杖毙贺懋芳。此事与黄叔璥无关，也没激起罢市。

按大清律例，巡抚有民事案件自治权，但不能擅杀当事人，即便杀人犯也得报皇帝做最终裁决。巡抚伤人也是罪，三法司议将黄叔琳处革职流放，呈报雍正批准。

这时，前往楚地调查黄叔琳受贿案的户部左侍郎李周望回报，黄叔琳和盐商吴雨山有交集，但黄向吴是借贷而非索贿，并没有发现其他违法问题。

雍正下旨，令黄叔琳在浙江监修海塘工程，修不好就小心脑袋。年末，雍正又令他赴苏州受布政使监管，按期交付罚款，直到结清为止。

也是这一贬,让黄氏官声不显,而学界皆知其为巨儒,有著述《史通训故补》《文心雕龙辑注》《观北易抄》《诗经统说》等为证。乾隆时的大学问家纪晓岚曾为其书作评。

黄的继任巡抚是雍正的大宠李卫。他捐纳入仕,但能力强,慢慢查清了黄叔琳受的一些冤屈。陈世侃为内阁学士、山东巡抚陈世倌的弟弟,通过哥哥疏通了黄叔琳,想对贺懋芳屈打成招,结果伤了人命。

雍正十年,皇帝赦免黄叔琳尚未交完的罚款余额,准他返京。三年后,黄母九十大寿,雍正召见黄叔琳,为之御书"德门寿母"匾额。乾隆继位后,正式将黄叔琳复出,授山东按察使、布政使。这是对雍正重罚的一点弥补。

3

较之黄叔琳书生办差惹了一身祸,礼部左侍郎蔡世远则是被诬告受罚。雍正八年八月,福建总督高其倬参劾老蔡的长子、举人蔡长汉违例私给船照。

蔡世远为福建漳浦人,康熙四十八年进士,是一个学问家和教育家。大学士李光地受命编纂《性理精义》,特邀蔡氏分修。书成不请赏,他借母丧回籍办书院。

雍正继位,特召蔡世远来京,授编修,入南书房做顾问。他被雍正任命为日讲起居注官、内阁学士、经筵讲官,同时教导皇子弘历和弘昼。

相较于帝师蔡世远的扶摇直上,高其倬更是家族性恩宠备至。他先任云贵总督,后改闽浙总督、福建总督。雍正将高氏的状子递给蔡世远看,请他做出解释。

蔡世远说,我家人八年来基本在京,长子蔡长汉去年参加会试,至今还在京师。可以详查!这张船照,日期是今年五月的,明显是伪造,不知是何人所为?

高氏理直气壮,有凭有据,但蔡师傅一语道破:这是一桩错指了被告的官司。

同名同姓而已，蔡世远以人证物证，自证清白，胜于雄辩。

这个官司，至此本可以完结：要么是别有用心者诬告，要么是贪图微利者捏造。

蔡世远无罪，谁知他话锋一转，书生意气地说："但有臣官衔图书，非臣族姓，即臣戚属，请敕鞫治。"（《清史列传·蔡世远传》）

蔡氏息事宁人。雍正亦不详查，直接给了他一个失察之罪，降两级调用。

无罪之人成了受罚之身。原告的证据，被告的认账，都是纸上的莫须有。

翌年，雍正下温谕复其官职，派御医为卧床不起的蔡氏诊治，免费提供珍贵药物。一年后，蔡氏病逝，雍正并没有对这位不拘一格找来的师傅和重臣赐祭葬、给谥号。他把这个恩典，留给了乾隆皇帝做好人：加赠礼部尚书，入祀贤良祠。

难道是雍正想成就蔡世远谦恭自持、淡泊为怀的美名吗？欲美其名，何悭一评？但从高其倬诬告、蔡世远请罪一事来看，雍正断案确有一些急躁和混乱。

孙嘉淦炮轰雍正，
为何反受破格提拔？

1

雍正即位成功，狂喜之后，又为不合作的允禩一党和未平定的西北战事伤透了脑筋。他亟须立威，确保过渡稳定。

他大封信任的、亲近的、熟悉的朝中老人、潜邸心腹，委以重任。就连夺位最强的对手允禩，也被他有序地推至总理王大臣、和硕廉亲王、理藩院尚书的高度。他期待能干的允禩竭诚帮他，但又严防他再成集团，结纳亲信。

暂时的平衡，已是新的权力中心维稳、分化异己力量的一种被迫的手段。雍正请满朝文武献计献策。群臣极口颂扬，没有祥瑞就大唱赞歌。

翰林院一个年轻检讨，级别低，不便进入皇帝的朝堂贺喜，于是送来一份奏疏。雍正满怀喜悦地打开一看，作者孙嘉淦向他提三条建议："请亲骨肉，停捐纳，罢西兵。"（《清史稿·孙嘉淦传》）

言简意赅，但针针见血，直戳雍正的心窝子。

一、兄弟阋墙，本是不可调和的政治斗争。

雍正即位次日，即命内阁通知西北领兵的皇十四弟允禵，交接兵权，进京奔丧。

祭礼未完，就将允禵软禁于景陵读书，派马兰峪总兵范时绎监视。这是雍正的胞弟，就因支持过允禩，被康熙封为大将军王，让大家误认为是既定储君人选。

此外，雍正还将另外两个异母弟弟、允禩的左膀右臂允禟、允䄉，一个调至西宁军前效力，一个罗织罪名拘禁看押。

二、没有捐纳，谁补西北军费的严重不足？

捐纳即朝廷公开卖官鬻爵。统一管理，明码标价。这是国家的一个主要财政收入来源。

清朝捐纳，始于顺治，康熙、雍正朝尤盛。昭梿《啸亭杂录·纯皇初政》说乾隆"罢开垦，停捐纳，重农桑，汰僧尼之诏累下，万民欢悦，颂声如雷"。雍正从严治吏，同时存在严重的卖官行为。

雍正虽然对捐纳的计划、官职有明确规定，"向因各捐例人多，难于铨选，降旨停止。年来捐纳应用之人，将次用完，越数年，必致无捐纳之人，而专用科目矣。应酌添捐纳事款。除道、府、同知不许捐纳，其通判、知州、知县及州同、县丞等，酌议准捐"（《清史稿·选举七》）。但他很热衷这种饮鸩止渴的弊政。

还在藩邸时，策士戴铎献策的夺嫡方略中就有："顷者奉主子金谕，许令本门人借银捐纳，仰见主子提拔人才之至意。"

雍正喜欢的封疆大吏李卫，就是捐资员外郎进入官场的。

雍正继承皇位，也继承了康熙没有打完的西北战争，亟须以捐纳补充军费不足。

三、打赢战争，证明雍正武功不输于康熙。

西北用兵，是康熙末年再次制定的驱准保藏方针。

康熙五十七年（1718）春，准噶尔部首领策妄阿喇布坦进攻西藏，拉藏汗请求康熙发兵救援。十月，胤祯（允禵）被任命为抚远大将军，统率大军进驻青海，讨伐策妄阿喇布坦。

这仗打了四年多，进入了胶着状态。提前收兵，只会告示天下，雍正没有先帝那么威武雄壮的军事才能。所以，这一战在结果没有出来前，只能进行到底。

允禵被召回京师后，雍正命心腹兼内兄、川陕总督年羹尧接管西北大军，下谕："若有调遣军兵、动用粮饷之处，著边防办饷大臣及川陕、云南督抚提镇等，俱照年羹尧办理。"雍正要证明自己青出于蓝，也亟须年羹尧强悍的武力支持。

书生孙嘉淦哪知皇帝的意图。他操心皇家团结和国家舆情，但被为接亟须班立威的雍正认为是狂言欺君，将奏疏传示群臣，怒斥掌院学士："翰林院乃容此狂生耶？"

孙嘉淦危在旦夕。他在非议国家既定方针大略。虽然大清律中没有对妄论国政定刑，但愤怒的皇帝可以随便安一个罪名，便能教他身首异处，最轻也得打几十下屁股。

掌院学士不敢作声，害怕说错话被新皇帝定个监管不力连坐受罚。一旁的太子太傅、吏部尚书朱轼（《清史稿》作"大学士"，不符史实。朱轼任文华殿大学士是雍正三年九月事）慢慢说了一句：孙嘉淦有点狂，但我很佩服他的胆量。

朱大人的言下之意，新皇御极，正好借一个胆大的直臣彰显帝王的大度无疆。

急躁的雍正很聪明，故作深沉后，朗然而笑：我也很佩服孙爱卿的胆量！

雍正没有派血滴子摘了孙狂生的脑袋，而是下调令，将他调至国子监任司业。

《清史稿》说："嘉淦谔谔，陈善闭邪，一朝推名疏。"诤臣抗死，靠着胆量。雍正说"朕亦且服其胆"。孙大胆此后扶摇直上，经风历雨，成为一代名臣。

2

诤臣能成名臣，要胆量，更要见识。胆识胆识，既要有胆，也要有识。此胆，乃敢为人先，敢于直言，大胆说话，临危不惧；此识，乃政治眼光，忠诚意识，全局头脑，审时度势。图一时口快尽忠，那是莽夫的蛮干。扎一刀切中要害，需要一个智勇的英雄和一个同样有战略思维和大度胸怀的领导者。

孙嘉淦疏陈三事，雍正没有及时采纳，但他随后密建皇储，避免诸子在皇位继承问题上重蹈自己一辈兄弟倾轧的祸事，应该受了孙氏建议的一些启发。

雍正四年（1726），国子监祭酒孙嘉淦入南书房当差，两年后署顺天府尹，兼工部侍郎，充经筵讲官，身兼数职。雍正十年，孙嘉淦调任刑部侍郎，同时在吏部挂职侍郎。

一肩挑起两部侍郎，是孙嘉淦在雍正朝的最显官身。他由县处级升为司局级，靠那一次大胆的狂论，但成为副部级后，却转任多个要职一直打转。

不能说雍正对他不重视。他甚至可以推荐自己的亲弟弟出任国子监丞。

但正是因推荐其弟到手下当差，被人做了文章。

雍正十年十二月，皇帝接见任职期满的教习宋镐、方从仁等，准备另行任职。孙嘉淦进言说宋镐一班六人都可重用，被雍正追问一下，又说方从仁难当大任。

雍正很不高兴，怒斥他言辞前后矛盾，于是重提旧事，说看他貌似老实人，就将他多次破格提拔，希望他殚精竭虑、尽心尽责，为国家宣猷效力，哪知他"偏执自用，从前屡有陈奏，皆迂阔琐碎，不可见之施行"（《清史列传·孙嘉淦传》）。

雍正记得孙嘉淦反对过他的大政。他贬斥孙嘉淦滥用私权，用人唯亲，不知区分取舍激励教习，"冒滥名器，用违人才之弊"。

雍正指示内阁，孙嘉淦任意反复，欺君罔上，要加以严惩，革职论罪。既然皇帝发了话，刑部自然不会因为孙嘉淦是侍郎就网开一面。加之孙嘉淦性格耿直，得罪了不少人，对手们纷纷落井下石，以挟私欺公之罪要将他斩立决。

雍正意识到了问题的严重性，赶紧表态：孙嘉淦太憨直，但不贪求钱财。

如果杀了这样一个直臣、一个清官，就是在宣示雍正治吏的选择性执法，让说了真话的清官死于非命。即便刑部再想使讨厌的孙嘉淦死于非命，雍正也不会答应。

雍正下令，不对孙嘉淦治罪，要他去户部银库效力行走。

3

雍正看准了孙嘉淦。孙嘉淦从牢房出来，径直去户部银库报到。

继怡亲王允祥之后，雍正的另一个死忠老弟、果亲王允礼接管户部三库事务。他怀疑孙嘉淦由实权派侍郎被作断崖式处理为银库管理人员，殷鉴不远而慵懒无为，不屑于干财务杂事。加之孙嘉淦接受调查审理时，外界纷传他刚直清廉的背后是沽名钓誉，导致允礼认为他收银入库时会不认真，敷衍塞责。

不信任孙嘉淦的允礼，纡尊降贵，专门深入银库到场视察。

耳听为虚，眼见为实。只见孙嘉淦手执衡器称量，跟下吏仆役杂坐一起，同样辛苦出力。允礼对他收纳的银两，认真核查，足金足两，丝毫无差。

清官孙嘉淦是皇帝派来的。是苦差，还是钦差？只有皇帝一个人知道！

皇子都有机会成为皇帝，但和硕亲王哪知帝王心术。允礼赶紧向雍正奏报实情。雍正此后更爱这位不改初心的直臣，将他调任河东盐政，对他的建议皆下部议行。

雍正还没将孙嘉淦召回朝廷就遽然而逝，于是孙嘉淦被委以重任的使命就留给了乾隆帝。

乾隆甫一登基，即将孙嘉淦召回京师，补任吏部侍郎，两个月后擢升为左都御史，仍兼吏部事。哪知他的刚直性格始终不渝，改向乾隆帝师、协办大学士福敏开炮，说他同查废员一案，执拗偏执，经常不到岗。

这次，以允礼为首的总理王大臣集体支持孙嘉淦，称废员一案的责任全在福敏。乾隆不想师傅太丢脸，便以孙嘉淦有失大臣礼，不能与福敏和衷共济为由，对孙处以一级降职。处罚书还未发出，乾隆又下令以功补过，两不责罚，命孙嘉淦充江南乡试正考官，调刑部尚书，兼国子监事。一年后，乾隆将其擢升为吏部尚书，兼管刑部。

又是刑吏两部一肩挑，只是此次已由侍郎改尚书。距上次也已有七年。

乾隆厚待孙嘉淦，激发了同僚的红眼病。有人伪造孙嘉淦奏稿，谣传他密参大学士鄂尔泰、张廷玉、徐本，及有首揆之实的兵部尚书兼军机大臣、一等公讷亲，户部尚书海望，领侍卫内大臣常明等。

攻击朝中诸多大佬，尤其是位高权重的鄂尔泰、张廷玉。这是一件政治大事！

乾隆说："诸臣皆朝廷简用之人，守法奉公，实心尽职，而鄂尔泰、张廷玉尤系皇考特简之大学士，为国家栋梁。以孙嘉淦较之，识见才猷，岂能与二人为比？"（《清史列传·孙嘉淦传》）孙嘉淦"操守廉洁，向有端方之名"，被多次提拔，但他的才识不够格，不然怎会让他屈居尚书，而非大学士。

毁谤其中一人，都够孙嘉淦狠狠地喝上一壶，更何况是整个朝廷的柱石大臣。

乾隆强调，向来大胆的孙嘉淦也不敢干激发众怒的蠢事，被绑架上"特立孤行之直名"的宣传车，故命步军统领和巡城御史明察暗访。

这是没有结果的！很有可能是乾隆想将孙嘉淦打造成孤臣，提前布局裁抑老臣计划。他拉出亲信讷亲陪审，但始终针对着鄂尔泰、张廷玉这两位先帝的顾命重臣。

只有乾隆暗箱操作，才不会对孙嘉淦做停职调查，而是进一步加大孙氏实权，如总督直隶、湖广。即便孙嘉淦出了问题，乾隆亦始终扛起这一面大旗，迅速挥舞。

有人散播孙嘉淦斥责乾隆无道"五不可解、十大过"的抄稿，乾隆选择相信孙嘉淦，历时三年，暗查六省，最后查到抄稿是江西卫千总卢鲁生等假托孙嘉淦名义伪造。

　　在乾隆的心里，孙嘉淦还是有做大学士的才干和识见的，所以特地在外界
纷传他炮轰自己时，晋升其为吏部尚书兼协办大学士。虽是协办，但掌实权。
这是一份特别的爱！相比好胜的雍正，好功的乾隆对待孙嘉淦的态度，在坚信
中带了不少利用。

法海高中进士
成一代直臣

1

清朝有个法海，他不是激怒白娘子水漫金山寺的老和尚，而是清廷的皇亲国戚。其家族世代显赫，与皇家有着千丝万缕的联系。

天命元年（1616），努尔哈赤在赫图阿拉建国称汗，辽东抚顺富豪佟养真写信表效忠，密谋降金。不料走漏风声，明朝查获输款的密信，佟养性被捕下狱，越狱投金。努尔哈赤妻以宗室女，号施吾理额驸，授三等副将，立功进二等总兵官。同时降金的，还有其兄佟养真——曾在朝鲜壬辰倭乱中，英勇抗击丰臣秀吉的明朝副总兵。

天聪五年（1631）正月，皇太极将愿为女真效力的汉族士兵组建成一支独立部队，命佟养性统领新建的"尼堪超哈"（汉军），装备四十门崭新的欧式大炮"天祐助威大将军"。太宗下令："汉人军民诸政，命额驸佟养性总理，各官受节制。其有势豪嫉妒不从命者，非特藐养性，是轻国体、亵法令也，必谴毋赦！如能谨守约束，先公后私，壹意为国，则尔曹令名亦永垂后代矣。"（《清史稿·佟养性传》）

佟养性训练的汉军和炮兵，后来为皇太极打响大凌河之战起到了巨大的作用，弥补了努尔哈赤于天命十一年兵败宁远的军事不足。

若干年后，佟养性病逝后方；佟养真被毛文龙奇袭擒获，押解进京正法。佟养性一支日渐式微，而佟养真之子佟图赖生了一个好女儿和两个好儿子。

佟图赖的女儿为康熙生母孝康章皇后。康熙亲政后，将外家抬旗入满洲镶黄旗，改姓佟佳氏。佟国赖的两个儿子佟国纲、佟国维俱以国舅入列内大臣。佟国维两个女儿嫁给了康熙，一个是孝懿仁皇后，一个是悫惠皇贵妃，其子即康雍交替的核心人物隆科多。

雍正即位，追封佟图赖为太师、佟国纲和佟国维为太傅。佟家几代，兄弟齐心，创造了家族巨丰的荣耀。但在佟国纲诸子中，出现了兄弟阋墙的丑闻。

2

佟国纲长子法海——康熙的表弟——生于康熙十年（1671），该有父辈的荫护和家族的荣幸。其兄鄂伦岱初任一等侍卫（正三品），康熙二十七年授广东驻防副都统，两年后擢升镶黄旗汉军都统，袭一等公，从征噶尔丹，升领侍卫内大臣。

然国舅家的优待，并没给法海带来多大的实惠。法海母亲死后，鄂伦岱称微贱侍婢，不许葬入祖坟。兄弟已然成为仇雠。

他只能靠能耐博取功名。康熙三十三年，法海通过科考成为进士，改庶吉士。康熙赏识有学问的表弟，将其选入南书房行走。几年后，法海以从七品翰林院检讨，进入上书房当师傅，具体教导十三岁的皇十三子胤祥和十一岁的皇十四子胤禵。

康熙非常重视皇子的宫廷教育，给他们安排最好的老师，有张英、顾八代、徐元梦等重臣名士。不及而立之年的法海，品级低微，成为皇子师靠的是真才实学，加上几年皇帝办公室的工作经验。此外，他还给康熙做过日讲起居注官和侍读学士。

康熙外巡齐、鲁、秦、晋、吴、越等地，法海"朝夕扈从"。

李元度《国朝先正事略》卷二称名臣法海"于群中最贤""侍皇子讲诵十年，

直词正色，蒙圣祖喜与，谓独不能欺"。法海刚正不阿、勤于职事，胤祥、胤祯兄弟才学俱佳，能力出众。胤祥十七岁单独封禅泰山，康熙评价："朕观十三皇子学问殊有望，异日必将大成。"胤祯也不逊色，胤禩曾说："我兄弟皆不如也！"

法海教诲之功不可没。

法海在康熙身边工作，毫无功臣勋戚混迹官场的骄纵。张维屏《松心日录》称，"陶庵尚书句云：'自谓侍臣趋直早，不知深殿已宵衣。'国朝家法之善，莅政之勤，实是度越千古，比隆三代，诵尚书此诗，益令人职思其居不敢怀宴安之念也。"这位入承儤直、勤勉职守的"陶庵尚书"，就是法海，陶庵为其号。

康熙五十五年，康熙特将法海擢升为广东巡抚，成为封疆大吏。

此时鄂伦岱威风不再，虽有领侍卫内大臣身份，但因八年前与阿灵阿、揆叙等私相计议，暗通消息，"书八阿哥三字于纸"，力挺胤禩为太子，遭到了康熙斥责。

鄂伦岱随驾前往热河，趁康熙身体微恙，率乾清门侍卫较射游戏。康熙行围时，痛斥其不忠不孝，命侍卫五哥鞭责之。第二年春，康熙自霸州回銮，途中责鄂伦岱等结党，鄂伦岱悍然不顾，使康熙甚是心寒，将其罚去料理蒙古驿站。

而法海在广东，励精图治，经营海疆，卓有成效，治理盐政，富民一方。李元度在《国朝先正事略》中对其极口颂扬，称他为民请命、不畏艰难，"粤人久而思之"。

3

法海巡抚广东前，也曾被康熙帝责罚过。

康熙四十七年九月，康熙突然将胤祥拘禁，在皇三子胤祉等奏请万安折中，朱批："胤祥不大勤学忠孝之人，尔等若放任之，必在一处遇着他，不可不防。"

　　康熙为何诋毁曾寄予厚望的胤祥？鄂伦岱等暗箱操作推选胤禩计划破产，胤禩被拘禁。康熙正痛心不已时，胤祉告发皇长子胤禔为诅咒废太子胤礽，请蒙古喇嘛巴汉格隆将魔魅之物埋在地下十多处。

　　太子既废，由胤禔和胤禛共同监守。魔术事件败露，胤禛监管不周，有失察之责。

　　虽然昭梿在《啸亭杂录》中为胤禛居藩大度高唱赞歌，称胤礽曾对他不好，而他以德报怨，在胤礽拘禁后，"惟知昆弟之情，不知顾己之利害"，突破护卫界限私自见胤礽，给他喂药治病。台湾历史作家高阳推测：魔术或为胤禔、胤禛同谋，事败由胤祥为胤禛顶罪；或者胤祥亦为同谋，及至事败，舍卒保帅，不牵涉胤禛。

　　高氏推测并无史料见证。最后的胜利者胤禛，当不会让不利己的阴谋留证后世。

　　胤祥受罚，牵连师傅，法海被降职，调离上书房。法海前同事、浙江巡抚徐元梦为其抱不平，给在南书房做文学侍从的方苞写信："同官及勋戚中，志在君国，而气足以举之、学足以济之者，首推法公……上为诸王择傅，吾对法某虽以侍皇子得过，然臣愚，窃谓合某无堪此者。"（《国朝先正事略》卷二）

　　方苞曾因《南山集》案牵连论死，得重臣李光地营救，康熙以"方苞学问天下莫不闻"宽免，入值南斋。他为法海说话，康熙终将法海起用，安排在蒙养斋编书。

　　蒙养斋设于畅春园，是传教士张诚、白晋以法国科学院为参照，建议建成的。《清史稿·艺术一》云："圣祖天纵神明，多能艺事，贯通中、西历算之学，一时鸿硕，蔚成专家，国史跻之儒林之列。测绘地图，铸造枪炮，始仿西法。凡有一技之能者，往往召直蒙养斋。"

　　法海进入皇家科学院，靠的是学术水平。他未因前几年的沉沦而变得圆滑世故。方苞称他对嚣张的太监毫不客气，言辞严厉，"始知公忠孝发于至诚，体国忧民，常恨未得同志合道人，相与辅成治教"（《兵部尚书法公墓表》）。

复出封疆的法海奉命巡察海疆，历闽、粤、两浙，虽为人正直，却遭人中伤。廷议以他言语疯癫，患噎嗝之症，无法担当封疆之任，将他革职，调往西宁军营效力。

奇怪！大专家怎会乱措辞？而且，康熙让疯癫之人随大将军王胤禵西征，有悖常理。军前战事紧张，不是儿戏！难道想让胤禵为老师养老？法海还不到五十岁。

康熙明显有其他政治意图，赋予法海监督和规劝的使命，以免传位胤禛之后，胤禵铤而走险，与胤禩集团暗结党援，拥兵自重为国难。法海不辱使命，"在西陲，偃卧土室，枯寂如老僧。及见王公、大帅，动以大义相责，皆人所不敢言云"（《国朝先正事略》）。他曾是胤禵尊重敬畏的老师，他的性格决定了他办事可以放心！

大局初定，法海有功，雍正召还，命督江南学政，授浙江巡抚。没过两年，雍正下旨："法海操守颇好，但其性情偏执，于外任不相宜。"（《清史列传·法海传》）

明面上责备，但雍正一反常态地将召回京的法海授左都御史，迁兵部尚书，充翻译乡试正考官，协理礼部事，兼内务府总管。这明明是奖励，哪是惩罚？

刚过一年，雍正遽然称：法海本是无能之人，圣祖加恩擢用，获罪革职发往军前。

既然法海无能，雍正为何简拔，再任封疆，继而掌管多个要津？

难道雍正用人不察乱任命？或者雍正治吏无章搞滥竽充数？不然！雍正有话没说完：法海在西宁，与允禵私相交结。允禵种种贪纵不法之事，法海并不劝阻。雍正即位后，令允禵来京，法海乃军前效力废员，未奉旨即潜至京师。

法海不奉召潜回京师，是为大罪，雍正又为何委以重任，转任多个部院主官？

　　前后翻覆，都是雍正一句话。

　　雍正以大不敬之罪要将他斩决，理由很充分：一、结交和放任允禵；二、称赞年羹尧是天下豪杰；三、没有跟允禟家人划清界限。这三者都是雍正不同时期的政敌。

　　雍正埋怨刚直的法海，疾恶如仇而不乏人情味，没有同他的政敌们提前划清界限。后来不知为何又弄了一招加恩宽免。这一个"免"字，是因为法海所谓的罪，事出有因，非情不可原，但无法免去雍正排除异己，辛辣暴躁而尖刻寡情的一面。

岳钟琪告密有功，
兵败仍被判了死缓

1

雍正元年（1723），青海蒙古贵族、和硕特部大台吉罗卜藏丹津聚兵十余万人，屡犯重镇西宁，劫持蒙古亲王，并杀害朝廷派去调和的钦差大臣。

新君震怒，授川陕总督年羹尧为抚远大将军，四川提督岳钟琪为征西副将军、参赞大臣，挥师西征。

岳钟琪乃民族英雄岳飞的二十一世孙，最初因康熙朝定额卖官筹粮打仗的临时性财政政策，捐了一个候补同知。其父岳升龙在康熙朝随御驾亲征噶尔丹立功，受封四川提督。

岳钟琪在康熙朝就建有军功，此次率六千精锐，出奇兵，不到一年平定青海，获授兼甘肃巡抚，督办甘、青军政。

雍正三年春，年羹尧案发，岳钟琪接任川陕总督，封三等公，在陕甘两省推行摊丁入亩，又对四川乌蒙等土司实行改土归流，坚决推行雍正新政。

汉人岳钟琪掌川陕三省军政大权，自要防朝廷非议。

当年吴三桂领着"三藩"造反，打到长江边也被逼进了死胡同。况岳家祖上是靠抗击女真保护汉人而出名的，皇帝清楚，老岳谨慎。只要一有风吹草动，赶紧上奏，谨表忠心。

雍正五年某天，成都街上，一疯子狂喊："岳钟琪要率川陕兵丁造反了！"岳迅速查明"湖广人卢宗寄居四川，因私事造蜚语"，立即上报。很快，雍正朱批下发:"数年以来,谗钟琪者不止谤书一篾,甚且谓钟琪为岳飞裔,欲报宋、金之仇。钟琪懋著勋劳,朕故任以要地,付之重兵……今此造言之人,不但谤大臣,并诬川、陕军民以大逆。"雍正以"造谣惑众,诬陷大臣罪",将卢宗斩首示众。

2

第二年,靖州秀才曾静受吕留良反清思想影响,派弟子张熙送信给岳钟琪,责骂雍正弑父篡位,又以岳飞抗金的事迹激岳,劝他调转枪头指向金人后裔,为宋明二朝复仇。

岳钟琪假装同意,骗出口供,诱捕二人,押解进京,引发有清一代文字狱之首的吕留良案,株连甚广。

雍正下旨将已死近五十年的吕留良剖棺戮尸,把吕家上下六十余口人流放关外世代为奴。但他没有杀曾静和张熙,还编了一本《大义觉迷录》,给了曾静一个闲职和一千两白银。同时,岳钟琪告发有功,雍正褒奖加封,仍委以重任。

雍正七年二月,准噶尔首领噶尔丹策零"稔恶藏奸,终为边患",雍正命黑龙江将军傅尔丹为靖边大将军,统领满蒙旗兵组成北路大军出师;拜川陕总督岳钟琪为宁远大将军,以四川提督纪成斌等参赞军务,统领川陕甘汉兵组成西路大军征讨,还特地给岳钟琪加少保。

《清史稿》中是这样评价岳钟琪的:"钟琪沈毅多智略,御士卒严,而与同甘苦,人乐为用。世宗屡奖其忠诚,遂命专征。终清世,汉大臣拜大将军,满洲士卒隶麾下受节制,钟琪一人而已。"

第二年八月,岳钟琪檄令西路大军各部,取道河西,十六万大军集结于巴里坤。

噶尔丹策零已得朝廷大举征讨的消息，一边调兵遣将，一边差使进京，称愿交钦犯罗卜藏丹津，请罢兵议和。

雍正召两路主帅进京，暂缓进兵。

噶尔丹策零趁机派二万人马突袭岳钟琪所设科舍图岭牧场，劫走大批驼马、辎重，焚烧粮草。总兵曹勷"轻骑以赴，战败亦走"。总兵樊廷率两千清军奋起追击，与敌拼死激战七昼夜，终将叛军击溃，夺回部分驼马、辎重。

护理大将军印的纪成斌，闭城不出，不敌而逃，及至清军溃敌后，又隐瞒损失，夸大战果，向朝廷邀功。

岳钟琪回营坐镇，布置有效兵力，欲与敌决一死战。

噶尔丹策零自知岳钟琪不易对付，于是只留少数兵力在吐鲁番一带牵制，而把主力精锐近六万人马布置在北路清军的必经之路，大败傅尔丹，致其几乎全军覆没。

岳钟琪反攻，诸军奋进，夺所踞山梁，敌军败走。西路军驻守吐鲁番，难耐盆地酷暑。岳钟琪派兵运送粮草给养，途中遭劫，粮草驼马尽失。

纪成斌防守的瘦集、张元佐驻防的无克克岭，连遭叛军攻破，驼马粮草被抢劫一空。

粮草不济，饮水困难，军心不稳，士气低落。

3

奏报到京，雍正不快，翻出岳钟琪关于新疆战况和作战方案的奏折披阅，越看越恼："岳钟琪所奏，朕详加披阅，竟无一可采。岳钟琪以轻言长驱直入说，又为贼夷盗驼马，既耻且愤。"于是，追查科舍图岭之役的失误，责纪成斌的"怠忽"，降为沙州副将。

后来，岳钟琪施以"围魏救赵"之计，率西路主力过关斩将，分三路进攻，叛军闻风逃遁，西路军占领新疆首府。雍正表扬岳钟琪"此次领兵袭击贼众，进退迟速，俱合时宜"。

雍正十年十月，噶尔丹策零七千人马偷袭哈密。岳钟琪遣总兵曹勷击敌，派副将军石云倬设伏，断敌退路。

但石云倬没有挥师追击，致使叛军劫持大量物资安然撤退。雍正帝降旨，严责岳钟琪"攻敌不速，用人不当"，"岳钟琪素谙军旅，本非庸才，但以怀游移之见，致战守乖宜。前车之鉴，非止一端"。

岳钟琪接连受雍正帝的严责，显然已经失宠。军机大臣、内阁大学士鄂尔泰乘机弹劾岳钟琪"专制边疆，智不能料敌，勇不能歼敌"。

雍正下谕"降三等侯，削少保，仍留总督衔，护大将军印"，不久又召离疆返京"商办军务"，查郎阿任大将军。查郎阿"又论钟琪骄蹇不法，且劾成斌疏防"。副帅纪成斌在平叛青海时有卓越战功，但此次和总兵曹勷都被砍了头，总兵张元佐也被调离降职。

岳钟琪返京当月，雍正下诏"交兵部拘禁候议"。岳钟琪被捕入狱整整两年后，兵部判决上奏"斩决"。雍正念及其当年进西藏、平青海之功，改"斩决"为"斩监候"，并处罚银七十万两。

岳钟琪大难不死，乾隆二年（1737）释放，后在大小金川战役中再立军功，恢复太子少保、三等公，"命紫禁城骑马，免西征追偿银七十余万"。乾隆为其制御诗，将其列五功臣中，称"三朝武臣巨擘"云云。

傅尔丹败给了
一个告密者

1

雍正十三年（1735）八月初四日，内大臣、户部侍郎海望向雍正帝禀报，他已将前靖边大将军傅尔丹押解进京。

事出有因。有人举报，西北办理粮饷的额外侍郎伊都立，伙同军营办事侍读学士苏晋侵吞军饷，傅尔丹犯了监管不力之罪。雍正帝正为苗疆事务烦心，联想到他前次贻误战机、损兵折将之事，更加恼火，于是下旨锁拿。

不料，雍正帝于八月二十三日子时驾崩。乾隆即位，重提傅尔丹问题，强调"统辖兵丁之大将军，乃既不能收拾众心，复与大臣等不睦，且不能约束，以致失机，将官兵损折，皆傅尔丹之罪"（《清史列传·傅尔丹传》）。

新皇既然将所有问题指向傅尔丹，就是为法司议罪定调，"依律拟斩决"。殊不知这一份严惩的审判结果，给了乾隆彰显仁德的机会：改斩监候。

最高审判长皇帝金口玉言，更何况他打出了"朕仰体皇考迟回降旨之意"的旗号。

雍正生前收到过将傅尔丹处死的报告，但他留给乾隆给予一代名将死缓的恩赏。

死缓就是机会。傅尔丹如此，早他一年下狱待斩决的岳钟琪亦如此。

他们曾是雍正力排众议、用兵西北的两柄利剑。雍正七年二月，大学士张廷玉建议雍正，命黑龙江将军、内大臣傅尔丹为靖边大将军，统满、蒙旗兵组成北路大军；授川陕总督、奋威将军岳钟琪为宁远大将军，领川陕甘汉兵组成西路大军。

准噶尔首领噶尔丹策零听闻朝廷集结两路十六万大军，于是一边调兵遣将准备迎战，一边差使进京称愿交出朝廷钦犯罗卜藏丹津，请罢兵议和。雍正同意议和，命两路大军暂缓进兵，并召主帅进京商议军务，不料噶尔丹策零趁机突袭。

几年征战，傅尔丹和岳钟琪胜败不定，时有失利。岳钟琪遭到了新任军机大臣、保和殿大学士鄂尔泰的极力弹劾，而傅尔丹与顺承亲王锡保发生了严重的冲突。

岳钟琪、傅尔丹被相继下狱。岳钟琪受几年前的吕留良案影响，被雍正猜忌见弃。傅尔丹与锡保的矛盾，雍正是知道的，但还是以上下级临战易位，加剧了将帅内讧。

临战换帅，兵家大忌。雍正九年十月，傅尔丹遭敌军伏击、突袭大营而失利，向皇上请罪。雍正改命锡保为靖边大将军，傅尔丹掌振武将军印，协办军务。

锡保此前并未经历大战，只因治军勤劳而由郡王改授亲王。他在根本上不知战术，最大的成绩，就是揭发制造了被贬至阿尔台军前效力的谢济世、陆生楠文字冤狱。

一个擅长告密的人，怎驾驭得了身经百战的老将？

2

锡保是皇族王孙，傅尔丹也有显贵的身世。

傅尔丹曾祖是清初五大臣之一费英东，世袭公爵，满洲镶黄旗人。康熙初期的辅政鳌拜，即其堂叔祖。其父倭黑为顺治朝内大臣、康熙帝的太子太保兼平藩大将。

傅尔丹一岁袭三等公，十九岁任散秩大臣。其父在他十一岁时病死，康熙仍将他升为从二品官员。康熙没因他是鳌拜的堂孙而设防，而是对他充满爱护。

傅尔丹忠于职事，特别英勇。康熙四十二年（1703），他扈驾西巡。康熙帝在行宫前检阅太原城守兵骑射，有一匹马受惊，即将冲撞圣驾，是傅尔丹大步上前勒住了惊马。

康熙特下圣谕，赞赏他"继武前人"（《清史列传·傅尔丹传》），不像其他少年大臣学老臣待在一旁看戏，特赐貂皮褂一件，激励"毋以身为大臣而不思奋力向前"。

第二年，康熙帝任命傅尔丹为正蓝旗蒙古都统，四年后调任正白旗蒙古都统。康熙四十八年，二十九岁的傅尔丹成了领侍卫内大臣。后因某次托病没入值而被免职，改命率兵屯田，但很快康熙帝想起了他，复授领侍卫内大臣。

领侍卫内大臣是皇帝贴身警卫的总调度，是皇帝的亲信，只在皇帝统领的镶黄旗、正黄旗和正白旗中遴选任命。傅尔丹两任此职，可见康熙帝对他的信任程度极高。

康熙不但高度信任他，而且积极重用他。康熙五十六年三月，傅尔丹任振武将军，率北路大军由阿尔台袭击准噶尔。

傅尔丹初次行兵布阵，便有大将风度，虽拟联手西路靖逆将军富宁安、征西将军祁里德的进剿方略还未实施，但已威逼准噶尔首领策妄阿喇布坦派使求和。

傅尔丹上疏请求在鄂勒齐图郭勒筑城，康熙认为距京师太远，命改在科布多筑城，傅尔丹仍请求在察罕廋尔筑城，沿途设十一站中转，得到了康熙帝的支持。

康熙五十九年，傅尔丹率领八千人击溃准噶尔军、擒获包括叛军丞相在内的百余人。

　　傅尔丹声名鹊起，被雍正赏识，令兼统祁里德部，授内大臣、黑龙江将军。

　　雍正称他"竭诚办事，效力勤劳"，封吏部尚书，赏双眼孔雀翎。清赐大臣的三眼花翎，始于乾隆三十四年（1769）七月，傅恒首次加赏三眼花翎。至高无上的荣耀，"傅恒疏辞"（《清史稿·傅恒传》）。双眼花翎，则是雍正朝对有功大臣的最高奖赏。

3

　　康熙三征准噶尔，政治意图是通过控制西藏而进一步争夺蒙古统治权，故对西藏和青海虎视眈眈。雍正即位，青海蒙古和硕特部右翼首领罗卜藏丹津，不满朝廷奖励曾随清军入藏征战准噶尔的和硕特部其他首领，加封察罕丹津为黄河南亲王，共领和硕特右翼，制约罗卜藏丹津独大，于是胁迫各部贵族会盟，发动叛乱。

　　雍正冷落罗卜藏丹津，就是遏制他图谋继任汗位、统治西藏的野心。当他起兵反清时，雍正先后以川陕总督年羹尧为抚远大将军、四川提督岳钟琪为奋威将军，进征青海，第二年平定。罗卜藏丹津逃亡准噶尔。

　　雍正多次派使臣前去准噶尔索要罗卜藏丹津，策妄阿喇布坦遣使来朝请和，但议和没有结果。策妄阿喇布坦死后，其子噶尔丹策零继承了汗位，仍屡次犯边。

　　雍正七年，雍正拜傅尔丹为靖边大将军，率北路大军进攻噶尔丹策零。出师前，雍正帝赐予傅尔丹御用朝珠、黄带、紫辔和白银五千两，加少保。

　　傅尔丹一路追击，屡有斩获，不幸被准噶尔军伏击，清军失利。雍正帝命武英殿大学士兼吏部尚书马尔赛为抚远大将军，率师前来一同征战。

　　雍正帝用傅尔丹的失败大做文章，指责他"惟轻信贼言，冒险深入，中贼诡计，是尔之罪"（《清史列传·傅尔丹传》）。雍正同时肯定了傅尔丹没有轻生自杀，力战而退，是分得清轻重，但还是给傅尔丹派来了振武将军、顺承郡王锡保做监军。

傅尔丹固守城池，待机出击，夺回了被劫的马匹和骆驼。时过数月，雍正又苛责傅尔丹恃勇轻进，中敌诡计，丢失地利，损兵折将，"军前获罪，我朝例所不贷！"

雍正帝下令，傅尔丹与锡保调换职位。他不直接给傅尔丹下命令，而是通过内阁捎话："伊原与顺承亲王不和，王诸事并无过失。近日傅尔丹轻进，以致亏损官兵。偹大将军印务仍命管理，非但众心不服，即傅尔丹心易不安。伊既失蒙古之心，即绿旗兵丁亦未必孚信。"（《清史列传·傅尔丹传》）

雍正帝明知傅尔丹与锡保素来不和，还强调傅尔丹一次失利便丢失众心，锡保办事完美而使"贼夷惧其声威，不敢侵扰"。敌军弄了一招反间计，而雍正认为"顺承亲王诸事遵朕之事"，让教条主义者锡保成了悍将傅尔丹的顶头上司。

为了让知兵善战的名将接受纸上谈兵的亲贵的指挥，雍正帝警告傅尔丹须悉心尽力，以图报效，不得"仍执前见，枉存私意"。

第二年七月，锡保向雍正报告，准噶尔大军入寇乌逊珠勒，傅尔丹又一次被击败。雍正大怒，下旨罢免傅尔丹的领侍卫内大臣、振武将军，削去公爵爵位。

锡保紧接着又一次弹劾傅尔丹临阵脱逃。他要彻底解决这位康熙末年威震准噶尔的名将。不巧的是，康熙额驸策凌死里逃生，回来告诉大舅子雍正帝，锡保虚报拨兵一万，实际就给了三千兵力，造成了傅尔丹遭遇战失利。

交战一怕死守教条，二怕远程操控。在血拼的战场，胜利是君王政治需要的颜面。一旦权力之争被引进前敌指挥部，那么带给战局和名将的，将会是灾难性的打击。

"傅尔丹容貌修伟，颇有雄纠气象，无如徒勇寡谋，外强中干。"（蔡东藩《清史通俗演义》）他行军将刀枪悬于大营以示激励众人，岳钟琪曾担忧他"为大将，不恃谋而恃勇,败矣"(《清史稿·傅尔丹传》)。雍正帝本想激励他知耻而后勇,然傅尔丹之败,败于职业军人寡谋多勇,更不谙权谋,不知同皇上的密探搞好关系。

雍正帝明知锡保不谙军事,而擅长告密和权术,却在战争的关键点,将熟悉敌情的名将弃用追责。可以说,这一场战争的一再失利和僵持不胜,在千里之外遥控指挥的雍正帝负有不可推卸的责任。

另一个告密者，
做不了雍正的救命稻草

1

康熙在位时间居清帝之首，且以生子三十五人的成绩，堪称生育能力最强。但三十五人中，幼殇者不少，上玉牒者二十四人。后继之君雍正上位伊始，便为众兄弟改名字，而被其真正重任者很少，生前仅对拥戴老十三允祥格外倚重，死前遗诏老十六允禄、老十七允礼做乾隆的辅政王大臣。而对于其他兄弟，雍正多行铁腕手段打压，甚至将胞弟老十四允禵远派守皇陵幽禁，将老八允禩、老九允禟削爵圈禁后赐予侮辱性的称号"阿其那""塞思黑"。

同父甚至同胞兄弟的亲情，在斗争激烈的权力场上，浇薄炎凉。雍正诸多兄弟，被封亲王者还是少数。然而，雍正却对一个五服族兄之子很是照顾，胜过了对待自己的兄弟甚至儿孙。

这个幸运儿，为第八任顺承郡王锡保。

顺治九年（1652）三月，首任顺承郡王勒克德浑病逝，第四子勒尔锦初袭。勒尔锦曾在康熙对吴三桂的平藩大战中出任宁远靖寇大将军，且立有战功，但在康熙十九年（1680）十一月被"议以老师糜饷，坐失事机，削爵"（《清史列传》卷三），其第三子勒尔贝、第四子扬奇、第七子充保、第五子布穆巴先后袭爵。布穆巴是个纨绔子弟，以御赐鞍马送优伶，被护卫军校的妻子告发，遭论罪削爵，使其六十六岁的伯父诺罗布在康熙五十四年五月捡了一个大便宜。

这次捡漏，诺罗布已等待了六十三年。

诺罗布为勒克德浑第三子。他这次袭任，使顺承郡王世系历五次、三十五年后又回到了第二代。不到两年，诺罗布病逝，还被康熙赐谥曰忠。其二十九岁的第四子锡保袭爵。

至康熙驾崩时，锡保已有三十四岁，但并无事迹传之后世。史料所载他的扶摇直上，当从雍正三年（1725）三月始。

2

论辈分，锡保的父亲诺罗布与雍正帝都是太祖五世孙。雍正三年三月，锡保掌宗人府事，并命在内廷行走。也就是说，锡保虽比族叔雍正还小十岁，但被诏命在主管皇家日常事务时，进入宫廷参与政务。

雍正对这个已出五服的族侄，除了赋予重任，还特发谕旨："顺承郡王锡保才品优良，乃国家实心效力之贤王。今在内廷行走，差遣甚多，王之费用亦多，著给与亲王俸；护卫官员，俱照亲王之数用。"（《清史列传·锡保传》）

按清宗亲爵位制，和硕亲王岁俸银一万两、禄米一万斛，多罗郡王减半。锡保以郡王兼了几分要职，加起来俸禄已不少，而素来按制度办事的雍正，此次专门下旨，把锡保的待遇提高一倍，拔高到亲王等级，还在护卫官员上做等量配置。这无疑是公布，锡保虽是郡王级别，却在俸禄、随从上享受着亲王的待遇。

下旨时间为雍正四年五月。这个时间点，很关键。正是雍正帝对诸弟允禩、允禟及允禵进行终极打击时。宗人府积极配合，除了分别圈禁高墙之内外，还将皇帝的政敌亲弟们更名编入佐领。

诸王大臣胪列允禩四十款罪状、允禟二十八款罪状、允禵十四款罪状，奏请即正典刑。锡保作为在内廷行走的多罗郡王，主管宗人府宗谱及圈禁事务，应该出力不少，深得圣心。于是，雍正加授锡保为正蓝旗满洲都统，一年后调任皇帝亲率的正黄旗汉军都统。

雍正在嘉奖令中,称锡保"乃国家实心效力之贤王",这是在树典型、打旗帜,借对一个远房郡王的卖力进行超规格、破礼制的奖励,来警示近支王公不得妄生邪念、欺君擅权。妄动者,"三允"的下场就是榜样,哪怕他们是皇帝的亲弟弟也不姑息,而顺承者,如锡保,虽是七袭郡王,却能够得到新晋亲王一般的恩惠。

至于锡保是否真的"才品优良",那还真不好说。

就在他被雍正树为榜样时,有人告发,豪格之孙、贝勒延信同允禩、允禟等结党,又暗地结交允禵、偏袒年羹尧,侵吞公帑十万两。雍正遂夺去其爵位,逮下由亲王大臣按法处治,谳上延信党援、欺罔、负恩、要结人心、贪婪乱政、失误兵机等二十罪,按罪当斩。

雍正帝下命幽禁延信,将其子孙降为红带子。锡保被牵连进来,"徇庇贝勒延信罪状不奏,又将不能骑马之章京派拿延信"。他这是顾及家族亲情而要给替延信隐瞒和给予其逃跑机会呢,还是不知情而玩忽职守呢?不清楚。但是,王大臣会议要对锡保议罪削爵。

雍正自然怒其不争,但不能砍倒好不容易树起的旗帜,于是下旨"宽免",不过为了平息众议,将"特旨赏给之亲王俸及护卫官员,俱撤回",并将他降为左宗正,即宗人府副长官。

3

锡保在延信党附八王并牵扯年羹尧案上,有着不合圣意的表现,但,雍正帝对他还是没有舍弃。

雍正七年,雍正决意对准噶尔部噶尔丹策零用兵,授黑龙江将军、内大臣傅尔丹为靖边大将军,统领满蒙旗兵组成北路大军;授川陕总督、奋威将军岳钟琪为宁远大将军，统领川陕甘汉兵组成西路大军。

雍正帝特命锡保署振武将军印，赴阿尔台军营，是为监军。锡保此任，多次密奏前方战况、异地之策，及八旗驻防事务，都得到了雍正帝的首肯。雍正帝特谕宗人府："锡保自派往军营以来，办理军务克殚诚心，勤劳宣力，其属可嘉！王之祖多罗颖郡王亦系国家懋著劳绩之贤王，著将锡保晋封为顺承亲王。"

锡保虽有前线奏报之力，但无征战杀伐之功，却被雍正帝以忠诚、勤快，破格晋升为亲王，成了清朝顺承王爵世系唯一的亲王。

当然，雍正帝担心如此加爵在朝议时通不过，索性对锡保主政多年的宗人府直接下旨，并搬出锡保的曾祖父颖郡王萨哈廉厥功甚伟来说事，也是提醒大家，萨哈廉曾被太宗直接封为和硕颖亲王，将锡保晋封为亲王，也算是世袭罔替。

狡猾的噶尔丹策零耍两手伎俩，一边扬言议和，一边集结重兵，使岳钟琪和傅尔丹出师不利。

雍正帝大怒，将二人调回京师调教，重战再次失利。傅尔丹再次上疏请罪。很快，雍正帝命锡保为靖远大将军，傅尔丹掌振武将军印。锡保上疏弹劾傅尔丹，雍正罢免其领侍卫内大臣、振武将军之职，削去公爵，协办军务。

雍正帝拜锡保为大将军，并加大他的便宜行事之权，命其在军营可以选拔副都统、护军参领。锡保大军初战，鏖战十多次，每战告捷，"杀贼万余，尸满山谷。余贼负伤奔，获械、畜无算"（《清史列传·锡保传》）。如此看来，锡保还有些治兵的本事。

不料，《清史稿·锡保传》记载：雍正"十年七月，策棱等败敌额尔德尼昭。十一年，疏请城乌里雅苏台，从之。寻以噶尔丹策零兵越克尔森齐老，不赴援，罢大将军，削爵。子熙良，初封世子。以锡保之罪，并夺"。

归来论此战，胜之不易，大将军锡保因不救援被免职，削亲王爵。

另外，岳钟琪也被削除三等公和太子太保衔，降为三等侯，仍护大将军印，不久被兵部议罪"斩决"，雍正念其当年进西藏、平青海之功，改为"斩监候"，并罚银七十万两。傅尔丹坐失机之罪，大臣等依律对其拟罪当斩。

命令还没有下达，雍正帝就驾崩了，乾隆帝即位，命改为斩监候。不久，乾隆帝下旨，释放岳钟琪和傅尔丹，后来在大金川战役重新起用两人。

雍正十一年十二月，锡保长子熙良袭爵顺承郡王，锡保的政治生命彻底终止已成定局。乾隆七年（1742），锡保逝世，被允许依照郡王品级进行殡葬。

雍正最后彻底弃用锡保，也是为了挽回面子。

早在雍正五年，他便决意对准噶尔部用兵。他还专门设置军机处，密令怡亲王允祥和大学士张廷玉、蒋廷锡于内廷秘密筹办军需，协助军务。

未出师前，雍正帝在给张元佐奏折朱批中写道："选派将领，悉系镇协中优等人才，拣选兵丁，率皆行武中出格精壮，殊非草率从事。"康熙在位时，曾三征准噶尔，第三次逼得噶尔丹走投无路、服毒自杀。康熙死后，雍正继续坚持平定准噶尔贵族割据势力的斗争，却遭到朝廷大多数人的反对。

《清史稿·傅尔丹传》记载：雍正"七年二月，上命廷臣集议，大学士朱轼、左都御史沈近思皆言天时未至，副都统达福亦言不可，惟大学士张廷玉赞用兵，上意乃决，复出师"。

哪知前线连吃败仗，只好撤换北路主帅，起用锡保，罢黜傅尔丹，囚禁岳钟琪，但还是久攻不下。雍正对宗亲重臣锡保寄予厚望，殊不知锡保也属纸上谈兵。

当然，这也是雍正知人不善任所致，锡保在处理皇家事务时对主子多有顺承之举，他坐镇西北军营，虽有雍正在千里之外遥控，但作战的机动性哪是几道"密封陈奏"及顺承上意所能解决的。

李绂靠本事擢升，
为何遭雍正铁拳打击？

1

康熙六十一年（1722）十一月十三日，清圣祖在畅春园驾崩，皇四子胤禛承继帝位，次年改元雍正。

雍正帝成为康熙朝著名的九子夺嫡中最终的胜利者，接收了康熙帝把玩了六十一年的龙椅和玉玺，也接过了满目疮痍的万里江山。康熙晚年求稳防乱的宽松政策，弄得朝野不稳反乱，国库空虚，吏治混乱，亟须强有力的铁腕整顿。

秀才出身的田文镜以办事精干、不无严苛的政治手段，赢得了雍正帝的重用。即便理学名臣李绂在春风得意时，斥田文镜身任封疆，"胡为有意蹂践士人"（《清史稿·李绂传》），但雍正帝除了轻描淡写地指责田文镜一下外，还是坚决地支持田文镜以严厉刻深的风格治理河南。河南是其新政的第一块试验田。

电视剧《雍正王朝》将李绂的政治资源安排为雍正的三哥、诚亲王允祉，但在历史上李绂是以康熙的重视而崭露头角的。他是康熙四十八年进士，累迁侍讲学士。康熙五十六年，李绂充日讲起居注官，成了康熙词臣的一员，常值宫禁，日对天颜。

康熙帝向内阁和议政王大臣会议不断争权，使大学士群体只是"佐君理事之人"（《康熙起居注》第三册），但康熙对翰林院的词臣们非常重视，多次下谕强调"翰林院起居注职任重大，关系机密"（《康熙起居注》第一册）。

入承傻直的李绂，多次被康熙帝安排出任乡试、武会试的主考官，于康熙五十九年底擢内阁学士，兼左副都御史。因隐瞒了科考举人至其家喧闹，李绂遭人举报，被革职发配永定河效力，雍正元年（1723）正月被特旨恢复原职，署吏部右侍郎，充经筵讲官。几个月后，李绂出京催办漕运，调任兵部右侍郎，于第二年四月授广西巡抚。

《雍正王朝》中，李绂被允祉举荐为雍正新科会试副考官，后因正考官张廷璐舞弊案发，借李卫之手揪出舞弊者，而继任正考官主持会试。这与史实不符。被晚清梁启超誉为"陆王派之最后一人"的李绂，日讲朱熹、陆九渊理学之道，甚得皇帝喜欢，但他只在康熙、乾隆二朝主持过乡试或会试，于雍正一朝并未有相关的记载。

他在雍正朝，因能干得到了升迁，出任直隶总督，但在此任上却因维护斯文而屡遭打击。

2

李绂在广西抚台任上颇有治绩。在十四个月的时间里，他让曾为"三藩之乱"主战场的广西民风大变，吏治一新。

他惩贪肃暴，勤政爱民，深入调研辖区苗民受土司挑拨引起械斗、生产遭到破坏的情况。他从教育、诱导入手，平息了两广矿产之争，严禁汉官、土司欺压苗民。

他只要发现督、府、司、道擅立名目，勒索财物，即严加惩处，查核了康熙年间广西巡抚陈元龙等贪污捐纳银款八十二万四千七百余两之积案。南宁知府接受土司贿赂，被他革职，并通饬九府府丞。土龙州贪暴不悛者，也被革除职务。

雍正帝称赞："尔于此事秉公执正，实属可嘉！"（《清史列传·李绂传》）决定将其调至畿辅，任直隶总督。李绂回京谢恩，途经开封，河南巡抚田文镜出城相迎。

迎来送往，这是官场的客套。但，田文镜的一小迎，却在将来的日子里变成了李绂的一大劫。

李绂指责田文镜在河南推行的士大夫一体当差、一体纳粮，有辱斯文。田文镜自然不想被强加一顶酷吏的帽子。二人不欢而散，各自写弹章闹到了雍正那里。

田文镜弹劾左都御史蔡珽举荐的河南信阳知州黄振国"贪劣不法"。而李绂说黄振国无罪。田文镜称李绂袒护同年黄振国。一边是旧人，一边是新宠，雍正帝走过场骂了田文镜几句就草草收场，但李、田二人因此积怨日深。

李绂就任直隶，适逢水灾，民多死亡。他根据州、县要求，果断下令各地开仓救灾，然后上书朝廷，为自己擅自开仓出谷请罪，雍正认为他做得对，免予处分。同时，李绂多次上疏弹劾田文镜横行河南山东，贪赃枉法，祸害百姓等。

然而，李绂主政畿辅，治绩一般，引起了雍正帝的强烈不满。雍正帝说：李绂自被擢用直隶总督以来，识见实属平常，看人眼力不够，除了为人直率外，对皇帝的指示贯彻不彻底。

此时，浙江道御史谢济世的奏章被送到了雍正那里，重提田文镜与黄振国等人的纠纷案，说黄振国被田文镜毙命灭口。雍正帝派侍郎海寿、史贻直赴河南调查，黄振国被解送赴京，并发现"汪诚、邵言纶皆系庸劣不堪之人，田文镜奏参处分，并无冤抑。乃谢济世所言黄振国、张球、邵言纶、汪诚等事，竟与从前李绂所奏一一吻合"（《清史列传·李绂传》）。

对于田文镜与李绂、蔡珽、谢济世的矛盾症结，《清史稿·李绂传》说："文镜驭属吏苛急，待士尤虐。绂固以好士得时誉，宜其恶之深，而所争以为枉者，为珽所荐者。济世又继以为言。"黄振国是双方矛盾的焦点。

雍正认为，蔡珽将已革知县黄振国起用为知州，阻碍新政而被田文镜弹劾，蔡遂指使李绂弹劾，不被采纳，又唆使谢济世上章弹劾，三人结交一体，想将田文镜参倒。

田文镜是试验雍正新政的重臣，遭到李绂、谢济世弹劾，激怒雍正帝："朕思封疆大臣为国家实心任事，即为国之栋梁，朕之股肱，若不保护而受人倾陷，则朕何颜对天下封疆大臣？此种结党营私、排挤倾陷之恶习，不可不严加惩治。"

谢济世被革职，遭送至阿尔台军前效力赎罪，而李绂被罢免总督，改任工部右侍郎。

3

田文镜和李绂都是封疆大臣，雍正帝厚此薄彼，将田文镜特授河南总督，加兵部尚书衔，不久还让他兼督山东，管理两省事务；而李绂却被以庇护私党，议罪二十一款，革职交刑部审讯，议罪当斩，妻儿入官，籍没家产。

李绂身系狱中，每日读书，饱啖熟睡，被狱中同关押的罪官称为真铁汉。

两次决囚，雍正命将李绂缚至西市，以刀置颈，问他此时是否知道田文镜的好？

李绂大义凛然，对答：臣即便是死，也不知田文镜好在哪里！

顺承郡王锡保从前线送来公文，报告谢济世供出弹劾田文镜，是受了李绂、蔡珽的指使。广西新任巡抚韩良辅也报告了李绂在广西的问题。

好在雍正帝开恩，说李绂既然悔过认罪，情词恳切，很有学问，钦定革职免死，参与纂修《八旗通志》，并免除了对其妻儿、财产充官的处置。

雍正帝之所以要严惩李绂，并非单纯为他中伤干臣田文镜。雍正四年六月，议政王大臣会议将允禩议罪二十八款，由侍卫胡什礼送至保定，交由直隶李绂看押。

胡什礼和李绂交接后，胡什礼回京复命，说李绂告诉他"当便宜行事"（《清史稿·允禩传》），雍正命人送信制止，李绂不承认说过此话。两个月后，李绂上奏，允禩因腹内疾病死于幽所。

有人揭发，胡什礼在解押途中对允禩进行了械击。雍正帝大怒，联系到胡什礼所传的李绂的话，将胡什礼逮捕治罪。

李绂报告允禩之死，却说不出具体原因。允禩死于非命，雍正帝背负了毒杀亲弟的罪名。雍正帝说：塞思黑(允禩)自西大通调回，令暂住保定。未过多久，李绂报告他得病，不过数日便死。"奸党遂谓朕授意于绂，使之戕害。今绂在此，试问朕尝授意否乎？"(《清史稿·李绂传》)

李绂做了雍正帝不处死以自证清白的替罪羊吗？雍正帝言之凿凿："塞思黑罪本无可赦，岂料其遽死？绂不将其病死明白于众，致生疑议，绂能辞其过乎？"塞思黑即允禩，雍正赐名。难道李绂是妄自揣测圣意，想为主子行万难之事？

雍正帝为了同李绂撇清关系，说他在潜邸时，懒于交结，并不知蔡珽、李绂的姓名。后来通过府上医师认识了蔡珽，蔡珽极力称赞李绂才品操守为满汉少有，这时才知道李绂这个人。

雍正帝觊觎帝位日久，对康熙的内阁学士兼副都御史能不了解吗？如果不了解，又怎会刚入承大宝，就对被贬黜的李绂下特旨复职，并安排为经筵讲官呢？

雍正帝没有深究允禩是否死于李绂之手，也没有对李绂进行灭口，只是弄了一招议罪严惩而降旨宽免的内紧外松的政治手段，让不被处死也不受重用的李绂无可奈何，却也不得不背负一桩疑案！

李绂不死，但被一撸到底，所谓陷害公忠体国的田文镜只是引子，他要长期担负着允禩死得不明不白的政治问题。雍正帝王心术，不重用也不放走李绂，甚至为了制约李绂，不让他乱说话，将原判为奴的李绂妻儿也放了。直至乾隆登基，李绂才被起用为户部侍郎，管理三库，后来重新做过一任内阁学士。

乾隆的恩师两次被雍正
作断崖式严惩

1

三公，是中国古代最为显耀的三个官职合称，周已有之。明仁宗后定为虚衔，对勋戚文武加官、赠官。清朝统治者入主中原，强调迎请前明官员士大夫，同奉守儒家道统和治统的士大夫合作，承袭明朝职官体系，同时继承了三公。

清代位居三公者，共二十六人次：太师两人、太傅十二人、太保十八人。其中洪承畴、金之俊、鄂尔泰、福敏、长龄和世续六人，先拜太保后加太傅，荣耀无比。

鄂尔泰和福敏是乾隆封的。鄂尔泰是雍正留给乾隆的顾命大臣之一，后改称总理大臣。福敏是乾隆还是王子亦是皇孙时的老师。乾隆对这位帝师敬重有加！

乾隆元年（1736）四月，协办大学士署刑部尚书福敏，同左都御史孙嘉淦查办废员一案。向来大胆的孙嘉淦，在朝会上炮轰福敏："经年累月，不至衙署。案卷送阅，偏执己见。定准之稿，概不画行。"（《清高宗实录》卷十八）

乾隆是个不爱直臣的皇帝，搞平衡又爱崇满抑汉。他很熟悉口无遮拦的孙嘉淦！

早在雍正即位之初，新皇帝狂喜之后，为不合作的允禩一党和未平定的西北战事伤透了脑筋。他亟须立威，确保过渡，于是将允禩推至总理王大臣、和硕廉亲王、理藩院尚书的高度，又将他的骨干拥趸允禟、允䄉或命至西宁军前效力，或以罪名拘禁看押。

年轻的翰林院检讨孙嘉淦，给新皇帝上疏陈三事，请亲骨肉，停捐纳，罢西兵。搞得为立威绞尽脑汁的雍正怒斥掌院学士："翰林院乃容此狂生耶？"

孙嘉淦今又不留情面地口诛帝师，乾隆很不高兴，命总理王大臣找孙嘉淦谈话，表明今上的态度：大臣办理公务，要秉公忠诚，和衷商酌，这样才能对事情有益。各存己见，互争高低，只会有妨政体，对国是无益的。

乾隆和风细雨地说了一番温和话后，话锋一转，严厉地说：此风断不可长！

他警告说：孙嘉淦与福敏，系同堂办事之大臣，却不能同心协力办差，若不从重议处，就无法警戒将来。一定要弄清楚两人孰是孰非。

福敏拘执推诿是实，孙嘉淦也想沽名钓誉。这是最高领导人定的调！

总理王大臣回报：废员一案，迟缓之咎，全在福敏。因为"福敏虽在书房行走，而衙门之事，亦可兼办，何至经年累月，不进官署，显系年老惛愦，废弛事务"。

划分责任，福敏该担全责。乾隆将福敏降三级，接着说：举报者孙嘉淦身为大臣，不能与福敏和衷共济，也降一级！

处理结果定了。乾隆却要将功抵过，两不责罚。他要力保他最敬重的福敏老师。

2

乾隆没有将总理大臣集体鉴定为"年老惛愦，废弛事务"的福敏从内阁革任，而是很快将年近古稀的福敏擢为武英殿大学士，兼工部尚书，主持翻译乡试，掌管翰林院。

乾隆四年五月，福敏和鄂尔泰、张廷玉一同加太保。乾隆十年十二月，福敏以病请求离休，乾隆优诏允之，再加太傅。

乾隆说：福敏才品优长，老成端谅。他在内廷讲诵多年，恪慎小心，实有裨益。

在内阁任事恪尽职守,但因年迈体衰需要多调理。加衔太傅,以示顾念旧学之意。

虽然乾隆多次加官鄂尔泰、张廷玉,以示重用,也聘请过他们做经筵讲官,死后保留了先帝所赐的配享太庙的顶级优待,但实质性的荣耀不及福敏所得。

乾隆十年,鄂尔泰病逝,乾隆亲临丧所致祭,加祭二次。但十年后,鄂尔泰之侄鄂昌"诗词与悖逆之胡中藻倡和"(《清史列传·鄂尔泰传》),皇帝追责"胡中藻系鄂尔泰门生,且与其侄鄂昌叙门谊,则鄂尔泰从前标榜之私,适以酿成恶逆",将鄂尔泰撤出贤良祠。张廷玉则几次从乾隆的疯狂打击中死里逃生,最后苍凉地抑郁而卒。

乾隆给了福敏老师特殊恩赏,即便荣休,也邀请他在神清气爽时多到内廷走动。福敏病逝二十三年后,乾隆御制怀旧诗,称他为龙翰福先生。龙翰者,龙毛、龙鳞也。师生情谊,到了这个份上,乾隆也是尊师有始终,当然也有偏重。

福敏在乾隆朝,除力劝皇帝行猎在外不得荒废朝政、对如何赈济灾民处理灾情提出建议外,并无其他具体的政绩彪炳千秋。

他位列阁臣,参与机务,两晋三公,那份帝师情谊起了不少作用。

他是康熙三十六年(1697)进士,改庶吉士,被安排到雍王府做西席,成为弘历的授业老师。雍正登基,对他格外看重,直接擢授内阁学士,兼礼部侍郎,充经筵讲官。

雍亲王成为雍正帝,藩邸旧人多升天。福敏一次性连升十多级——他是雍正的心腹谋士。电视剧《雍正王朝》中神机妙算的邬思道,也该有他长长的历史影子。

雍正不断升其官,对这位帝王师委以重任,命他参与主考会试和翻译乡试,教习庶吉士,迁吏部右侍郎,署浙江巡抚。

他出身满洲镶白旗,力谏雍正对满官升迁要按汉官惯例,不搞特殊化。

他外任封疆大吏,对浙江水利工程进行有效规划,留给李卫一副好牌。

钱塘举人汪景祺夸耀年羹尧为宇宙第一伟人的惊世之作《西征随笔》,就是福敏在浙江查出的。当时，正白旗蒙古都统拉锡奉命查抄已贬杭州将军年羹尧在浙江的财产，年羹尧先已自毁信札，却不曾查出这本已有宇宙观的奇书。

汪景祺被处死，福敏被擢升左都御史，兼掌院学士，不久署理湖广总督。

虽是代理，也做了不少惠泽性好事：治理水灾，赈济灾民，修缮堤坝，平息民变。

雍正说："朕令尔暂摄总督，苟得其人，即命往替。近日廊庙中颇乏才，皇子左右亦待尔辅翼。留尔湖广非得已，宜体朕意勉为之。"（《清史稿·福敏传》）

雍正五年（1727）闰四月，福敏被召还京，授吏部尚书。昔日私家西席，今日掌天下人事。

3

刚过一年，雍正突然追查他在浙江隐瞒佟吉图擅动库银一案，将其革职。

这是雍正对福敏的第一次断崖式处理，而且是一撸到底。

《清世宗实录》卷六十八对福敏的这一次受罚，写得很隐晦："吏部尚书福敏缘事革职。"但看雍正批佟吉图折："知人则哲，为帝其难之。朕这样平常皇帝，如何用得起你这样人！大爷伺候不了你了！"（《朱批谕旨》）

雍正非常憎恨佟吉图，牵连自身过硬的福敏，有监管不力的罪行。

佟吉图是允裪总管内务府时的官员，后退职闲居，自命"藏器待时"。允裪梦灭，雍正却认为佟吉图人才可用，派往山东做臬台，改藩台，调任浙江布政使。雍正二年八月，黄叔琳解浙江巡抚任，以佟吉图署理巡抚印务，后因动用库银被免官。

佟吉图是否非法侵占，史料未载，但他是允裪的党羽。雍正恼怒福敏不该徇私，所以免职成了一种惩罚。这一罚，就是两年。

雍正八年四月，福敏才被安排做兵部侍郎助理，继而兼任户部侍郎，再任左都御史，仍管户部、兵部事。雍正对他还是信任的，命他代掌工部，协办大学士事，署刑部尚书。

《清史稿》说："福敏性刚正，廓然无城府。"这样的为人，能成就干臣的清正操守，却防不住官场的暗箭明枪。他第二次遭遇了断崖式严惩。

雍正十二年五月，福建武平县农民蓝厚正殴打抢田的胞兄致命一案，引发了朝廷大争论。这是一桩被写进皇帝实录的著名刑狱案。

福建巡抚赵国麟提出，蓝厚正杀兄，应该斩立决，但其母年老，其侄年幼有残疾，请求朝廷酌情考虑"拟斩留养"。

户部尚书庆复等十七人坚持：这是故意杀人罪，法无可贷！

刑部尚书福敏等十二人建议：事出有因，应考虑天理人情，从宽处理。

清代规定对民事案件地方有自治权，但对于刑事案件非常审慎，有着严格的多重审理制度。州县初审后，将定罪量刑的意见逐级报送知府、按察使、督抚复审，督抚如无异议，即奏报皇帝，并抄送副本与刑部分管司。皇帝收到督抚奏报后，不能直接批复，还得交由三法司（刑部、都察院、大理寺）依律重新拟罪。若涉死罪，则纳入秋审程序。秋审如同国家大典，代表着国家的权力，谁也不能马虎。

故而对死刑的审理，程序严格，审议慎重，讲究慎杀，情法持平。福敏等刑部官员，是站在国家法制建设和规定上看待蓝厚正杀人案的：蓝厚正不是故意杀兄！

但是，雍正说：人心风俗之本，莫重于伦常。为土地小事，殴打胞兄至死，实属人伦之变。曲解宽宥，就是纵容凶恶之人，借着种种理由肆行无忌！

法不容情！蓝厚正被依律斩决。一双兄弟的人伦悲剧演绎成一个家庭的生存惨剧。

福敏乃专掌刑名之大臣，雍正认为他识见平庸、糊涂姑息，着交部议严察。

福敏的考虑，也非徇私，只是裁判的尺度带着一定的人情味。

此事未平，彼事又起。六月七日，果亲王允礼劾奏户部尚书彭维新植党营私、坏法欺公各款。依大清律"官吏挟诈欺公，变乱成法者斩监候"，彭维新应判死缓。

雍正说：彭维新为人奸诈，违背旨意施恩于人，为私情而亏损国库，"妄作威福，收支留难，擅用官银，沉搁部务，甚至将国家定例并怡贤亲王在户部历年整理经画之良规，肆行变乱，任意更张，法实难宽，情尤可恶"（《东华录》卷三十二）。

福敏审案没顺承圣意，反而为为官清廉、不趋炎附势的彭维新说话，遭到雍正严厉申饬"朦混徇隐"（《清史列传·福敏传》）。

两案同发，福敏有不作为之嫌，降三级留任，戴罪立功。

乾隆上位，没有顾忌皇叔允礼亦是总理王大臣的情面，果断将彭维新一案定为冤假错案，潜在地表示福敏执法没有违法乱纪。福敏有尊重客观事实和基本道德诉求的成分，并没有照顾某个人甚至雍正的私人感情，基本符合中国古代法制建设与德治政治交织一体的特殊规律。然而，他考虑过多，引起了雍正的反感。乾隆将政绩远远不及鄂尔泰、张廷玉的福敏，两加三公，明显有弥补罚重的可能。

三百两银子葬送
一世英名

1

雍正治吏的非常措施，与明朝开国之君朱元璋有一比。他们有一个共同点：严苛！

雍正驭下，强调忠敬、诚直、勤慎和廉明。为官不廉正，即为利欲熏心者，贪念误国。对于这样的官员，雍正帝会极尽手段予以严厉的打击。

雍正三四年（1725—1726）间，他处置一位重臣的身后问题，创造了一项荣辱巨变。

雍正三年九月，闽浙总督加兵部尚书满保病逝在任上，享年五十三岁。这是因公殉职。他给皇帝留下了一份遗疏：新任巡抚还未上任，总督印信不便远送进京，他谨慎地交予福州将军宜兆熊代管，并留解任巡抚黄国材暂缓启程，继续办事。

人之将死，还在为工作交接做安排。雍正帝决定要对这位恪尽职守、平叛有功、执政能干的封疆大吏进行嘉勉，要把他树立为百官的典型、时代的楷模。

雍正指示："满保向来居官，虽无廉介之称，然才干优长，尽心办事，整饬营伍，经理海疆，实为称职。昔年台湾一事，虽不能消弭于未然，而能于七日之内即行克复，功过足以相抵。朕即位以来，时加教诲，满保亦知奋勉，矢志廉洁。及至抱恙沉笃之际，尚能留心地方，将黄国材留闽，以待新任巡抚，并

将总督印务交予将军宜兆熊,其办理俱属得体。今闻溘逝,朕心甚为轸恻!"(《清史列传·觉罗满保传》)

雍正给满保的评价是:干才、功臣、能吏、清官!他要大力褒奖,赐祭葬,给谥号,使之成为天下百官的榜样。他要礼部商议出一个优待的抚恤方案。

礼部不敢懈怠,这是最高领导人圈定的狮子型干部样板!

但此时,刑部给雍正帝递交了一份报告,是关于满保的!

他曾给隆科多送过三百两银子!

隆科多是雍正帝嘴巴里喊的、谕旨上写的"舅舅",是助力雍正继位最为关键的核心人物。雍正即位的第一天,他以步军统领兼理藩院尚书,和廉亲王允禩、怡亲王允祥和内阁首席大学士马齐,被封为总理王大臣。不久,和年羹尧一起进封太保,一起被赏赐双眼花翎、四团龙补服、黄带、紫辔。

雍正三年正月,隆科多突然被撤了步军统领,这是雍正帝要对第一功臣动手的信号。法司审讯隆科多的家人,其中一条就是隆科多收取了总督满保的三百两银子。

雍正帝犯难了。勤政典型、廉洁先锋与他要重点打击的政治犯联系在了一起。

被查处的贿赂并不多,但这确是结交隆科多的凭证。隆科多权倾朝野,掌控人事任命权,结党营私,就连目空一切,甚至对雍正无人臣礼的年羹尧,也对他送钱示好。

雍正帝心里很窝火!他犹豫了许久,终于在原准备留中不发的礼部抚恤报告上,朱笔一挥:"满保居官贤否,众论不一,是以赐恤之典,朕即未定。今细加访察,知其居官甚属平常,于吏治民生毫无裨益,但谄媚隆科多、年羹尧而已。不必赐恤与谥。"(《清史列传·觉罗满保传》)

荣耀遭遇断崖式处理。满保因一次馈金交通隆科多,被公开否定了能干廉洁的一生。

2

满保本身作风廉正，任事担当，绝对想不到一世英名葬送在三百两银子上。

《清史稿》卷二百八十四将满保作为卷首人物重点评传，称："国家承平久，禁网疏阔，官吏缘为奸，掊克聚敛，以取怨于民。台湾悬海外，一夫难发，郡县皆不守，镇将战死。满保闻乱，投袂即行。"康熙六十一年（1722），满保指挥南澳镇总兵蓝廷珍、水师提督施世骠率水路军，由澎湖赴台，成功平定了养鸭工朱一贵起义。

满保，满洲正黄旗人，康熙三十三年进士，选庶吉士，散馆授检讨，成为入值的词臣，做过日讲起居注官。四十八年，任内阁学士充经筵讲官，两年后巡抚福建。

儒臣入值南书房，康熙帝是有条件的：一、才品兼优；二、博学善书；三、谨慎勤劳；四、不得干预外事。让圣心满意了，皇帝会准许词臣在禁中乘马至所出入之门，是为朝马之赏；或让其出任部院长官甚至内阁辅臣，即能"深受特简之遇，猥膺超擢之荣"（张英《笃素堂文集》卷三《请假归葬疏》）。

满保虽没有像熊赐履、张英、陈廷敬等那样入阁拜相，也没有如王士祯、徐乾学、王鸿绪等一般执掌院部，但他在东南之荣、之事、之功，丝毫不逊一时卿相。

满保是一个实干家，上任伊始便走基层，做调查，给康熙帝打报告：福州、兴化、泉州、漳州等属十六州县濒海要地，需要谙练政务、才能出众的官员治理，请求朝廷从直隶各省选拔卓异官员，特简调任。对于治绩优秀者，三年期满后升用。

这是牵动全国的官员选拔。御史璩廷祜说，异地任免，外官与民众不熟悉，不能尽展其才。如果三年期满，再将他们调离升迁，对地方无益，必会造成一系列问题。

璩廷祜直指：满保所奏，不能肯定为例，不如在本省择员调补。

此言一出，吏部积极响应。他们不想满保经略海疆，动了中央铨选官员的奶酪。

康熙很生气，要对曾长期在身边工作过的满保给予最大的支持。他说，督抚为地方治理人才起见，说得实在，理所当然。璩廷祜说不能打开这个口子，没有惯例，似乎称那些优秀官员不情愿去沿海苦地上班。他一说，吏部马上附和。

“如此则权归科道，是明季恶习，断不可长。”(《清史列传·觉罗满保传》)

九卿、詹事和科道赶紧商定，一致通过满保的申请，并说“璩廷祜愚昧不达事理”。大家都知道，在康熙的绝对权威面前，大学士也不过“佐君理事之人”(《康熙起居注》康熙五十六年三月十六日)。谁敢冒犯天威，那只会被康熙帝无情地尽去之。

康熙对满保在福建的工作成绩是满意的，两年后将其擢升为福建浙江总督。

满保奉命巡海，奏请自乍浦至南澳沿海建台、寨一百二十七所及一千多炮位。

3

康熙六十年，台湾凤山知县出缺，暂由知府王珍兼理，王珍命其子做实际代理人。结果，王珍儿子滥用职权，向百姓无休止摊派苛捐杂税，弄得怨声四起。

这时，台湾发生地震，引起海水泛涨，民间谢神唱戏，王珍以“无故拜把”为由，监禁四十余人。民众入山砍竹，王珍以违禁为由，抓捕二百多人，交了钱就放人，不交钱打四十板，驱逐过海，撵回原籍。民间耕牛、糖铺，交钱方许使用。

孤岛离康熙远，王珍要像施琅家族一样做台湾的土皇帝，横征暴敛，苛税滥刑。

当过衙役的福建移民朱一贵，在鸭母寮养鸭，为人仗义，外号鸭母王，是年三月十五日，与朋友十六人聚会拜把，密谋起事，不久发展到数百人。大家推举朱一贵为盟主，打出"大元帅朱""大明重兴""清天夺国"等旗号。

朱一贵自称前明宗室，称"中兴王"。起事当夜便攻占了冈山清兵营汛，缴获鸟枪、藤牌十数件，接着又攻占了不少营汛，夺取了武器。起义军队伍迅速壮大，最高峰时发展到三十万人。其中很多人是郑成功、郑经留下的将校武官。

义军"掠军器，众益聚，遂破县城，进陷台湾"（《清史稿·觉罗满保传》）。满保迅速赶赴厦门，调南澳总兵蓝廷珍出师讨伐、水师提督施世骠速奔澎湖。

康熙下令招抚义军。很快，义军内部出现分化、背叛，杨旭等密约六百壮丁，将朱一贵等为首的义军头目擒获，献给清军。朱一贵等被押解进京，磔杀于市。

这一场民变，《清史稿》评价说："是役，自出师迄事平凡七日。"满保因调度有力，被康熙帝嘉奖，加兵部尚书。

满保未独占其功，积极为勤于职事的官员请功，弹劾荼毒乡民、弃城逃跑的官员。

康熙对满保是保护的，没有追责他对属下枉法监管不力。康熙帝上谕："台湾地方官平日但知肥己，刻剥小民，激变人心，聚众叛逆。及大兵进剿，杀戮之气，上干天和，台飓陡发，倒塌房屋，淹没船只，伤损人民。此皆不肖有司贪残所致也。宜令速行赈恤，以慰兆民。"（《清史列传·觉罗满保传》）

雍正即位后，反复强调满保有失陷地方之罪，但他亲赴前线抚慰民心、调度官兵七日克复，可以功抵罪。

雍正二年十一月，有人向雍正报告，闽浙总督满保等找人在宫里偷看奏折及皇帝朱批，探听消息，泄露密旨内容。雍正震怒，称一旦发现就就地正法，并以失职罪将督抚罢免。满保赶紧上疏请罪。雍正说，有则改之，无则加勉。

没过多久，满保死了，却因三百两银子，弄得死后哀荣不保、晚节大亏。

区区三百两银，一次性毁了一个廉吏能臣的清誉。这相对于他花大价钱托人窥探圣意微乎其微。但，雍正却非同以往地严惩他，关键在于他把银子送给了雍正所恨的人。

清室毒舌
揭短雍正滥杀无辜

1

生于乾隆四十一年（1776）的第八代礼亲王昭梿，袭爵十年后被嘉庆帝下四道严旨，申斥他"妄自尊大，目无君上"，夺爵拘禁，关了三年。他由狂热的政治活动家变成了著名的文史研究者，同时以敢说真话、针砭时弊而成了著名的清皇室毒舌。

他在《啸亭杂录》卷一中强调："宪皇在位十三载，日夜忧勤，毫无土木、声色之娱。"宪皇，即雍正帝死后的追谥简称。民间传说、反清观念及政敌后人笔记，很多都说雍正晚期众叛亲离，非常寂寞，于是沉溺女色、借力春药来麻木自己，故而给他传奇性的死因，平添了纵欲过度、中毒丧生说。

为了证明雍正不沉迷声色，昭梿不但给他弄了个苦行僧形象，还特地写了一篇《杖杀优伶》，说雍正在日理万机间隙休息时，也很少喜好声色。某次，雍正看一出写过去常州刺史郑儋打子的戏，感觉不错，曲艺俱佳，便赏赐演员食物。哪料，女主角吃着御赐之食，忘了分寸，随口一问现任常州知府是谁，传到了雍正的耳朵里。

现在如果不知道市长是谁，证明你太不关心政治了，但在当时，却是犯忌了。雍正勃然大怒："汝优伶贱辈，何可擅问官守？其风实不可长。"

于是，雍正命人将这个可怜的女演员当场残忍杖毙。

昭梿评价雍正"严明"，却没想到揭发了这位勤政皇帝极其残忍的一面。

女艺人因所演的戏曲主题是常州刺史打子，问一下现任刺史的名字，这不能说是违反了哪条王法。她即便是一个罪犯或者家奴，了解一下官员的名讳，顶多算是了解下政治而已。

但她没想到，这一句简单的问话要了她的性命，且是被雍正帝下令一棍接一棍地打死的。

雍正帝给出的理由是：她是低贱的优伶。

纵使优伶再低贱，是封建统治阶级歧视的"下九流"之一，但也是底层百姓。雍正帝自许"以勤先天下"，为百姓谋福祉，一天到晚勤奋谨慎，没有一点疏忽懈怠，却如此粗暴地因一件小事而草菅人命。

雍正帝就因一个臣民不该问长官名讳，就任意将一无辜的女人活活打死，无视底层民众的生命。他在历史上也留下了多起残忍、冷酷、寡情的隐恶。

2

雍正十二年（1734），河东总督王士俊弹劾刚任河南学政不久的俞鸿图，称其在主持乡试预考期间纳贿营私。

俞鸿图是康熙五十一年（1712）进士，至雍正十二年年纪也不小了，曾娶了一房小妾，出差也让她陪同。他算得上是一个生活有瑕疵，但工作却认真的高级干部，在负责乡试期间，曾严厉警告跟班在试院外值班，以绝考试资料传递之弊。

谁知跟班跟他玩灯下黑，想得士子贿赂，就与俞的小妾林氏串通，泄露考题。

林氏得了好处，先是缠绵一番，套取了试卷内容，然后趁俞鸿图熟睡，将考题贴在俞的官服里面。第二天一早，俞鸿图穿官服上班，跟班想办法撕下考题，传给外面的考生。

在俞鸿图毫不知情的情况下，跟班收取考生贿赂达万余两。几个平时不读书的"富二代"榜上有名，成了新科举人，激起公愤，闹得满城风雨。

王士俊新近兼任河南巡抚，要烧一把猛火，不想上任伊始便碰到了这一起群体事件，赶紧上报。雍正帝派户部侍郎陈树萱前往河南，会同王士俊审理俞鸿图案。

雍正帝素来重视科考舞弊问题，朱批谕旨十分严厉，指示要从重从快处理，并称如果陈树萱与王士俊徇情，则严惩不贷。

会审开始，俞鸿图以自己没直接卖题收钱，否认受贿。于是，陈树萱、王士俊们从其小妾、跟班处找突破口，威吓之下，他们对作弊、接受贿赂的事实供认不讳。

俞鸿图不得不认罪，支支吾吾地提到考题是小妾出卖的，银子是跟班收取的。

真相大白。陈树萱赶紧回京向刑部报告，提出将俞鸿图斩立决，刑部拟罪腰斩，并报雍正审批。

正好遇到雍正心头不快，当即画圈确认！雍正帝还想了一个更残酷的法子，指定俞鸿图的儿女亲家邹士恒接任河南学政，并监斩俞鸿图！

清代的刑场，给了钱就死得快！刽子手执行腰斩，犯人要想快死，必须给钱。

由于俞鸿图绑赴刑场时，邹士恒才告诉他是执行腰斩，俞鸿图已来不及筹钱。刽子手给了他一个慢死，俞鸿图上半身在地上打滚，痛苦万状。他用手指蘸着身上的血在地上连续写了七个"惨"字，才慢慢痛死。

邹士恒赶紧将俞鸿图惨死的情形，写了一个详细的报告提交给雍正帝。此时的雍正帝，清醒了几分，意识到惩罚过重，于是下令废除腰斩。

雍正帝的一次喜怒无常，使俞鸿图成了中国古代腰斩史上最后一个，也是最著名的一个受害者。告发者王士俊，由于政绩突出，成了清史上首例被皇帝赏赐孔雀花翎的翰林出身的官员，成了与没进过翰林的李卫、田文镜并称的雍正宠臣。

3

雍正因不谙实情而对冒犯了自己或者律例的人定罪严惩的，并非一两例，尤其是他即位之初重点打击他的兄弟。他大肆修订《大清律例》时，也不时犯了以权代法的狭隘与严苛。

他是一个积极的名讳观念主义者。因他老爸康熙帝给他们兄弟取的名字中，都有一个"胤"字，于是他即位之初想出一个冠冕堂皇的理由：王大臣的建议，皇太后的懿旨，改"胤"为"允"。与他同娘生的十四弟的名字胤祯，与其名胤禛同音，必须全改，改得面目全非。所以，著名的"允禵"这个名字，其实不是康熙取的，而是一个政治产物。

在他的授意之下，王大臣们给允禩弄了四十款罪，给允禟弄了二十八款罪，给允禵弄了十四款罪。不久，允禩、允禟死于非命，而允禵被长期拘禁。

雍正帝给他们定的罪名，在若干年后被乾隆帝推翻：诸多罪名并不成立。

雍正近乎寡情地严惩诸兄弟，这是帝位之争导致的悲剧。俞鸿图之死，死于身边的人弄出的舞弊案。但，那个被昭梿大唱赞歌的杖杀优伶案，无疑是不露声色地揭发了雍正政治人生的一大隐恶：滥杀无辜！

雍正用人的一条死规
害了清朝

1

雍正推行新政，用了不少汉臣，如大学士朱轼、张廷玉，总督田文镜、李卫，尚书励廷仪等。

尤其是雍正与张廷玉，如电视剧《雍正王朝》所渲染的那般，形影不离，蜜月期持久不败。雍正驾崩前特地留下遗诏，命张廷玉与鄂尔泰一起，同允禄、允礼两大和硕亲王，组成他留给乾隆的顾命大臣团队。

雍正弥留之际，不忘对四位顾命大臣做性格分析：

庄亲王允禄，心地纯良，和平谨慎，但遇事缺乏担当。好在错误不多。

果亲王允礼，至性忠直，才识俱优，是国家有用之才，但身体不好经不起折腾，虽有贤王之名，却不能为国家办好政务。

允禄和允礼，分别是雍正的皇十六弟、十七弟。允禄在雍正朝历官正蓝旗汉军都统、镶白旗满洲都统、正黄旗满洲都统；允礼是允祥之外，雍正在诸兄弟中最亲信的一个，分管镶蓝旗和镶红旗的旗务。允祥死后，雍正命允礼总理户部三库事务，兼管工部和宗人府。临了，雍正对他们委以重任，又臧否兼半，足见对他们二王还是有顾虑的，希望诸王大臣体谅他们，"勿使伤损其身"，"而损贤王之精神"。（《清世宗实录》卷一百五十九）

说完二王，雍正就说两大学士：

他改变遗诏"著庄亲王允禄，果亲王允礼，大学士鄂尔泰、张廷玉辅政"

的排序，先说张廷玉："张廷玉气量纯全，抒诚供职，其纂修《圣祖仁皇帝实录》，宣力独多。每年遵旨缮写上谕，能详达朕意，训示臣民，其功甚巨！"接着才说："大学士鄂尔泰志秉忠贞，才优经济安民察吏，绥靖边疆，洵为不世出之名臣。"

张廷玉和鄂尔泰都被雍正遗命，要保证他们荣耀终身，"配享太庙，以昭恩礼"。但仔细分析遗诏中的评价，张廷玉是洞察圣心、辞令达意的大秘，而鄂尔泰为治国安邦、内外兼修的大才。

《清世宗实录》为乾隆朝史官所修，自然要按乾隆的政治需要来书写所谓的先帝史。但从乾隆十四年（1749）底的一份谕旨来看："试思太庙配享，皆佐命元勋，张廷玉有何功绩勋猷，而与之比肩乎？鄂尔泰尚有经度苗疆成绩，而张廷玉所长，不过勤谨自将，传写谕旨，朕诗所谓'两朝纶阁谨无过'耳。而觍然滥膺俎豆，设令冥冥有知，跼蹐惶悚，而不能一日安矣。此在朕平心论之，张廷玉死不当配享太庙，其配享实为过分。"（《清史列传·张廷玉传》）

俎豆，古代祭祀、宴飨时盛食物用的礼器。张廷玉配享太庙，即享受祭祀和崇奉之意。乾隆说他"滥膺俎豆"，说得粗俗点，就是滥竽充数。

结合乾隆对张廷玉的痛斥来分析，《清世宗实录》中对张廷玉、鄂尔泰的最后评价，无疑是遵循了乾隆的意见。当然也不能否认雍正就喜欢张廷玉唯诺是从的性格。

2

有清一代，张廷玉以唯一汉臣的身份，被皇帝安排配享太庙，纯属奇迹。清朝的最高领导人是满族人，但从朝代论来分析，它是中华社会发展史上一个非常重要的朝代。

张廷玉能够成为一个荣耀的点缀，可视为雍正对汉臣重用的一个方面。

而早在雍正八年（1730）以国家的名义建成京师贤良祠，以新近病逝的怡亲王允祥为首的同时，雍正首批指定了另外十人入祀，即满洲八旗图海、费塔、顾八代、马尔汉、齐苏勒五人，汉军旗靳辅和杨宗仁两人，以及汉人张英、赵申乔与陈瑸三人。

赵申乔和陈瑸是康熙朝卓有政绩的重臣。而张英仕途最大的亮点，就是康熙十六年（1677）四月，康熙谕令武英殿大学士明珠、勒德洪等"朕不时观书写字，近侍内并无博学善书者，以致讲论不能应对。今欲于翰林内选择博学善书者二员，常侍左右，讲究文义"，张英脱颖而出，成为南书房第一批有编制的词臣。他住进了内务府在内城安排的房子，被康熙不断委以重任，六十三岁起做过两年文华殿大学士。

张英的政绩不显，最出名的是一首关于六尺巷的诗："一纸书来只为墙，让他三尺又何妨。长城万里今犹在，不见当年秦始皇。"这在后世成了一个经典的廉政故事，但从严治吏、推崇廉政的雍正将他入祀贤良祠，却非因为这个故事，而是因为张英曾做过他的师傅，更重要的是，张英是张廷玉的父亲。

是时张廷玉已为保和殿大学士兼军机大臣。雍正以内阁在太和门外，侍值者多，容易泄露消息，于是在隆宗门内设立军机处，作为承旨出政的总汇。张廷玉负责拟定军机处的主要制度："诸臣陈奏，常事用疏，自通政司上，下内阁拟旨；要事用折，自奏事处上，下军机处拟旨，亲御朱笔批发。"（《清史稿·张廷玉传》）张廷玉任职内阁，典掌军机，又兼理吏部、户部要职，俨然是雍正的首揆。

清朝执行满汉复官制度，张廷玉在《澄怀主人自订年谱》卷六中记载，内阁大学士行走班次，"系满大学士领班"。如此可见，朝会时，参与军政要务的张廷玉还得紧跟在另一位保和殿大学士、满洲镶黄旗人马齐的后面。而在允祥去世后，雍正又命武英殿大学士兼吏部尚书马尔赛，与大学士张廷玉、蒋廷锡详议军行事宜，翊赞机务，张廷玉又得屈居满洲正黄旗人马尔赛之后。

两年过去了，雍正十年正月，在云贵广西总督任上推行改土归流的鄂尔泰，因为一是搞新政颇见成效，二是报祥瑞不断翻新，被雍正帝特旨招至京师会谈。

雍正说你不要回去了，留在京城任保和殿大学士兼兵部尚书，办理军机要务吧。

此前文渊阁大学士逊柱和东阁大学士尹泰，都兼了多年兵部尚书，但雍正并没让他们进入军机处。鄂尔泰甫一进京，雍正就命他入阁拜相，参与军机，并以年老为由，让做了十五年兵部尚书的大学士逊柱不再兼任，将权力交给鄂尔泰。雍正对鄂尔泰极其重视，特授鄂尔泰一等伯爵，世袭罔替。

3

无论比在阁时间，还是论军机处资历，张廷玉都是老人，而鄂尔泰却后来者居上。

即便雍正在张廷玉回老家祭父时肉麻地写信："朕即位十一年来，朝廷之上近亲大臣中，只和你一天也没有分离过。我和你义固君臣，情同密友。如今相隔月余，未免每每思念。"（《清史稿·张廷玉传》）但他对鄂尔泰与张廷玉还是分厚薄。

雍正潜在地厚鄂薄张的背后，就是一面崇满抑汉的镜子！

曾对他不好声色做过证明的礼亲王昭梿，在《啸亭杂录》中还披露了一件事。

一次，都察院的满洲副都御史出现空缺，吏部一时报不上合适的人选。于是，雍正命内阁九卿秘密保荐。

鄂尔泰举荐工部右侍郎许希孔。许是云南昆明人，雍正八年的进士，该与在云贵一跃飞天的鄂尔泰有过交集。或者，鄂尔泰看中了许氏是个人才，也是自己主政云南时登龙门的骄傲。

鄂尔泰信心满满，认为雍正会给他这位重量级人物面子。哪知雍正径直说：

小许是汉人，没有任职资格！

鄂尔泰力挺许希孔，说：都察院职掌事务重大，我是为朝廷推举人才计，一片公心，希望皇上不要固守满汉之分的规矩。

最后碍于鄂尔泰的情面，雍正还是录取了许希孔，顶了这个"定制"的满官职位。

"汉人任满缺"，成了一项特殊的人事任免制度。但在称张廷玉为"大臣中第一宣力者"的雍正心里，那一道固有的旧制，无形中成了一条难以逾越的政治规矩。

雍正虽然对鄂尔泰和张廷玉二人非常倚重，但对于他们之间的明争暗斗、互不尊服，始终不调和，就像他喜欢鄂尔泰、李卫、田文镜，却默认他们的相互攻讦一样。

张廷玉与鄂尔泰共事十余年，往往同朝议政，却竟日不说一句话。一方有过失，另一方必微语讥讽，使之无地自容。雍正熟视无睹，放任自流，潜在地在权力中枢划定满汉界限。他最后放心地将二人留给乾隆辅政，或是出于合理利用与相互制衡的考虑。

帝王心术是高深莫测的，也是瞬息万变的。雍正大肆重任张廷玉、李卫、田文镜等，但早在修改公示的康熙遗诏中，以"自古得天下之正莫若我朝"标榜康熙首倡清朝统治承继了中华王朝正朔，具备了王朝统治的最大合理性和合法性。这既是康熙的政治制度，也是雍正的满汉区分。后来，雍正在《大义觉迷录》中旗帜鲜明地说："本朝之得天下，加之成汤之放桀、周武之伐纣，更为名正而言顺。"

时至清朝中期，富有雄才大略的雍正以帝王之尊，在庙堂之上固执地厚此薄彼，在不同角落深化民族对立，挟裹着清初入关时强烈的民族征服和民族偏见。这是经历过长期战事而重构社会秩序的一大思想误区。

他的这种崇满抑汉的政策不足，直接影响到后继之君乾隆秉承声气，堂而

皇之地宣扬"自古得天下之正，未之有比也"（《清世祖实录序》），大张旗鼓地
为本朝争正统玩形形色色的政治手法，于直接服务自己的大臣如此，就是在马
戛尔尼及英国使团带来的新事物面前，也以一种天朝上国的孤高姿态，鼓捣着
一种严重缺乏政治自信的立国理念。这种理念甚嚣尘上，最后使清朝迷失了东
方强国的航向，成了另一种"未之有比也"。

雍正五废贱籍，
却又第一个坏规矩？

1

雍正皇帝以勤政出名，在位十三年殚精竭虑，即便大年初一也是忙碌政务，坚守在工作岗位上。所以，孟森说："自古勤政之君，未有及世宗者。"

他又是一个了不起的改革家。自康熙六十一年（1722）十一月即位伊始，他就开始大刀阔斧的改革。有人会问，他刚承统改革了什么？胤禩、胤祥、马齐和隆科多出任总理事务大臣，为清朝前四位皇帝所未有，可视作雍正帝上台后的第一项政治体制改革。

他自许"俯仰不愧天地，褒贬自有春秋"，几乎对康熙留下的各项制度都进行更革，同时推行一系列改革，如密建储君、修订大清律例、摊丁入亩、耗羡归公、养廉银、士民一体当差、改土归流、兴办直隶营田、试办八旗井田、改革旗务……他从康熙手中接过一个吏治混乱、国库空虚的政权，交给乾隆一个制度严明、国力强盛的国家，以一系列重大改革改善民生，探索社会发展的新路径。

这些改革，根本上是富强国力之举。雍正二年（1724），他已将康熙朝遗留的亏空基本追缴完毕。因而，他特地在内阁之东，设置了一个封桩库，"凡一切赃款羡余银两，皆贮其内，至末年至三千余万，国用充足"（昭梿《啸亭杂录》卷一）。而各省上缴的粮米随漕而入，全国粮仓充实，"积贮可供二十余年之用"。

日本东洋史学家、京都大学名誉教授佐伯富高度赞赏："谚语云'王朝基础多奠基于第三代'，雍正帝正是清入关后第三代君主，有清二百数十年的基础盘石，即为雍正所奠定。"（杨启樵《雍正帝及其密折制度研究》佐伯富序言）

国库充盈，夯实清朝，是皇帝的底气、国家的实力，也是雍正的努力。

与此同时，雍正还干了一件更让无数百姓感激涕零的大事——他废除了存续数千年的贱籍制度！

贱籍，即所谓贱民，不在社会底层的士、农、工、商四民之列。乐户（乐人）、惰民（胥役）、世仆（又称伴当，俗称细民）、蜑户（渔民）、丐户（乞丐）等，他们匍匐苟活在社会的最底层，世代相传，虽非奴隶，却比官家奴役的命运更低贱。

明末大文人沈德符在《敝帚轩剩语·丐户》中写道："今绍兴有丐户者，俗名大贫，其人非丐，亦非必贫也。或云本名惰民，讹为此称。其人在里巷间，任猥下杂役，主办吉凶及牙侩之属，其妻入大家为栉工，及婚姻事执保监诸职，如吴所谓伴婆者……男不许读书，女不许缠足，自相配偶，不与良民通婚姻。即积锱巨富，禁不得纳赀为官吏。"

贱民只能内部婚配，一般不能和普通民众通婚。他们是戴罪之身，从先辈那里被圈定了的贱民的身份，他们的子孙也得承袭下去。

国家向全国学子推行科举制度，他们也没有资格参加，失去了成为国家公务员的机会。

在封建专制的国家机器下，贱民是没有机会改变被侮辱、被损害的命运的。

成书于民国的《清稗类钞》专辟第十一册写清朝戏剧、优伶、娼妓、胥役、奴婢、盗贼、棍骗、乞丐，写形形色色只有屈辱而没有尊严的所谓贱民。如《优伶类》写"伶人畜从"："京师伶人，辄购七八龄贫童，纳为弟子，教以歌舞。身价之至巨者，仅钱十缗。契成，于墨笔划一黑线于上，谓为一道河。十年以内，生死存亡，不许父母过问。"

十缗，即十吊钱。这是一个优伶学徒的最高身价，其他更低贱。贱民把自己的孩子如同商品一般卖掉，毫无亲情可言。天子脚下的优伶且如畜生般生存，遑论更加不幸的外地贱民了。

雍正即位后，贱民有限的春天来了。

王炳照、徐勇主编《中国科举制度研究》有言："凡籍有良贱，四民为良，奴仆及娼优隶卒为贱。山西、陕西之乐户，江南之丐户，浙江之惰民，皆于雍正元年、七年、八年先后豁除。贱籍如报官改业后，已越四世，亲支无习贱业者，准其应考、出仕。其广东之蜑户，浙江之九姓渔产，皆照此例。"

2

最高统治者雍正上台伊始改革弊政，没有一次性解决贱籍的社会问题。

他率先废除乐户。

乐户者，即以音乐歌舞活动为业的专门人员。他们的先人大多为良人出身，是统治者打击政敌、惩治罪犯而祸及无辜的政治产物。

乐户是封建社会法定的罪役户。统治阶级把犯罪者的妻女或犯罪的妇女没入官府，隶属乐籍，成为乐工，有的年轻乐工则充当官妓，生存在悲惨世界中。

清制规定，乐户犯徒罪者，在执行徒刑时，除附杖照律按数决责外，都留在衙门按年限拘役，停止支付月粮。

雍正元年三月，浙江道监察御史年熙上疏雍正帝："山西两省乐户另编籍贯，世世子孙勒令为娼，绅衿地棍呼召即来侑酒。间有一二知耻者，必不相容。查其祖先，原是清白之臣。因明永乐起兵不从，遂将子女编入教坊，乞赐削除。"（阮葵生《茶余客话》卷二《乐户惰民丐户之世袭》）

山西、陕西生活着一个特殊群体——乐户。明初朱棣发动靖难一役成功后，残害建文帝忠臣，将他们的妻女罚入教坊司，充当官妓，世代相传，久习贱业。

年熙在奏疏中强调，她们是忠义之士的后代，沉沦至此，无由自新，请求雍正帝豁免她们的贱籍，准许她们改业从良。

年熙监察浙江道，却为陕西、山西两省贱民——乐户——不平，请求改变他们卑贱的身份。这有越域行事之嫌，但雍正并不恼怒。年熙的父亲年羹尧已由陕甘总督接任抚远大将军，既掌各军，又管督抚。而且雍正对年熙很关爱，曾命其认国舅隆科多为干爹，与自己成了同辈。曾经孱弱的年熙大胆为延续了三百多年的乐户鸣冤，无疑是得到了年大将军的支持！

所以，雍正帝看到奏折后，很是赞同，很快发出第一道"豁贱为良"的谕旨："此奏甚善，交部议行。并查各省似此者，概令改业。"

这是年熙传之后世的唯一政绩，也是雍正清除弊习的一件大事。

曾对雍正承统极口谀扬的"草泽臣"萧奭，在《永宪录》卷二中详细记载此事，称雍正看罢上疏，将其当作一件社会重大群体事件，下发王大臣议复："压良为贱，前朝弊政。我国家化民成俗，以礼义廉耻为先，似此有伤风化之事，亟宜革除，使数百年相沿陋习一旦廓清。并通行各省一体遵依。"

雍正批示礼部当作国家要务议行，在开豁陕西、山西乐户贱籍的同时，责令各省检查，如发现本地也存在类似乐户的贱民，也准许他们出贱为良。

雍正之所以如此重视，原因有三：一是年熙的奏疏代表了年羹尧的要求；二是他要借此移风易俗、加强满汉关系、巩固统治基础；三、除豁成千上万的乐户贱籍，使之象征性地享有良民的权利和地位，更能彰显其圣君之恩。

虽然雍正废除乐户贱籍的政策，还停留在国家的法制政策层面，并没有推出全面有效的具体方法，但为其他贱民身份从良提供了政策性的理论依据。

嗣后，各地行政官员纷纷向雍正提交了解决辖区贱籍问题的请求报告。

3

雍正元年七月，两浙巡盐御史噶尔泰上疏，请除绍兴惰民贱籍。

惰民又称堕民，活跃在绍兴一带，是"为宋罪臣之遗，宋将焦光赞部落以叛宋故，斥曰堕民"（《永宪录》卷二）。男子以捕龟、卖饼为业，妇女或说媒，或伴良家婆嫁，为人髻冠梳发、穿珠花，或走市巷，成为私娼。"丑秽不堪，与乐户无二。"

雍正下诏"除浙江绍兴府惰民丐籍"（《清世宗实录》卷十一），命他们改业从事其他工作，使宋代以降延续四百多年的惰民转变成能够享受一定权利的平民。

雍正五年四月二十七日，雍正下谕内阁，重提移风易俗，清除弊习，"山西之乐户、浙江之惰民，皆除其贱籍，使为良民"（《清世宗实录》卷五十六）。

雍正推行风化政教，笔锋一转："近闻江南徽州府则有伴当，宁国府则有世仆，本地呼为细民，几与乐户、惰民相同，又其甚者，譬如二姓丁户村庄相等，而此姓乃系彼姓伴当、世仆。彼姓凡有婚丧之事，此姓即往执役，稍有不合，加以箠楚。"

雍正对细民有箠楚之忧，不愿意他们受荆棘拷打，遭受皮肉之苦，表现出了最高统治者的人道主义情怀。他说："此朕得诸传闻者，若果有之，应予开豁为良，俾得奋兴向上，免至污贱终身，且及于后裔。"

他给安徽巡抚魏廷珍下旨，命其提交一份废除贱籍的具体报告，由礼部复议解决办法后，开始进行废除贱籍工作，"应照旗人开户之例，豁免为良。至年代久远，文契无存，不受主家豢养着，概不得以世仆名之，永行严禁！"

雍正帝的这一举措，改变了无数伴当和世仆的卑微人生，使他们拥有了正常人的身份。那些苟活在安徽社会最底层的细民，不再是固定的鼓吹手、抬轿人，可以与大姓联姻，可以去读书报考做官，可以和普通人同桌吃饭。

两年后，即雍正七年五月，雍正发现："粤东地方四民之外，另有一种名为蜑户，即瑶蛮之类，以船为家，以捕鱼为业。通省河路俱有蜑船，生齿繁多，不可数计。粤民视蜑户为卑贱之流，不容登岸居住。蜑户亦不敢与平民抗衡，

畏威隐忍，踟蹰舟中，终身不获安居之乐，深可悯恻。"（《清世宗实录》卷八十一）

雍正对以捕鱼为生的蜑户，承受着不公平的社会待遇，表示了强烈的同情心。他对广东督抚强调：这些蜑户本是良民，不该被轻贱摈弃，他们缴纳了税赋，就该享受和平民一样的权利，而不得以此地方积习，强行区别，使他们飘荡不安定。

他责令广东督抚要规范有关部门，执行蜑户废除贱籍政策："凡无力之蜑户，听其在船自便，不必强令登岸；如有力能建造房屋及搭棚栖身者，准其在于近水村庄居住，与齐民一同编列甲户，以便稽察。"

雍正指出，地方豪强富户不得借端欺凌驱逐蜑户，有司有责任劝谕蜑户积极开垦荒地，播种力田，成为能够以农为生的"务本之人"。

法国著名思想家伏尔泰在其代表作《路易十四时代》中写道："新帝雍正爱法律、重公益，超过父王。帝王之中无人比他更不遗余力地鼓励农事。他对这一于国民生计不可缺少的百艺之首亟为重视。各省农民被所在州、县长官评选为最勤劳、能干、孝悌者，甚至可以封为八品官。农民为官，并不需为此放弃他已卓有成效的农事耕作，转而从事他并不了解的刑名钱谷。"

雍正首重农事，重农轻渔，但对蜑户的豁贱从良，指出了一条新路。

第二年五月，江苏巡抚尹继善结合雍正元年处理浙江惰民的案例，上疏希望解决"苏州府属之常熟、昭文二县，旧有丐户，不得列于四民。迩来化行俗美，深知愧耻，欲涤前污。请照乐籍、惰民之例，除其丐籍，列于编氓"（《清世宗实录》卷九十四）。经户部复议呈上请示，雍正朱笔一挥，批准了尹继善的请求。

雍正在位期间，不断打击以允禩为首的皇家政敌，清算以隆科多和年羹尧为首的权宦集团，却不遗余力地解决历史遗留的社会贱籍问题，使数以百万计遭受着社会歧视、政治迫害的贱民享受到良民的有限权利。他果断地废除各种人身依附关系的残余，在一定程度上稳定了社会秩序，恢复了断裂千百年的人类本性。

4

雍正帝豁贱从良，是他皇帝事业中的一大亮点。

他解决一地的社会贱籍问题，推及全国统一开展废除行动。如其元年解除晋陕乐户贱籍，同时也豁免了京师教坊司乐户的贱籍。

清初定制，凡宫内悬垂大乐，均由教坊司演奏。教坊司之人往往不通音律，于是雍正命乐户另谋出路，而挑选其他精通音律的良人，充任乐工。内务府的皇家乐人改变了属籍，乐工成了良人的职业。无疑，雍正的这一改革带有灵活性。

然而，他却在此期间犯了一起自毁规矩、不可谅解的恶性杀戮事件。

某次，雍正突然来了兴致，在日理万机之中拨冗观看一出戏。

戏曲演的是常州刺史郑儋打子。雍正感觉演得好，称赞演员曲艺俱佳，龙颜大悦，还赏赐了食物。

皇帝平易近人，受了奖励的女主角吃着御赐之食，忘了分寸。

她随口问同伴，现任常州知府是谁？不料声音大了些，被开心的雍正听到了。

雍正勃然大怒，骂道：你一个优伶贱辈，怎能擅自询问官守的名讳？

冒犯圣威的女主角和戏班子成员感觉不对劲，赶紧跪下请罪求饶。

刚才还和颜悦色、如"希世仁君"的雍正，立马变得冷酷无情、刻薄凌厉。

他厉声说：其风实不可长！

雍正唤来侍卫，命将那个可怜的女演员当场残忍地杖毙。

此事发生在哪一年，已无法考证，但应该是真切之事，被生于乾隆后期的第八代礼亲王昭梿，当作"世宗万机之暇，罕御声色"（《啸亭杂录》卷一）的经典案例而宣扬，却在不经意中表现出雍正皇帝极其残忍的一面。

　　女艺人因所演的戏曲主题是常州刺史打子，问一下现任刺史的名字，不能说是犯了王法。她即便是罪犯或者家奴，了解一下官员名讳，顶多算是了解一下政治。

　　但她没想到，这一句简单的问话却被雍正听见，要了她的性命。而且，她是被一棍接一棍地活活打死的。

　　对于为何要处死她，雍正帝给出的理由是：她是低贱的优伶。

　　优伶纵然是统治阶级歧视的"下九流"之一，身份再低贱，也是底层百姓。雍正自许"以勤先天下"，给全国乐户、惰民、世仆、蜑户、丐户五废贱籍，长达八年，然其第一个坏了政治规矩，粗暴地因一件小事而妄动无耻的杀戮。

　　虽然他在大政方针上废除了贱籍，但从"杖杀优伶"一案来看，废除贱籍尺度是极其有限的。或者说，在他的统治意识里，贱民即便被浩荡的皇恩解除了贱籍，但还是专制皇权下任由统治者随意处置的卑微生命。

背后

传说是乾隆生父的
二陈阁老

1

金庸在《书剑恩仇录》中给乾隆帝弄了一个汉人的出身，称他出生时被后来成为雍正帝的胤禛找陈世倌调了包，用初生的女儿换了陈家的儿子。

小说在传，电视剧在演。红花会一帮英雄豪杰反清复明，硬将海宁陈氏的陈家洛与紫禁城里的乾隆帝扯成了一对同胞兄弟——让乾隆帝有了汉人的身份，他就有可能站出来颠覆清朝统治者的血统。

清朝没反成，后人却把陈世倌换成了另一个人。2013年有了一部电视剧《钱塘传奇》，剧中乾隆帝的生父名叫陈元龙。胤禛得知康熙选立太子看孙辈，见儿子弘时多病无福，便用侧福晋钮祜禄氏刚产下的女婴偷换了隔壁陈阁老家的男婴。

导演和编剧们更会想象，让弘历的身份早早泄密，气死了康熙帝，害死了雍正帝，还让他和寄养在陈家的真公主鱼娘演了一曲绝恋。剧中没了与乾隆帝争抢香妃的陈家洛，改为一个天不怕地不怕的公子哥陈邦国率领一帮乌合之众搞反清运动。最后，陈元龙狠心出手，毒死了身边的儿子，成就了心知肚明不敢认的儿子。

哪个陈阁老更接近历史的真相？

金庸的海宁查家，与陈家有渊源。小说为了抓读者的眼球，哪管啥"大事不虚，小节不拘"的原则。然他所写的并未露面的陈世倌，与后来牵强的、大义灭亲的陈元龙，都是历史上真真切切的政治人物。他们都是康雍名臣。

2

陈世倌是一个高干子弟。其父陈诜于康熙五十年（1711）升工部尚书，转礼部尚书。他小雍正两岁，于康熙四十二年考中进士，庶吉士三年学习期满，散馆授编修。康熙五十年七月充山东乡试副考官，终康熙一朝累迁侍读学士，即从四品官员。

弘历生于康熙五十年八月十三日。此时的陈世倌，实职为翰林院编修，外派到山东监考，距离称阁老的大学士，还有很大的一段距离。陈世倌被称阁老，须到乾隆六年（1741）以工部尚书拜文渊阁大学士之时。

弘历出生时，胤禛高居和硕雍亲王之尊，怎会与翰林院刚毕业的七品芝麻官过从甚密呢？当然，不能否认胤禛同陈世倌可能有私交，或者说胤禛对陈世倌有过关注。

雍正二年（1724），陈世倌丁父忧服孝期满，被擢升内阁学士，出为山东巡抚。雍正帝一次性给陈世倌升了四级，使他成为封疆大吏。

山东境内发生旱蝗灾害，运粮遇阻。陈世倌微服私访，密察灾情轻重、官员能力。他治蝗有功，并疏通运道。雍正帝特地给他写了一把扇子当奖品。

陈世倌是一个能臣，除了奖励耕种、酌情减负外，还对海防提出了正确的建议。雍正四年，他丁母忧归，受命治理江南水利，因迟误工程获罪革职。雍正帝仍给他机会，命其赴曲阜督修孔子庙。雍正驾崩前，还特地将他的代左副都御史改为实授。

如果雍正帝真的从陈世倌家里抱了儿子，又怎会对这个最危险的炸弹委以重任，临死前还将他作为重臣留给了乾隆帝呢？难道是想生父大臣辅佐亲子皇帝吗？

陈世倌在乾隆朝更加卖力，先后出任仓场侍郎、户部左侍郎，这些官职都是肥缺。陈世倌以治绩出任左都御史，不久拜相，乾隆帝却很不满意。

陈世倌赴江南查勘水灾，乾隆帝说："世倌临行奏言岁内可疏，积水尽消，今疏言仍待来岁二三月，其所筹画皆不过就高斌、周学健所定规模而润色之，别无奇谋硕画，何必多此往返乎？"（《清史稿·陈世倌传》）

后来，陈世倌被加衔太子太保，命紫禁城骑马，乾隆帝还是不断敲打他。乾隆十三年十一月，云南巡抚图尔炳阿参劾赵州知州樊广德亏空，按例当令总督审查。陈世倌错拟票签，乾隆帝严斥："陈世倌自补授大学士以来，无参赞之能，多卑琐之节，纶扉重地，实不称职。"（《清史列传·陈世倌传》）将其革职遣还老家。

乾隆十五年八月，陈世倌奉谕入京祝万寿，赏原衔，命回籍。第二年三月，乾隆帝召他回京入阁，兼管礼部事，后来还做了两届会试正考官。六年后，陈世倌以老病乞休，乾隆很快答应，加太子太傅。乾隆帝说："大学士陈世倌虽年近八旬，而精力未甚衰迈，简任纶扉，历年有所。"还御制诗赐之，谓"皇祖朝臣无几也"，赉银五千两，在家食俸，在其死后派散秩大臣率侍卫前往奠酒，赐谥文勤。

按规定办事，多些赏赐和虚文而已，就被疑为儿子孝养老爹，实为历史的笑谈。

3

陈元龙年长康熙帝两岁，大雍正二十六岁，是康熙二十四年的榜眼，被直接授编修，入值南书房，第二年，升翰林院侍读，充日讲起居注官。三年后，左都御史郭琇弹劾高士奇、王鸿绪等"植党营私"（《清史列传·高士奇传》），陈元龙因"与士奇结为叔侄，不顾清议，为之招纳贿赂，有玷朝班"，被罢官回籍。

康熙三十年，元龙复职，很得圣心，获赐御书"凤池良彦"。他随康熙帝征战准噶尔，做过侍讲学士、侍读学士，康熙帝应奏请为陈家八十多岁的老父御书"爱日堂"赐之。康熙四十二年，陈元龙擢詹事府詹事，兼经筵讲官，成为帝师之一。

陈元龙乞假养亲，朝廷开赋汇馆，以其为总裁，携带《历朝赋汇》回家继续校勘。康熙四十九年四月，陈元龙为翰林院掌院学士，兼礼部右侍郎，复任日讲起居注官、经筵讲官，教习庶吉士。第二年二月，陈元龙改任吏部右侍郎，仍管翰林院事，转左侍郎，授广西巡抚，七年间尽心尽职，抚慰百姓，深受干群好评。

弘历出生时，陈元龙已是康熙重臣，但全家已在广西，不可能与雍王府比邻而居。雍王府若生了小格格，要想与陈家小少爷调包，则需两千多里颠簸运转，太过张扬。即使借胤禛再大的胆子，他也不敢这样在众目睽睽下干这违法乱制的蠢事。

康熙五十七年九月，陈元龙奉诏回京，授工部尚书，第二年改礼部尚书。他在南书房当差时，便和康熙帝是书法好友，且在陈元龙参加会试之前，康熙帝已知陈氏文才出众，君臣关系非常融洽，但后继之君雍正帝对他并不友好。

《清史列传·陈元龙传》记载，康熙"六十一年，世宗宪皇帝御极，诏元龙奉守景陵，仍食礼部尚书俸"。陈元龙给新君忙完登基大典，便被安排去给先帝守陵。

雍正元年五月，吏部以恩诏题给百官诰命，陈元龙又得了差评。雍正帝说：陈元龙系年老一品大臣，朕念景陵紧要重地，特地派他去守护。他理应欣然赴任，哪知他不高兴，像因罪贬黜似的到处埋怨。"此等之人，虽加恩亦不知感！"

君要臣死，臣子还得感激涕零。陈元龙被指派给重用他的先帝守陵，更得感谢新君的皇恩浩荡。雍正公开谴责陈元龙以怨报德，将应给他的封典、荫生一并取消。

此后七年，陈元龙都是在景陵度过的。一同守陵的，还有雍正帝非常忌讳的大将军王允禵。为了防止允禵生事，雍正还派马兰峪总兵范时绎实时监控。如果陈元龙真是弘历的生父的话，雍正帝又怎能容许陈元龙心有不甘地向康熙亡灵和雍正政敌倾诉弘历并无皇家血统的真相？一旦泄密，雍正必然下台！雍正只能杀人灭口，而不是让愤懑的陈元龙与允禵同病相怜，互吐衷肠。

雍正帝并没有对陈元龙赶尽杀绝，以绝后患。雍正七年正月，雍正颁谕："圣祖仁皇帝时所有年久老臣，今在朝者甚少，时深往念。尚书陈元龙、左都御史尹泰历事圣祖多年，屡经任使，虽年近八旬，而精力尚健，著加恩授额外大学士，以示优眷至意。"(《清史列传·陈元龙传》)陈元龙被授文渊阁大学士，兼礼部尚书。

雍正十一年七月，陈元龙申请退休获批，加太子太傅。雍正帝强调他是康熙的重臣，"老成练达，学问优长，奉职多年，宣劳中外"(《清史列传·陈元龙传》)，令其子编修陈邦直(与"陈邦国"一字之差)回家侍养。陈元龙死于乾隆元年。

4

陈世倌和陈元龙，谁都没有可能成为乾隆帝的生父！

一、弘历出生时，陈世倌在山东主考，而陈元龙正巡抚广西。他们都不在京城。

二、当时胤礽为复立后的皇太子。胤礽第二次被废，为康熙五十一年九月三十日，康熙巡视塞外回京当天，即向诸皇子宣布："皇太子胤礽自从复立以来，以前的狂妄还未消除，以至于大失人心，祖宗的基业断不可托付给他。朕已经奏报给了皇太后，现在要将胤礽拘执看守。"十一月十六日，康熙帝将废储事遣官告祭天地、太庙、社稷。胤禛虽觊觎储位，但还是胤礽的支持者。

三、康熙朝的宫廷争斗和兄弟恩仇，给乾隆出身疑案加了历史烟云，更给康熙制造了"不但看儿子辈，还看孙子辈"的猜测。在胤礽令康熙失望时，其生于康熙三十三年七月的嫡长子弘皙，却为皇祖所钟爱。胤礽二度被废后，人们曾因"皇长孙颇贤"，认为胤礽有可能再次被复立。康熙帝第一次见到弘历，则在康熙六十年。康熙帝在雍王府初见已十岁的弘历，惊异而爱，令养育宫中，亲授书课。这有乾隆帝后来自许天命而夸饰的可能，但他并没有将双龙会或三龙会提前。

四、康熙一生花费时间最多的是修史，强调清政权入主中原的正统。康熙五十六年，他颁布一份长篇面谕，认为"自古得天下之正莫若我朝"，"若有遗诏，无非此言"，强调大清王朝得天下最正的合理性与合法性。这份面谕，后来被雍正帝修改、粉饰为康熙遗诏，并在亲自编写的《大义觉迷录》中说："本朝之得天下，较之成汤之放桀、周武之伐纣，更为名正而言顺。"雍正将康熙的正统论推向了新高潮。一个成熟的政治家、承继大统的铁腕皇帝，又怎会在有几个儿子的情势下，将一个不能延续自己血脉的汉人孩子，于即位之初就立为储君呢？！

《雍正王朝》一场关键戏，
留下六大遗憾

电视剧《雍正王朝》，既充分展现了勤政冠军雍正帝辛苦的一面，又集中突出了他在康熙朝储君久立、对手环伺的复杂情势下逆袭成功的升职记。

康熙四十七年（1708）十一月，圣祖皇帝主导推选新太子。这是雍正在皇子时代的转折点。他在此时力挺康熙复立废太子胤礽，因此做了十一年贝勒的他，一跃成为和硕雍亲王。这个称号，为他八年后改元雍正，奠定了充足的理论基础。

雍王正统！

正者，彰显着得位的合理性和合法性。

《雍正王朝》第十二集将这一段关键历史，给予了集中表现。

然而，就在康熙怒怼十多分钟的这场戏中，却出现了六处明显的错误，严重背离了历史。

一、误把内阁当作上书房。

上书房，本为清代皇子们读书的地方。

清朝宗室、第八代礼亲王昭梿在《啸亭续录》卷一中，专门写到上书房："本朝鉴往代嫡庶争夺之祸，永不建储，皇子六龄，即入上书房读书。"

昭梿还说："雍正中，初建上书房。"

剧中的上书房，是作为康熙的辅政中枢机构出现的，安排了佟国维、马齐和张廷玉出任上书房大臣。

康熙亲政后，御门听政，亲理政务，改内三院为内阁，充分利用大学士作为执政的得力助手，越来越突出内阁的作用。而议政王大臣会议，随着议政范围逐渐缩减为对军事要务和国家典章制度的讨论，权力和地位日渐弱化。

与此同时，康熙帝于十六年建置南书房，虽非正式机构，只是陪皇帝读书、作文、写字、绘画的临设场所，但所选择的词臣同时充当了私人秘书和皇帝顾问的重要角色。康熙在强化内阁辅政内容的同时，又以另一种形态分割内阁的权力。

长期在南书房服务的高士奇，职位不过詹事府詹事，却被首席大学士明珠既尊崇非常又深恶痛绝。明珠的第一次倒台，其实是康熙授意高士奇，联合曾在南书房当差的左都御史徐乾学撰写举报信，三易其稿，然后交由御史郭琇进行弹劾的。

剧中的上书房，既非皇帝办公室，亦非皇子学校，却取代了处理朝廷要务的内阁，属于电视剧在康熙朝"议政王大臣会议＋内阁＋南书房"的中枢机构之外的新创造。

二、佟国维怎成了上书房领班大臣？

康熙推举新太子的正式会议，发生在四十七年十一月十四日。

历史上的内阁，在剧中被改为上书房，佟国维是上书房领班大臣，相当于清代的内阁领班大学士。而历史上，佟国维并没在内阁做过大学士，一天也没有。

佟国维是康熙的亲舅舅，也是他的两重岳父。康熙二十一年，佟国维出任领侍卫内大臣、议政大臣，他的工作岗位在侍卫处，并参加议政王大臣会议。二十九年，康熙首次亲征准噶尔，佟国维参赞抚远大将军、和硕裕亲王福全军务，在乌兰布通战役中大胜敌军，却误中噶尔丹的缓兵之计，坐失战机，使之逃脱。佟国维被罢议政大臣，但仍为领侍卫内大臣。

康熙四十三年，佟国维以老解任。从此，佟国维只有一等公的爵位，而没有实际的官职，更莫说华丽转身为内阁领班大学士。

在康熙第一次废储之后，建议再次立储的主意是佟国维出的，他在为皇八子胤禩创造条件。而串联诸大臣议立胤禩为新太子的，主要是武英殿大学士马齐和领侍卫内大臣阿灵阿、鄂伦岱等。当然，佟国维也出力不少。

康熙责骂佟国维是老人干政，逼得他"引罪请诛戮"（《清史稿·佟国维传》）。

此时的内阁首揆，不是佟国维，也不是马齐，更不是佟氏革职、马齐降级后的张廷玉，而是文华殿大学士温达。

三、张廷玉被逆袭为上书房大臣。

《雍正王朝》中，张廷玉成为康雍过渡的关键性人物。康熙临终前，给了他一道密旨，让他操控九门提督隆科多，以卫戍京师的绝对武力为后盾，力挺雍正即位。

康熙四十七年下半年，内阁大学士有五人：温达、马齐、张玉书、陈廷敬、李光地。

文华殿大学士张玉书揭发马齐暗箱操作，以虚假信息煽动内阁，诱惑他与温达随大流，各投了胤禩一票。

此前的张廷玉，是南书房侍臣，享受四品官待遇。康熙说，京官四品以上，可以推举太子人选，张廷玉享有这个资格。但遗憾的是，那一年他戴了双重重孝，即六月母丧、九月父亡，纵然康熙看重这位大秘，然其已辞职在家守孝。若其还抛头露面参与朝廷要务，势必被淹没在都察院御史们的大口唾沫中，而不只是剧中佟国维怒骂的奸臣了。

康熙以仁孝治天下，断然不会容许一个中层干部不安心在家守制，而对朝廷大事指手画脚。

张廷玉成为张中堂，则是到了雍正四年（1726），被正式授予文渊殿大学士兼户部尚书以后的事了。他在康熙朝，最高职位不过内阁学士、刑部侍郎。

四、托合齐等还没下狱。

剧中马齐称托合齐、耿索图、凌普等已作为胤礽集团骨干下狱论罪，没有资格推举废太子。

托合齐，为康熙帝大舅子之一，官居步军统领，已做了七八年九门提督。耿索图，为虚构人物。凌普的老婆是胤礽的奶妈，因裙带关系被安排做内务府总管大臣。

胤礽的这些拥趸被抓，则要到康熙五十一年二废太子时。他们是作为丛惠太子阴谋兵变的核心成员下狱的。

五、佟国维成了儿子隆科多的六叔。

剧中隆科多向康熙帝出卖了佟国维，称他"六叔糊涂"。

《清史稿·隆科多传》记载："隆科多，佟佳氏，满洲镶黄旗人，一等公佟国维子，孝懿仁皇后弟也。"

《清史列传·隆科多传》也说："隆科多，满洲镶黄旗人，一等公佟国维第三子。"

佟国维、隆科多为父子，而不是叔侄。隆科多也是康熙的亲表弟兼小舅子。缘于此，康熙对隆科多格外偏爱。

六、隆科多提前做了九门提督。

剧中安排隆科多出卖佟国维，揭发他拿九门提督一职当儿戏，唯亲是举，推荐了隆科多。隆科多大义灭亲，换得了康熙的赞赏，命其不许辞职。

《清史稿·隆科多传》交代了隆科多的工作履历："康熙二十七年，授一等侍卫，擢銮仪使，兼正蓝旗蒙古副都统。四十四年，以所属人违法，上责隆科多不实心任事，罢副都统、銮仪使，在一等侍卫上行走。五十年，授步军统领。"

可见，此时的隆科多，因犯了错误被降级留用，还算不上正三品一等侍卫，三年后，因步军统领托合齐党附胤礽，被迫称病请辞，才被姐夫康熙帝委以重任。

　　《清圣祖实录》卷二百四十八记载，康熙五十年十月二十日，"步军统领托合齐，以病乞假，命一等侍卫行走隆科多，署步军统领事"。

　　第二年初，托合齐下狱论罪，隆科多转正，成了清朝皇家警察老大——提督九门步军巡捕五营统领，官职正二品，但权势炽热，也成了胤禛欲成为雍正帝最要拉拢的"舅舅"！

雍正在剧中腰斩二犯
被弄错了对象

1

电视剧《雍正王朝》第二十六集剧情，雍正被允祥骂醒，大怒之后，下罪己诏，下旨腰斩山西亏空案的主犯、巡抚诺敏和恩科舞弊案的主考张廷璐。

先说前情。

雍正继位初始，山呼万岁，正愁新朝新气象如何滚滚来。

山西巡抚诺敏与下属官僚串通，向商家巨额借款，制造半年补完亏空的假象，乐得新君御书"天下第一巡抚"的匾额，赐给"楷模"诺敏。

雍正年的第一次恩科，考题泄露，张廷玉的弟弟张廷璐明知主犯，还死扛顶缸。

再说发酵。

廉亲王已成总理王大臣，仍觊觎皇位，在山西亏空和恩科舞弊二案爆发后乐了，赶紧发动京官和督抚保诺敏和张廷璐，称天理和人情大于国法。

老八要看雍正的笑话，打着保张廷玉和隆科多的旗号搅乱朝局。没想到张廷玉大义灭亲，允祥犯颜直谏，促成雍正下决心：腰斩主犯，京官四品以上都去观刑。

电视剧里的诺敏和张廷璐，就这样被雍正腰斩了。

电视剧还特地给了两个镜头，进一步表现雍正整治吏治，爱上了腰斩的刑罚。

2

诺敏和张廷璐，这两个历史上实实在在的人物，就这样被雍正腰斩了吗？

先说诺敏。

诺敏是清朝一等公图海之子，曾任护军统领。康熙二十一年（1682）六月袭三等公，二十三年四月癸丑，接替喀尔图担任刑部尚书，后改礼部尚书。康熙三十二年病逝。

雍正帝出生于康熙十七年，诺敏死时他还只 15 岁，是皇四子，还未受封四贝勒。

电视剧是借诺敏的名字，玩了一次山西亏空案。

有人会解释，这是剧情的需要，因为雍正上台后，围绕肃贪颁布了十一道谕旨，以法律和制度训谕各级文武官员。

《清史稿·世宗本纪》记载："雍正元年癸卯春正月辛巳朔，颁诏训饬督、抚、提、镇，文吏至于守、令，武将至于参、游，凡十一道。"

而在康熙六十一年十二月，雍正即位之初，还没改元，"甲子，诏直省仓库亏空，限三年补足，逾期治罪"。

所以虚构者会说，为了博得新君欢心，自会有人做剧中诺敏，要搏一搏"天下第一巡抚"的美名。反正被借名者已经死了。

雍正执政期间铁腕治吏，也确实出过类似所谓诺敏的官员被拿下问斩的事。

雍正元年（1723），确实任命过一个同诺敏名字谐音的山西巡抚，即满洲正蓝旗人诺岷。

这个诺岷，以内阁学士巡抚晋中，却不是拆借公债、中饱私囊的不法之臣，而是惩处了不少贪官污吏、发明养廉制度的能干者。

他上任时，正好碰到山西连年收成不好，仓库多亏空。诺岷发现诸州县亏空尤甚者，就上疏弹劾予以夺官，对于离任者也是尽力追缴。同时，他鉴于官员因为这样那样的问题被作断崖式处理造成的空缺，及时请旨求吏部遴选贤能官员调任山西。

雍正二年，诺岷疏请将全省一年所得耗银提存司库，以二十万两留补亏空，其余分给各官员养廉。《清史稿·诺岷传》记载："各官俸外复有养廉自此起。"

雍正以诺岷首发倡议，特谕表扬他通权达变，于国计民生均有裨益。

没过多久，诺岷因病请假，雍正温言允准，命他回旗调理。

本在病休中的诺岷，不幸被牵连进了雍正终极性打击贝子允禩一案。雍正元年，允禩被遣送西宁军前效力，途经山西平定，其府上太监李大成殴打诸生，被告到了巡抚衙门。诺岷坐堂审理，以李大成患病为由没有深究。雍正秋后算账，斥责诺岷观望徇私，命继任巡抚伊都立重审，追罪李大成，夺去了诺岷的官职。

回归白身的诺敏，最后于雍正十二年病逝。他在山西抚台任期短暂，政绩不错，但并没有得到"天下第一巡抚"的金字招牌。

雍正确实树立过一个"天下第一巡抚"，但那是说田文镜。当时的田文镜已是河南巡抚。浙江道监察御史谢济世参奏田文镜"贪虐不法"，雍正怒斥他冤枉好人，称田文镜"整饬河工，每事秉公洁己，实巡抚中第一"（《清史列传·田文镜传》）。

电视剧将田文镜的"天下第一巡抚"的名号给了诺敏，而且设计让田文镜扳倒了这只大老虎。田文镜确实在历史上的诺岷手下干过藩台，但雍正帝因为他们二人都很能干，于是让诺岷继续巡抚山西，而于雍正二年十二月将田文镜调任河南巡抚。

3

那么，张廷璐呢？

《清史稿·张廷璐传》载："廷璐，字宝臣。康熙五十七年，殿试一甲第二名进士，授编修，直南书房，迁侍讲学士。雍正元年，督学河南，坐事夺职。寻起侍讲，迁詹事。两督江苏学政。武进刘纶、长洲沈德潜皆出其门，并致通显，有名于时。进礼部侍郎，予告归，卒。"

正史做证，张廷璐是离休后病逝的。

雍正元年起，张廷璐的哥哥张廷玉更受重用，跻身中枢，步步高升。

张廷璐以侍讲学士出督河南学政，旋即又授为国子侍讲，擢国子祭酒，迁詹事府少詹事，随后，任江苏学政，典浙江乡试，擢礼部侍郎，再督江苏学政。至乾隆九年，他还主持江西乡试，后辞职还乡，被称颂为"三朝旧臣，后进楷模"，病逝于桐城。

看其履历，没有做过会试主考官，顶多做个同考官。这个官，出了事故，是不需负主要责任的。

所以，电视剧把腰斩张廷璐安在雍正二年的恩科舞弊案上，确实是大胆的虚构。

雍正元年、二年都举行了会试（含恩科），《清史稿·世宗本纪》中都有记载。

而看《清史稿·张廷玉传》，记有张廷玉"雍正元年，复命直南书房。偕左都御史朱轼充顺天乡试考官，上嘉其公慎，加太子太保。寻兼翰林院掌院学士，调户部。"

《清史稿·选举三》中记载："雍正元年，会试总裁朱轼、张廷玉持择公允，帝嘉之，加太傅、太保有差。"清朝会试主考官为大总裁，由内阁大学士或六部尚书充任。

福格《听雨丛谈》卷九也说，（雍正）二年甲辰，补行正科会试。主司：阁臣朱轼、张廷玉、吏侍福敏（字龙翰，原名傅敏，字湘邻）、兵侍史贻直。中式二百九十人。朱、张两相国联主礼闱，恩眷罕比。

这两次的会试主考官都为张廷玉，不但没有出舞弊，反而受赏。

历史上的张廷玉，也是此会试之后，"命署大学士事"：授文渊阁大学士，进文华殿大学士，进保和殿大学士，仍兼户部尚书、吏部尚书、翰林院掌院学士，一直做到首席大学士兼领班军机大臣。

电视剧在雍正腰斩张廷璐这一场历史子虚戏中，特地设计张廷玉屁颠屁颠地陪雍正一同登楼观刑。这样的安排，是要表现一代名相张廷玉面对亲弟弟代罪被杀，毫无人情可言吗？电视剧还专门就此说明，泄露考题者，雍正的爱子弘时也。

剧中，雍正对此案不像对待所谓的诺敏案那般派出两路钦差细查，仅仅等来了张廷玉经人点拨的上书后，就下令三司定罪问斩。难怪到了雍正十二年，他不辨真情，对科考问题案的河南学政俞鸿图，杀气腾腾地祭起腰斩的严令，结果斩后的俞鸿图不断气，蘸着地上自己的热血，写下七个"惨"字。

对了！张廷璐任过短期的河南学政，也因科场罢考问题丢了一阵子的官。电视剧对张廷璐的设计，原型应该就是俞鸿图。

只不过苦了忠君报国的张廷玉和大难不死的张廷璐！张廷玉应该没想到，电视剧为了渲染他忠诚了一辈子雍正，腰斩选择了他们张家开铡！

腰斩俞鸿图的背后，
不只是一次考场泄密

1

《周礼·秋官》记载："斩以斧钺，若今要斩也。"

这，说的是中国古代专制社会的一种酷刑——腰斩。

《周礼》，又称《周官》，传说是西周初年的周公所著。

周公，西周开国天子武王的弟弟，也是一个大政治家，连伟大的孔夫子都对他佩服得五体投地，虔诚之至。我们熟悉的周公解梦，据说也是周公的创造。周公不但是礼乐制度的倡导者和力行者，也是腰斩之刑的记录者或宣传者。

如此说来，那就是公元前 1000 年之前，就有了腰斩的杀人方式。

腰斩，虽然也属于一刀两断的刑罚，但残酷程度远比斩首凶残，足以与杀千刀的凌迟之刑相提并论。

被腰斩的著名人物，最典型的记载莫过于司马迁在《史记·李斯列传》中写的：奸臣赵高立案惩治丞相李斯，将他擒获，上了手铐脚镣，投入监狱。李斯仰天长叹，悲愤自己当初不该接受赵高的建议，矫诏杀了秦始皇的长公子扶苏，而扶持赵高肆意摆布的小少爷胡亥做二世皇帝。结果，赵高以秦二世的名义，草率将李斯审判，从严给李斯定罪，称他与其子、其家人、门生谋反。谋反是大罪，于是"二世二年七月，具斯五刑，论腰斩咸阳市"。

秦始皇帝的大丞相李斯，死于腰斩。

秦二世和赵高给他安的罪名是：聚众谋反。

这是公元前 208 年的事情。

当历史的天空移至公元 1734 年时，中国历史上又发生了一桩大案。民间传说，犯人也被腰斩！

此时的最高领导人为清朝的雍正皇帝——皇帝中的勤政冠军，也是铁血政治的强人。

大案是这样发生的——

出任河南学政不到一年的俞鸿图，被新任河道总督兼河南巡抚王士俊举报：雍正十一年（1733）四五月间，俞鸿图赴许州主持乡试预考，"纳贿行私"（《清史稿·王士俊传》）。

乡试，与今日之高考相似，是一件朝廷高度重视、纪律甚严的大事。

野史记载，俞鸿图也曾三令五申地告诫工作人员和身边仆从在试院外值班，要坚决杜绝考试资料传递之弊。

但是，俞大人没想到，他因耐不住寂寞带着年轻的小妾林氏来到许州考点，给了想弄钱的家仆一个赚钱的好机会。家仆怂恿夫人一起发财。他们分工明确：夫人负责套取考题，仆人负责去卖钱。

果然，小妾陪床大人，一番缠绵，几句撒娇，很快将装在俞鸿图肚子里的考题套出。

明清的考试，要作八股文。八股文是明清两代统治者科举取士的一种素质训练课程，文体分为破题、承题、起讲、入手、起股、中股、后股、束股等八股，有着严格的内涵、体式、文题、功用、原生态与变化态、正格与变格。

程式烦琐，规矩复杂，但考题就是从儒家经典中寻章摘句的几句话，而不像今日长篇累牍地分列上十页纸。

林氏很用心，把考题贴在俞鸿图官服背后的补褂上。俞鸿图穿出来，仆人轻轻揭去，售给应试者，而俞鸿图一点也没觉察。

结果，卖了一万多两白银，进入了仆人囊中。也因此几个不学无术的富二代获取了参加乡试的正式资格，榜上有名。

一时哗然，酿出了群体性事件。王士俊刚刚上任不久，怕惹火烧身，赶紧上报。

这不是小事！雍正下旨，查明原因。

户部侍郎陈树萱奉旨前往河南，会同王士俊，审理俞鸿图案件。

雍正对查案人员有专门指示：如果徇情，严惩不贷。这话，主要是说给陈树萱听的，他与俞鸿图的父亲俞兆晟是同事。

俞鸿图或不谙实情，或以为没参与，矢口否认，对抗组织审查。于是，审查组找俞氏小妾和仆从问话。大刑之下，他们供认不讳。

案情报告呈送到雍正面前，正好遇到他心烦，于是朱笔一挥，将俞鸿图腰斩。

雍正还特令俞鸿图的亲家邹士恒接替河南学政，并监斩俞鸿图。

邹士恒不忍对俞鸿图说处罚的结果，结果导致行刑者没有收到红包，不愿意卖力，没有给俞鸿图一个痛快，而是一个慢死。

没及时死去的俞鸿图，痛苦地用手指蘸着自己的热血，在地上写下了七个"惨"字。

雍正闻讯后，下旨废除腰斩。

这一废除，也废止了中国历史上持续了两千多年的一项酷刑。

但，那七个"惨"字，见证了雍正朝律令和中国古代刑罚的残酷。

2

有不少学者坚信，雍正因俞鸿图之死废除了腰斩的刑罚，对于中国封建时代的法制建设做出了可圈可点的贡献。

然而，对于俞鸿图的死法，《清史稿·世宗本纪》记载，雍正十二年三月，"戊戌，河南学政俞鸿图以婪赃处斩"。

这个"处斩",是斩首还是腰斩呢?一个是砍掉脑袋,一个是拦腰斩断,都是残损身体的酷刑,但,斩的位置不同,斩的效果也不同。前者一刀毙命,后者往往让犯人痛苦而死。

《清世宗实录》卷一百四十一写道:雍正十二年三月,"丙申,刑部议奏,参革河南学臣俞鸿图,受贿营私,应斩立决。得旨,俞鸿图著即处斩。"

雍正圈定的是刑部拟定的"斩立决",是不能更改的。

斩立决,即立即执行的斩首。

查《雍正朝起居注册》雍正十二年三月丙申日内容,雍正当日圈发了几个人的判决书:"谕旨俞鸿图著即处斩;贾泽汉、陈大鹏、马泽三俱依拟应绞,著监候秋后处决。"

临颍县知县贾泽汉充任提调官,与陈大鹏、马泽三都是这起舞弊案的参与者。雍正给予了严惩,但把一向谨慎而此次渎职的俞鸿图定为首犯。

为何要立即处死俞鸿图?雍正理直气壮:

"学政科场乃国家兴贤育才之要政,关系甚为重大。十余年来各省试官,不闻有婪赃败检之劣名,朕心颇喜,以为试事渐次肃清。今观俞鸿图纳贿营私,受赃累万,则各省学政果否澄清,朕皆不敢深信矣。盖学政与督抚同在一省,学政之优劣,督抚未有不深知者,止因督抚有所请托分肥,必致瞻顾情面而代为隐瞒。朕复何从而知之?俞鸿图之贪婪藐法,非遇秉公持正之王士俊,未必即行参奏。又如昔年张廷璐在河南学政时,柔善沽名,非遇田文镜亦岂肯据实奏闻。"(《雍正朝起居注册》雍正十二年三月丙申日条)

张廷璐,曾在雍正身边做侍讲学士,后提督河南学政,因封丘生员罢考一事被罢官。但是,他很快被雍正帝召回身边,累迁至詹事府詹事、礼部侍郎,于雍正十一年仍任江苏学政。

所以,雍正说:朕将张廷璐调回,切加训饬,今复用往江苏。

3

都是河南学政任上出了严重科场事故，但俞鸿图没有张廷璐幸运。

张廷璐革职，却很快被起用，而非像电视剧《雍正王朝》所安排的那样，被处以腰斩。

因为，他有一个好二哥张廷玉，是雍正帝倚重的保和殿大学士兼军机大臣。另外，他的父亲张英，曾任康熙朝文华殿大学士兼礼部尚书，做过雍正帝的老师。

俞鸿图也有一个高官父亲，官至户部侍郎。《清史稿·世宗本纪》记载，其父侍郎俞兆晟被儿子牵连，被褫夺了职务。

俞兆晟在康熙四十五年（1706）便已是内阁学士。他擅长书画，精通水墨花卉，深得文艺发烧友康熙帝喜欢。

雍正即位后，以俞兆晟为户部侍郎，作为总理户部的怡亲王允祥的助手。但是，他与攀附年羹尧的直隶总督李维钧结为姻亲，又依附在年羹尧门下。

雍正在问罪势重跋扈的年羹尧前，第一个拿李维钧开刀，将其拿问、革职、抄家，并判了一个斩监候，妻子充入内务府为奴。

即便不法重臣李维钧、年羹尧已被定罪，死于非命，但他们那些没被追责、没被挖出的支持者、追随者、效忠者，仍然使大权在握的雍正感到了焦虑与压力。

对于俞兆晟，雍正评价："向来品行不端"，"依附年羹尧为门下走狗"。（《雍正朝起居注册》雍正十二年三月丙申日条）

此外，俞兆晟在户部主事时，在允祥死后玩弄小聪明，将其苦心制定的条文制度改弦更张，导致弊端重重。

依附年羹尧做走狗，背叛怡亲王改规矩。

雍正借俞鸿图事件，追责"甚为可恶"的俞兆晟，"平日不能教子"，"有此逆子，岂真一无见闻而欲脱然事外乎"（《清世宗实录》卷一百四十一）。

俞鸿图出事在河南，与在京的俞兆晟并无瓜葛，所以刑部只判了俞兆晟一个失察之罪。

雍正很不满意，认为这是"从轻完结，大徇情面"，当即将俞兆晟革职，命刑部将俞兆晟案移交给都察院严查。

雍正下令，必须对俞兆晟秉公严审，如果还是瞻顾情面、徇私隐瞒，那么他就亲自审理，并对审查的官员进行严肃处理。

雍正的终极目的原来如此，也确是"非寻常私弊可比"（《清世宗实录》卷一百四十一）。

俞鸿图被斩立决，既是咎由自取，也与雍正帝痛恨俞兆晟不无关系。

雍正有没有被果亲王允礼
戴了绿帽子？

1

雍正处置兄弟们的方式有多种：

一、雍正七年（1729）九月，秀才曾静派门人张熙给手握川陕甘三省兵权的川陕总督岳钟琪捎信，希望他作为宋武穆王岳飞的后裔，以岳飞抗击金兵的忠义和赤诚为己任，"乘时反叛，为宋明复雠"（《大义觉迷录》鞠讯内容），劝诚他不要侍奉清朝统治者，"尽忠于匪类"，而不信守祖先声威，损坏名节。在信中，曾静罗列了雍正帝至少十大罪状，其中一条就是"弑兄屠弟"。

二、允祥死忠地支持胤禛成为夺嫡大战的最后胜利者，也顺利地成了最大受惠者。雍正即位的第二天，就封他为和硕怡亲王、总理王大臣，成了雍正帝最信任、最倚重、最放心的亲王大臣。允祥死后，雍正将其"允"字改回"胤"字，成为有清一代臣子中唯一不避皇帝讳的事例。

三、允祥之外，夺嫡的诸兄弟都被拘于禁所。允禩、允禟死于非命，名字被改成侮辱性的阿其那、塞思黑。而其他没有实际参与夺嫡者，大多受到了雍正帝优待。最有代表性的是老十六允禄、老十七允礼，雍正临终前，遗命他们二人作为皇族代表，与内阁大学士鄂尔泰、张廷玉一同做顾命大臣。

这是历史的安排。

近来有几部影响不小的电视剧，如《甄嬛传》《宫锁珠帘》，给雍正与允礼弄了一种新式关系：他们是情敌，允礼给雍正戴了绿帽子！

《甄嬛传》中，甄嬛精明也聪明，不乏心狠手辣，因受雍正宠爱，而被皇后陷害，被迫去甘露寺修行。她修行期间，爱上了温文尔雅且很有能耐的允礼。但有情人难成眷属，最后允礼死在了甄嬛的怀里，死在了雍正的前面。

而《宫锁珠帘》的设计更有趣，充满了钩心斗角的宫廷戏，是很有现代喜感的穿越剧。这回不再是雍正的女人出轨了，而是允礼将自己的女人送给了雍正。雍正还没死，怜儿与允礼就依偎着，山盟海誓要到永远，还得到了储君弘历的支持。

《宫锁珠帘》中允礼和雍正共有的女人，封号为熹妃：本是历史中乾隆的生母孝圣宪皇后，却被弄成了乾隆的养母。《甄嬛传》中甄嬛纵有美人心计，但被安排将亲生儿子弘曕过继给果亲王允礼为嗣，说明了她在历史上对应的该是雍正帝的谦妃刘氏。乾隆即位后只是尊其为皇考谦妃，连太妃都没图到，又哪来的太后？

2

错乱、离奇的艺术智造，一改"宪皇在位十三载，日夜忧勤，毫无土木、声色之娱"（昭梿《啸亭杂录》卷一）的勤政形象，也涂改了雍正宠任允祥之外优待允礼的政治画廊。

雍正帝对诸兄弟优宠有加者，允祥第一，允礼第二。

有人会提出质疑：允禄比允礼先封亲王，第二个月才封允礼为郡王，允禄该荣耀些。

亲王和郡王都是王，都是超品，仅前置一字之差，但在俸银和禄米上，区别超大。亲王岁俸银为一万两，禄米为一万斛；郡王减半，比亲王世子还少了各一千。

雍正元年三月，庄亲王博果铎卒而无子，允禄奉命继嗣为后，承袭庄亲王爵位。允禄提前做了亲王，然其是"出为承泽裕亲王硕塞后"（《清史稿·圣祖诸子传》）。

允禄本传不在圣祖诸子传中述评，而是转为太宗第五子硕塞子博果铎后。博果铎死后，雍正借皇太后之名，将允禄过继给堂伯为后。雍正帝还弄了一份手诏："外间妄议朕爱十六弟，令其承袭庄亲王爵。朕封诸弟为亲王，何所不可，而必藉承袭庄亲王加厚于十六阿哥乎？"（《清史稿·允禄传》）

允禄继廉亲王允禩、怡亲王允祥之后，第三个戴上亲王的王冠，但其宗籍不再在康熙世系，而被转移到皇太极后的旁支。原来的皇子，变成了王孙。

博果铎有近支后人，其二哥、已革惠郡王博翁果诺的第五子福苍及其长子球琳、次子塔扎普，博翁果诺次子伊泰之子明赫在世，虽属小宗，但在法理上皆有机会承继庄王大宗。雍正以允禄出嗣博果铎，同时封球琳为贝勒，以杜悠悠之口。这样的安排，是对军功王爷世系的削弱，也是将对自己有一定威胁可能的兄弟边缘化。

精通数学和音乐的允禄，在雍正朝历官正蓝旗汉军都统、镶白旗满洲都统、正黄旗满洲都统，负责过宗人府，然受宠用的程度远不及小他一岁半的允礼。

3

雍正元年四月初三，雍正谕礼部："景陵办理修饰甚好，十七阿哥、孙渣齐、萨尔那甚属尽心，敬谨效力。十七阿哥封郡王。"罗果郡王允礼受命管理藩院事。

理藩院是清廷统治蒙古、回部及西藏等的最高权力机构。雍正初以廉亲王胤禩为理藩院尚书。雍正元年二月，允禩改管工部事务，以裕亲王保泰办理理藩院事务，此即"以王公大学士兼理院事"（《清朝通典》卷二十六《职官四》）。

雍正二年十月，保泰坐谄附廉亲王允禩国丧演剧，十一月被夺爵。吏部尚书隆科多兼管理藩院，而主管者还是允礼。

自雍正元年七月初六日起，允礼相继兼管正黄旗蒙古都统、镶蓝旗汉军都统、镶蓝旗汉军都统、镶蓝旗蒙古都统。因为成绩突出，被赏赐白银万两。

雍正三年，雍正颁发特别嘉奖令："果郡王实心为国，操守清廉，宜给亲王俸，护卫亦如之，班在顺承郡王上。"（《清史稿·允礼传》）允礼提前享受了亲王待遇。

顺承郡王为清初八大铁帽子王之一，世袭罔替，已传至第八代锡保。雍正帝安排允礼朝班位列锡保之前，足见对他重视殊隆。

雍正六年二月初五日，雍正指示宗人府："果郡王为人直朴谨慎，品行卓然。朕即位以来，命王办理理藩院及三旗事务数年，王矢志忠诚，毫不顾及己私，执持正理，概不瞻徇，赞襄朕躬，允称笃敬。王微有弱疾，虽偶尔在家调养，而一切交办事件仍然尽心料理。今承我圣祖皇考六十余年至圣至神，化洽宇宙之恩，普天共享生平，固无庸似昔年诸王效力于其间。朕以为若能尽心为国，备极忠诚，恪守臣子恭顺之道。其人为尤胜，其事为尤难，着将王晋封亲王，为朕之子弟及世世子孙之表范。"（《清世宗实录》卷六十六）

允礼作为皇家模范和表率，进位和硕果亲王，管工部。允祥病逝后，允礼接管总理户部三库，不久授宗令，掌户部。他曾携宝亲王弘历、和亲王弘昼办理苗疆事务。

允礼是允祥之外最得雍正信任者。

若允礼与弘历或弘瞻生母，有轰轰烈烈的婚外情，那他怎会受精明的雍正大用？

允礼是不敢与雍正在权力上及爱情上对抗的！

还有人说康熙驾崩时，允礼途遇时任理藩院尚书兼步军统领隆科多，吓得落荒而逃。此事，正史中也无记载。

康熙六十一年（1722）十一月十三日，玄烨崩于畅春园，终年六十九岁。他的临终现场到了哪些人呢？雍正所修的《清圣祖实录》和乾隆所修的《清世宗实录》都有交代。

《清圣祖实录》卷三〇〇记载："丑刻，上疾大渐，命趣召皇四子胤禛于斋所，谕令速至……寅刻，召皇三子、诚亲王允祉，皇七子、淳郡王允祐，皇八子、贝勒允禩，皇九子、贝子允禟，皇十子、敦郡王允䄉，皇十二子、贝子允祹，皇十三子胤祥，理藩院尚书隆科多至御榻前。……皇四子闻召驰至，巳刻，趋进寝宫。"（胤祥的避讳字已被改回，只是少了最左边的一竖撇）

而《清世宗实录》依旧让胤祥避雍正名讳，卷一记载："丑刻，圣祖疾大渐，遣官驰召上于斋所，且令速至。随召诚亲王允祉、淳郡王允祐、多罗贝勒允禩、固山贝子允禟、敦郡王允䄉、固山贝子允祹、皇十三子允祥、尚书隆科多至御榻前。……上闻召驰至趋进寝宫。"

所记的人物相同，都没有皇十七子胤礼，当然也没有电视剧《雍正王朝》所设计的大学士张廷玉和马齐。

康熙驾崩时，生于康熙三十六年三月的胤礼已经二十六岁了。即便隆科多掌控了步军，但他在胤礼面前，也只是一个奴才。康熙很重视对皇子的文化、军事教育，胤礼虽没经历过实战，但骑射是他的必修课。雍正即位初，他署前锋营右翼前锋统领，负责皇帝警卫。隆科多纵然跋扈，富有谋略的胤礼也没有畏惧他的理由！

胤礼没到场，该是康熙的召见名单上没有他。名单中不但没有他的名字，也没有皇十五子胤禑、皇十六子胤禄及其他诸子的名字。康熙驾崩时，胤禄已受命管内务府。胤禄无名，胤礼也未必有名。胤祥当时也无封，但他是雍正最得力的助手。

雍正即位不久，胤礼以郡王之尊管理藩院事，成了隆科多的顶头上司。如果他忌惮甚至畏惧隆科多，雍正断然不会做此安排。毕竟雍正已对擅权自威的隆科多设防，自然不会找一个怯弱无能的人牵制着连年羹尧都送钱巴结的隆科多。

一次翻译出错，
三朝帝师被一撸到底

1

康雍乾三代跨度长，变故多。但有一人，生于顺治十二年（1655），康熙十二年（1673）中进士，不但给三帝当过老师，且教过三代皇子。

这等荣耀，可谓宫廷教育的一大传奇。

此人便是徐元梦，名字像汉人，但他出身满洲正白旗，姓舒穆禄氏。他十八岁在全国大考中崭露头角，是满洲旗人中罕见的读书人。

康熙二十二年，二十八岁的徐元梦由中允充日讲起居注官。

日讲官，清仿明制。徐元梦出生的那一年，即顺治十二年三月二十九日，世祖谕内三院："朕惟自古帝王，勤学图治，必举经筵日讲，以资启沃。今经筵已定于文华殿告成之日举行，日讲深有裨益，不宜刻缓。尔等即选满汉词臣学问淹博者八人，以原衔充讲官，侍朕左右，以备咨询。"（《清世祖实录》卷九十）

日讲官以翰林官担任，但在权力中枢工作，给皇帝敷陈经史、回答咨询，人员有定制，学问须淹博，工作常态化。然顺治死后，保守党首四辅臣把翰林院给废了。

康熙七年九月，侍读学士熊赐履"请遴选儒臣，簪笔左右，一言一动，书之简册，以垂永久"（《清圣祖实录》卷二十七），得到了康熙的响应。康熙九年，始置起居注馆于太和门西廊，置记注官十二人，以日讲官兼摄。

康熙照顾满人擅长骑射少读书。小康熙两岁的徐元梦脱颖而出，成为帝王师之一，常值宫禁，日见天颜，自然符合为人谨慎、才品优卓、博学善书的入选条件。

康熙对日讲官的要求是严苛的，非词臣及由词林出身之阁僚卿贰不得任，大抵以掌院学士一员与翰林官一员同讲。

毋庸置疑，徐元梦为学人中的佼佼者。他不但学问做得好，而且一身正气。武英殿大学士明珠擅权，结纳士大夫，推荐徐元梦入值经筵，徐元梦以明珠拉帮结派，坚决不依附。明珠又送钱给侍读学士德格勒，德格勒亦固辞不受。

明珠恼火，对康熙说，外面有流言蜚语，说徐元梦与德格勒互相标榜。

翰林院汉臣掌院学士李光地，因同陈梦雷的口水战，与明珠闹得不欢而散，于是乞假回家侍奉病重的老母。临行前，他向康熙力荐德格勒、徐元梦学博文优。

康熙二十六年四月，康熙在乾清宫召试朝中大学者，有工部尚书陈廷敬、汤斌，左都御史徐乾学，少詹事耿介，侍读学士高士奇、德格勒等。徐元梦作为品秩最低、年纪最轻的与会者，同诸多年长数十岁的朝中大佬品评时人学问。

康熙对徐元梦青眼有加，另眼相待。

不料，是年十二月，翰林院掌院学士库勒纳弹劾德格勒私抹起居注，重提他与徐元梦互相标榜。

德格勒改的是未定稿，不违反数易其稿定型提交存档的规定，但涂改处应该不为康熙满意。部议定罪斩决，康熙下旨，改监候秋后问斩，被赦免释归本旗。

康熙恼怒徐元梦择友不善，将其革职下狱，几处绞刑，后得宽免饶其不死，被鞭打一百。打完之后，康熙又连夜派御医去给徐元梦疗伤。

皇帝的老师不好当！大难不死的徐元梦，被划拨到内务府做劳役，但很快收到了新命令。康熙下令，让他去上书房，教皇子们读书。

后来成为雍正帝的胤祺，就在上书房随徐元梦学满文。

2

徐元梦才学出众，备受重用，做过一任浙江巡抚，回京后做了几年左都御史兼掌院学士。同时，康熙命其再任日讲起居注官和经筵讲官。

徐元梦封疆在外，政绩斐然，且对受皇家争斗牵连罹祸的名士法海积极伸出援手，称赞"同官及勋戚中，志在君国，而气足以举之、学足以济之者，首推法公"（李元度《国朝先正事略》卷二），大显其格局豁达、胸怀宽广。

徐元梦职掌两院，刚直不阿，严明规矩，先后弹劾十多个慵懒不作为的编修和学政，使之罢免，对康熙后期科场钻营恶风起到了一定的遏制作用。

他敬终如始，奉公无私，被康熙委以工部尚书兼管翰林院，并教庶吉士。康熙强调："徐元梦乃同学旧翰林，康熙十六年以前进士，只此一人矣！"（《清史列传·徐元梦传》）

雍正上位顾念旧学，追封张英为太子太傅、顾八代为太傅，建成贤良祠后，将他们首批入祀。而徐元梦入祀贤良祠，则为乾隆六年（1741）事。他寿比学生长，康熙、雍正都没有他活得久。第三代学生代表乾隆对其八十七岁老死甚是哀悼，"令和亲王、皇长子往奠茶酒，再加赠太傅，准入京师贤良祠"（《清史列传·徐元梦传》）。

身后荣耀纵然是顶级，但也是后话，且先看雍正如何对待这位仅存的恩师的。

雍正再请徐师傅入上书房，教新生代皇子读书。这其中便有后继之君弘历。

新任武英殿大学士富宁安留办西路军营务，雍正特命徐师傅署理内阁大学士，兼署左都御史，充《明史》总裁官。雍正元年（1723）十月调任户部尚书，仍办大学士事。

代理政务。这一代，就是两年零三个月。

徐元梦为官本分，不辱官箴，雍正写诗赞赏他："位以中台峻，名因主眷高。六卿推旧德，百职藉薰陶。报国讦谟切，衔恩翊赞劳。运筹称自昔，前席礼频叨。"

徐师傅报国富于大谋略，任事勤慎有功劳。雍正诗题《赐大学士徐元梦》，但徐元梦还未做到正式的大学士，厄运就来了。

3

雍正四年八月，徐元梦因翻译奏章出错，被吏部议罪：革除署理的大学士和正式的大学士，并要移交刑部重处。

雍正收到报告后，朱笔一挥：死罪可免，但必须革职！

疏忽出错便重罚，雍正治吏多非常。要知道，徐元梦是满洲旗人中罕见的学问渊博、精通翻译的巨匠式人物。康熙重视翻译，将词臣所进诗文，每每亲自译读，但对徐元梦的翻译是最满意的。他说："内阁翻译通本，事甚紧要，如一二语不符汉文，则于事之轻重大有关系，内阁侍读学士及侍读，俱系按俸补授之人，恐所翻本章，不甚妥当。在内廷行走之徐元梦，现今学翻译者，无能过之！可授为额外侍读学士。"（《清史列传·徐元梦传》）

徐元梦因翻译本领高，被嘉奖擢升内阁学士兼礼部侍郎，还归原籍，充经筵讲官。

康熙不但对翰林官严格，而且对皇子们的满文教育极其重视。康熙二十年十一月十六日，定远平寇大将军章泰等题奏云南克复捷报至，传集随驾王、大臣、侍卫，康熙宣读汉文，皇太子宣读满文。皇太子胤礽年甫八岁，宣读之声极其清朗，传集诸臣咸得洞知，无不欢跃叹异。这是康熙严格推行翻译教育的一大成果。

雍正寻章摘句论瑕疵的严格，更甚于乃父。

徐元梦曾担任过一届翻译乡试正考官，怎容出错！雍正将其贬黜，仍给了内阁学士身份，负责办理票签本章、一切翻译事务。

雍正的用意很明显，你徐大学士纵然是顶级权威，只要出错，也得接受再教育。

帝师被冷落，攻击就来临。

有人举报，徐元梦巡抚浙江时，对吕留良著作失察。吕留良是浙江崇德县人，死于康熙二十二年。雍正七年，曾静带着他的反清思想游说川陕总督岳钟琪被抓。雍正虽未从严追责徐元梦在十多年前的失察之咎，但还是惩罚他为翻译中书行走。

两朝帝师、一品大员，被自己的学生皇帝做了断崖式处理，成为普通的办事科员。

乾隆又不同于其父，特将年逾八旬的徐老师重新请进南书房做顾问，赞赏他给雍正驾崩的祭文翻译做得"甚是敬慎"，着即补授内上学士，不久改任刑部右侍郎。

徐元梦以年老衰迈，不能办理刑名事件请辞，乾隆不但不怒，还赶紧将他调任礼部右侍郎做清闲的工作，不久转为左侍郎，又命他入上书房，教育第三代皇子。

垂垂老矣的徐元梦，政治生涯重开第二春，身兼多个要职。他两回以年老乞休，乾隆都说徐元梦老臣望重，虽寿逾大耋，未甚衰迈，可以照旧供职任事，还反复强调特加尚书衔，复加太子太保。

清代为了整治年高体衰的官员混迹官场，执行了一项严格的官吏考核制度，规定在三年一次对京官的"京察"和对外官的"大计"中，一旦查出"年老有疾、恋职不去而被议者"，即使未满七十，也要勒令休致。徐元梦八十多岁反受重用，喜用新人的乾隆帝为何乐于让老徐居高位而不退呢？

这，明显有着特殊的政治意图。

加官崇且多,虚实掩映中更多的是虚荣。虚荣的乾隆将先帝日见沉沦的"耆硕旧臣",作为当朝"廷臣中之所罕见者",标榜自己尊老！同时作为一面大大的旗帜，包裹住他旁敲侧击雍正重臣鄂尔泰、张廷玉等的别有用心。

康熙朝纷传的徐元梦爱标榜，难道被乾隆学会了？而为乾隆创造机会的，是雍正过分严苛地大兴文字狱，让父子共同的老师徐元梦盛极而衰、久沉下僚。

雍正的脑袋，
不是吕四娘砍掉的

1

雍正十三年（1735）八月二十一日，雍正得病，"仍照常办事"，第三天子时驾崩，享年五十八岁。

对于他的死，说法不少，有病逝说，有刺杀说，有丹药中毒说。

雍正同胞十四弟胤禵的后人，说雍正称帝执政，众叛亲离，孤家寡人，他在生命垂危时请胤禵出山辅佐遭坚辞，极其痛苦，开始贪图女色，疯狂纵欲，严重透支，最后毙命。他们列举朝鲜史料"皇后则弃置京城，只与宠姬辈出居圆明园，日事荒淫"，"下部及腰以下有同未冷之尸，不能运用云"，称朝鲜使者在给朝鲜王的报告中没有必要去故意捏造、肆意攻击雍正。

兄弟阋墙传后世。皇家的权力之争，谁也说不清。若按有关传说，称康熙帝晚年任命十四子胤禵为大将军王，就是有意传位于他，那么胤禵一旦继承帝位，他的后代子孙就都有机会成为皇帝，而胤禵世系就只能是皇族的王公贝勒了。

但是，乾隆后期出生的礼亲王昭梿，有清朝宗室毒舌之称。他在《啸亭杂录》中写道："世宗万几之暇，罕御声色"，"宪皇在位十三载，日夜忧勤，毫无土木、声色之娱"。对雍正纵欲论大声说不！

疑云滞留在当时历史的天空。胤禛与胤禵兄弟之争，不是本文要说的事情。

在民间流传最广的，有吕四娘砍头说，有宫女太监刺杀未遂说。后者说，雍正九年，宫女与太监吴守义、霍成在雍正睡熟时，用绳缢之，气将绝，用太医张某之药而愈。

此桥段，在明嘉靖帝时也上演过。

嘉靖二十一年（1542）十月，杨金英等十几个宫女不堪宫中奴役，决心害死嘉靖帝。一天夜里，她们找到嘉靖帝宿处，一拥而上按住他，用绳索勒住脖子。慌乱中，宫女们把绳索打成了死结，费尽气力，却怎么也勒不死嘉靖帝。侍寝的两个妃子看事态不妙，跑去向皇后告发。皇后带人救下了气息奄奄的嘉靖帝。最后的结果是，包括前去告发的妃子在内，连同涉事的所有宫女，都被处以极刑。

这就是壬寅宫变。《明史·世宗本纪二》有明确的记载：嘉靖二十一年"冬十月丁酉，宫人谋逆伏诛，磔端妃曹氏、宁嫔王氏于市"。但，所谓雍正险遭宫女毒手，却不见于《清史稿·世宗本纪》和《清世宗实录》。

2

如果真是宫女和太监下手，当时的雍正是很难有招架之力的。

雍正七年冬至九年秋，他患了一场重病，《清世宗实录》《清史稿》没写明病症名称和严重性，但从停办万寿节大宴，停止年度处决死囚，还赦免"应得遣戍、监追、籍没及妻子入官等罪"（《清史稿·世宗本纪》）等非常事来看，他的身体已经到了非常时期，严重到了准备后事的程度。

直至雍正八年五月的一次朝会上，他才对满朝文武大臣说："朕自去年冬即稍觉违和，疏忽未曾留心调治。自今年三月以来，间日时发寒热，往来饮食不似平常，夜间不能熟寝，如此者两月有余矣。"（《雍正朝汉文谕旨汇编》第八册《上谕内阁·雍正八年五月二十日》）

病症来得蹊跷，使人奇怪。雍正自己说病状是"似疟非疟……或彻夜不成寐，或一二日不思饮食，寒热往来，阴阳相驳"（《雍正朝汉文朱批奏折汇编》

第十八册《云南总督鄂尔泰奏报奉到谕示知悉圣主痊愈敬摅愚忱折》,雍正八年七月二十四日)。

但究竟是什么病,怎么会得这样的病?他曾密折向云南总督鄂尔泰透露:"朕今岁违和,实遇大怪诞事而得者。"(《雍正朝汉文朱批奏折汇编》第十八册《云南总督鄂尔泰奏谢恩赐西洋糕等物并教诲矜怜折》,雍正八年十一月二十八日)然而,遇到了什么"大怪诞事",雍正没有说,只说待明后年鄂尔泰来京陛见时,再当面详细谕之。

都是上线和下线单线联系的名医,都很神秘,都是方士,都是为了养生,故有了雍正纵欲过头、严重伤身的说法。

养生未必是为了纵欲,吞食丹药可能是为了提神。

雍正七年冬,雍正已五十有二,虽然上位还只八年,但他是最为勤政的皇帝。孟森说:"自古勤政之君,未有及世宗者。"雍正帝每日早起临朝执政,还批阅奏折百余件,仅朱批就是数千字。事关国计民生,每一字词都是深思熟虑,代表着最高指示。他从康熙手中接过一个吏治混乱、国库空虚的政权,交给乾隆一个制度严明、国力强盛的国家,若非"以勤先天下""朝乾夕惕",是不可能实现的。

是年三月,他力排众议,对准噶尔部噶尔丹策零用兵,授黑龙江将军、内大臣傅尔丹为靖边大将军,统领满蒙旗兵组成北路大军;授川陕总督、奋威将军岳钟琪为宁远大将军,统领川陕甘汉兵组成西路大军。

不料,狡猾的噶尔丹策零耍两手伎俩,一边扬言议和,一边集结重兵,使岳钟琪和傅尔丹出师不利。雍正帝大怒,将二人调回京师调教,重战再次失利,破格起用锡保为大将军,并加大他的便宜行事之权,命其在军营可以选拔副都统、护军参领,但还是打得很辛苦。

而在五月,世宗最信任倚重的皇十三弟、怡亲王胤祥英年早逝。胤祥之死,加重了雍正久治不愈的病情,"中心悲恸,虽强自排遣,而饮食俱觉无味,寝卧皆不能安"(《清世宗实录》卷九十四，雍正八年五月甲戌)。

而在此时，其皇三哥胤祉私下发牢骚，对怡亲王"举哀之时全无伤悼之情，视同膈膜"；同时，"从前皇贵妃丧事。允祉当齐集之期，俱诡称有另交事件，推诿不前。及前年八阿哥之事，允祉欣喜之色，倍于平时"(《清世宗实录》卷九十四，雍正八年五月辛卯)。弘时涉案被幽禁致死。幼子福惠八岁夭折。一边是亲情浇薄，一边是亲情中断，再一次严重地戕害了雍正帝的身心。

3

至于侠女吕四娘砍掉了雍正的头颅，使之安葬时只好铸造一颗金头的说法，更加离奇。这契合坊间传说，雍正帝组织粘杆处的侍卫训练一支叫作血滴子的暗杀队。

雍正七年五月，陕甘总督、宁远将军岳钟琪报告，湘南士人曾静受吕留良反清思想学说影响，将遭遣戍广西的允禩余党传言雍正阴谋夺位事继续散播。曾静委托弟子张熙拜访岳钟琪，寄意岳氏应具先人岳飞抗击金兵的忠义和赤诚，颠覆清朝政权。岳钟琪刚刚接收了年羹尧的军政大权，正忧虑被雍正猜疑，故而及时、全面地向主子报告了曾静的意图和反动，震惊了雍正。

曾静被缉拿后，供称了多位儒士的不满行为，指定已于康熙二十二年(1683)去世的吕留良为罪魁祸首，还对康熙、雍正进行了一系列颂扬与礼赞。

雍正帝认为，吕留良等鼓吹民族思想具有广泛的基础，而允禩等人的流言实属为患非小，至于曾静，属于乡曲"迂妄之辈"，不足为大患。九月，他不顾以和硕怡亲王允祥为首的一百四十余位大臣的联名反对，将同曾静的问答之词编为《大义觉迷录》，进行批驳。

雍正在《大义觉迷录》中说："夫普天之下，莫非王土；率土之滨，莫非王臣。吕留良于我朝食德服畴，以有其身家，育其子孙者数十年，乃不知大一统之义！"

雍正帝强调"本朝之得天下，较之成汤之放桀、周武之伐纣，更为名正而言顺"，是继承了康熙帝的"自古得天下之正莫若我朝"的政权正统理论，故而为了进一步捍卫修史争来的天下最正，不惜展开惨无人道的血腥惩罚和杀戮。

雍正十年，已经死了四十九年的吕留良，被钦定为大逆罪，惨遭开棺戮尸枭示之刑。其长子葆中已身故，亦被判决戮尸枭示；次子毅中改斩立决；诸孙发遣宁古塔给披甲人为奴。亲戚、弟子广受株连，无一幸免。

雍正十二年，吕留良后人六十余人，从江南水乡发遣到北疆，历尽艰难，拨给宁古塔将军都赉部下驻防旗人为奴。按清律，对于谋反大逆为奴的人身控制，远比一般奴仆为严。即使已经过了好几代，仍然不许改变身份，不许"出户为民"。吕留良系"大逆重犯"，所以世代被置于"奴籍"的深渊之下，饱受人间的屈辱。

故而，就有了侠女吕四娘砍走雍正脑袋的传说，更有人渲染吕四娘在全家受难时，被明崇祯帝的女儿长平公主救走。

吕四娘的身份，一说是吕留良的幼女，一说是吕留良的孙女。更有甚者，还给她和雍正帝安排了一场情感戏。

若其为吕留良幼女，即便是遗腹女，那么也是五十二岁的老太太了。雍正严惩吕家时，吕四娘年近五十，怎么能赢得病入膏肓的雍正帝的爱慕？怎么能在三年内学得好功夫，闯进守卫森严的大内？

若是吕家孙女被长平公主营救，教会其武功复仇，但长平公主生于崇祯三年（1630），至雍正屠戮吕家时，按时间计算，也是年过百岁了。

仇恨者的心理是复杂的，复杂得尽做些匪夷所思的虚构。

雍正的遗命，
成了乾隆打击的借口

1

最早太庙只是供奉皇帝先祖的地方，后来皇后和功臣的神位在皇帝的批准下也可以被供奉在太庙。

清朝太庙前殿为祭祀主殿，中殿供奉努尔哈赤以下历代帝后神龛，中殿后界供奉努尔哈赤以上四世先祖。前殿东庑以功勋王公配享，前殿西庑为功臣配享。

整个清王朝二百九十六年历史，有资格配享太庙的异姓大臣只有十二人，仅有一名汉臣获得过这最高殊荣，即康雍乾三朝元老张廷玉。

张廷玉（1672—1755），字衡臣，安徽桐城人，康熙朝大学士张英之子。张廷玉是康熙三十九年（1700）进士，后来以翰林院检讨进南书房当值，多次随康熙南巡及巡行蒙古诸部。其父母过世，服阕，仍原官。

虽然康熙驾崩前两三年，张廷玉才先后获授刑部左侍郎、吏部左侍郎，兼翰林院士，但其一直在最高权力中枢当秘书长，也足见康熙对他很看重。

可以说，张廷玉是康熙为雍正精心准备的大才。雍正即位后，一直重用张廷玉。《清史稿·张廷玉传》说："雍正元年，复命直南书房。""廷玉周敏勤慎，尤为上所倚"。雍正上位第一年，先后给张廷玉加官，升礼部尚书，加太子太保，署理都察院事，兼管翰林院掌院学士事，调户部尚书，任四朝国史总裁官。后连授文渊阁大学士，进文华殿大学士、保和殿大学士，仍兼管户部尚书、吏部尚书事务，成为内阁首辅。

2

雍正七年（1729），设军机处，"命怡亲王允祥、张廷玉及大学士蒋廷锡领其事"，"廷玉定规制"。张廷玉在军机处的地位仅次于怡亲王允祥，位列第二。

张廷玉长期处机要之地，最受雍正的宠信和厚爱。雍正认为张廷玉"遵旨缮写上谕，悉能详达朕意，训示臣民，其功甚巨"，全合雍正本意。

张廷玉得病，雍正对近侍说："朕连日来臂痛，你们知道吗？张廷玉患病，不是朕的臂病又能是什么呢？"张廷玉回乡祭祖，雍正赠他一件玉如意，祝他"往来事事如意"。雍正身体微恙，凡有密旨，悉交张廷玉承领。雍正加强吏治，惩治贪腐，张廷玉权倾朝野却谨小慎微，把"万言万当，不如一默"当作座右铭，身居要职数十年，然却"门无竿牍，馈礼有价值百金者辄却之"。

凡是别人馈送之礼，价值超过百金则拒绝。就连雍正顾念张廷玉生活清苦，赏银两万两，张也不敢收。

雍正说："汝非大臣中第一宣力者乎！"

二人"名曰君臣，情同契友"。

雍正十三年，雍正病危，弥留之际，遗命张廷玉与鄂尔泰等为顾命大臣，并"遗诏以廷玉器量纯全，抒诚供职，命他日配享太庙"。

这是雍正对张不舍的情分，也是对张持续的保护。但是，鄂尔泰去世后，乾隆为防止张廷玉一党独大，开始不断设防。

3

虽然乾隆每次外出巡视，都让张廷玉留京总理事务，甚至授总理事务大臣，或以大学士掌机要，还加封三等伯爵，但他对张廷玉始终不放心，稍有不顺意就大做文章。

乾隆十一年（1746），张廷玉长子、内阁学士张若霭病故，对老张打击很大。

第二年，张廷玉以年老多病祈求退休。乾隆执意挽留，很是不悦："卿受两朝厚恩，且奉皇考遗命配享太庙，岂有从祀元臣归田终老？"

张廷玉一再乞求，乾隆仍是不允："为人臣者，设预存此心，必将漠视一切，泛泛如秦、越，年至则奉身以退，谁复出力为国家治事？是不可以不辨。"乾隆不想放张廷玉离开自己的视线，但又变着法子让张廷玉年逾古稀不必早朝、异常天气不必入内，还放出对张廷玉略带侮辱性的评价"以缮写谕旨为职""毫无建白，毫无襄赞""不过因其历任有年，如鼎彝古器，陈设座右而已"。说张廷玉不过是个写圣旨的摆设而已，使张主动让出首辅的位置。

张廷玉洞察入微，立即上疏请求辞官回乡，这回乾隆准了。

张廷玉奉请入朝谢恩，奏称"蒙世宗遗命配享太庙，上年奉恩谕，从祀元臣不宜归田终老，恐身后不获更蒙大典。免冠叩首，乞上一言为券"，让乾隆很不高兴，但他还是"制诗三章以赐"张廷玉，表明不改先皇遗诏。

第二天早上，年近八旬的张廷玉因前一天进宫折腾了一天，已经累得爬不起来了，只是赶紧让儿子张若澄上朝代谢皇恩（张廷玉年老时，把张若澄叫去南书房给他当政治秘书，这是乾隆允许的）。

乾隆很恼怒：你张廷玉昨天要赏赐时能上朝，可现在得了好处就不亲自来谢恩了。你还在京城，即使病得很重，就是爬着来，也该来谢恩。

这是先帝的遗诏，也是我的恩赏，你不能重视先帝而无视我！

乾隆"命降旨诘责。军机大臣傅恒、汪由敦承"。协办大学士汪由敦是张廷玉的门生，"为乞恩，旨未下"，暗中通风，第三天张廷玉赶紧进朝谢恩。乾隆见状猜想有人走漏消息，严令查清。乾隆最忌讳张廷玉"负恩植党"，十分生气，立即削去张廷玉的伯爵。那些嫉妒张廷玉的朝臣趁机向上进言，称张廷玉没有资格配享太庙。但乾隆谕示仍保留张廷玉配享太庙的资格。这是乾隆十四年的事情。

第二年，皇长子定安亲王永璜病死。初祭刚过，张廷玉匆匆奏请南归故里，乾隆斥道：你作为我儿子定安亲王的师傅，刚送完葬就急着要走，还有君臣师生的人伦常理吗？

于是，诏命把配享太庙的名单给他看，让他自己说是否够资格配享太庙。张廷玉惶恐万分，请求罢免配享太庙，照律治罪。乾隆命令九卿讨论张廷玉是否有资格配享太庙，并定议具奏。

朝臣看出乾隆皇帝的心意，一致认为应该罢免张廷玉配享太庙的资格，并上奏乾隆。

乾隆皇帝以此修改了雍正皇帝遗诏，罢除了张廷玉死后配享太庙的待遇。后又有人揭发张廷玉的姻亲朱荃曾涉及吕留良案，乾隆皇帝降旨罚张廷玉，"命尽缴历年颁赐诸物"，查抄其在京住宅。且张廷玉的门生，如汪由敦等人也都受了罚。可见乾隆对张廷玉的怨恨。

乾隆二十年春，八十三岁的张廷玉病逝，乾隆皇帝做出眷念老臣的姿态，宽恕了张廷玉的罪过，谓"廷玉有此卓识，乃未见及。朕必遵皇考遗旨，令其配享。古所谓老而戒得，朕以廷玉之戒为戒，且为廷玉惜之"，谥号文和，恩准其配享太庙。

刘统勋父子在乾隆心中
孰重孰轻

1

不知道大家是否看过或者记得，2002 年有一部很火的历史剧，叫《天下粮仓》？

王庆祥主演的刘统勋，官拜刑部尚书，扶棺履任，统领全国查案赈灾之职，冒死进献《千里饿殍图》给新上台的乾隆帝，龙心大慌，雷霆震怒。随后，皇帝来到他家，为刘统勋的诤臣气概所打动，打消了严办老刘的念头。

电视剧开场的事情发生在乾隆帝继位之初，而在历史上，这时的刘统勋还只是内阁学士，后来挂名刑部侍郎，还是代理。《清史列传·刘统勋传》记载他"乾隆元年六月，擢内阁学士。八月，署刑部侍郎"。他这个刑部副部长，并非实职，直至乾隆六年（1741）六月，才补缺转正。

然而，他又确实长期任过刑部尚书，但那已是乾隆十五年以后的事情了。

《清史稿·刘统勋传》写得很笼统，前面只有乾隆十三年的时间定语："十三年，命同大学士高斌按山东赈务，并勘河道。时运河盛涨，统勋请浚聊城引河，分运河水注海。德州哨马营、东平戴村二坝，皆改令低，沂州江枫口二坝，俟秋后培高，俾水有所泄。迁工部尚书，兼翰林院掌院学士，改刑部尚书。"

但《清史列传·刘统勋传》写得很详细：乾隆"十五年七月，兼管翰林院掌院学士，命赴广东会鞫粮驿道明福违禁折收一案，鞫实，拟斩如律。八月，迁刑部尚书"。

刘统勋在刑部尚书任上，一干就是十一年，直至乾隆二十六年五月荣升大学士，才分管其他部门，三十年正月又兼管刑部。他清廉正直，敢于直谏，在吏治、刑狱、军事、治河等方面均有显著政绩，甚得乾隆重用，即便两次犯了过失被"部议革任"，乾隆都下旨从宽留任，还让他进军机处、协办大学士。

2

刘统勋是雍正二年（1724）的进士，在雍正朝先后入值南书房、上书房当差，做过皇帝侍读、日讲起居注官和顺天武乡试正考官、詹事府詹事，进入乾隆朝后，他更得后继之君欢心。

乾隆帝即位后，奉大行皇帝遗命，由庄亲王允禄、果亲王允礼和大学士鄂尔泰、张廷玉辅政。因他们恳辞，以总理事务王大臣称职。

此四人中，二允是乾隆的亲皇叔，鄂尔泰是内阁首辅。而雍正对张廷玉另眼相待，高看一等，夸他为"大臣中第一宣力者"，还在雍正十一年说："朝廷之上近亲大臣中，只和你一天也没有分离过。我和你义固君臣，情同密友。如今相隔月余，未免每每思念。"雍正驾崩前，还专门给乾隆留下一道遗诏："以廷玉器量纯全，抒诚供职，命他日配享太庙。"（《清史稿·张廷玉传》）

张廷玉和鄂尔泰虽都是先帝遗留的重臣，却枢臣互讽，经常掐架，共事十余年，"往往竟日不交一语"。

清朝皇帝喜欢利用权臣矛盾，使之相互制衡。雍正帝之所以偏向张廷玉，也是不使其处在弱势，但到了乾隆朝时，皇帝的天平又向鄂尔泰做了偏斜。

张廷玉虽在乾隆多次外出巡视时留京总理事务，或为大学士掌机要，还被封为伯爵，破了本朝无文臣封公侯伯之例，但他年纪大了，倚老卖老的固执与好激动，让喜欢乾纲独断的乾隆心有芥蒂。

即便张廷玉无心结为朋党，但满朝的门生故吏，自然让朝野认为张中堂自成一党。所以《清史稿》评价他与鄂尔泰二人争斗的后果是："顾以在政地久，两家子弟宾客，渐且竞权势、角门户，高宗烛几摧萌，不使成朋党之祸，非二臣之幸欤？"

乾隆六年十月，都察院左都御史刘统勋上书："大学士张廷玉历事三朝，遭逢极盛，然晚节当慎，责备恒多。窃闻舆论，动云'张、姚二姓占半部缙绅'，张氏登仕版者，有张廷璐等十九人，姚氏与张氏世婚，仕宦者姚孔铢等十人。二姓本桐城巨族，其得官或自科目荐举，或起袭荫议叙，日增月益。今未能遽议裁汰，惟稍抑其迁除之路，使之戒满引嫌，即所以保全而造就之也。请自今三年内，非特旨擢用，概停升转。"（《清史稿·刘统勋传》）

刘统勋直言，张廷玉名望极盛，但晚年不谦谨，招致满朝非议。张家与同乡姚家，都是桐城缙绅望族，互相通婚，为官举荐时互相包庇，请皇上三年内不要提拔重用张廷玉。

同时，刘统勋还上书说尚书讷亲管辖吏部和户部，部中议论大事，讷亲说什么别人都必须执行，完全没有心存谦诚、集思广益。请皇上给予他批评，让他反省改正错误。

乾隆帝收到奏折后，快速做出反应：朕认为张廷玉和讷亲如果不擅自作威作福，刘统勋必不敢上这样的奏章！

同时，乾隆帝为了防止张廷玉、讷亲擅权营私，打击报复刘统勋，还说：大臣责任重大，原本就不能避免别人的指责。听到别人指出缺点应当高兴，这是古人所崇尚的。如果心存不快或嫌怨，那就没有大臣的气度了。

张、讷二人要有则改之无则加勉，乾隆下旨："至职掌太多，如有可减，候朕裁定。"并将刘统勋直言敢谏的奏疏公开给众臣看，刘统勋由此名闻朝野。

其实，刘统勋中进士那年，主考官即为张廷玉。刘统勋进翰林院做庶吉士、编修时，张廷玉为掌院学士。所以说，张廷玉是刘统勋的座师，刘统勋也是张廷玉的门生。

3

刘统勋大公无私，让乾隆倚为得力助手。

刘统勋随后历任漕运总督、工部尚书兼翰林院掌院学士、刑部尚书、太子太保兼陕甘总督，查办了一批贪污渎职的官员，筹办战马兵饷。乾隆十七年，刘统勋成为乾隆王朝的权力核心成员，在军机处行走，成为最高领导人的左膀右臂。

乾隆二十一年，乾隆下旨，由刘统勋、傅恒等负责修纂《西域图志》。刘统勋亲率测绘队踏遍天山以北地区，获取了大量实地测绘资料，《西域图志》成为后来新疆地图的蓝本。

此后，刘统勋又先后任东阁大学士兼礼部、兵部事务，翰林院掌院学士兼上书房总师傅、殿试阅卷大臣，东阁大学士兼国史馆总裁，兼管刑部、吏部等。

乾隆三十四年，刘统勋七十大寿，乾隆帝亲笔御赐"赞元介景"匾额。

乾隆三十八年十一月十六日，刘统勋赴紫禁城早朝，行至东华门外时，轿夫发觉轿内忽然倾斜，拉开轿帘发现刘统勋双目紧闭。乾隆闻讯后，赶忙派在御前当差的一等公兼驸马福隆安携药赶往救治，但为时已晚。

刘统勋死了，乾隆帝亲往吊唁，到刘家门口时发现门楣窄小、家居简朴，为之感动。回宫尚未进乾清门，乾隆忍不住涕泣，对群臣说："朕失一股肱！"既而说："如统勋乃不愧真宰相。"(《清史稿·刘统勋传》)

乾隆帝还亲自作挽联和怀旧诗，将刘统勋列为五阁臣之一，追授太傅，赐谥号文正。清朝谥文正，自乾隆朝始，有汤斌、刘统勋、朱珪、曹振镛、杜受田、曾国藩、李鸿藻、孙家鼐八人。汤斌为死后五十年被乾隆追谥，算为康乾大兴文字狱的一种掩盖，而自刘统勋被直接谥为文正起，此谥只能皇帝特旨，不为臣下群议，故而成了清朝一种对汉臣死后追认的顶级名器。据说，李鸿章生前很希望能如其师曾国藩一样，身后能得文正谥号，不意几次代表朝廷外出签订丧权辱国条约的污点，使之只能得一文忠公的美谥，也算是盖棺定论。

乾隆帝为刘统勋之死，还专门发上谕："大学士刘统勋老成练达，品行端方。雍正年间耆旧服官，五十余年中外宣猷，实为国家得力大臣。"（《清史列传·刘统勋传》）

《中国名人志》第十一卷是这样评价的："刘统勋为官近五十载，清正廉洁，秉公无私。一生多次奉命审理官员贪渎案件，所拟判决多得皇帝嘉许。据《清史稿》本传记载，刘统勋每次出巡查案，凡属贪官一经查明都严惩不贷。从弹劾三朝元老张廷玉徇私枉法、擅作威福，到按律查办西安将军都赍、归化将军保德、江西巡抚阿思哈等，无不显示出刘统勋为官刚正、清风独标的秉性，也因此被乾隆称赞为'真宰相'。刘统勋逝世后，得到乾隆皇帝御赐'文正'谥号，这是文臣身后可以得到的最高谥号。在清朝二百七十余年历史上，仅有八位文臣获得这一荣誉。"

4

刘统勋之所以能成为乾隆的股肱重臣，完全是因为其能力、品行。

他死后，乾隆帝两次下诏，命令刘统勋的儿子、陕西按察使刘墉回京治丧守制、扶棺归里。

乾隆四十一年，刘墉服丧期满还京，乾隆帝念刘统勋多年功绩，诏授刘墉为内阁学士，任职南书房。次年底，刘墉因在外放江苏学政任上，办事有功和督学政绩显著，迁户部右侍郎，后又调吏部右侍郎。

后来，刘墉又任湖南巡抚，升都察院左都御史。在左都御史任上，他奉命与理藩院尚书和珅查山东巡抚国泰舞弊案，顶住和珅及宫廷等各方面压力，据理力争，最终使国泰伏法。他有功，升为工部尚书，充上书房总师傅，署直隶总督。后来，民间曾据此事写成通俗小说《刘公案》，对这位"包公式"的刘大人大加颂扬。

乾隆五十年五月，刘墉以吏部尚书授协办大学士。然而，刘"包公"官做大了，问题也来了。他不断犯错，不是泄密皇帝与阁臣的谈话内容，就是主持祭拜文庙不按礼制行事，甚至还被牵扯了一桩乡试贿赂案。他担任上书房总师傅时，众师傅总不到位，他不闻不问不作为。

更有甚者，权臣和珅专宠于乾隆帝，"方炙手可热，刘墉惟以滑稽悦容其间"（《栖霞阁野乘》卷下），装傻充愣，随波逐流。后来他的学生嘉庆帝上台，虽然给了他一顶大学士的顶戴，但还是指责他向来不肯真心实意做事，干活懒散。

论历史影响，刘墉即便被人赞为"名相"，但作为和风范还是不及其父刘统勋。然而，近年来，以《宰相刘罗锅》为首、《乾隆王朝》压阵的多部影视剧，大肆渲染刘墉如何如何同和珅斗智斗勇、斗气斗法地斗了半辈子，捏造了一个伟大的大清相国。这是刘统勋在现代娱乐历史的大环境下，难以企及的。

其实呢，刘墉虽还算清官，晚节不亏，但他那些所谓不拘小节本身就是为官不为、懒政怠政的体现，他并无与和珅较量的斗志，故而顶多算在乾嘉高层官场上扮演一个名丑。电视剧不好给他脸上画白粉，便在他背上隆个驼。

雍正留给乾隆的心腹
爱以巨氅看门

1

　　乾隆朝有不少名相:张廷玉、鄂尔泰、刘统勋、傅恒、阿桂、和珅……讷亲,这个名字大家应该印象不深。可以说,他在乾隆大学士集群中,是最不著名的了。但,他的出身,在清朝确是首屈一指,世代显赫。到他这一代,已是四代一等公了。

　　讷亲的曾祖父额亦都,是帮助太祖创天下的五大臣之一,官至左翼总兵官、一等大臣,死后被太宗追封弘毅公、配享太庙。《清史稿》说:"额亦都归太祖最早,巍然元从,战阀亦最多。"太祖对他极为看重,除了将他的部属分为三个世管牛录,安置在镶黄旗、正白旗之下外,还将四公主穆库什嫁给他做如夫人。

　　额亦都有子十六人,遏必隆最小,为穆库什所生。遏必隆于顺治五年(1648)以所袭其兄图尔格二等公爵令并袭一等公,授议政大臣、领侍卫内大臣,加少傅兼太子太傅。顺治驾崩,遏必隆与索尼、鳌拜、苏克萨哈并受遗诏为辅政大臣,康熙特封一等公,加太师。鳌拜擅权,遏必隆明哲保身,被康亲王杰书以十二条罪去职削爵,下狱论死,但康熙帝命他仍以公爵宿卫内廷。他生了两个好女儿,一为康熙宠爱的孝昭仁皇后,一是康熙优待的温僖贵妃。遏必隆病重,康熙亲临府邸慰问。

　　遏必隆生子七人,早夭两子,三个为一等公。讷亲的父亲尹德,排序第六,初自佐领授侍卫,从康熙征噶尔丹,扈跸宁夏,由都统擢领侍卫内大臣,兼议政大臣。雍正五年(1727)以病休致仕,死后入祀贤良祠,乾隆元年(1736)

追封一等公。《清史稿》评价："尹德恭谨诚朴，宿卫十余年，未尝有过。"

2

尹德病逝，雍正帝对这个堂表哥家还是挺照顾的，马上安排表侄讷亲世袭果毅公爵。对于雍正帝而言，讷亲不但是堂表哥的儿子，而且是老爸的内侄，双层关系，所以雍正对讷亲特别看重，让他由七八品的笔帖式直接升为从二品散秩大臣，进入中央警卫部队侍卫处，安排在乾清门负责。

乾清门是啥地方？帝后寝宫及嫔妃、皇子等居住生活区域，内廷后三宫（乾清宫、交泰殿、坤宁宫）的正门，连接内廷与外朝往来的第一通道，兼为处理政务的场所，清代"御门听政"、斋戒、请宝接宝等典仪都在这里举行。

四年后，雍正帝将讷亲任命为御前大臣，不久又升为銮仪使。銮仪使又是啥官？正二品，中央警卫局副局长，跟内务府总管平级。吴振棫《养吉斋丛录》记载："国初，銮仪使管卫事。銮仪使、协同管卫事各一人，皆满人。"又是不久，雍正帝调他进军机处当差。

《清史稿·讷亲传》记载："讷亲贵戚勋旧，少侍禁近，受世宗知，以为可大用。"在八年时间里，讷亲由一个抄抄写写的基层小文秘，青云直上，成了参与中央机务的要员。

3

雍正十三年八月，雍正帝驾崩，乾隆帝御极，调讷亲为镶白旗都统，兼管内务府事务，授领侍卫内大臣，命协理总理事务，同时兼镶白旗都统。三个月后，晋爵一等公。乾隆虽然没有像其父一样让讷亲连升十多级，但他却给这个远房老表安排了更多的职务。

　　乾隆改元，也改任讷亲为镶黄旗都统，第二年正月，迁兵部尚书兼议政大臣。十一月，乾隆帝加强皇权，裁撤总理事务衙门，恢复军机处，同时摒弃宗室王公入值军机、执掌枢要的权力，让讷亲再次入值军机处，成为六大军机大臣中最年轻的一个，排名第三。重设的军机处，省去"办理"二字，成了清朝军政核心机构。讷亲虽排在少保、保和殿大学士鄂尔泰、张廷玉之后，但是讷亲的一等公爵要比鄂的一等子爵、张的三等子爵高出不少。

　　乾隆三年正月，讷亲奉命管理圆明园和户部三库事务。至乾隆六年，讷亲在朝中的品级未变，但身兼数个要职，加太子太保。直隶总督李卫向乾隆帝报告，河道总督朱藻贪污损公，由讷亲带着刑部尚书孙嘉淦调查，月内破案，得实论罪。讷亲虽无首揆之名，却行首揆之实。这个权力，是乾隆帝短期内累加的。

　　昭梿《啸亭杂录》卷一记载："上即位初，以果毅公讷亲为勤慎可托，故厚加信任。讷人亦敏捷，料事每与上合。以清介持躬，人不敢干以私，其门前惟巨獒终日缚扉侧，初无车马之迹。然自恃贵胄，遇事每多溪刻，罔顾大体，故耆宿公卿，多怀隐忌。"讷亲不贪财纳贿，不交结权贵，不与官员私交，终日以巨獒守门，严拒交结送礼。

　　显贵太早，惹得同僚们不满。就连廉正的左都御史刘统勋，也在乾隆六年上书："讷亲职掌太多，任事过锐。"（《清史列传·讷亲传》）乾隆闻言，直接发话：讷亲身为户部尚书，若在本职部门处事推诿，模棱成习惯，那他怎么做得好其他公事呢？如果他擅权营私，朕一定会洞察清楚，断无不去调查而不明真相的道理。但他协调其他事务，也没出现问题。朕经常告诫他要诚勉自满，但经过长期观察，发现他是"恪遵朕训"。"至于职掌太多，如有可减之处，候朕酌量降旨。"

4

　　讷亲的升迁是乾隆帝培植本朝新人、裁抑先帝老臣的一个缩影。

乾隆帝在继续让鄂尔泰、张廷玉内斗不休的时机里，使讷亲快速成长，担纲挑大梁。

乾隆十年四月，鄂尔泰因久患手足麻木之症病逝，乾隆帝马上安排出任协办大学士不到两个月的讷亲接任保和殿大学士。

乾隆下令，讷亲为军机处领班，行走列名在张廷玉之前。

张廷玉是雍正朝的军机领班，乾隆元年的总理首相，但乾隆先以军机处为前朝败政裁撤，后来废除总理衙门，重设军机处，对原来两机构人员重新洗牌，将原来排在首席的张廷玉，排到鄂尔泰之后。

乾隆还下旨：汉人不得任军机领班。

鄂尔泰一死，讷亲接任，无论是保和殿还是军机处，讷亲都排在张廷玉之前，同时还兼任吏部尚书，成了乾隆帝名副其实的首辅。

乾隆帝推崇讷亲，让讷亲都不好意思，不敢站在张廷玉前面。乾隆为此明文规定：内阁行走的名单，讷亲放在首位；吏部行走之名，讷亲同张廷玉一起放在前面；军机处奏事，满大臣讷亲居首，汉大臣张廷玉领头。乾隆虽不排斥汉人，但不像其父雍正那般重用汉臣，有着明显的崇满抑汉的态度。讷亲受乾隆殊恩，廷臣无出其右，天下共知。

讷亲上升得快，掌权也多，但不能否认他是一个廉正干净的高官。赵翼《檐曝杂记》卷一云："讷公亲当今上初年，亦最蒙眷遇。然其人虽苛刻，而门庭峻绝。"他奉命巡查地方营伍、勘察河道工程，对于地方官员的谄媚趋奉，一再回避禁止，甚至报告乾隆。作为军政刑赋第一重臣，讷亲分管官员人事、财务预算、工程建设、行政审批、物资采购及主持军政日常事务，为了严防到他府上跑官搞关系的人，他特地养了一条巨无霸式大狗看门。

让讷亲没有想到的是，三年后，正是这一条大狗被乾隆帝拿来说事，讽刺讷亲形式主义，自欺欺人，最后要了他的命。此为后话。

乾隆怒斩第一爱臣
血祭第一武功

1

大家都知道，乾隆晚年最宠和珅。而在乾隆在位的前十三年，讷亲可谓是最得乾隆帝欢心和倚重的人，就连乾隆自己也说他是"第一受恩之人"。

讷亲身兼保和殿大学士、军机处领班大臣、一等公，掌管吏部、户部。也就是说，他掌握的权力不比后期的和珅小，荣誉也不比和珅逊色，只是当时乾隆、讷亲的儿女都还刚出生，不然也会成为儿女亲家的。但是，讷亲的出身，比和珅高贵，他是太祖外孙之后，与乾隆是刚出五服的表亲。

讷亲高居首辅尊位，却谦正持公，无苞苴之私。为了避免同僚属下亲戚上门贿赂交结，他特地养了一条巨獒看门。《清史稿·讷亲传》记载："讷亲贵戚勋旧，少侍禁近，受世宗知，以为可大用。迨高宗，恩眷尤厚。讷亲勤敏当上意，尤以廉介自敕，人不敢干以私。其居第巨獒缚扉侧，绝无车马迹。"

二月河的《乾隆皇帝》将讷亲养巨獒小说化，在讷亲出了问题时，安排乾隆说话："讷亲在私邸门口养着巨獒，以防有人关说撞木钟，人不敢以私事相干，门前绝车马之迹。虽然有些做作，毕竟清廉二字可许。你方才讲，讷亲的罪欺君欺心在上。其实丧师辱国，也不是小罪。诸葛武侯可以挥泪斩马谡，朕为什么不能诛讷亲？"

这是讷亲的血色宿命。他显贵至极，却败在他并非全才也非完人之上，败在处理政务不糊涂，主持军事却颟顸之上。

2

　　乾隆十三年（1748），乾隆帝东巡，因发妻富察氏皇后在返京途中病逝，悲恸欲绝，此时金川战事失利消息传来，更是苦闷。他从战报中了解到金川之役的艰难，于是调回督战的文华殿大学士庆复还管兵部，起用素称干练的张广泗为川陕总督，经略平定金川军务。孰料，此战棘手，一向被乾隆称道的张广泗在前线师期一拖再拖。乾隆帝下诏责备张广泗作战无方、胆怯惧敌，觉得应有一个能统筹全军并能将他的旨意准确无误地贯彻到前线的人，于是召回正在山东治赈的讷亲，授为经略，命他率劲旅前往金川视师，调度兵马。乾隆帝以为"由可信大臣亲履行间，既可察明军中实情，据实入告，又可相机指示，早获捷音"（《清史稿·讷亲传》）。此举，却将讷亲推上了绝路。

　　讷亲虽是将门子弟，也曾侍卫宫廷，但不懂兵事，虽有理财执政之能，却非统军之才。他虽然对乾隆听话唯诺，但自负刚愎，至前线后，先是盲目出击，武断轻敌，致使损兵折将；然后缩手缩脚，鼠伏不出，凡事都委托张广泗。

　　张广泗本以讷亲为权臣极尽逢迎，讷亲盛气凌人，跋扈专横，使张广泗因畏惮他而不敢向其进谏，导致最后讷亲打了败仗推诿，张广泗轻视他，为他设置难关。将相不和，军心涣散，作战失策。

　　讷亲指挥无度，乾隆帝骑虎难下，指示讷亲试用离间之计，可一向善于体察帝心、奉行不误的讷亲，这次却显得格外愚钝和固执。

　　他从张广泗之议奏请增兵三万进剿，又自相矛盾地提出撤兵，令乾隆帝大失所望。乾隆帝从军报中得知，讷亲安坐帐中，不临战阵，却报告士兵向敌军碉楼放枪，可见火光。

　　乾隆感觉到讷亲从未奋勇督师，临阵指挥，于是，命将讷亲、张广泗召回京师述职，撤回经略之印。

讷亲回京心切，思之过急，竟上书陈请返归，于是遭到乾隆的痛斥，命革职发往北路军营效力。

3

大金川之役，本是乾隆帝要教训当地土司莎罗奔的不服管理、兼并妄为，结果三万朝廷大军久而不胜。讷亲作为乾隆悉心培育的第一重臣，是他打击张廷玉的重炮利剑，却在关键时候如此不堪。

乾隆怒其不争，"大金川非大敌，重臣视师，无功而还，伤国体，为四夷哂笑"。富察皇后的弟弟傅恒，毛遂自荐参赞军务，以户部尚书、协办大学士署理川陕总督，经略军务。乾隆帝授其保和殿大学士。

傅恒督师，一月便打得跳梁的土司畏死乞降。历近两年之久的金川之役，以傅恒督师宣布告捷。

乾隆帝更加恼怒"讷亲以为受苦，实嫉他人成功，摇众心，不顾国事。孤恩藐法，罪不可逭"（《清史稿·讷亲传》）。

《清高宗实录》记载乾隆帝在傅恒大胜之后，对昔日爱臣讷亲的恨到了一个极点："以讷亲平日之心思智虑，且事朕十有三年。若谓任其经略无方，辄行退避，竟不重治其罪，将视朕为何如主？""是朕从前任用讷亲，原未为误也。"爱之深，恨之切，乾隆十四年，命押解讷亲回京，授藏于宫中的讷亲祖父遏必隆的遗刀给侍卫鄂实，在班拦山截住讷亲，命其自裁。

乾隆认为，"朕自御极以来，大臣中第一受恩者，莫如讷亲"，而"不料讷亲至军，于彼处情形既无谙悉，将吏人等方且从听经略之指挥，而伊并无奇谋异算，以悚动军心；且身图安逸，并未亲临行阵，士气因以懈弛"，"旷日持久，了无成绩"。为了杀讷亲，乾隆一再强调"讷亲以第一受恩之人，诚不料其舛谬若此"，但也指出对他绳之以法，并非其平时宣力无功。

　　杀与不杀，为何而杀，成了《清史列传·讷亲传》中的重头戏。乾隆的每一道旨意，都写得清清楚楚、明明白白。

　　讷亲之死，死于自己的不谙军事又独专自负，死于久在军机而纸上谈兵，死于乾隆明知这个奴才惯于一帆风顺却偏要他去面对大风浪，当然也死于乾隆必须以一重臣来对一场小仗打了两年无果而为国威君威担责。

4

　　傅恒打赢的大金川之战，以及后来其子福康安及阿桂再次平定大小金川之役，是乾隆皇帝自许的十全武功之一。"十功者，平准噶尔为二，定回部为一，扫金川为二，靖台湾为一，降缅甸、安南各一，即今之受廓尔喀降，合为十。"（乾隆《御制十全记》）乾隆有穷兵黩武、好大喜功之好，但此十战保障了中国领土的完整和国家的统一。大金川之战时间排序为首。

　　让乾隆始料未及也刻骨铭心的是，与其他武功相比，大小金川偏居川西一隅，仅弹丸之地、数万人口，却致清王朝先后投入近六十万人力、七千万帑币，代价远超其他任何一战。尤其大金川之战，让他四度拜将，历时两年，还不得不刑杀掉前三任主帅立威：文华殿大学士兼一等公庆复、川陕总督兼太子太保张广泗，以及他寄予厚望的保和殿大学士兼军机处领班大臣讷亲。

　　此三人，皆为坐贻误军机罪而死。他们在战事中，庆复与张广泗，讷亲与张广泗，都是职事帅将，本该同心协力、备战御敌，却彼此倾轧，相互弹劾，致使一场小仗变成了一场硬仗，变成了有清一代处死主帅大将最多的一场大仗。

　　有人说讷亲，是乾隆帝知人不善任，并不是专门为这一场战争抛出的替罪羊。乾隆也知道"讷亲素未莅师,摧锋陷阵之事,实非所长",也强调"伊体素弱,屡经降旨,令随时将息","然以满洲大臣当此戎马倥偬之时,孰不思同仇敌忾,翦其朝食？”最后一句，道出了乾隆帝真实的哀痛，即讷亲将他崇满抑汉的人才国策打破。

讷亲的死，却成就了傅恒的脱颖而出。乾隆帝崇满抑汉，任人唯亲，厚鄂尔泰而薄张廷玉是因满汉之分，崇讷亲而贬张廷玉是因满汉之分，然同为满人，褒傅恒而杀讷亲却是亲疏之别。

乾隆继位的唯一对手
被雍正下了套

1

雍正继位，可谓是腥风血雨，其他八个参与竞争的兄弟，只有同父异母的老十三胤祥自始至终为他效命。

雍正上台后，恩怨分明，给予老十三的政治待遇和地位，是真正的一人之下万人之上，就是皇帝的阿哥们也必须对其行跪拜之礼。

而他那七个对手，或被长期圈禁，或死于非命，尤其是老八被喊作"阿其那"，老九被称为"塞思黑"。鲁迅《准风月谈·"抄靶子"》中也写道："雍正皇帝要除掉他的弟兄，就先行御赐改称为'阿其那'和'塞思黑'。"

而雍正的儿子乾隆继位，可谓是有惊无险。

《清圣祖实录》记载，康熙六十一年（1722）春，"皇四子和硕雍亲王胤禛恭请上幸王园，进宴"，康熙幸临胤禛的赐园圆明园，第一次见到了不到十二岁的孙子弘历，"见而惊爱，令读书宫中"，亲授书课，并请名师教他文化、骑射和火器，并称弘历"是福过于予"，还连声称弘历生母钮祜禄氏是有福之人。为此，钮祜禄氏更得雍正的恩宠。

这段文字，是不是雍正或乾隆为了给自己上位正名而弄出来的，不得而知。毕竟前朝皇帝的实录是后世之君弄出来的。

但有一条，有人在为弘历日后承继大统制造前兆。

此前兆，后来很多文学作品、影视制作都津津乐道。当然，也有电视剧宣传弘历远比雍正阴鸷狠毒。

2

弘历被康熙看中，应该是后来继位的一个方面，影响了雍正登基后的第一年便密建皇储，将弘历名字书写好，放于乾清宫"正大光明"匾额后。

但这是个秘密，对于还只十来岁的弘历而言，即便天纵英才，被雍正委以重任，但其是否能平稳地继位还是一个未知数。他的二伯胤礽两岁时就被康熙立为皇太子，前后两度被立储，在位达三十六年，但最后还是被父皇和兄弟们合力拿掉，圈禁至死。

弘历的阿玛雍正继位，也是到了康熙弥留时才揭晓。况弘历既未被公开立为太子，到了雍正临死前两年（雍正十一年，1733）才被封为和硕宝亲王。雍正继位时还是真正的春秋鼎盛，谁也不知道历史只给他安排了十三年天命。

虽然对于雍正而言，弘历继位不存在多少悬念，但对于弘历而言，还是一个惊奇。最后，二十五岁的弘历成了乾隆帝。

这也给了金庸等小说家一个灵感，称雍正继位，是因为康熙看中了弘历，甚至编造出弘历是胤禛从陈世倌那里用女儿强换过来的，故后来有了红花会陈家洛找哥哥要改回汉人天下的闹剧。

雍正有那么傻吗？把汉人的儿子立为储君，荒唐加笑话，不足为证。在弘历之前，雍正已有一个儿子弘时，活得好好的。

小说为小说，历史为历史。

雍正没有父亲康熙那样强的生育能力，仅仅留有十个儿子有姓名可查。雍正继位时已生八子，而不幸的是，长子弘晖、二子弘盼、三子弘昀、七子福宜早夭，仅留四子弘时、五子弘历、六子弘昼和八子福惠四人。皇九子福沛、皇十子弘瞻是雍正上位后生的，但雍正元年福沛出生后不久便死去。

另外，福惠也在雍正五年夭折，年仅七岁。而弘瞻为雍正十一年生，雍正驾崩时还只两岁。史料中将三子弘昀和二子弘盼重叠排为老二，即《清史稿》中，称本为第五子的弘历为"世宗第四子"，第六子弘昼为"世宗第五子"，而第四子弘时就成了"世宗第三子"。

由此可知，可以作为弘历的政治对手的兄弟，只有弘时和弘昼了。

3

弘昼为历史上著名的荒唐王爷，喜好办丧事，吃祭品。《清史稿》中记载，弘昼"好言丧礼，言：'人无百年不死者，奚讳为？'"他还亲自指挥过丧仪，坐在庭院的中间，让府里的家人祭奠哀泣，自己在一旁安然笑吃祭品，以为乐趣。而且制作明器、象鼎、彝、盘、盂等物品，放在自己的榻前。

这个场景，在电视剧《雍正王朝》里有一个专门的场景表现。有历史学家指出，他其实是为避免卷入弘时和弘历对皇位的争夺，而以"荒唐"为名韬光养晦。

而弘时却不然，虽曾因在府邸遛鸟，但是一个有野心、不优雅之人。

在《雍正王朝》中，廉亲王胤禩失落帝位后，依旧阴谋算计，鼓捣关外的四个铁帽子王进京，意欲借所谓的八王议政攻击新政，来把雍正架空。他还怂恿弘时向雍正进言，雍正没想到被儿子摆了一道，差点被逼宫成功。

应该说，弘时觊觎帝位已久，并与隆科多已有联系，故老九胤禟找隆科多时，隆科多直言他保的是皇三子弘时。

《宫中档雍正朝奏折》载有雍正四年二月十八日的一道谕旨："弘时为人，断不可留于宫廷，是以令为允禩之子。今允禩缘罪撤去黄带，玉牒内已除其名，弘时岂可不撤黄带？著即撤其黄带，交与允祹，令其约束养赡。钦此。"这真是令人不可思议的谕旨！

雍正四年正月，允䄉被列罪四十款，革去黄带子并除宗室籍，令其自改名为"阿其那"，休其福晋回娘家，二月又将其幽禁，九月死于高墙幽禁之所。雍正皇帝却要在这年二月将弘时"令为"已被"撤去黄带，玉牒内已除其名"的允䄉之子，还要允祹"约束养赡"，可见雍正在此时就给弘时下了套。

此后不久，也在雍正四年，弘时被父皇雍正削除了宗籍，第二年八月卒，年二十四岁。关于弘时之死，曾任清史馆协修的历史学家唐邦治，在1923年出版的《清皇室四谱》中，首先提出弘时是被雍正赐死的。

乾隆即位后，大刀阔斧地昭雪雍正朝获罪宗室，提到他的哥哥弘时，谕旨是这样说的："从前三阿哥年少无知，性情放纵，行事不谨，皇考（雍正）特加严惩，以教导朕兄弟等使知儆戒，今三阿哥已故多年，朕念兄弟之谊，似应仍收入谱牒之内，着总理事务王大臣酌议具奏。"

《清皇室宗谱》也有一条关于弘时之死的记载："皇三子弘时……雍正五年丁未八月初六日申刻，以年少放纵，行事不谨，削宗籍死。"虽然记载极其简略，但骤然将成年皇子削去宗籍并且处以死刑，其中必有特殊的原因。

这只有一种可能，弘时之兄俱早殇，他可能"于帝位之传授中有隐觊"，曾与弘历角逐过皇储，为雍正所不容。乾隆对于曾经的对手弘时，仅追复宗籍，而无追封和追谥，甚至没留下多少史料见诸《清史稿》。

弘时死了，到了雍正驾崩时，除了那个装疯卖傻的弘昼和年仅两岁的弘曕外，乾隆继位是找不到对手的。乾隆要彰显兄弟之情，对早死的大哥弘晖和只活了七岁的八弟福惠，都追封了一个亲王，把小弟弟弘曕过继给十七叔允礼承继果亲王，而对于主动不和自己抢夺皇位的五弟弘昼特别优容和骄纵。

4

雍正第三子弘时的死因，是有争议的。

他究竟是被雍正处死，还是抑郁而终？众说纷纭。

唐邦治《清皇室四谱》首先提出雍正杀子说："皇三子弘时……雍正五年丁未八月初六日深刻，以年少放纵，行事不谨，削宗籍死，年二十四岁。"雍正"十三年十月高宗即位，追复宗籍"。

"削宗籍死"，究竟是削除宗籍后去世，还是削除宗籍而处死？

这并没有明确指代！

唐邦治之所以有此质疑，无非是：

雍正四年二月，被授为亲王的允䄉，遭革爵除宗，改名阿其那。允䄉被撤去黄带，玉牒除名。作为过继子的弘时，也就被撤出黄带，玉牒除名。因为涉及雍正与允䄉的争斗，弘时由皇子贬为庶民。

雍正四年二月十八日，弘时被逐出宫，撤黄带，废宗籍，第二年去世。雍正将自己的儿子逐出皇宫，勒令其改为政敌允䄉之子，足见雍正对弘时绝望至极，要绝父子之情义。

这使唐治邦大胆地猜测，雍正残忍地对自己的亲儿子下了毒手。

清帝父子绝父子情义之事，雍正不是首创。

弘时于雍正五年八月初六日去世，距被赶出宫仅仅一年零五个多月。

但关于弘时抑郁而终的观点，貌似也有一定道理。

《宫中档雍正朝奏折》第二十六辑，记载庄亲王允禄等遵乾隆旨意，为弘时之死做说明："雍正四年二月十八日奉旨，弘时为人，断不可留于宫庭，是以令为允䄉之子。今允䄉缘罪撤出黄带，玉牒内已除其名，弘时岂可不撤黄带。著即撤其黄带，交与允祹，令其约束养赡。臣等查三阿哥从前原因阿其那获罪株连，于本身获罪撤去黄带者不同。"

允禄支持乾隆恢复弘时宗籍时，称"臣等查三阿哥从前原因阿其那获罪株连，与本身获罪撤去黄带者不同"，似可证明，雍正恨三阿哥弘时，是因为弘时对自己打击允䄉（阿其那）打抱不平，对自己重视老四弘历、让弘历代祭景陵有强烈不满。因此，雍正对弘时做出了断绝亲情的"严惩"。允禩被拘禁，弘时则被"交与允祹，令其约束养赡"。也就是说，弘时并没有被拘禁，只是被皇叔允祹监管，苟全性命。

雍正五年八月，雍正大权在握，且早将弘历秘密建储，清洗政敌运动基本完成，论理他没有必要再对自己的亲骨肉下毒手。

论齿序、比年龄，弘时为老三。

雍正即位时，嫡子弘晖与次子弘昀，以及未进入齿序的弘昐已死，弘时成了新的皇长子，比齿序第四的弘历与第五的弘昼年长七岁，而且于康熙五十八年大婚，一度深得雍正重视和宠爱。弘时大婚时，远在四川巡抚任上的年羹尧忘了向主子祝贺，雍正还特在自己急需年羹尧支持时，对年羹尧提出了严厉的批评。

然而，雍正元年八月密建皇储，雍正暗定的是弘历，这一信息少不了隐隐表露出来，如命弘历代表自己祭奠康熙景陵，这让已成年的弘时很有失落感。

拼生母身份，弘时生母李氏，为雍王府侧福晋，给胤禛生育一女三子，无疑一度深得宠爱。雍正元年正月，李氏封为齐妃，位在原为格格的弘历生母熹妃之上，仅次于皇后与贵妃。按理，雍正择储，在无嫡子的前提下，理应先考虑成年的弘时。

虽然雍正反复强调弘时年少放纵，但结合当时紧张的政治环境，弘时被赶出紫禁城，过继给政敌允禩为子，应该是因为弘时为雍正无情打击兄弟鸣不平，从而触怒了雍正帝，以命为他人子而废除宗籍。

本为皇长子的弘时被贬为庶民，并遭到亲爹的严厉打击。

弘时于雍正四年二月被雍正逐出紫禁城，过继给允禩为子。应该是因为在雍正同允禩矛盾激化时，弘时站到了皇父的对立面，激怒了雍正，与其断绝父子之情，将他送给政敌做儿子。

这也是雍正一大绝情之处。

然而，他们毕竟是父子。

雍正子嗣存活不多，且在潜邸时，雍正很看重弘时。四川总督年羹尧没有对弘时大婚祝贺，雍正还特地去信痛斥了一番。

雍正六年，湘南秀才曾静宣扬吕留良的反清学说，并结合被允禩案牵连被流放南疆散播的党人谣传，为雍正整理了十大罪名，有"谋父""逼母""弑兄""屠弟""贪财""好杀""酗酒""淫色""好谀""任佞"，却没有杀子这一条。

虎毒不食子，畜生如此，遑论对臣民不乏感情的雍正。但是，雍正为扶立弘历，而提前扳倒了年长的弘时，确是事实。

5

不仅如此，乾隆对于潜在的对手也是进行终极打击。

胤礽第二子弘晳为康熙皇长孙，自幼获得祖父宠爱，抚育宫中。

在其父胤礽被废太子之后，弘晳已长成一名青年，他为人贤德，故时有传言康熙帝会因宠爱弘晳而第三次册立胤礽为储君。在胤礽历经两立两废变故、雍正乾隆二帝相继继位后，作为康熙嫡长孙的弘晳心有不甘，且朝中多有持"立嫡立长"的宗室成员党附之。

乾隆四年（1739）十月初，宗人府议奏，康熙帝第十六子庄亲王允禄与弘晳等子侄"结党营私，往来诡秘"，上书请求将他们进行惩处。其实，允禄还是当初康熙给弘历找的火器师傅。

乾隆认为："弘晳自以为是废太子的嫡子，居心叵测。"着将弘晳革去亲王，仍准于郑家庄居住，不许出城，后改禁锢地至景山东果园内，除宗籍，改名为四十六。直乾隆四十三年正月，乾隆帝才令将已去世三十六年的弘晳恢复原名，收入宗籍。

雍正钦定的铁案
都被乾隆一一推翻

1

雍正是一个伟大的皇帝，虽只短短十三年天命，却"以勤先天下""朝乾夕惕"，强化制度改革，彻底改变了康熙后期吏治不清、贪腐不禁、战事不断、国帑不多的庸政局面。

毋庸置疑，没有他的忘食废寝、励精图治，我们今日是决然看不到史上的乾隆盛世的。

《清史稿》中赞："圣祖政尚宽仁，世宗以严明继之。论者比于汉之文、景。独孔怀之谊，疑于未笃。然淮南暴伉，有自取之咎，不尽出于文帝之寡恩也。帝研求治道，尤患下吏之疲困。有近臣言州县所入多，宜釐剔。斥之曰：'尔未为州县，恶知州县之难？'至哉言乎，可谓知政要矣！"

日本人亦尊重和推崇雍正帝，将雍正帝称为"希世仁君"。

日本近代著名学者稻叶君山在《清朝全史》中写道："帝承康熙疏节阔目之后，稍加清理，遂创定清朝财政之基础。至日后盛运期之财政，实帝之所赐也。譬如农事，康熙为之开垦，雍正为之种植，而乾隆得以收获也。"

然而，雍正坐上太和殿的那把椅子后，把其父康熙给兄弟们名字里设计的"胤"改为"允"，"胤"只能是他专享（胤祥也是直到死后，雍正才下旨将其名"允祥"的"允"字改回"胤"字，成为有清一代臣子中不避皇帝讳的唯一事例），就连他的同胞老弟老十四名字胤祯与其"胤禛"谐音，也给改成允禵。

这一点，他没有他的儿子乾隆做得好。

乾隆上位后，不让弟弟弘昼和弘字辈堂兄弟改掉避讳字"弘"，因为这是他们的皇爷爷给的，他要做孝顺的榜样。乾隆把第十五子永琰立为储君时，改其名为颙琰，其余弟兄均未改名，仍用"永"继位。

他确实没有像其父雍正那样不怕麻烦。

这倒在其次，雍正对与自己竞争帝位的七个兄弟，都是进行终极打击，其中五人在其任期内圈禁至死。但其死后，却被其子乾隆一一翻案，予以厚待。

2

老大胤禔在康熙四十七年（1708）十一月，因魇咒太子胤礽，谋夺储位，被削爵囚禁，时年三十七岁，直至雍正十二年（1734）十一月被幽死，终年六十三岁。他被囚禁在高墙内达二十六个春秋。乾隆继位后，封胤禔第十三子弘晌为奉恩将军，世袭。

老二胤礽前后两度当了三十六年皇太子，康熙五十一年十月再以罪被废黜，仍禁锢于咸安宫，至雍正二年十二月幽死，享年五十一岁。他与胤禔都是康熙定的案，康熙遗诏胤禛要善待废太子和皇长子。胤礽死后，雍正哭奠后给了一个和硕理亲王的追封。乾隆四年（1739）十月，胤礽子弘皙案发，被削去理亲王爵位。乾隆未进行株连，而是改封胤礽第十子弘㬙袭理郡王，第三子弘晋、第六子弘曈、第七子弘晀、第十二子弘院皆封辅国公。

老三胤祉因平日与太子胤礽关系和睦，博得康熙好感。康熙四十八年，在复立胤礽为皇太子的同时，晋封胤祉为和硕诚亲王。雍正即位后，以他与废太子向来亲睦为由，将其发配到遵化的马兰峪为康熙守陵。胤祉向苏克济索要贿赂被人弹劾，又私下发牢骚，并对怡亲王胤祥之死缺少哀悼之情，雍正帝责其无人臣礼，议罪夺爵，幽禁于景山永安亭，至雍正十年闰五月病逝于禁所。乾隆二年追谥，封其子弘暶为贝子，子孙递降，封不入八分辅国公世袭。

老八胤禩才德出众，为雍正所忌。老九胤禟、老十胤䄉追随，结为八爷党。电视剧《雍正王朝》中曾表现三人掌握上三旗，鼓动关外下四旗旗主铁帽子王带兵来京整顿旗务，对雍正逼宫，弄得雍正险些中招，幸老十三胤祥拼命一搏，收回丰台大营等京畿部队，才扭转情势。

其实，雍正登基后，对老八等三个弟弟，虽委以重任，却一直防备，不时责罚敲打。雍正三年二月，雍正谕责胤禩怀挟私心，遇事搬弄是非，动摇百官意志，搅扰阻挠新政。雍正四年正月，胤禩、胤禟被革去黄带子。不久，雍正召见诸王大臣，以长篇谕旨，历数胤禩、胤禟等罪，将胤禩、胤禟之罪状颁示全国，议胤禩罪状四十款，议胤禟罪状二十八款。同年九月，胤禩因呕病卒于监所，民间认为他是被毒死的。

胤禟被送往保定，加以械锁，暂交直隶总督李绂监禁。雍正帝特降旨李绂："除下贱饮食"以用人转送外，"一切笔、墨、床、帐、书、字、便冰一块，汤一盏"，亦不得给予。时值酷暑，墙高房小，胤禟铁锁在身，手足拘禁，时常昏迷，其家人用冷水喷渍，逾时方醒。就这样在狱中被折磨而死，也有传说是被毒死的。雍正命胤禩、胤禟分别改名为"阿其那"和"塞思黑"。对于这两种称呼，有不少人认为是满语中的"狗"和"猪"。

《清史稿》和《清世宗实录》中记载，允禩因雍正下令而被迫改名阿其那，允禟改名塞思黑为诚、恒二亲王奉旨所为，并得到雍正皇帝的首肯。

多年以后，清史学界曾有几位专家就允禩、允禟易名阿其那及塞思黑一事提出质疑，并从不同角度加以考订。

再后来，大学者陈寅恪说："允禩、允禟之改名阿其那、塞思黑，世俗以为满洲语'猪''狗'之义，其说至为不根。无论阿其那、塞思黑，非满文'猪''狗'之音译，且世宗亦无以猪、狗名其同父之人之理。"陈先生并指出清末大臣文廷式以塞思黑之义为"提桶柄"之说当改为"腰子筐"。他认为"提桶柄"亦难索解，而"寅恪偶检《清文鉴·器具门》见有满洲语'腰子筐'一词，若缀以系属语尾'衣'字（原注：如包衣之衣，满洲语包为家，衣为的）则适与塞思黑之音符合。证以《东华录》所载世宗斥'塞思黑痴肥臃肿，弟兄辈戏笑轻贱'之语，岂其改名取象于形状之陋劣，而'提桶柄之说乃祭酒文廷式之语，传者记忆有所未确耶？'"陈先生提出塞思黑应释为"腰子筐"，音既相似，又与允禩'痴肥臃肿'的形象相类。因满语"腰子筐"一词写作 saisaha，音塞沙哈，倘若在语尾加"i"，就成了 saisahai，音塞沙海，与塞思黑音非常相似，故陈先生有塞思黑释为"腰子筐"之说。按此言，则是骂兄弟二人猪狗不如，可见雍正恨之切到了何等程度。

辽宁省档案馆馆藏清代盛京总管内务府档案《黑图档》中一件雍正初年的满文档案，翔实地记载了允禩、允禟被废黜宗室身份，并改名阿其那与塞思黑的经过，而且尤为可贵的是，有官书文献不见记载的将允禟的八个儿子每人均改成贱称的资料："为钦遵上谕事。雍正四年五月十四日，胡乱写允禟及允禟子名字的折子诸王大臣看过后具奏时，本日奉召，降旨：著行文正蓝旗大臣楚宗，命将允禟名字重写等因具奏……今毋庸行文楚宗，允禟及允禟子名字改写之处，交诚亲王、恒亲王改写。钦此钦遵。我们两个将允禟名改写色思和（即塞思黑）。其长子改名为拂西浑（fusihūn，下贱的）、二子改名佛楚浑（fecuhun，行丑事的）、三子改名乌比雅达（ubiyada，可恶的）、四子改名额依默德（eimede，讨人嫌的）、五子改名为海拉坎（hairan，可惜了的）、六子改名董奇（dungki，懒惰的）、七子改名杜希贤（dusihiyen，糊涂人）、八子改名额依浑（eihun，愚蠢的）。为此转咨该管之旗施行。"俗话说爱屋及乌，雍正是恨弟及侄，可谓是空前绝后。至乾隆四十三年正月，乾隆在认为允禩、允禟"结党妄行，罪皆自取……怨尤诽谤"的同时，查证他们"未有显然悖逆之迹"，下旨恢复原名，录入宗室玉牒，子孙一并叙入。胤禟子弘晟封不入八分辅国公。

3

老十胤䄉还算是幸运的。雍正元年，哲布尊丹巴呼图克图到京师，谒拜康熙梓宫，不久病卒，雍正遣送灵龛还喀尔喀，命胤䄉赍印册赐奠。胤䄉称病不肯去，后来在半途又称有旨召还，居张家口。胤䄉第二次私行禳祷，疏文内连书"雍正新君"，被雍正知道后，"斥为不敬。兵部劾奏，命允䄖议其罪。四月，夺爵，逮京师拘禁"。乾隆二年，乾隆命令释放胤䄉，封辅国公。乾隆六年病逝，乾隆下诏用贝子品级祭葬。

老十四允禵与雍正是同娘生的亲兄弟，但与老八交好，曾为护老八说理而不惜与康熙发生冲突。同时，传闻康熙有意把江山交给会打仗的大将军王老十四。康熙帝去世后，允禵被召回京师软禁于寿皇殿，随后又被软禁于景陵读书，雍正并派马兰峪总兵监视。后因孝恭仁皇后去世，雍正在慰"皇妣皇太后之心"的幌子下，晋封允禵为郡王，但是虚衔，未赐封号，注名黄册仍称固山贝子，致使允禵"并无感恩之意，反有愤怒之色"。随着统治地位的日渐稳固，雍正对允禵也愈来愈严酷。雍正三年十二月，允禵被革去王爵，降授固山贝子，没过多久又被革去固山贝子，谕令把他押回北京，囚禁于景山寿皇殿内。雍正四年正月，胤禩、胤禟案发，雍正召见诸王大臣，以长篇谕旨，历数胤禩、胤禟等罪，将罪状颁示全国，议允禵罪状十四款。乾隆即皇位不久，便下令释放允禵，给其自由，封为奉恩辅国公，十年后封贝勒，晋为恂郡王，并先后任正黄旗汉军都统、总管正黄旗觉罗学。乾隆二十年病逝，乾隆赏治丧银一万两，赐谥"勤"。

但有一点，雍正的打击仅在政治领域，只针对首恶者与主要从犯，而不涉及无辜。像胤礽的儿子弘皙、允禵的儿子弘春等，都被雍正进封郡王，只要有功劳于社稷，照样升迁。再如，老八死后，"诸王公大臣仍请戮尸"，雍正"不许"。故易中天说："他刻薄是真刻薄，但不寡恩；冷酷是真冷酷，但非无情。"

雍正破天荒
在中国最早穿西服戴假发

1

在中国，最早穿西服的应该是雍正帝。

至今，故宫尚保留着他的《雍正半身西服像》，那是来自意大利的天主教耶稣会传教士郎世宁画的。

雍正五年（1727），葡萄牙大使麦德乐经澳门抵达北京，朝觐雍正帝，行跪九叩礼，献大量礼物，恳请保护在中国澳门和内地的葡萄牙人。雍正允准，同意葡人继续居留澳门，并在麦德乐返澳时，给予了特别的优待。

七月七日，麦德乐在张安多等传教士及礼部大臣的陪同下，最后一次朝觐雍正帝。雍正特地选在北京圆明园召见。一进宫，只听见礼部大臣"扑通"一声吓倒在地。

"当时的雍正，西装革履，颈系领结，头戴假发，唇上贴了八字胡，脸上扑了粉，鼻梁上还架了一副近视镜，十足的一个假洋鬼子。"此等打扮，在电视剧《雍正王朝》中有过表现，只不过换作了在上书房勤政的场景。

但，雍正帝穿西装、戴假发，对于中国而言，可是一次破天荒。

2

麦德乐朝觐雍正，是带着目的来的。他作为葡萄牙使臣访华，不仅是为了葡人在澳门的利益，还有另外一个重任。

明清之际，天主教传教士，尤其是耶稣会士，充当着中国和欧洲交流的桥梁和纽带，将西方的科学文化知识传入中国，又通过传递书信和翻译典籍等方式把中国的灿烂文化介绍给欧洲，使西方出现了"中国热"。至康熙前期，中央集权统治尚不完备，朝廷致力于平定内乱，对意识形态领域尚未进行严密的控制。朝廷对于仍遵循利玛窦方针进行传教、帮助清朝修订历法、制造火枪的天主教传教士，采取了接纳和宽容的政策。康熙三十一年（1692），公开允许天主教在华传教，南怀仁、汤若望、郎世宁等传教士进入朝廷担任官职或画师。

然而，1704年，天主教教皇克雷芒十一世公然下令，禁止中国教徒举行祭祖、祭孔等活动，禁止把"上帝"和"天"作为"天主"的别称，并派特使铎罗于1706年来华谈判。这彻底激怒了前几年已介入礼仪之争的康熙帝。

康熙认为此举干涉中国习俗，派人将铎罗送往南京暂住，并下令驱逐反对中国礼仪的传教士，同时派使节前往罗马。铎罗无视康熙的旨意，在南京宣布教皇禁令。康熙闻讯后，下令把铎罗押往澳门软禁，"谕众西洋人，自今以后，若不遵利玛窦之规矩，断不准在中国住，必逐回去"。

1715年，教皇克雷芒十一世重申禁令，违者以异端论处。康熙大怒，下令拘捕传教士，并禁止传教。1719年，教皇又派使团来北京，康熙拒不接见，斥责："尔西洋人不解中国文字，如何妄议中国道理之是非"，"以后不必西洋人在中国传教，禁止可也"。第二年，罗马教皇被迫让步，宣布"八项准许"，同意中国信徒举行非宗教性的中国礼仪。康熙下令只准许尊重中国礼仪的传教士居留中国，并禁止公开传教。

雍正二年，清朝政府大规模驱逐西洋传教士，澳葡政府担心清廷会进而收回澳门，就上书请求葡萄牙国王若奥五世遣使来华。麦德乐来华朝觐，主动向雍正行跪拜之礼，也是想请雍正收回禁教的旨意。

但是，雍正虽以其特有的大度宽仁让麦德乐四次朝觐，除了尽量保持葡萄牙的尊严及大使的荣耀外，却只字不提传教事务。

雍正延续康熙做法，从维护自身统治稳固出发，铲除潜在的危险因素，强调"西洋人何裨益于我中国"，使天主教的传播在华突然中断。

这一层薄纸，慢慢变成一垛厚厚的高墙，使中国几近与世隔绝。

3

乾隆五十七年（1792），英国伯爵马戛尔尼率领使团，带着英王乔治三世的国书，来到中国希望通商。

当时，欧洲人传说中国人是"全世界最聪明最礼貌的一个民族"。德国大哲学家莱布尼茨说：中国老百姓"服从长上，尊敬老人……中国农夫与婢仆之辈，日常谈话或隔日会面之时，彼此非常客气，其殷勤程度胜过欧洲所有贵族"。更莫说中国皇帝是何等的仁慈。

第二年阴历八月，马戛尔尼高兴地带着丰厚的国礼，如蒸汽机、棉纺机、梳理机、织布机等现代科技，以及当时英国规模最大并装备有一百一十门大口径火炮的"君主号"战舰模型，来到热河避暑山庄向乾隆恭贺八十岁万寿，呈上国书。英国人诚请：取消清政府在对外贸易中的种种限制和禁令，允许英国对华派驻使节，打开中国门户，开拓中国市场。

结果让马戛尔尼绝望了。乾隆在回给英王乔治三世的复函中，写了一句著名的话："天朝物产丰盈，无所不有，原不藉外夷货物以通有无。"

乾隆以实物为证，收了马戛尔尼的几个洋表后，回赠了一件雕刻得十分精致的蛇纹石。接着，副使斯当东父子上前向皇帝致礼，乾隆赠给斯当东一块与大使一样的玉石，然后解下自己身上的一只黄色荷包送给会说中国话的小斯当东。

至于朝觐的礼仪，英国人说马戛尔尼等人按照觐见英王的礼仪单膝跪地，未曾叩头。

　　和珅的奏折却说，英国使臣等向皇帝行三跪九叩之礼。双方记载不同，已很难明其真相。

　　其实在此前，双方的"礼仪之争"也很热闹。但在以后，乾隆的这个"天朝上国"，却被马戛尔尼的礼单上专门提到的"榴弹炮、迫击炮"以及手提武器，如卡宾枪、步枪、连发手枪，打得主动签订《南京条约》——近代中国第一个丧权辱国的条约。其时，前后相距还不到五十年。

雍正为何在康乾盛世中
没有存在感？

康乾盛世，本该是康雍乾盛世。

近代日本清史研究名家稻叶君山在《清朝全史》第四十六章中有云：雍正"帝承康熙疏节阔目之后，稍加清理，遂创定清朝财政之基础，至后日盛运期之财政，实帝之所赐也。譬如农事，康熙为之开垦，雍正为之种植，而乾隆得以收获也！"

康雍乾三代国力，相辅相成！

承上启下、至为关键的雍正，却被后来严重忽视，乃是因为有不少历史账没有算清。

1

雍正在位时间太短。

清朝自太祖努尔哈赤于1616年建国伊始，传承十二任皇帝（大汗）。雍正在位不足十三年［康熙六十一年（1722）十一月至雍正十三年（1735）八月］，仅长过了太祖的十一年、咸丰的十一年及宣统的三年。

宣统少不更事，未行实际统治。太祖建国前，已颁定国政、自称国主十余年。雍正四十五岁登基，过渡期间政治环境不稳定，亦乾纲独断，不意死得突然，堪称暴卒。

相较于康熙与乾隆各自在位时间超过六十年（康熙在位六十一年零十个月；乾隆在位六十年零四个月，实际执政达六十三年有余），雍正在整个康雍乾时代的一百三十四年（1661—1795）里，主政时长不到十分之一。

雍正被康乾的光芒遮掩，如同前明，嘉靖在位四十五年，万历在位四十八年，虽政绩不斐然，但皆以长达数十年的懒政闻名，远比夹在他们之间、推行隆庆新政的明穆宗朱载垕要出名得多。

2

雍正负面影响太多。

在传统意识和仇满情绪中，雍正以残暴寡情而闻名。

他的得位，有清版烛影摇红的可能。传说康熙在畅春园病重，雍正就进了一碗人参汤，不知为何，康熙皇帝就崩了驾，雍正皇帝就登了位。

雍正在做皇子时，虽然爵封和硕雍亲王，但并不深受康熙的喜欢。康熙多次在夏秋之际外巡塞外，带走了皇太子胤礽和皇长子胤禔，留下皇三子胤祉和皇八子胤禩处理京师事务。胤禛后来奉命参决政务，也是长期排在胤禩之后。

康熙在四十七年九月、五十一年十月，两度废黜太子胤礽后，都曾秘密实施建储计划。雍正明里谈禅论道、韬光养晦，实则努力争取、结党谋私。然而，康熙给满朝王公大臣的感觉是，对皇十四子胤禵寄予厚望、授予军权，而对办事果断、颇有心计的皇四子胤禛并不属意。

胤禛即位突然，连其生母德妃乌雅氏都不敢相信大行皇帝选择了她的儿子雍亲王为继。雍正"闻之惊恸，昏仆至地"（《大义觉迷录》卷一），似乎他很被动。

雍正成为新帝，皇室成员表现得异常冷漠。雍正四年正月，严惩允禩时，有一条罪名："迄今三年以来，诸位母妃未曾遣人至朕前一问起居。诸位母妃深居府中，一切皆诸王主持，此必允禩从中阻扰，诸王亦遂观望不前耳。"（《清世宗实录》卷四十）诸母妃不派人向新君问安，让雍正十分尴尬和愤恨。

雍正极力笼络的首席总理事务王大臣、和硕廉亲王，让雍正感叹"若肯实心任事，部务皆所优为。论其才具、操守，诸大臣无出其右者"（《清世宗实录》卷三十一，雍正三年四月癸未），承认他与自己"能与相当"（《上谕内阁》雍正三年四月十六日），但恼怒于其不归附自己，于是对其及其支持者、同情者展开了一系列严厉的打击。

允禩被议罪四十款，允禟被议罪二十八款，允䄉被议罪十四款……诸兄弟身为天潢贵胄，却或被长期幽禁，或死于非命，不少皇子王孙被开除宗籍。

昔日，唐太宗通过玄武门之变夺嫡，明成祖以靖难一役篡夺侄皇帝的龙椅，登上皇位的过程满是大规模的暴力杀戮，但他们却以明君传世。虽然雍正帝即位不曾流血，却背负了谋父逼母、弑兄屠弟的滚滚骂名。

湘南士子曾静派人前往西北，策反宁远大将军、川陕总督岳钟琪不成功，被擒。雍正为自证清白，特地写了一本《大义觉迷录》，命曾静师徒到全国宣讲。

他没想到，事先曾静为之总结的十大罪名，还是流传后世。乾隆上台后，立即斩杀曾静师徒，禁毁雍正的自白书。

3

雍正秘密建制不断。

雍正治世，多秘密行事，如秘密建储、设立军机处，以及进一步扩大密奏制度、组织粘杆处（即传说中的"血滴子"）推行特务政治等。皇帝秘密监控满朝文武，以紧张政治和高压态势严厉打击反对者和不法官员，久而久之，不免留下非议。

他因于康熙后期"九子夺嫡"的乱象，即位伊始，便考虑继承者人选，在元年八月拟定皇四子弘历为储君，肇启秘密建储制度。他对外不公开建储对象，皇三子弘时跳出，与允禩集团成员往来密切，结果被雍正削宗籍死。

他重用非举人进士出身的官员为督抚要员，不唯资历论、学历论，引发了广大通过科举入仕的官员的强烈不满。

王公和士人宣泄不满情绪，不免留下文字或制造谤词。

4

乾隆抬高自己。

雍正给年贵妃所生子取名福宜、福惠、福沛，有意不同于康熙指定的弘字辈弘晖、弘时、弘历……年氏初为雍王侧福晋，入府较晚，但在雍正即位时，被封为贵妃，仅次于皇后。皇后乌拉那拉氏所生嫡长子弘晖幼殇，而年妃却在不断地生育。

妹因兄贵。年妃之兄年羹尧为雍正帝倚重的重臣，官拜抚远大将军、川陕总督，爵封一等公，加官太保，位高权重，雍正与之约定要做千古榜样。另外，他们的父亲年遐龄，以康熙朝总督荣休，被雍正晋爵一等公，加太傅。

生母等级与外家威势，足以让雍正考虑过改立年妃生子为储。不过，乾隆不会让这些想法存在于史料中。

毕竟年羹尧倒台自裁，年妃及其诸子短命，成就了弘历的洪业。

乾隆即位后为自己入承大统做尽文章，让不少人认为，康熙选择雍正，是因为看中了好圣孙弘历。

朝鲜《李朝实录》记载，康熙弥留之际召首辅马齐说："第四子雍亲王胤禛最贤，我死后立为嗣皇。胤禛第二子有英雄气象，必封为太子。"（吴晗辑《朝鲜李朝实录中的中国史料》第十一册）"胤禛第二子"即弘历，被齿序第四，却因老大弘晖、老二弘昀早逝，而重新顺序第二。

《清史稿·高宗本纪一》亦云："隆准颀身，圣祖见而钟爱，令读书宫中，受学于庶吉士福敏，过目成诵。复学射于贝勒允禧，学火器于庄亲王允禄。木兰从狝，命侍卫引射熊。甫上马，熊突起。上控辔自若。圣祖御枪殪熊。入武帐，顾语温惠皇太妃曰：'是命贵重，福将过予。'"

乾隆粉饰的史料，遥相呼应异域传闻。

生于乾隆四十一年（1776）的第八代礼亲王昭梿，也在《啸亭杂录》卷一中专门写道：少年弘历"天资凝重"，六岁能诵《爱莲说》，被巡幸雍王府的康熙帝发现，高兴地说："此子福过于余。"康熙将他接进内廷，朝夕教养，"过于诸皇孙"。

弘历扈从参加木兰秋狝，康熙一枪击倒一熊，命弘历补射，好成就其"初围即获熊之名"。孰料，大熊突然立起，弘历却临危不惧，康熙迅速将熊枪毙。

圣祖识纯皇，显得很神奇。

康熙以此为弘历之福，"由是益加宠爱，而燕翼之贻谋因之而定也"。燕翼者，即为子孙谋划。昭梿之意，康熙在六十年秋就看中了十岁的弘历，拟定隔代储君。

若真如此，康熙之深意必为内外盛传，哪还有雍正即位不正的诸多疑点，雍正又何须弄出一项秘密建储行动暗定储君？

雍正以短暂的十三年，为康乾盛世夯实了基础、搭建了骨架、充实了内容。

清史大家萧一山以"文景之治"的景帝喻雍正，说："清室之基础，至此乃大定焉。康雍两朝，其治术正相反；然天下之事务，惟相反者乃能相成。乾隆极盛之世，即两朝相成之结果也。玄烨性情施治，颇似汉文帝，而胤禛则景帝也。"（《清代通史》卷上第六篇《康雍时代之武功及政教》）

康熙前期为统一全国做出巨大贡献，后期困于诸子纷争，吏治废弛，纲纪混乱中。雍正及时整肃吏治，严查亏空，充实国库，仅各地上交的粮食，便可供二十余年之用度。

雍正即位时，国库仅存白银八百万两，在短短的十三年间，"躬行节俭，外整吏治，一时国库所积至六千万两"（稻叶君山《清朝全史》第四十六章）。即便经历了长达数年的准噶尔战事，也留给了乾隆两千四百万两的"惊异之富足"。

　　然而，乾隆效法皇祖康熙所为，一度废止包括军机处在内的雍正多项改革，后来虽逐一恢复，却掩盖了雍正留下的荣耀。

　　康乾盛世，盛名流远。雍正被忽视，却是一种遗憾。

图书在版编目（CIP）数据

雍正迷局 / 向敬之著. —上海：上海三联书店，2021.5
ISBN 978-7-5426-7365-7

Ⅰ.①雍… Ⅱ.①向… Ⅲ.①雍正帝（1678-1735）－生平事迹－通俗读物 Ⅳ.① K827=49

中国版本图书馆 CIP 数据核字（2021）第 043050 号

雍正迷局

著　　者 / 向敬之
责任编辑 / 程　力
特约编辑 / 肖　磊
装帧设计 / 鹏飞艺术
监　　制 / 姚　军
出版发行 / 上海三联书店
　　　　　　（200030）中国上海市漕溪北路331号A座6楼
邮购电话 / 021-22895540
印　　刷 / 三河市延风印装有限公司
版　　次 / 2021年5月第1版
印　　次 / 2021年5月第1次印刷
开　　本 / 710×1000　1/16
字　　数 / 247千字
印　　张 / 28.5

ISBN 978-7-5426-7365-7/K · 633

定　价：56.80元